2030

최윤식 지음

대담한미래

KB186738

nomad
지식노마드

저자 서문

1. 대한민국은 제2의 외환위기(또는 GDP -5% 하락에 준하는 경제 충격) 를 거쳐 '한국판 잃어버린 10년'으로 간다.
2. 한국 대표 기업 삼성의 몰락이 5년 안에 시작될 수 있다.
3. 중국은 40년 안에 미국을 따라잡기 어렵다. 어쩌면 영원히 G1의 문턱을 넘지 못하고 쇠락할 수도 있다.
4. 2014~2015년 경제 회복이 가시화되면서 시작될 미국의 반격에 지 금부터 준비해야 한다.
5. 엔저라는 마지막 카드를 꺼내 든 아베노믹스의 일본은 시간을 늦 출 뿐 IMF 구제 금융을 피할 수 없다.

　　이것이 필자가 예측하는 미래 시나리오의 핵심적인 결론이다. 모 두 기존의 상식(?)과 다르거나 피하고 싶은 미래의 모습이다. 그러나

"삼성이 몰락하다니?"

"중국이 쇠락을 해?"

"일본이 구제금융을 신청해?"

최윤식 소장은 미래학자이면서 지금까지 '예측'의 적중률이 높아 경청하지 않을 수 없다. 그의 미래예측은 아직 시점이 도래하지 않은 것들을 제외하곤 모두 적중했다.　　　　　　　　　　　　　　　　　-주간조선

삼성의 반도체와 스마트폰은 길게 잡아도 2030년 이후에는 절대로 지금과 같은 글로벌 경쟁력을 유지할 수 없다며 이건희 회장 대에서 그룹의 운명을 걸고 미래형 산업으로의 전환을 끝내야 한다고 조언한다. -매일경제

풍부한 사례와 흥미진진한 분석을 통해 미래 시나리오를 제시하는 이 책은 위기를 정밀하게 진단하고 이를 현실로 느낄 수 있도록 한다. -매일신문

2016~2018년 제2의 외환위기를 겪을 수도 있다는 진단이다. 아무도 해결책을 내지 못하는 가계부채 문제가 이 위기에 불을 붙이는 도화선이 될 것이며, 본격적인 부동산 가격 하락은 위기를 폭발시키는 방아쇠 역할을 하게 될 것이다.　　　　　　　　　　　　　　　　　-아시아경제

삼성 위기론 자체가 새로운 건 아니지만 아시아의 대표적인 미래학자로 주목받는 그의 단호하고 구체적인 지적이 예사롭게 들리지 않는다.

-국민일보

한국 정부도 삼성 이후를 준비해야 한다고 말한다. 노키아가 무너지자 핀란드 정부와 대학, 기업은 힘을 합쳐 노키아에 모여 있던 기술과 인재를 수백 개의 벤처로 되살려 냈다.

-한국일보

미국발 금융위기 이후 세계 질서의 재편과 강대국들의 미래를 예견한 책. 예상보다 어둡고 가혹한 시각으로 경각심을 불러 일으킨다.

-한국경제

이 책에서 궁극적으로 말하는 것은 이것이다. 임박한 위기를 피할 수는 없지만 선택할 수는 있다. 위기를 돌파할 것인가, 주저앉을 것인가, 우리는 이제 어느 길을 선택할 것인가.

-머니투데이

한국을 대표하는 미래학자 최윤식 아시아미래인재연구소 소장이 뉴욕주립대학교가 송도에 세운 한국 뉴욕주립대의 초대 미래기술경영연구원장을 맡게 됐다. 미래기술경영연구원은 앞으로 10년 이내에 한국과 아시아에서 미래예측전문가, 미래학자, 미래전략전문가로 활동할 인재들을 양성하는 역할을 하게 된다.

-이데일리

2030 대담한 미래

2030 대담한 미래

지은이 | 최윤식

1판　1쇄 발행 | 2013년 8월 5일
1판 20쇄 발행 | 2016년 7월 5일

펴낸곳 | (주)지식노마드
펴낸이 | 김중현
기획·편집 | 김중현
디자인 | 제이알컴
등록번호 | 제313-2007-000148호
등록일자 | 2007. 7. 10
(04032) 서울 마포구 양화로 133, 1201호(서교타워, 서교동)
전화 | 02) 323-1410
팩스 | 02) 6499-1411
홈페이지 | knomad.co.kr
이메일 | knomad@knomad.co.kr

값 28,000원

ISBN 978-89-93322-57-6 13320

＊잘못 만들어진 책은 구입하신 서점에서 교환해 드립니다.

주문·영업 관리 | ㈜ 북새통
전화 | 02) 338-0117
팩스 | 02) 338-7160~1

필자가 가장 걱정하는 것은 객관적인 상황이 위기가 심화하는 쪽으로 전개되어 가는 것이 아니다. 많은 사람이 불편한 현실을 외면한 채 관성에 빠져 있는 것, 그리고 서서히 전개되는 위기에 적응한 나머지 이제 위기감조차 느끼지 못하는 위기 불감증이야말로 진정 두렵고도 두려운 일이다.

이 책은 2008년에 '한국판 잃어버린 10년'과 '미중 패권전쟁'이라는 우리의 미래를 결정할 중요한 미래 시나리오를 발표한 후 5년 동안의 변화를 분석, 연구한 결과를 집약한 것이다. 그 5년 동안 '지속 가능한 대한민국'이라는 주제가 필자의 머리에서 떠나지 않았다. 시시각각, 우는 사자처럼 우리에게 다가오는 미래의 위기를 예측해 보면서, 그리고 위기의 징후가 점점 더 분명해짐을 확인하면서 어떻게 해야 이 위기 가운데서 한 사람이라도 더 생존하게 도울 수 있을까를 고민했다. 필자는 권력을 가진 사람도 아니다. 정치인도 아니다. 필자가 가진 도구는 책과 강연이 전부다. 그래서 필사적으로 미래의 위기를 알리고 새로운 기회를 잡을 준비를 하자고 호소했다. 그러나 5년이 지난 지금 대한민국은 변화되지 않았다. 위기가 더 커지고 분명해졌음에도 여전히 "한국은 괜찮다!" "한국은 잘하고 있다!"라고 주장하는 사람들의 목소리가 곳곳에서 들려온다. 오히려 "한국은 지난 5년의 위기를 가장 잘 극복한 나라다!"라는 자만까지 부린다.

그러나 결과는 어떠했나? 5년 전에 필자가 한국의 위기를 예측했을 때는 대부분 반신반의하거나 미래를 너무 부정적으로만 본다고 했다. 위기는 미국 때문에 발생한 것일 뿐 우리는 문제가 없다고 생각했다. 그러나 지금은 대부분의 국민이 "무언가 크게 잘못되고 있다!" "잘은 모르지만, 무언가 큰 위기가 엄습해 오는 것은 분명하다."는 것을 느끼고 있다.

필자는 앞으로 짧게는 3년, 길게는 10년이 한국의 20~30년의 미래를 좌우할 것으로 예측한다. 3~10년이 한국의 더 나은 미래를 향해 무언가 할 수 있는 마지막 기회가 될지 모른다. 지난 5년을 흘려보냈음에도 아직 우리에게는 시간이 남아 있다. 필자는 한국의 미래를 걱정하는 마음에서 다시 한 번 위기를 더욱 정밀하게 진단하고 미래의 위기를 현실로 느끼게 하고 싶었다. 다가오는 위기도 문제지만, 위기를 느끼지 못하는 것이 더 큰 문제이기 때문이다.

필자가 이 책에서 다룬 미래 시나리오들은 상황을 움직이는 힘들이 지금과 같은 방향으로 작용한다면 가장 일어날 가능성이 높은 (70~80% 이상) 미래Plausible Future도 있지만, 한 번쯤은 충분히 생각해볼 가치가 있는 미래들Possible Future로 꾸몄다. 하지만 그 미래들이 어떤 모습이든 현재의 시점에서는 어디까지나 상황적 가능성을 의미하는 것일 뿐이다. 그 가능성을 현실이 되게 만들거나, 절체절명의 위기의 미래를 최고의 기회의 미래로 바꾸는 것은 이 책을 읽는 당신의 결심과 행동이다. 인식을 바꾸고, 통찰력을 발휘하여 새로운 미래 전략을 세우고, 행동을 바꾸는 용기를 발휘한다면 미래는 얼마든지 바꿀 수 있다. 미래학이 존재하는 궁극적인 이유가 여기에 있다. 필자 같은 미래학자들이 미래에 대해서 위기와 기회를 예측하는 것도 이런 바람 때문이다. 필자는 조국인 대한민국이 다가오는 위기를 극복하고 대담한 미래 구상을 통해 2030년경에 시작될 아시아 패권시대의 중요한 조정자 역할을 감당하기를 강렬히 소원하고 있다.

이 책의 원고를 마치고 난 필자의 머릿속에 한 인물이 강렬하게 떠올랐다.

"중국을 두루 돌아보니 우리나라 사람으로 해적에게 잡혀 와 노비가 된 사람이 많았습니다. 청해淸海에 진을 설치하여 해적들이 사람들을 붙잡아가지 못하도록 하겠습니다."

장보고가 828년 당나라에서 돌아와 신라 흥덕왕에게 올렸던 진언이다. 장보고가 귀국할 무렵의 신라는 말 그대로 국난의 시대였다. 화재와 홍수, 극심한 가뭄과 흉년이 이어졌으며 지배 세력은 왕권을 차지하기 위한 치열한 권력 투쟁으로 겨우 경주 일대에서만 세금을 거둘 수 있을 정도로 통치권이 약해진 상태였다.

이런 상황에서 장보고는 대담한 미래 구상으로 청해진淸海鎭을 세우고, 한·중·일을 잇는 동아시아 최강의 해상제국을 건설하였으며, 널리 아라비아 세계까지 교류의 폭을 넓혔다. 장보고가 활동한 9세기의 동아시아는 명실상부한 세계사의 중심 무대였다. 서로마 제국이 멸망한 이후 유럽 대륙은 중세의 암흑기라고 불릴 만큼 오랜 정체기에 빠져 있었고, 동로마만이 겨우 제국의 명맥을 이어가고 있었다. 이런 상황에서 동아시아는 당나라 시대에 세계 최고 수준의 문명 절정기를 구가하고 있었다. 더욱이 로마 제국 이후 세계사의 또 다른 중심축으로 떠오른 아라비아 세계도 동아시아에 진출하면서 중국을 중심으로 한 동아시아는 세계 문명이 모이고 융복합되는 용광로였다.

장보고는 이런 동아시아 세계의 미래 변화를 남보다 먼저 읽어내고 국제 무역의 기회를 간파했다. 그리고 신라의 뛰어난 항해기술을 바탕으로 동아시아에 진출해 있는 신라인들을 네트워크로 묶어냄으로써 강력한 해상 무역 시스템을 구축했다. 이를 바탕으로 당시 중국을 중심으로 한 조공 무역의 질서를 넘어서는 새로운 중계무역으로 동아시아 최고의 해상제국을 건설할 수 있었다. 베네치아가 14~15세기에 지중해의 해상무역을 제패하고 이 힘을 바탕으로 유럽의 질서를 주도하는 전성기를 구가하기 수 세기 전의 일이었다.

지금 세계는 엄청난 불확실성의 소용돌이 속으로 빨려 들어가고 있다. 그리고 수명을 다한 성장시스템에 갇힌 대한민국은 점점 활력을 잃어가고 있다. 그러나 냉정하게 인류 역사를 돌아보라. 커다란 기회는 언제나 극심한 혼란과 위기를 거치며 다가오는 법이다. 그리고 혼란과 패배의식은 언제나 과거의 낡은 틀을 벗어나지 못한 사람과 조직과 국가의 몫이었다.

미국을 앞선 소련의 우주선 스푸트니크호 발사에 패배감을 느끼며 당황해 하던 미국인들을 향해 존 F. 케네디 대통령은 담대한 구상을 선언했다.

"나는 이 나라가 1960년대가 지나가기 전에 달에 인간을 착륙시킨 뒤 지구로 무사히 귀환시키는 목표를 달성할 것임을 믿습니다."

마침내 1969년 인류 최초로 유인우주선 아폴로 11호의 달 착륙에 성공했을 때, 달 표면을 밟은 우주 비행사와 통화하려는 닉슨 대통령을 향해 NASA의 연락관 프랭크 보먼은 이렇게 말했다.

"달 착륙은 당신의 것이 아닙니다. 케네디 대통령의 유산입니다."

이것이 바로 위기 국면에서 해야 할 리더의 역할이다. 장보고는 신라인을 해적으로부터 구한다는 눈앞의 문제에서 출발했지만, 중국과 일본을 자기 시스템으로 끌어들여 공생하는 대담한 전략을 구사했다. 그 결과 한반도의 인물로는 거의 유일하게 중국과 일본에서도 영웅으로 역사에 기록된 사람이 되었다.

지금 우리에게 필요한 것이 바로 장보고와 같은 대담한 미래 구상이다. 눈앞의 위기를 수습하는 것을 넘어 아시아 태평양을 중심으로 펼쳐지는 세계 질서 재편기의 조정자가 될 수 있다면, 우리는 세계 강국으로 도약할 새로운 기회를 잡을 수 있을 것이다. 이 책이 그러한 미래 전략을 수립할 수 있는 현실 인식의 토대가 되고 미래에 관한 통찰을 자극하는 데 도움이 되기를 간절하게 바란다.

마지막으로, 필자의 지난 저술들을 읽은 독자들에게 작은 혼란이 있을 수 있음을 미리 밝혀 둔다. 그 이유는 이 책의 내용은 지난 5년 동안 필자가 순차적으로 발표한 미래예측들을 총괄해 다시 쓴 것이기 때문이다. 그래서 이 책을 읽다 보면 지난 저서들에서 읽었던 내용이 곳곳에서 발견될 것임을 미리 양해를 구한다.

물론, 지난 5년간 필자가 예측한 내용은 거의 수정되지 않았다. 그 이유는 한국이 필자의 미래 경고에도 큰 변화를 시도하지 않았기 때문이다. 필자는 이 책에서 5년 전의 미래예측을 대폭 수정할 수 없었던 것이 너무 아쉽다.

본래, 예언은 한 번 내뱉은 미래의 모습에 대해 절대로 수정하지 않는다. 하지만 예언적 방법론이 아닌 사회과학적 방법론을 기반으로 미래의 가능성을 연구하는 현대 미래학은 한 번 작성된 시나리오를 영원히 고집하지 않는다. 시나리오의 기능은 미래에 대한 새로운 생각을 자극하고, 미래에 발생할 수 있는 위기를 미리 생각해 현재의 선택과 행동을 바꿈으로써 예측했던 미래 위기가 실제로 발생하지 않게 하는 것이다. 만약, 미래의 기회가 있다면 좀 더 정교하게 전략을 수립해 미래의 기회를 극대화하는 것이다. 그래서 최초의 시나리오를 발표한 이후 변화의 방향, 속도, 타이밍, 지역화, 지속 가능성을 꾸준히 관찰해 새로운 변화상들을 빠른 속도로 시나리오에 '다시 반영'해야 한다. 이런 작업을 시나리오 최적화라 한다.

필자도 이런 원칙 아래에서 이 책의 작업을 시작했지만, 예측의 큰 틀은 변하지 않았다. 대신 지난 5년 동안 더 안 좋아진 한국의 미래, 미국과 중국의 한판 힘겨루기에 대한 좀 더 자세한 모습들, 유럽의 미래를 반영한 추가적인 미래모습들을 예측해 보강하면서 시나리오의 최적화 작업을 했다. 그래서 이 책을 출판하면서 지난 5년 동안 필자가 출판했던 〈2030년 부의 미래지도〉, 〈2020년 부의 전쟁 in Asia〉, 〈부의 정석〉등을 절판하기로 했다. 이 책을 포함해 순차적으로 나올 2030년 미래 예측 시리즈의 2권, 3권은 이전 3권의 예측서들을 대폭 재개정하면서 썼다. 2030년 미래 예측 시리즈의 1권에 해당하는 이 책은 미래의 위기를 중심으로 예측이 전개된다. 이 책의 독자들은 이런 질문을 떠올릴 것이다.

"그렇다면, 생존의 해법은 무엇인가?"

"우리는 무엇을 해야 먹고 살 수 있을까?"

이에 대한 해답은 2030년 시리즈의 2권, 3권에서 다룰 예정이다. 필자가 즐겨 사용하는 말이 있다. "人無遠慮, 必有近憂, 사람이 멀리 내다보며 깊이 생각하지 않으면 반드시 가까운 데에 근심이 있게 된다." 논어에 나오는 공자의 말이다. 지금이라도 미래를 생각하지 않으면 곧 더 큰 근심이 발등에 떨어질 수 있다. 미래학자로서 필자는 "미래를 예언하는 것은 불가능하다. 그러나 여러 가지 미래 가능성을 예측하고, 더 나은 미래를 선택하는 것은 가능하다."는 점을 굳게 믿는다. 이 책을 통해 필자는 삼성의 미래를 예언하는 것이 아니다. 한국의 미래를 예언하는 것도 아니다. 미국과 중국이 반드시 100% 그렇게 될 것으로 예언하는 것이 절대로 아니다. 삼성을 포함한 우리나라의 모든 기업이 더 성장하기 위해, 인류가 더 나은 미래를 만들기 위해, 대한민국의 지도자와 국민이 더 나은 선택을 하기 위해, 여러 가지 미래 가능성을 꼼꼼히 연구하고 예측해 보자는 것이다. 그래야 어제까지 우리를 괴롭혔던 근심을 해결할 근본적인 미래 해법을 찾을 수 있기 때문이다. 지속 가능한 미래를 만들 수 있기 때문이다.

이 책이 있기까지 수고해준 아시아미래인재연구소 30여 명의 연구원에게 감사의 마음을 전한다. 특히, 필자의 거친 글을 다듬어 독자에게 조금이라도 부드럽게 읽힐 수 있도록 애를 써 주신 김건주 이사에게 감사한다. 또한, 늘 필자의 우직한 예측들을 가감 없이 출판하게 배려해주신 지식노마드 김중현 대표께 감사의 마음을 전한다. 마지막으로 필자를 사랑하고, 필자의 예측에 관심을 두고, 필자의 예측이 부족하더라도 늘 좋은 조언을 통해 도움을 주신 모든 독자에게 감사의 마음을 전한다.

2013년 07월 19일

미래학자 최윤식

차례

3부 세계 경제전쟁 393

10장 미국 395

System Map

이미 열린 판도라의 상자,
마지막 희망을 찾아서

기회가 주어지지 않는다고

불평하지 마라.

나는 스스로 논밭을 갈아 군자금을 만들었고

스물세 번 싸워 스물세 번 이겼다

- 이순신

제2의 IMF 구제금융 위기를 대비하라

'한국판 잃어버린 10년'이 다가 오고 있음을 예측해서 발표한 지 5년이 지났다. 미래학자로서 늘 변화를 모니터링하고 미래 시나리오를 재점검해왔다. 지금의 결론은 한마디로 압축할 수 있다. "5년 전보다 사태가 더 심각해졌다." 상황이 점점 더 나쁜 쪽으로 굳어 가고 있다. 최악인 점은 사람들이 서서히 몰락해 가는 상황에 적응한 나머지 이제 위기감조차 잘 느끼지 못하게 되었다는 것이다. 필자의 미래 예측을 들은 몇몇 정부 고위 인사나 국회의원들은 이렇게 되묻는다.

"위기가 올 것은 알겠는데…… 정말, 한국의 미래 위기가 그렇게 심각한가요?"

1997년 11월 21일 김영삼 정부는 IMF 구제금융을 신청하기로 했다. 그런데 같은 해 11월 20일까지도 여전히 고위층 인사들은 이렇게 물었다.

"경제상황이 좋지 않은 줄은 알겠는데…… 정말, 한국의 경제 상황이 그렇게 심각한가요?"

5년 전에 '잃어버린 10년'의 예측을 발표했을 때 많은 사람이 "황당하다." "너무 부정적으로만 본다."는 반응을 보였다. 하지만 지금은 미래 위기를 불러올 10가지 핵심 요인들에 관한 걱정이 거의 매일 신문과 방송에 나오고 있다.

그 후로도 필자는 한국의 위기에 대해서 특히 다음과 같은 추가적인 경고를 해왔다.

1) 우리나라의 30대 그룹이 2020년 이후에는 현재의 주력 사업 대부분을 전환해야 할 것이며, 그렇지 않으면 30대 그룹에서 절반은 탈락할 것이다.

2) 미국발 금융위기 이후, 전세계의 금융위기가 20년 내에 4~5번 추가로 발생할 것이며, 빠르면 3~4년 이내에 첫 번째 위기가 다시 발생할 수 있다. 단기적으로는 유럽의 위기를 조심해야 한다.

3) 현재 최악으로 치닫고 있는 한국 부동산 버블 붕괴의 충격을 최소화하기 위해서는 하루빨리 대수술을 해야 하는데, 미국과 유럽의 위기로 인해서 실기失機할 가능성이 크다. 이명박 정부가 747정책을 고집하면 우리나라 부동산시장의 미래도 과거 일본과 비슷한 위기에 빠져

들 것이다. 그렇게 되면 100대 건설회사의 절반은 부도가 날 것이며, 저축은행은 2~3번의 추가적인 구조조정을 거치며 초토화 되고 나서 재편성될 것이다.

4) 2015년 경이 되면, 언론에 가장 많이 등장하는 이슈는 베이비붐 세대의 몰락이 될 것이다.

나아가 이런 미래의 문제에 대해 빠르게 선제대응을 하지 않는다면 우리나라는 2016~2018년경에 '제2의 외환위기'를 맞을 가능성이 크다고 지속적으로 경고해왔다.

리더가 문제다

우리는 변화의 속도와 폭에 압도당하기 쉽다. 그래서 내가 아무리 잘해도 세상의 변화 때문에 위기가 만들어질 수밖에 없다고 생각한다. 미래학에서는 다르게 본다. 사회, 경제, 기술, 산업, 문화, 정치, 환경, 영성 등의 영역에서 일어나는 변화는 미래의 위기와 기회의 가능성만을 만들어낼 뿐이다. 그 가능성을 실제적인 위기 또는 기회로 바꾸는 주체는 사람, 그 중에서도 리더다. 미래학에서 항상 Futures라는 복수 명사를 쓰는 이유가 여기에 있다.

정확히 말해서 상황이 미래를 만드는 것이 아니라 리더의 의사결정이 미래를 만든다. 그래서 미래를 수준 높게 통찰하는 능력을 가진 리더들의 역할이 중요하다. 선진국은 물론 글로벌 대기업들도 예외없이 미래를 모니터링하고 예측하는 일을 전담하는 전문부서를 두고 전략적으로 중시하고 있다.

그런데도 '미래는 예측할 수 없는 것'이라는 주장을 서슴없이 하는 사람들이 한국에는 특히 많다.

당신에게 다음 질문을 던진다면 어떻게 대답할 것인가?

"당신이 내일도 살아 있을 것이라고 확신하는가?"

대부분 "알 수 없다."고 대답할 것이다. 옳다. 그렇다면 질문을 바꾸어 보자.

"당신이 내일도 살아 있을 확률은 몇 %나 될까?"

질문을 바꾸는 것만으로도 사람들의 태도가 달라진다. "큰 이변이 없는 한 거의 99% 아닐까!" 이것이 바로 확률적 예측이다. 우리는 큰 이변이 없는 한 내일도 내가 살아 있을 것이라는 예측을 근거로 오늘 할 일을 계획하고 다음 행동을 시작한다. 이런 예측 없이는 아무 계획도 세울 수 없고, 어떤 행동도 할 수 없다. 이처럼 우리는 일상생활에서도 매일 예측하면서 산다.

조금 먼 미래에 대해서도 마찬가지다. 우리는 늘 현재의 주변 상황을 통찰하면서 인생의 장단기 계획에 대해 의미 있는 전망과 생각(연구)을 한다. 이처럼 미래를 '예언Prediction'할 수는 없지만, '확률적 예측Forecasting,' '통찰적 전망Foresight,' '의미 있는 연구Futures Studies'는 얼마든지 가능하고 꼭 필요한 일이다.

예언과 예측을 구별하지 못하는 사람은 두 가지 큰 오류를 범한다. 첫 번째 오류는 예언의 영역은 오직 신만이 알 수 있을 뿐이라는 것은 알면서도 행동은 반대로 한다. 오직 신만이 알 수 있는 A 기업의 일주일 후의 주가 변화를 자기 생각으로 단정 짓고 무작정 베팅한다. 두 번째 오류는 연구와 예측의 영역은 의미없는 것으로 생각해서 피해버리는 경우다. 조금만 관심을 두고 연구하면 통찰할 수 있는 한국의 위기 요소들과 방향을 예측해서 말해주어도 "그걸 당신이 어떻게 알아?"라며 외면해버린다.

이런 태도의 결말은 끔찍하다. 기회는 흘려보내고 위기만을 선택하게 되는 벼랑 끝 상황으로 자신을 몰아간다. 지금의 한국 사회가 그런 모습이다. 기업과 국가의 리더 그룹이 미래에 대한 잘못된 선입견과 통찰력의 부족으로 위기를 재촉하고 있다.

시스템 위기를 넘어설 수 있는가

성장하려면 성장하기 위한 시스템이 먼저 만들어져야 한다. 지속 가능한 성장을 위해서는 시스템의 지속적인 진화가 필수다. 예를 들어 내가 창업했다고 하자. 창업하면 돈을 벌기 전에 이미 기본적으로 성장의 한계가 정해진다. 그것을 시스템의 태생적 한계라고 한다. 시스템의 한계는 그 시스템 내에 있는 사람, 자본, 기술, 사업모델 등과 맞물려 있다.

사업을 시작했을 때 열심히 일하면 대략 10억 원 정도의 매출을 달성할 가능성이 있는 시스템이 만들어졌다고 하자. 이런 시스템 안에서 열심히 하면 매출 10억 원까지 성공적으로 갈 수 있다. 그런데 어느 순간부터는 아무리 열심히 해도 매출이 10억 원 이상으로 성장하지 않는다. 이유가 무엇일까? 시스템이 한계에 도달했기 때문이다.

이럴 때 CEO들은 고민에 빠진다. "어떻게 해야 매출이 10억 원에서 100억 원으로 도약할 수 있을까?" 고민 끝에 새로운 멋진 비전을 만들어 선포한다. 한국의 기업들이 지금 이런 상황이다. 거의 모든 기업이 2020비전을 강조한다. 대개는 주인의식을 가지고 지금보다 더 열심히 일하자는 것이 내용이다. 그런데 10배의 노력을 하면 매출이 10억 원에서 100억 원으로 올라갈까? 아니다. 10억 원 매출 시스템에서 10배의 노력을 하면 기업은 망가진다. 힘들어서 직원들은 떠나가고 CEO는 병들고 결국 회사는 문을 닫는다.

답은 간단하다. 가장 먼저 해야 할 일은, 10억 원 매출의 한계를 가지고 있는 기존 시스템을 100억 원 매출을 올릴 수 있는 시스템으로 고치는 것이다. 100억 원을 올릴 수 있는 시스템을 만들려면 100억 원 매출에 걸맞은 조직 문화로 바꾸고, 그것에 맞게 직원 역량을 기르는 등 조직의 유무형 요소들을 먼저 고쳐야 한다. 그런 후에 열심히 일해야 비로소 100억 원 매출이 가능하다. 1,000억 원 매출로 도약하기 위해서도 같은 과정을 거쳐야 한다.

국가도 마찬가지다. 지속해서 성장하려면 성장을 이룩해온 국가 시스템을 지속해서 바꾸어야 한다. 그렇지 않으면 성장이 멈추게 된다. 우리나라의 경제 개발 시기 초기에 식량난 해결을 위한 고급 농업 기술을 전수해 준 나라가 필리핀이다. 지금은 아시아의 부자 나라였던 필리핀과 가난했던 한국의 처지가 완전히 역전되었다. 2010년 기준으로 우리나라의 GDP는 필리핀의 8.8배에 이른다.

복잡계 네트워크의 법칙에 따르면 먼저 시장에 진입해서 브랜드를 구축한 상품이나 다른 나라보다 먼저 부를 쌓은 나라가 네트워크 선호도의 법칙에 의해서 후발 상품이나 후발국보다 더 빠르게 성장하는 것이 정상이다. 그런데 50~60년 전에는 우리보다 필리핀이 더 잘 살았는데 지금은 왜 정반대로 되었을까? 필리핀만이 아니다. 북한,

러시아, 브라질, 아르헨티나 등도 50~60년 전에는 모두 우리보다 잘 살았다. 그러나 이들 나라는 시스템의 확장기(혹은 시스템 변혁기)에 기존 시스템의 한계를 극복할 수 있는 시스템 변혁을 이루는 데 실패했다. 그래서 주저앉거나 장기적 침체를 맞았다.

반면에 한국은 지난 50년 동안 몇 번의 시스템 변혁을 성공적으로 이루어냈다. 그런데 이제는 한국이 성장의 한계에 봉착했다. 기존의 시스템을 고쳐야 하는 상황, 새로운 성장 시스템을 만들어야 하는 상황에 부닥쳤다. 그것도 앞으로 5년 이내에. 5년 안에 잘 극복하면 새로운 성장 국면으로 진입하겠지만, 실패한다면 우리나라는 장기적 정체를 겪다가, 결국에는 빠르게 추격해 오는 후발 국가들에 추월당하게 될 것이다.

필자가 보기에, 현재 한국의 국가 시스템, 기업 시스템, 개인 시스템은 2만 달러용이다. 아무리 노력해도 2만 달러의 벽을 넘기 어렵다. 물론, 이 시스템을 고수하면서도 '불가능은 없다'고 외치며 예전보다 더욱 강력하게 밀어붙이면 2만 달러를 조금 넘어서는 '숫자'를 만들어 낼 수 있다. 그러나 이내 과도한 부하가 걸려 시스템이 완전히 망가져 버리는 최악의 사태를 맞게 될 것이다. 현재 시스템에는 10가지의 한계가 있다. 다시 성장하기 위해서는 10가지 한계를 해결하면서 새로운 성장 시스템을 구축해야 한다. 그런데 앞으로 5년밖에 시간이 남지 않았다는 것이 필자의 예측이다.

세계 경제 대국인 일본이 잃어버린 10년에 들어간 것도 성장의 한계에 봉착한 시스템의 문제를 풀지 못했기 때문이다. 일본은 전 세계 2위의 경제 대국이었다. GDP가 미국의 약 1/4이고, 인구도 1억 2천 명이나 되는 큰 나라다. 그런데도 장기 침체에 빠졌다.

잃어버린 10년은 몰락이 아니다. 경제는 상대적이다. 한 나라가 정체하는 동안 다른 나라가 치고 올라온다. 일본을 추월할 대표적인 나라가 중국이다. 일본이 현재 GDP 수준을 유지해도 중국이 치고 올라오니까 순위가 바뀌게 된다. 이것이 장기적 정체의 결과다. 일본과 관련해 '잃어버린 20년' 이야기가 나오고 있다. 이런 이야기가 나오는 이유는 아직도 기존 시스템을 고치지 못했기 때문이다. 일본을 '잃어버린 10년'에 빠뜨린 원인은 다음의 8가지다.

- 기존산업의 성장 한계
- 종신고용 붕괴
- 저출산
- 고령화
- 재정적자 위기
- 경제성장률 저하
- 부동산 거품 붕괴
- 정부의 뒤늦은 정책

일본은 이런 시스템의 문제를 제대로 풀지 못하고 있다. 우리나라도 앞으로 일본이 겪었던 8가지 문제에 더해서 분열과 갈등으로 인한 사회적 자본의 취약과 통일 문제라는 2가지 한국만의 특수한 문제들에 맞닥뜨리게 된다.

우리가 안고 있는 8가지 시스템 문제는 선진국이 공통으로 겪은 문제들이거나 이머징 국가에서 선진국으로 넘어갈 때 반드시 풀어야 하는 문제다. 과거 미국도 같은 문제를 겪었다. 미국은 미리 대처해서 풀었다. 기존 산업의 한계는 금융업으로 치고 나갔다(물론 뒤에 금융이 큰 문제를 만들어냈지만). 종신고용의 붕괴는 노동의 유연성으로 풀었다. 저출산 문제에 대처하기 위해 이민을 받아들여서 출산율을 2.1명으로 끌어올렸다. 경제성장률의 저하는 외국에서 막대한 자원을 들여 인재를 영입해서 노동의 질 향상으로 풀어냈다. 고령화는 아직 숙제로 남아 있지만, 다른 나라에 비해 잘 풀어가고 있다. 재정적자 심화는 최근에 불거진 문제가 아니다. 1970~80년대에도 미국은 재정 문제를 겪었다. 그러나 전략으로 해결했다. 미국이 가진 기축통화와 국제적 힘이라는 엄청난 무기를 전략적으로 이용한 것이다. 부동산 거품 문제는 아직 풀어야 할 숙제로 남아 있다.

EU도 이런 문제들을 안고 있다. 그리스와 스페인의 재정적자 문제로 불거진 유럽연합의 현재 위기도 정확하게 말하자면 이 8가지 문제들이 근본적인 원인이다. 이 문제들을 풀려고 하다 엄청난 재정적자를 만들어 냈다. EU는 이 문제를 풀기 위해 앞으로도 많은 희생을 치러야 한다.

일본은 1992년부터 이런 문제에 직면했다. 그 전까지 일본의 국가부채는 GDP의 34%였다. 지금은 GDP의 230%를 넘어섰다. 여기에 2008년 기준 GDP의 149%에 이르는 기업부채와 75%를 넘는 가계부채를 합치면 전체 부채는 GDP의 454%를 넘는다.[1] 2013년 상반기에 대략 500%를 넘었으리라고 추측된다.

그래서 일본의 미래는 미국과 중국보다 더 위험하다. 5년 전 필자는 일본이 지금 시스템으로 10년만 더 가면 국가 부도를 맞을 가능성이 크다고 예측했다. 지금도 그 예측에 대한 필자의 생각은 변함이 없다. 2012년 4/4분기부터 시작된, 무한정으로 돈을 푸는 '아베노믹스'의 결과로 일본의 부채는 더욱 더 늘어날 것이다. 아베는 2년 내에 1,500조 원(132조 엔)의 돈을 풀겠다고 선언했다. 이 돈은 모두 정부의 빚으로 쌓이게 된다.

현재 일본이 안고 있는 과도한 부채는 대부분 1991년 이후 '잃어버린 10년' 기간에 생긴 것이다. 10년 동안 부채는 GDP 대비 34%에서 198%로 증가했다. 이 정도면 부도가 나는 것이 정상이다. GDP 대비 부채 비율이 그리스는 115%, 스페인은 71%가 넘는 수준에서 문제가 생겼다. 그런데 일본은 230%까지 치솟아도 문제가 되지 않았다. 어떤 비밀이 있을까? 그리스, 스페인 등은 국채를 발행해서 다른 나라에서 돈을 빌려 왔지만, 일본은 정부가 발행한 국채를 일본 금융기관과 개인이 대부분 사주었다. 그래서 문제가 터지지 않은 것이다. 엄청난 양의 부채 문제를 자기 집안에 안고 있는 셈이니 대외적인 압박에 시달릴 일이 상대적으로 적다.

2012년 기준으로 일본 정부 빚의 91%를 일본의 금융기관들이 떠안고 있다. 다른 나라들은 국가부채의 약 30~50% 정도를 외국에서 빌려 온다. 그런데 현재 일본은 9% 정도만 외국에서 빚을 얻어온 상황이다. 그래서 부채가 많아도 실질적으로는 안전하다고 착각하게 된다. 현재 일본의 외국 부채 의존도는 점점 높아지고 있다. 게다가 부채의 총량도 늘어나고 부채의 질도 나빠지고 있다. 이제 전 세계가 착각에서 깨어날 날이 멀지 않았다.

우리에게 시간이 없다

10년 내에 우리가 직면하게 될 시스템의 문제들은 이처럼 단지 우리만의 특수한 문제가 아니다. 그러니 억울해 할 필요도 없고, 왜 이런 문제를 겪어야 하느냐고 항변할 일도 아니다. 그런데 우리와 선진국 사이에는 다른 점이 한 가지 있다. 선진국들도 비슷한 문제를 안고 있지만, EU는 덩치가 크고, 미국은 기축통화를 가지고 있고, 일본은 자국 내 소화 능력이 있어서 문제를 해결할 수 있는 시간을 벌 수 있다. 그래서 문제가 생겨도 외환위기를 겪지 않고 국가 신용도도 크게 떨어지지 않는다.

하지만 한국은 EU처럼 5억 명이 넘을 정도로 덩치가 크지도 않고, 미국처럼 기축통화를 가지고 있지도 않으며, 일본처럼 자국 내 국채 소화 능력도 없다. 그래서 비슷한 문제가 발생해도 위기를 미루거나, 세계를 상대로 협박(?)할 수도 없다. 결국, 과거 IMF 구제금융 신청 당시처럼 우리 기업의 구조조정과 경제 긴축, 우량자산의 헐값 매각, 막대한 금융 비용, 국민의 희생을 요구하는 금융자본의 압박에 굴복할 수밖에 없다.

IMF 구제금융 위기를 겪은 우리가 2010년 G20 의장국이 되었다. G20에 진입하고 의장국이 되었다는 것은 우리도 선진국에 진입하는 단계로 들어섰다는 말이다. G20의 위상은 대단하다. G20의 GDP를 합치면 전 세계 GDP의 85%다. 나머지 15%는 180여 개 국가의 몫이다. 전 세계 지분의 85%를 가진 20여 개 국가가 모여서 국제적 기준을 결정한다는 것은 그 영향력이 엄청날 수밖에 없다.

그런데 내용을 들여다보면 좋아할 일만은 아니다. 우리나라 GDP 순위는 2003년 11위에서 2009년에는 15위로, 1인당 총소득은 54위까지 밀려났다. 시스템의 한계 때문에 위로 못 올라가고 있다. 그나마 국민의 저력이 있고 열심히 일해서 이 정도 수준이지, 열심히 안 했다면 필리핀처럼 추락했을 것이다.

우리가 G20의 지위를 계속 유지하려면 이미 한계에 도달한 중진국가 시스템을 고쳐야 한다. 선진국으로 넘어가려면 새로운 시스템이 필요하다. 우리 힘으로 문제를 미리 풀기 위한 노력을 하지 못하고 5년을 흘려 보낸다면 부작용이 현실화되고 중첩되어 나타날 것이다. 그때는 외부로부터 강제적 해결책을 강요받게 된다. 지금의 그리스처럼 문제를 해결하기 위한 모든 정책을 외부로부터 강요받으면서 일시적으로 경제 주권을 빼앗기게 된다. 그러는 사이 중국 등의 후발주자들에게 추격을 허용하게 된다.

그런 위기에서 가까스로 벗어나 경제 회복에 성공하더라도 1~2%대의 저성장 상태로 추락하게 된다. 선진국들은 우리에게 마이너스 성장에서 벗어난 것만으로도 만족하라고 할 것이다. 최악의 경우 G20에서도 탈락하게 된다. 필자가 예측하기에, 이러한 비극적인 미래가 오지 않도록 미리 대응할 수 있는 시간은 (이미 5년을 허비해 버려서) 앞으로 불과 5년밖에 남아 있지 않다.

> ● **미래 투자의 황금률:**
> **"기회는 생각보다 늦게 오고, 위기는 생각보다 빨리 온다"**
>
> 변화의 속도가 빨라지면서 최고경영자의 의사결정 속도가 빨라져야 한다는 압박감도 커진다. 반면에 미래 산업의 방향을 안다고 해도 사업적 의사결정에 필요한 속도와 타이밍을 예측하기는 매우 어렵다. 이럴 때 사고의 원칙으로 삼을 수 있는 황금률이 있다. "미래의 기회는 당신의 생각보다 늦게 오고, 미래의 위기는 생각보다 빨리 온다."고 생각하라.
> 미래 투자에서 대부분의 실수는 이것을 거꾸로 적용해서 발생한다. 많은 사람이 미래의 기회는 생각보다 빨리 온다고 착각하고 덤벼든다. 반대로 미래의 위

기는 생각보다 늦게 온다고 생각해서 위기에 대한 대비를 미룬다. 이 두 가지 중 한 가지 오류만 범해도 큰 손해를 본다. 만약 두 가지를 다 착각하면 수 십년간 일궈온 회사를 공중 분해시키는 끔찍한 의사결정을 하게 된다.

그 대표적인 예가 웅진그룹이다. 신재생에너지 시대가 온다는 것은 분명하지만, 그 시장이 무르익어 사업의 커다란 기회가 만들어지기까지는 생각보다 긴 시간이 걸린다. 하지만 웅진그룹은 기회가 생각보다 빨리 올 것으로 판단해 태양광 사업에 회사의 명운을 걸었다. 또한 부동산시장의 패러다임이 변화하고 있음에도 부동산 버블 붕괴의 위기가 늦게 올 것으로 착각했다. 그래서 과거에 그룹을 키웠던 방식으로 돈이 어느 정도 모이자 건설업에 뛰어들었다. 불행하게도 투자를 회수할 겨를도 없이 위기가 찾아왔다.

국가와 개인도 마찬가지다. 우는 사자처럼 성큼성큼 다가오고 있는 한국의 미래 위기는 당신의 생각보다 빠른 속도로 우리를 향해 달려오고 있다. 심지어 매일매일 미래의 위기와 기회를 모니터링하고 있는 필자의 예측보다도 대개는 더 빠르다.

현재 우리뿐만 아니라 선진국의 대부분 기업은 그 어느 때보다 현금보유율이 높다. 미래의 불확실성 때문에 부채는 줄이고, 현금보유율은 높이고 있기 때문이다. 하지만 이것도 좋은 대안이 아니다. 아무런 의사결정도 하지 않은 채 제자리에 머물러 있거나, 미래 변화를 무시하다가는 어느새 앉은 자리에서 고사할 수 있기 때문이다.

어떻게 해야 할까? 불확실성으로 포장된 미래를 좀 더 날카롭게 통찰하고 변화를 통제Handling 가능한 수준으로 가두어 두려면 어떻게 해야 할까? 변화를 알아야 한다. 변화에 민감해야 한다. 변화에 관심을 가지고, 통찰력을 높여 주는 좀 더 똑똑한 정보를 가져야 한다.

똑똑한 정보란 바로 복잡한 세상Complex System의 구조와 흐름을 정확히 꿰뚫어보게 만들어주는 정보다. 이런 정보를 가지고 '현재 무슨 일이 일어나고 있는지,' 혹은 '앞으로 무슨 일이 일어날지'를 남들보다 먼저 알 수만 있다면 불확실한 상황을 통제하기가 쉬워진다. (238쪽 다음의 〈책속의 책〉 참조)

21세기 리더들에게는 리스크 관리 능력도 중요하지만, 미래를 예측하는 능력이 더 중요하다.

단순한 사고가 위험하다

지금은 시간과 공간이 압축되어 변화의 속도가 매우 빠른 시대이다. 사회학자들과 미래학자들은 지난 100년의 변화가 그 이전의 1만 년, 즉 과거 인류역사 전체의 변화와 맞먹는 규모의 변화였다고 평가한다. 그리고 향후 20년의 변화는 지난 100년의 변화와 맞먹는 변화일 것으로 전망한다. 이 두 가지 평가를 조합하면 향후 20년의 변화는 과거 인류가 탄생 이후 겪었던 전체 변화와 맞먹는 변화라고 할 수 있다. 이것이 시간의 압축이다.

세상이 점점 더 좁아지고 있는 현상은 공간의 압축이다. 한 사람이 하루 혹은 전 생애에 걸쳐 도달할 수 있는 공간이 과거와는 비교할 수 없을 만큼 넓어지고 있다. 활동 범위와 생활 범위가 넓어질수록 심리적으로 세상은 좁아진다. 이런 심리적 공간의 압축으로 지구상에 존재하는 다양한 사회, 경제, 문화, 심리적 요소들이 국경을 넘어서 촘촘히 연결된다. 그 결과 위기와 기회도 국경을 넘어 전 세계로 강하고 빠르게 전파된다.

시간과 공간이 압축되어 더 복잡한 세상과 가파른 변화Exponential Change를 만들어내는 시대에는 단선적 관점 혹은 특정기술 등의 한 가지 요소에만 의존하여 변화를 예측하면 큰 실수를 하게 된다. 예를 들어 조선산업의 미래는 조선업종의 경쟁력만을 가지고 예측할 수 없다. 국제 정세, 금융 역학 구도, 신재생에너지 보급 등의 다양한 측면을 함께 보아야 한다.

신재생에너지의 보급도 기술이 가장 중요한 변수가 아니다. 국제적 역학 관계, 지구 온난화의 심각성에 대한 인식의 정도, 원유 가격, 경제 환경 등이 신재생에너지의 운명에 더 중요한 변수로 작용한다. 최고의 기술이 세계 최고의 히트상품이 될 것으로 생각하는 것은 지나치게 순진한 생각이다. 현실에서는 대개 최고의 기술이 아니라 2~3위의 기술이 세계를 제패한다. 이런 현상이 발생하는 이유는 특정 기술이나 상품 혹은 산업이 성공하려면 국제정치, 세계경제 흐름, 소비자의 심리 흐름, 환경 변화, 법과 규제의 변화 등이 맞아 돌아가야 하기 때문이다. 하나의 상품도 이렇게 복잡한데, 한 기업이나 한 국가는 훨씬 더 복잡하고 다양한 스펙트럼과 변수들을 고려하여 미래 전략을 수립해야만 한다.

필자는 직관으로 예측하지 않는다. 현대 미래학에서 사용되는 다양한 예측 기법을 활용해서 여러 분야의 방대한 데이터를 필터링하고, 분석하고, 요인들 간의 연결 관계를 파악하여 미래 모델로 재구성하는 과정을 거친다. 사람들은 단순화해서 설명하는 것을 좋아하지만, 그래서는 현재와 같이 시간과 공간이 압축된 시대의 변화를 읽어낼 수 없다. 한국이 안고 있는 10가지 위기 유발 요인들은 하나씩 떨어져 있는 것이 아니다. 10가지 요인이 시간이 흐를수록 서로 연결되면서 부분의 합보다 몇 배나 큰 충격을 우리 사회에 준다. 이 점을 읽어냈기에 '잃어버린 10년'이라는 한국의 미래 시나리오를 도출할 수 있었다.

한국의 미래 위기 요인 10가지
기존 산업의 성장의 한계
종신고용 붕괴
저출산
고령화
재정적자 위기 심화
경제성장률 저하
부동산 거품 붕괴
정부의 잘못된 정책
심각한 사회적 갈등
급격한 흡수통일의 위험

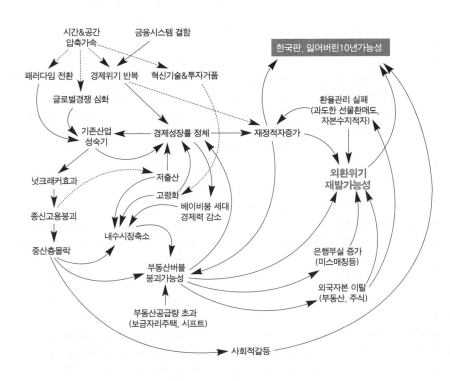

한국판 잃어버린 10년의 시스템적 인과관계

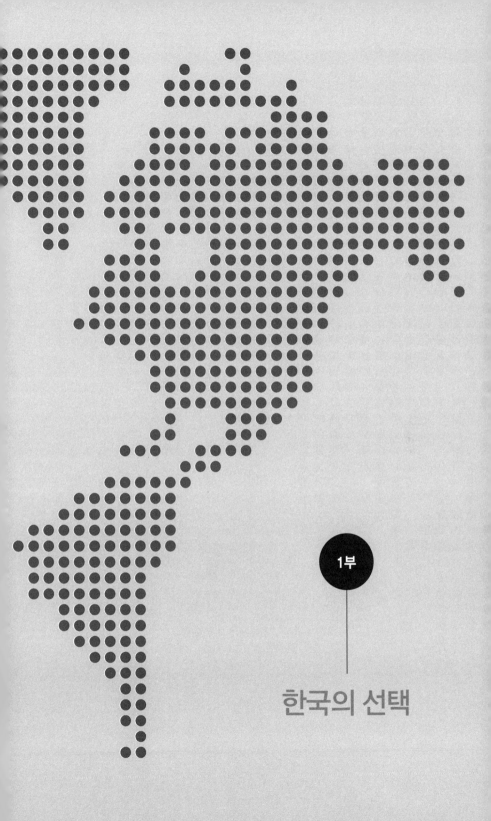

1부

한국의 선택

1장

기본 미래
"제2외환위기 거쳐
잃어버린 10년으로"

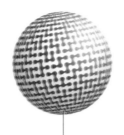

2020년의 '한국판, 잃어버린 10년'

인간은 위기를 겪을 때 눈앞의 위기만 잘 견뎌내면 곧 밝은 내일을 맞이할 수 있을 것으로 생각한다. 과연 그럴까? 실제로 그랬다면 인간은 왜 수많은 위기를 반복해서 겪어 왔을까?

2008년 미국의 서브프라임 모기지 사태 이후, 전 세계는 유럽발 금융위기, 중국의 부동산 경기 침체, 미국의 재정적자 위기 등을 거치며 전 세계적 경련World-spasm 현상을 지속해서 겪고 있다. 하지만 이것이 끝이 아니다. 미국의 경제가 서서히 살아나더라도, 세계는 앞으로도 계속해서 다음과 같은 위기를 반복해서 겪을 것이다.

- 한국의 제2의 외환위기
- 동남아 버블, 남미의 버블, 신성장 산업들의 반복적인 버블 붕괴

- 페스트나 H5N1과 같은 치사율 60~80%가 넘는 대규모 전염병 발발에 대한 공포
- 항생제에 내성을 보이는 슈퍼박테리아의 습격
- 지구 생태계 파괴로 인한 각종 질병의 빈번한 발병과 전염병의 세계화
- 지구 온난화로 인한 심각한 기후 변화나 자연의 대재앙

우리는 이와 같은 전 세계적 재앙이 반복적으로 닥치는 미래를 통과해야 한다. 시간이 갈수록 이런 재앙이 일어나는 시기가 가까워지고 있다. 그런데 더 큰 문제는 다가오고 있는 더 큰 위기와 위협에 대한 사람들의 무관심이다. 무관심을 넘어 오만하기까지 하다. 미래의 재앙이 '엄청난 충격'을 주면서 그 모습을 드러내고, 피할 수 없는 순간이 되면 현재의 오만과 무관심은 공포로 바뀔 것이다. 정부와 제도권은 그때야 비로소 비상대책을 마련한다고 부산을 떨 것이다. 하지만 그때는 위기와 위협을 통제할 타이밍을 놓친 상황이기에 비상대책을 마련해도 소용이 없을 것이다. 지금은 통제의 가능성이 남아 있지만, 시간을 지체하면 감당하기 어려운 재앙으로 돌변할 문제들이 국내외에 산적해 있다.

유일한 해법은 미리 파악하고 대비하는 것이다. 미래연구와 예측 기법을 통해 다가오는 위기와 위협을 예측하고, 이대로 간다면 무슨 일이 일어날 가능성이 가장 큰지를 알아내야 한다.

지금부터 5년 후 나타날 한국의 기본미래는 '잃어버린 10년'이다. 기본 미래란 현재의 시스템이 크게 바뀌지 않은 채 지속된다면 일어날 가능성이 가장 높은 미래다. 지금의 사회, 기술, 경제, 환경, 제도,

정치, 영성, 심리에서의 흐름이 큰 변화 없이 지속된다고 가정할 때 일어날 확률이 70~80% 이상 되는 미래이다. 기본미래는 미래에 관한 의사결정을 할 때 최우선순위로 고려해야 할 상황이다.

'한국판, 잃어버린 10년.' 이것이 우리의 서글픈 기본미래다. 이를 피부에 와 닿게 표현하면, 5~15년 이내에 국내 30대 그룹 중에서 15개 이상 사라진다는 말이다. 이 점만큼은 예측이 아니라 확실하게 '예언'할 수 있다. 산업주의 시대의 패러다임에서는 기업의 평균 생존 기간이 대략 30년 정도였다. 한국의 제조업 평균 수명은 23.9년이다. 지금은 변화의 속도가 더 빨라져서 기존 산업은 20년, IT산업은 10년을 넘기기 어렵다. 따라서 모든 기업은 10~20년 이내에 성장의 한계를 맞게 된다. 필자는 이것을 '생존의 변곡점'이라고 부른다. 기업이 이 생존의 변곡점에 이르기 전에 기존 시스템의 한계를 극복해내지 못하면 쇠락을 맞게 된다. 그런데 시스템의 한계를 극복하고 새로운 성장을 위한 새로운 시스템을 구축하는 것은 생각보다 훨씬 어렵다. '마누라만 빼고 모든 것을 다 바꾸어야'만 가능한 일이기 때문이다.

제2의 외환위기가 오고 있다

5년 전에 발표한 한국의 미래 시나리오들을 다시 점검하고 최적화 연구를 하고 난 지금 필자의 결론은 이렇다. "다가오는 위기에 무덤덤한 한국은 1997년 IMF 구제금융 위기에 준하는 큰 위기나 GDP의 -5%가 넘는 극심한 경기 후퇴를 겪고 나서야 위기의 본질을 깨닫고 생존을 위한 필사적인 개혁에 필요한 추진력을 얻을 수 있을 듯하다." 위기를 겪고서야 정치권이나 기업, 그리고 국민이 진지하게, 포괄

적이고 근본적인 구조개혁을 받아들이는 계기를 마련할 수 있을 것으로 보인다. 그 때까지는 국민 스스로 살 길을 찾아야 한다.

생존을 위해 가장 먼저 대비해야 할 미래는 제2의 외환위기 가능성이다. 현재 불거지고 있는 시스템적 문제를 그대로 내버려둔 채, 포퓰리즘 때문에 구조조정을 미루고 개인, 기업, 정부의 부채를 늘려가면서 부동산 가격 정상화를 계속 늦춤으로써 위기를 해결할 수 있는 마지막 기회를 놓치는 시나리오다. 그렇게 되면 한순간에 모든 문제가 한꺼번에 터지게 된다. 더는 버틸 수 없는 상황에 몰린 부동산 거품이 한꺼번에 터지면서 급격하게 환율을 밀어 올리게 되면 제2의 외환위기를 피할 수 없다. 이 시나리오가 현실이 된다면, 최악에는 한국은 되살아날 수 있는 마지막 동력까지 상실할 수도 있다.

일본이 바로 그런 경우다. 일본은 부동산 버블 붕괴가 가시화되자 거대 기업과 금융권을 살리기 위해 공적 자금을 쏟아 부으면서 버텼다. 그 결과로 정부부채가 10년 만에 GDP 대비 34%에서 198%까지 커졌다. 그렇다고 부동산 버블 붕괴를 막지도 못했다. 결국, 어쩔 수 없이 구조조정을 단행했고, 그 이후 조금씩 잃어버린 10년의 후유증에서 벗어나기 시작했다. 그러는 동안 일본은 너무도 많은 것을 잃었다.

한국도 일본과 비슷한 위기를 만날 때마다 정부가 잘못된 정책을 펴거나 때늦은 정책을 펼 가능성이 크다. 2010년 초만 해도 이미 한국 정부는 미분양 아파트를 5조 원어치나 사주었다. 이런 과정을 통해 정부의 빚은 늘어나고 국가 전체의 기초체력은 약해진다.

2010년 기준으로 정부가 공식적으로 인정한 국가채무 비율은 33.8%였다. 이는 OECD 회원국 평균인 53.8%보다 낮았다. 하지만 경제는 상대적이며 동시에 상황과 맞물려 변화하기 때문에 국가채무

비율이 안정적이라고 단정해서는 안 된다.

2010년 삼성경제연구소가 '국가채무의 적정 비율'이라는 보고서를 통해 밝힌 한국의 적정 국가채무 비율은 GDP 대비 62% 수준이었다. '적정Optimal 국가채무'란 세입을 통해 이자 상환이 가능한 수준으로 국가채무 비율이 유지되는 선을 말한다. 이 용어가 뜻하는 바는 재정수지나 경상수지를 통해 국가의 수입이 계속 늘어나면 국가의 부채가 계속 늘더라도 안전하지만, 거꾸로 수입이 줄어드는 상황이라면 부채의 규모가 줄지 않더라도 부도 위기로 몰릴 수 있다는 말이다. 그렇기 때문에 국가의 적정 채무 비율이 GDP의 60% 이내면 무조건 안전하다는 식으로 말해서는 안 된다. 모든 것이 국가별 상황과 경기 변동의 맥락에서 상대적으로 결정되기 때문이다. 마치 개인이 빚을 5,000만 원 지고 있어도, 연봉 1억 원의 안정된 직장에 다닐 때는 전혀 위험하지 않지만, 만약 회사가 안 좋아 연봉이 많이 삭감되거나 실직을 하게 되면 갑자기 파산할 수 있는 것과 같은 이치이다.

적정한 국가부채의 한도가 어디까지인가에 관한 기준은 논란의 여지가 있다. 국내 부채인지 대외 부채인지, 부채의 구조는 어떤지, 단기 부채가 많은지 장기 부채가 많은지, 평균 대출 금리가 어떻게 되는지, 국가의 발전 정도가 어떤지 등에 따라 부채 한도의 기준은 달라질 수 있다. 이런 이유 때문에 부채의 한도를 설정하는 것이 무의미하다고 주장하는 학자도 있다(독일의 정치학자 오토 도너Otto Donner). 독일의 경제학자 고트프리트 봄바흐Gottfried Bombach의 말이 좀 더 현실적일 것이다. "한도가 어디인지는 아무도 모른다. 하지만 그 한도에 도달했는지는 누구나 안다."[2]

1993년 유엔의 국민계정체계SNA를 기준으로 할 때, 한국은

2030년부터 국가채무가 GDP 대비 67.8%를 넘어서게 되지만 적정 채무 비율은 펀더멘털의 약화로 오히려 58% 수준으로 하락할 것이다. 2050년경이 되면 적정 부채 비율은 52%대로 더 추락할 것이다. 반대로 채무 비율과 재정적자 규모는 닥쳐올 시스템적 문제 때문에 지금보다 훨씬 더 높아질 것이다. 이런 경고에도 먼 미래의 일이기에 지금은 안심해도 된다는 생각이 지배적이다. 정말 그럴까?

우리나라 정부의 부채 계산이 2014년이면 다른 나라들처럼 중앙은행과 공기업을 포함하는 2008년에 새롭게 강화된 유엔의 국민계정체계를 기준으로 바뀐다. 새로 바뀐 규정을 적용하면 국가 채무는 2012년 발표치인 468조 원보다 많은 957조 원 정도로 곧바로 재조정이 된다. 국내총생산 대비 75.3%에 해당하는 규모다. 이는 일본, 이탈리아, 미국, 프랑스 등보다는 적지만, 구제금융을 받고 부도가 난 상황과 다름없는 스페인과 비슷한 수치다. 우리나라의 가계부채도 GDP 대비 96%를 넘어섰다. 참고로 부동산 버블이 붕괴된 미국의 2008년 가계부채 비율은 GDP 대비 96%였고, 이탈리아는 122%였다. 일본은 부동산 버블 붕괴 시기인 1992년 가계부채 비율이 63.2%에 불과했다.

이런 상황에서 박근혜 정부에서는 기초노령연금의 확대 실시, 개인 빚의 원금을 탕감해 주는 국민행복기금을 시행하고 있다. 또한, 대선 때 약속했던 지역 공약 105개 이행을 위한 124조 원의 비용 중에서 최소 40~50조 원을 추가로 부담해야 한다. 부채 규모가 커질수록 (국가부도의 가능성과는 별개로) 국민의 경제적 부담을 키워서 세금 부담, 자산시장 활성화, 노동 투입, 저축, 투자 등 많은 경제성장의 요인들에 영향을 끼친다.[3]

그렇기 때문에 국가채무 비율에 여유가 있다고 자만해서는 안 된다. 빚을 더 늘리지 말라는 말이 아니다. '추가 가능한 빚 운용 규모'를 헛되이 쓰지 말라는 말이다. 철저한 재정 관리, 부채 관리가 필요하다. 재정 규율을 지금보다 더 강화해서 국가채무, 재정수지, 지출 등에 관한 구체적인 목표를 설정하고 철저하게 관리해야 한다. 신용도에 여력이 있을 때, 금리가 높은 단기 국채보다는 금리가 상대적으로 낮은 장기 국채를 발행하여 국가채무를 조절해야 한다.

과거 이런 문제를 내버려두다가 외환위기를 맞았다. 그 후에도 1997년부터 2010년까지 14년 연속으로 국가부채가 연평균 17.6%씩 늘어났다. 이 추세를 바꾸지 않으면 한국 경제는 완전히 침몰할 수도 있다. 2009년 10월 그리스의 해당 연도 재정적자 규모가 12.7%이고 국가부채가 GDP 대비 120%를 넘는다는 사실이 알려지면서 그리스를 포함한 남유럽 국가들의 연쇄 위기가 시작되었음을 명심해야 한다.

현재 한국은 국가의 재정적자와 부채 규모, 가계부채의 규모 등을 그리 큰 문제로 여기지 않는 분위기이다. 그런데 위기는 대부분 오래전에 시작되고 오랜 시간을 거치면서 악화되지만, 겉으로 터져 나오는 것은 한순간이다. 터져 나온 후에는 어떤 정책을 시도해도 막을 수 없다. 위기를 통제할 수 있는 타이밍을 이미 놓쳤기 때문이다. 그리스와 남유럽도 문제가 외부로 불거지자 순식간에 국가 위기에 대한 불안감과 시장의 의혹이 하늘 높이 치솟았다. 바로 이것이 현실이다. 수면 아래에서 위기가 진행되어도 아무런 문제가 없는 듯 지나가다가 누군가 위기를 지적하면 그 순간 위기지수가 걷잡을 수 없이 폭등한다. 2010년 5월경 IMF와 EU가 급하게 나서서 7,500억 유로라는

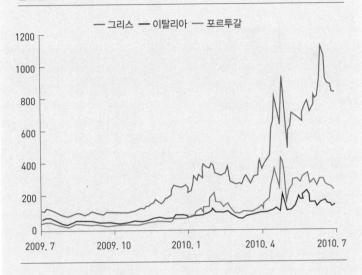

남유럽 주요국 국채 CDS 프리미엄

— 그리스 — 이탈리아 — 포르투갈

남유럽 주요국 국채의 CDS 프리미엄(Credit Default Swap의 보험료: 채권을 발행한 기업이나 국가 등이 부도가 나더라도 원금을 상환받을 수 있도록 보장한 금융파생상품) 수치를 보면 재정적자와 국가부채의 문제가 수년 전부터 이미 시작되고 점차 커져 왔음을 알 수 있다. 하지만 2009년 10월에 언론의 주목을 받기 전까지는 그리스를 비롯한 이들 나라의 재정은 전혀 문제가 없는 것처럼 보였다. 실제로 몇몇 전문가를 제외하고는 그다지 큰 문제로 보지 않았다.

다음 쪽의 그림을 보면, IMF 구제금융 위기를 포함해서 근래에 발생한 한국의 대형 경제위기도 비슷한 모습을 보여준다. 한국은행이 발표하는 금융안정지수도 위기가 눈에 보이기 오래 전부터 시작되는 모습을 반영하지는 못한다. 국채 CDS 프리미엄도 위기를 사전에 거의 반영하지 못한다. 위기를 알려 주더라도 단지 6~8개월 전에야 '주의' 경보를 보낼 수 있을 뿐이다. 한국의 금융안정지수는 2008년의 글로벌금융위기가 발발하기 1년 전에는 위기지수가 '0'이었다. 왜 그럴까? 금융안정지수를 평가하는 항목들의 상당수가 후행적 지표들이기 때문이다.

금융안정지수

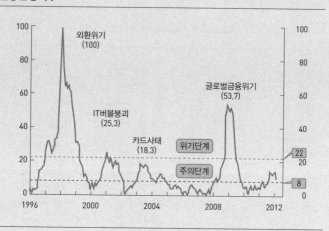

금융안정지수 부문별 세부항목과 분석지표

부문	세부항목	분석지표
금융시장	채권시장 주식시장 외환시장	국채수익률변동성, 회사채 신용스프레드 주가변동성, 거래대금/시가총액 환율변동성
은행 건전성	신용위험 수익성 자본적정성 자금조달	연체율, 고정이하여신비율, 커버리지비율 NIM, ROA BIS자기자본비율 펀딩갭(Funding Gap)/총자산
외환 건전성	대외채권 · 채무 외환수급 외화조달여건	순대외채권, 단기외채/외환보유액 경상수지/GDP 외평채 CDS 프리미엄
국내외 경제	국내경제 세계경제	경제성장률, CPI상승률 아파트매매가격상승률, 통합재정수지 경제성장률, CPI상승률, TED스프레드
가계채무 부담능력	유동성 원금상환능력 이자상환부담	금융부채대비 자산비율 금융부채대비 가처분소득비율 지급이자대비 가처분소득비율
기업채무 부담능력	수익성 자본적정성 유동성	매출액 영업이익률 자기자본비율 유동비율, 순이자보상비율

출처: 2012년 한국은행 금융안정보고서

사상 초유의 구제금융계획을 발표했지만 아직도 시장에서 불안감은 사라지지 않고 있다.

한국은 빚의 규모가 커질 수밖에 없지만, 신인도는 크게 높일 수 없는 구조로 되어 있다. 이 사실은 우리가 이미 위기 국면으로 접어들었다는 말이다. 미국이나 EU, 일본 등은 우리보다 훨씬 재정적자가 크고 국가부채 비율도 높지만, 국가 신인도가 높아서 우리보다는 부도 위험이 낮다.

반면 한국은 현재 위기를 겪고 있는 그리스, 스페인, 포르투갈보다 경제 펀더멘털이 훨씬 더 좋다. 그럼에도 그들보다 신용도가 훨씬 높지는 않다. 외국 자본가들이 한국을 외환위기 재발 가능국으로 보기 때문이다. 그래서 조금만 위험한 신호가 나타나면 투기자본이 한순간에 빠져나가는 일이 반복된다. 그들은 왜 한국을 외환위기 재발 우려가 있는 국가로 볼까? 1970년부터 1999년까지 약 30년 동안 전 세계에서 외환위기가 98번 발생했다. 그 중 한 번이 우리나라다. 그런데 98번의 외환위기를 28개 국가가 만들어 냈다. 즉 외환위기가 한 번 발생한 국가는 반복해서 2~3번 겪는 것이 기본 패턴이기 때문에, 외국 자본가들은 우리나라의 경제적 안정성을 그리 높게 보지 않는 것이다.

외환위기는 왜 재발할까? 오른쪽 그림을 보면 이유는 간단하다. 일단, 외환위기가 발발하면 환율이 상승한다. 환율이 오르면 기업 부실이 증가하고, 부실이 증가하면 단기유동성 압박이 일어나고 시중 금리가 인상되어 자금 조달이 어렵게 된다. 그 결과로 부실이 더 커지게 된다. 이때 정부가 최악의 파국을 막기 위해 공적 자금을 긴급 투입하여 기업과 은행의 부실채권을 사준다. 그 결과 기업 부실과 은행 부실이 줄면서 신용도가 다시 회복되고 경제 위기를 탈출한다. 이것이 기본적인 패턴이다.

그런데 엄밀하게 말해서 기업과 은행의 부실이 사라진 것이 아니라, 그 부실이 개인과 국가에 전가된 것이다. 기업과 은행권은 자신이 살기 위해 개인들을 직장에서 쫓아낸다. 우리나라도 외환위기 때 100만 명의 실업자가 생겼다. 은행과 기업의 부실을 개인들에게 전가한 것이다. 그리고 금리가 인상되는 과정에서도 가계의 금융 비용이 증가하게 된다. 또한, 정부는 공적 자금을 밀어 넣으면서 재정적자 규모와 부채를 늘리게 된다.

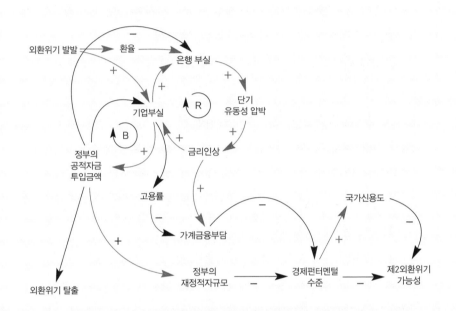

외환위기 발발   환율   은행 부실

−

+

기업부실   R

+

단기
유동성 압박

정부의
공적자금
투입금액

B

+   금리인상

+

고용률

+

−

가계금융부담

외환위기 탈출

+

정부의
재정적자규모   −   경제펀터멘털
수준   −   제2외환위기
가능성

−

국가신용도

+

−

외환위기가 반복되는 시스템적 이유

참고: 1970~1999년 외환 위기 겪은 나라 수: 28국 / 외환 위기 횟수: 98차례

외환위기 탈출은 위기를 근본적으로 해결하는 대신 일정 기간 기업과 은행의 부실을 정부와 개인에게 떠넘기는 과정일 뿐이다. 그 결과로 제2의 외환위기 가능성이 새롭게 시작된다. 만약 외환위기를 극복한 이후 부채의 증가분을 앞설 정도로 경제성장률이 높아지면, 제2의 외환위기 가능성은 낮아진다. 부채가 늘어났지만 그것보다 더 큰 폭으로 총수입이 증가해 부실 수준이 낮아지기 때문이다. 하지만 이렇게 선순환의 사이클로 복귀한 나라는 드물다.

첫 번째 외환위기 때는 기업과 은행의 부채가 주요 원인이지만 제2의 위기 때는 가계부채 증가와 정부의 재정적자 및 총부채의 위기로 그 성격이 달라진다. 외국에서 들어온 투기자본들은 이 점을 잘 알고 있다. 외국 자본이 우리를 보는 시각은 '아직 외환위기가 재발하지 않은 나라'다. 그래서 신용등급이 일정 수준 이상 올라가지 않는 것이다. 만약 20년 동안 외환위기가 재발하지 않으면 그때는 이 족쇄를 풀어줄지도 모른다.

이런 상황에서 부동산 버블의 급격한 붕괴, 정부부채의 증가, 가계부채의 증가, 무역수지 흑자 폭의 감소, 기존 산업의 성장 한계로 말미암은 잠재성장률 급락과 종신고용 붕괴(불안정한 일자리), 저출산 고령화 후폭풍, 정부의 뒤늦은 정책 등이 한꺼번에 몰리면 어떻게 될까? 여기에 더해 미국의 출구전략과 기준금리 인상을 한국의 기업과 개인이 이겨내지 못한다면? 이번 정부가 강력하게 밀어붙이려고 하는 '경제민주화'가 실패하면 상황은 걷잡을 수 없는 파국으로 치달을 가능성이 있다. 만약 이런 일들이 모두 현실화되면, 금융위기에 취약한 우리는 2016~2018년에 제2의 외환위기를 맞을 가능성이 크다.[4]

한국은행의 자료에 의하면, 2013년 현재 우리나라에 들어온 외국 투자자금 총액은 9,253억 달러다. 이 중에서 수시로 입출입이 가능한 주식투자금, 채권투자금, 차입금의 비중이 무려 83.6%에 달한다. 이는 우리와 비슷한 신흥국의 평균인 48%보다 2배 가까이 많은 수치다. 2배 가까이 많았기에 그 동안 다른 신흥국보다 우리나라 자본수지와 자산시장이 더 선전한 것이다. 그러나 반대의 경우가 발생하면 2배 이상의 충격을 줄 수도 있는 양날의 칼이다.

2013년 6월 현재, 우리나라의 외환 규모는 3,280억 달러다. 사상 최대의 규모라고 자랑을 한다. 사실, 이 규모라면 정부의 말처럼 국외에서 벌어지는 금융위기들을 감당하는 데는 큰 문제가 없다. 그러나 지난 IMF 시절처럼 한국경제 자체에 근본적 위기가 닥치면 대응하기에 부족하다.

외환위기 직전인 1997년 9월, 우리나라의 외환보유고는 311억 달러였다.[5] 당시 한 달 평균 수입액 규모가 120억 달러였기에 IMF가 권장하는 최소 보유치(3개월분 수입액)에도 못 미치는 금액이었다. 그럼에도 당시 강경식 경제부총리는 "대한민국 경제의 펀더멘털은 튼튼하다!"는 말만을 반복했다. 태국이 외환위기에 빠지자 IMF 분담금 5억 달러를 지원할 정도의 여유를 부리면서 연말쯤이 되면 외환보유고가 좀 더 늘 것이기에 그다지 걱정하지 않아도 된다고 했다. 그러나 정부의 장담과는 다르게 11월에는, 위기를 먼저 간파한 외국 투자자본들이 빠져나가고 무역수지 적자가 누적되면서 외환보유고가 20억 달러로 줄어들었다. 결국, 11월 21일 정부는 공식적으로 IMF에 구제금융을 신청했다. 그리고 12월 4일 IMF 이사회는 대기성 차관 75억 달러, 보완준비금융 135억 달러를 포함한 총 210억 달러의 구제금융 계획을 승인했다.

지금은 어떨까? 현재 우리나라는 단기외채가 1,250억 달러다. IMF 구제금융을 받을 만한 규모의 경제위기가 국내에서 벌어져서 외국 투자금의 20~30%가 썰물처럼 빠져나간다면 대략 1,120~1,680억 달러 정도가 추가로 사라지는 셈이다. 이 두 가지만 합쳐도 2,370~2,930억 달러가 된다. 이렇게 되면, 외환보유고의 잔고는 910~350억 달러밖에 되지 않는다. 2013년 현재 우리나라는 3개월분 수입액을 충족하는 최소치가 1,400억 달러이기 때문에 상황은 1997년 당시와 큰 차이가 없게 된다. 곧바로 외환위기가 일어날 수 있다. 물론, 정부는 1997년 때처럼 우리나라의 경제 펀더멘털은 튼튼하다고 말할 것이다.

필자의 예측이 맞는다면, 개인과 정부가 모두 다 수수방관하거나 통제하지 못하는 가계부채 문제가 제2의 외환위기 발발이라는 무서운 시나리오에 불을 붙이는 도화선이 될 것이다. 그리고 본격적인 부동산 가격의 하락은 위기를 폭발시키는 방아쇠 역할을 할 것이다. 이 부분에 대해서는 부연 설명이 필요하다. 좀 더 정확하게 예측하면, 한국의 3~5년 후의 미래 시나리오는 3가지로 세분화해 볼 수 있다. 첫 번째 시나리오, 위기를 경고하는 목소리에 귀 기울여서 근본적인 문제인 가계부채 증가를 멈추고 가계부채의 원금을 일정 부분 줄이는 정책으로 돌아선다면 '저성장'으로 위기를 끝낼 수 있다. 하지만 계속해서 가계부채를 늘리는 정책을 지속한다면 이번 정부 말이나 다음 정부 초에 금융위기에 빠질 가능성이 크다. 이것이 두 번째 시나리오다. 마지막 시나리오는 최악의 상황이다. 가계부채의 규모가 지금보다 일정 수준 이상으로 더 커진 상태에서 문제가 터지거나 혹은 금융위기를 처리하는 과정에서 정책적 실수나 정치적 혼란으로 해법을 실행할 적절한 타이밍을 놓치게 된다면 최악의 경우에는 제 2의 외환위기까지 갈 수 있다. 물론 외환위기로 나라가 망하는 것은 아니다. 제2의 외환위기가 발생하더라도 국민의 힘으로 극복할 것이다. 문제는 그 다음이다. 우리나라는 시간이 갈수록 복지 비용의 증가로 정부와 지자체의 재정적자 부담이 커질 수밖에 없다. 이런 상황에서 제2의 외환위기를 극복하기 위해서 정부는 부채를 더욱 늘려야 한다. 때문에 제2의 외환위기가 실제로 발발하게 되면, 그 위기를 극복한 후 5~10년 이내에 정부부채의 증가로 인한 제3의 외환위기를 맞을 가능성도 있다. 여기까지 상황이 악화되면 한국은 일본처럼 '잃어버린 20년'에 빠지게 될 것이다.

이런 미래가 현실화되지 않도록 하기 위해서는 어떻게 해야 할까? 당장 가계부채 증가를 막아야 한다는 것이 필자의 제안이다. 지금이라도 가계부채의 증가를 막는 쪽으로 정책을 전환하면 '저성장' 선에서 문제를 막을 수 있다. 우리나라 기업들이 넛크래킹 현상에서 탈출하기 위해서는 10~15년의 시간이 필요하다. 저성장으로 문제를 막아야 이 시간을 벌어줄 수 있기 때문이다. 2013년 기준으로 한국의 가계부채는 1,150조 원을 넘어섰다. 이 정도의 규모면 이미 통제의 범위를 넘어섰다. 가계부채가 이렇게 늘어난 이유는 무리하게 소비를 늘리고, 빚을 내서 부동산을 사고, 정부가 잘못되거나 뒤늦은 정책을 펴고, 인위적인 고환율 정책으로 가계의 지출 부담이 더 커지기 때문이다.

금융위기 이후에도 이런 현상은 지속되었다. 글로벌 금융위기 속에서도 한국의 가계부채는 더 늘었다. 2008년부터 2011년 상반기까지 정부가 고환율 정책을 지속함으로써 경제는 11% 성장했지만, 소득은 15% 감소했고 가계대출은 34% 증가했다. 대략 190조 원의 돈이 국민의 주머니에서 추가로 지출된 것이다.[6]

2010년 정부는 GDP의 1%가 넘는 13조 원의 재정적자를 냈다. 그리고 4대강 공사와 무리한 주택사업으로 LH공사 등의 공기업 부채가 증가했다. 그런데 이런 정부의 재정적자나 공기업 부채마저 시장을 거쳐 간다는 이유만으로 경제성장률에 포함된다. 그에 따라 2010년에 재정적자와 부채 증가분만큼 경제성장률이 증가하여 6.3%의 높은 성장률을 기록했던 것이다. 이를 두고 8년 만의 최고 성장률이라고 자랑할 수 있을까?[7]

국민연금이 주식시장을 열심히 떠받쳐 주었고, 정부는 국가 자산을 담보로 부동산시장에서 발생하는 부실채권을 사주었다. 이런 정책의 수혜자는 국민이 아니라 대주주와 외국인 투자자였다.

기업의 부채도 만만치 않게 증가하고 있다. 2012년 기준으로 한국 기업의 총부채는 약 1,456조 원(1조 3천억 달러)에 이를 것으로 추산된다.[8] 일반적으로 기업부채가 GDP의 90% 선을 넘으면 위험한 수준이라고 판단한다. 이 기준으로 볼 때 우리나라의 기업부채는 GDP 대비 130%에 육박하므로 이미 위험한 상태이다. 즉, 언제라도 제2의 외환위기를 촉발할 수 있는 잠재적 요인이 잠복하고 있는 것이다.

거기에다 우리나라는 2가지 위기 요인이 추가된다. '한국판, 잃어버린 10년'을 만드는 9번째 원인은 '엄청난 불신'과 이에 따른 사회적 갈등의 심화다. 여기에 남북 간의 극도의 긴장이 반복되고 준비하지 못한 채 맞이하는 통일이라는 10번째 문제가 겹친다면 어떻게 될까? 당신이 수십억 달러를 한국에 투자한 투자자라면 이런 상황에서 무슨 생각을 할까?" 단 한 가지 생각만 들 것이다. "언제 빠져나갈까?"

이미 위기는 시작된 것임을 잊지 말라.

고장 난 성장 시스템

한국의 현재 사회, 경제, 산업 시스템은 성장의 한계에 이미 도달했다. 물론 이 시스템을 그대로 유지하면서도 1인당 GDP 2만 5,000~3만 달러까지는 성장할 수 있다. 하지만 거기가 끝이다. 정치, 경제, 산업, 사회 등의 모든 영역에 걸쳐 근본적으로 재설계하는 수

골드만삭스가 틀렸다

2011년 한국의 GDP는 1조 141억 달러였다. 이를 기준점으로 삼고 매년 4%씩의 견실한 경제성장을 2050년까지 지속한다고 가정하면, 2050년 한국의 GDP는 약 3조 7,690억 달러가 된다. 그리고 1인당 GDP는 2011년 2만 달러에서 2020년 2만 8천 달러, 2030년 4만 3천 달러, 2040년은 6만 달러, 2050년은 8만 6천 달러가 된다. 골드만삭스는 2007년에 이와 비슷한 방법으로 계산해서 2050년에 한국의 1인당 GDP가 8만 1천 달러가 될 것으로 발표했다.

그러나 이런 식의 계산은 매우 비현실적이다. 첫째, 그 어떤 나라도 선진국이 되어서도 40년 동안 4% 대의 성장을 지속하지 못한다. 둘째, 2050년의 1인당 GDP가 높게 계산된 데에는 한국의 총인구 감소라는 요인도 작용했다. 한국의 총인구는 2020년 무렵의 약 5,100만 명을 정점으로 줄기 시작해서, 2050년이 되면 대략 4,400만 명으로 하락한다. 따라서 2011년부터 40년 동안 매년 4%씩 경제가 성장한다는 비현실적 가정과 인구가 감소하여 1인당 GDP의 숫자가 상대적으로 증가하는 요인을 기반으로 한 단순한 예측에 기대어 우리의 미래를 긍정적으로 보는 것은 큰 문제가 있다. 한국은 1995년에 1인당 GDP가 처음 1만 달러를 넘었고, 1996년에는 OECD에 가입했다. 현재 2만 달러 수준으로 높아졌지만, 그 동안의 물가상승률과 환율, 화폐 가치의 변화 등을 고려한다면 한국경제는 20년 가까이 정체되어 있다고 평가하는 것이 현실에 더 가까울 것이다.

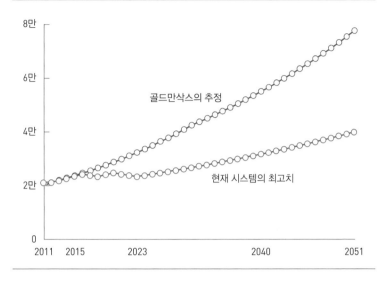

8만

6만

골드만삭스의 추정

4만

현재 시스템의 최고치

2만

0

2011 2015   2023   2040   2051

준의 개혁이 없으면 앞으로 20~30년 이내에 한국은 세계 경제에서 차지하는 영향력이나 경제적 비중이 현저하게 낮아질 것이다.

　미래학은 예언의 학문이 아니기 때문에 늘 '만약 이렇다면…'이란 전제 하에서 예측을 한다. 이 부분에 대한 예측도 마찬가지이다. '만약 현재의 시스템을 바꾸지 않으면'이라는 전제 하에서 한국의 1인당GDP가 성장할 수 있는 한계는 2만 5천 달러 ~ 3만 달러이다. 성장의 한계에 도달한 현재의 시스템을 바꾸지 않은 채로 이 한계를 넘는 두 가지 방법이 있긴 하다.(사실 방법이라기보다는 꼼수 혹은 숫자 착시 현상이라고 해야 더 정확할 것이다) 하나는 '화폐 가치 하락 효과'이고, 다른 하나는 '환율 하락 효과'이다. 화폐 가치 하락과 환율 하락 효과를 활용하면 3만 달러라는 '숫자'를 만들어 낼 수는 있다. 이 경우는 숫자 장난에 불과하기 때문에 국민 대부분은 1인당 GDP가 3만 달러가 되었다는 사실을 전혀 실감하지 못할 것이다. 숫자 놀음이 아니라 국민이 체감할 수 있는 성장을 하려면 시스템의 근본적인 재설계밖에 길이 없다. 지금이라도 정치, 경제, 사회, 산업, 복지 등을 포함하는 국가 전체 시스템을 재설계하는 일에 착수해야 한다.

골드만삭스의 비현실적인 가정(59쪽 박스 참조)보다는 현실에 가까운 가정을 바탕으로 한국 경제의 미래를 검토해보았다. 2011년부터 2023년까지는 2~3%의 저성장 혹은 마이너스 성장을 가정했다. 이는 글로벌 금융위기로 인한 경제성장률의 하락, 부동산 버블 붕괴와 넛크래커 현상 등으로 말미암은 경제침체 및 위기 등을 반영한 수치다. 2030년 이후에는 현재 선진국의 평균 경제성장률인 2%대를 30년간 지속한다고 가정했다(물론, 30년간 2%대의 성장을 지속한다는 것도 쉽지는 않다). 시간이 지남에 따른 인구감소 추세도 반영했다. 그 결과 2050년에 GDP가 약 1조 9,160억 달러가 된다. 이를 1인당 GDP로 환산하면 약 4만 4천 달러가 된다(2020년의 1인당 GDP는 2만 3천 달러, 2030년은 2만 6천 달러, 2040년은 3만 3천 달러). 이 예측도, 2013~2023년 사이에 '단 한 번'의 내부적인 경제위기만 경험할 것으로 가정한 결과다. 그러니 이 예측은 현재의 시스템을 그대로 유지할 때 얻을 수 있는 최상의 결과라고 볼 수 있다.

아직도 많은 사람이 열심히 노력하면 1970년대부터 1990년대까지의 옛 성장 신화를 재현할 수 있을 것으로 착각하고 있다. 그래서 1인당 GDP가 2050년이 되면 세계 2위가 될 것이며, 현재 몇몇 수출 대기업의 번영과 세계시장에서의 선전이 영원히 지속할 것이라는 환상 속에서 헤매고 있다. 이는 시대착오적 발상일 뿐 아니라, 위기감을 떨어뜨려서 변화의 시기를 놓치게 하는 위험한 착각이다.

한국은 이미 소수의 대기업을 제외하고는 정체되기 시작했다. 개인들의 실질 소득이나 생활의 질은 이미 오래전부터 정체되었다. 이대로 내버려두었다가는 머지않아 더 나은 미래를 만들 가능성에 대해 냉소하는 분위기가 사회 전반에 팽배해지고, 대규모의 국민적 저항이 일어날 것이다. 사회적 분위기가 여기에 이르면 한국은 더 이상 가능성이 없는 나라로 전락하게 될 수 있다.

글로벌 경기 회복의 낙오자가 될지 모른다

이처럼 내부적으로 긴급한 상황이지만 앞으로 5년 이상 지속될 경련적 글로벌 위기가 한국에 커다란 짐으로 작용하고 있다. 집 밖에서 일어난 급한 불을 끄느라, 집 안에서 모락모락 피어오르는 연기를 보지 못하는 형국이다. 세계 각국이 글로벌 금융위기를 극복하는 과정에서 자국의 이익을 극대화하는 전략을 사용하면서 한국이 운신할 폭은 점점 좁아지고 있다.

2008년에 시작된 위기가 완전히 해결되려면 10년 가량 필요하다. 우리는 지금 중간 지점을 통과 중이다. 급한 위기는 벗어났지만, 여전히 추가적인 위기가 남아 있는 위태로운 상태를 지나고 있다.

2014~2015년경이 되어서야 세계 경제는 안도의 한숨을 쉴 수 있게 될 것이다. 하지만 그때에도 한국은 예외가 되거나 세계 경제 회복의 분위기에 제대로 올라탈 수 없게 될 것이다. 2012년 4/4분기부터 시작된 일본의 엔저 충격이 최소 2~3년은 한국 산업을 강타할 것이고, 2014~2015년경에는 경기 회복에 따른 미국발 금리 인상의 후폭풍과 달러 강세가 겹치면서 한국이 본격적으로 위기에 빠져들 것이기 때문이다. 여기에 더해 결정적으로 부동산 버블이 붕괴하면서 한

국 경제는 지금보다 더 크고 거대한 불황의 늪에 빠질 가능성이 크다

일본 아베 정부의 엔저 정책이 가동되고 3~4개월이 지난 2013년 1월까지도 주요 투자회사들은 엔화가 달러당 90엔을 넘지 않을 것으로 예측했었다. HSBC는 달러당 74엔으로 가장 낮게 예측했고, 모건스탠리는 100엔, 크레디트 스위스가 가장 높은 105엔을 예측했다.[9] 하지만 필자는 최악에는 달러당 110~120엔까지 갈 것으로 예측했다. 일본과 46개 주요 품목에서 수출 경쟁을 해야 하는 우리나라는 엔화가 달러당 100엔에 이르면 총수출이 3.4% 하락하고, 110엔일 경우는 무려 11.4%가 줄어든다. 엔저 현상은 2015년부터 시작될 중국의 본격적인 한국 추월과 맞물리면서 우리나라 수출기업들의 글로벌 경쟁력과 수익률에 심각한 타격을 줄 것이다.

이런 상황에서 부동산이 위기의 방아쇠를 당기게 될 것이다. 부동산시장에서 더는 희망이 없다는 선고가 내려지는 순간 주식시장에서도 긴급한 위기 경보가 울려 퍼질 것이다. 한국과 한국 기업에 대한 신용등급이 낮아지고, 향후 등급 전망도 '부정적'으로 제시해 추가적인 등급 강등을 경고하게 될 것이다.

점차 살아나는 중국과 일본, 미국의 경제에 희망을 걸어 보지만, 무너져 내리는 한국경제를 되돌려 세우기는 역부족일 것이다. 세계 경제가 호황을 구가하던 1990년대에도 일본은 수렁에 빠져 헤매고 있었음을 생각해보라. 환율이 떨어지더라도 그 효과는 예전만 못할 것이다. 2015년쯤이면 우리의 주력 수출 품목이 샌드위치 효과를 보지 못하게 된다. 샌드위치 밑판에 불과하다고 생각했던 중국 상품이 치고 올라와 버릴 것이기 때문이다.

2장

조로화의 씨앗은
어떻게 뿌려졌나

경제성장의
출발점

　　　　　　　　　　　　　　1945년 원자탄 두 방으로 일본
이 항복하고 우리는 해방 되었다. 그런데 한국에 주둔한 미군은 군정
통치에만 관심이 있었을 뿐 경제건설이나 사회개혁에는 관심이 없었
다. 우리도 좌우세력 간의 정치 다툼으로 경제 개혁 정책을 주체적으
로 마련할 기회를 흘려보내고 있었다. 설상가상으로 식민지 시절, 일
본이 국내의 금을 일본으로 수탈해감으로써 조선이 제3국과의 무역
결제를 금이나 금과 바꾼 외환으로 할 수 없도록 엔화 통화권에 묶
어 놓고, 국내 금융과 무역을 좌지우지해 버린 후유증이 지속되고 있
었다.[10] 미군정이 적자재정을 메우기 위해 일본에 막대한 배상금을 요
구하자 한동안 일본이 조선 은행권을 남발하여 그 일부를 충당하는
일마저 벌어졌다. 이처럼 한국의 금융과 경제 상황은 오랫동안 최악
의 상황을 벗어나지 못했다. 인플레이션은 갈수록 심화되었고, 자본

조달 능력도 현저히 떨어지면서 공장가동률도 바닥이었다.

이런 상황에서 6.25전쟁을 맞았다. 전비 부담에 더해 이승만 정부의 부정부패마저 극에 달해서 경제는 최악이었다. 1950년대 말까지 농촌 인구의 60%가 심각한 궁핍에 빠져 있었다.

4.19 혁명으로 무너진 제1공화국의 뒤를 이어 1960년 8월 12일 제2공화국인 윤보선 대통령과 장면 국무총리가 집권하는 새로운 정부가 들어섰다. 제2공화국은 내각 책임제와 의회 양원제를 기본으로 했다. 피폐해질 대로 피폐해진 경제를 살리기 위해 '경제 발전 5개년 계획'을 수립했다. 그러나 장면 내각에서 잠시나마 진행되었던 민주주의 실험과 경제 재건 시도는 1961년 5월 16일 박정희가 주도하는 군사쿠데타로 마감되었다.

정권을 잡은 박정희 군사정부는 민심을 추스르고 자신들의 집권 정당성을 얻기 위해 경제발전에 공을 들였다. 그러나 야심 차게 내놓은 경제개발 5개년 계획이 초반에는 큰 성과를 얻지 못했다. 게다가 빨리 성과를 내야 한다는 부담 때문에 먼 미래를 내다보는 안목으로 산업구조와 기업구조를 만들 수 없었다.

한국경제 조로화의 씨앗이 뿌려지다

박정희 정부의 경제개발과 성장이 구체적으로 어떻게 진행되었는지를 살펴보자. 일본과의 협상을 통해 6억 달러의 돈을 받은 박정희 정부는 국군 1개 전투사단을 월남에 파병하는 '브라운 각서'를 맺고 미국에서도 차관을 얻었다. 약속대로 1965~1972년까지 베트남전쟁을 하면서 증파 비용, 군 장비의 현대화 및 군사원조, 월남전 물자 및 용역의 한국 조달, 장병의 처우 개선 등을 명목으로 10억 2,200만 달러를 벌어들이면서 경제발전과 수출지향 산업화에 필요한 돈을 추가로 마련해 나갔다. 또한, 미국은 한국의 베트남 참전에 대한 보상으로 대미 수출 길을 열어 주었다. 그 결과 1964년 1억 2,000만 달러였던 대미 수출이 1972년에는 16억 2,400만 달러로 커졌다.[11]

박정희 정부는 1964년 5월 130:1의 기본환율을 255:1로 인상(원화 가치 인하)하는 환율 개혁을 단행했다. 1965년 3월 단일변동환율제가 시행되었지만, 한국은행이 개입하여 270:1을 유지했다. 이런 환율 개혁과 1966년 '브라운 각서' 체결 이후 한국의 수출은 현저하게 증가했다.[12]

내부적으로도 지하자본을 양성화하고 국내자금을 동원하기 위해 1962년 통화개혁을 시행했다. 개인이 소유했던 일반은행 주식을 국가로 환수하면서 '관치금융체제'도 완성했다. 1965년에는 정기예금 이자율을 15%에서 30%로 올리면서 국민저축률을 끌어올려 산업 투자 자본을 마련했다.[13]

이처럼 제조업 부흥에 필요한 투자 자금을 미국과 일본에서 얻은 돈과 관치금융으로 마련한 돈으로 조달했다. 당시에 이런 방식으로라도 경제개발 자금을 마련했던 것은 긍정적으로 평가할 만하다. 하지만 첫 단추를 잘못 끼우면 마지막 단추도 어긋나는 것이 세상의 이치다. 급격한 경제성장을 목표로 하는 정책은 그만큼 크고 급격한 부작용도 함께 낳는다. 지금 나타나고 있는 한국경제와 기업의 조로화 씨앗은 이때 뿌려진 것일 수 있다.

박정희 정부의 경제개발은 독일의 비스마르크, 소련의 스탈린, 대만의 장개석 등처럼 조국 근대화, 산업화, 압축 성장을 명분으로 내세우고, '개발동원체제developmental mobilization regime'에 의존했다.[14] 대표적인 개발동원체제인 새마을운동과 국토개발사업은 개발과 성장의 효과성과 필요성에 대한 공감대를 바탕으로 독재에 대한 국민의 암묵적 동의를 이끌어냈지만, 강압, 인권, 재벌 지향적 성장, 정경유착 등의 많은 부작용은 묵과되었다. 수출과 경제 성장도 수많은 특혜를 주면서 재벌 중심 구조로 이끌어나갔다.

4.19혁명에 의해 중소기업 육성이 중시되는 경제구조가 마련될 기회가 있었지만 5.16쿠데타로 무산되고 만 것이다.[15] 만약 장면 정부가 좀 더 오랫동안 정권을 유지하고, 그 이후에도 민주적인 정부가 계속되었더라면 어떻게 되었을까? 급격한 경제성장은 맛볼 수 없었을지 모르지만, 최소한 2013년 한국에서 쟁점이 되고 경제민주화의 실제적인 내용은 오래전에 이루어졌을지도 모른다.

위기는 이렇게 잉태되었다

박정희 정부 때부터 서서히 시작된 문제는 전두환 노태우 정부에 이르러 극대화되었다. 그리고 김영삼 정부 때부터 위기의 징후가 가시화되기 시작했다.

1980년대에 들어서면서 한국의 제조업은 첫 번째 넛크래커 현상에 빠졌다. 저급 기술, 낮은 임금, 단순 노동력을 기반으로 한 단순 조립형 제품을 생산해서 미국이나 유럽에 싼값에 파는 전략으로는 더는 괄목할만한 경제성장을 할 수 없는 단계에 도달했다. 1970년 1인당 GDP가 250달러였던 것이 1980년에는 2,789달러까지 성장했지만, 인건비 역시 크게 상승했기 때문에 글로벌 시장에서 한국 제품은 가격 경쟁력을 점점 잃고 있었다. 또한, 1973년과 1979년, 두 차례의 오일쇼크가 발발하여 세계경제가 어려워지면서 수출 시장에도

제조업 발달의 3단계

	기술과 노동력 수준	제품 수준	대표 국가
3단계	고도 혁신기술, 창의 노동력	부품, 소재 생산	미국, 일본, 독일
2단계	보편 모방기술, 숙련 노동력	중간제품 생산	한국
1단계	저급 습득기술, 단순 노동력	단순 조립형 제품 생산	중국

빨간 불이 켜졌다. 이런 상황을 극복하기 위해 전두환 정부는 제조업의 1단계에서 벗어나 보편 기술과 숙련 노동력을 기반으로 하는 중간제품을 생산하는 2단계로 올라가려는 노력을 기울였다.

이를 위해 부실기업을 일괄 정리했다. 그러나 부실을 정리하는 과정에서 벤처기업이나 중소기업을 육성하기보다는 상당수의 회사를 대기업에 몰아 주는 특혜를 제공했다. 군사 쿠데타로 집권해서 정통성이 허약한 정부는 바로 눈에 띄는 경제 성과를 만들어내서 집권을 정당화하는 것이 급했다. 그래서 중소기업이나 벤처기업의 성장을 기다려 주지 못하고 당장 가시적 효과가 나는 대기업 위주로 정책을 폈다.

대기업 입장에서는 정부 압력으로 부실한 기업을 인수해야 했기 때문에 급격한 구조조정을 통해 인력을 감축하고 기계화를 통해 생산성 향상을 꾀할 수밖에 없었다. 이는 곧바로 일자리의 질을 악화시켰다. 설상가상으로 1980년부터 FRB 의장이었던 폴 볼커가 오랫동안 고공행진 하는 미국의 물가를 잡고 추가적인 글로벌 인플레이션을 막기 위해 17차례에 걸쳐 단기금리를 20%까지 인상했다. 폴 볼커의 정책으로 미국의 물가는 점점 잡혀갔지만, 곧 세계경제는 위축되었다. 대공황 이후 가장 높게 실업률이 올라가고, 수많은 회사가 파산하고, 미국의 농업이 붕괴했다. 제3국의 경제적 타격도 심각했다.

멕시코, 아르헨티나, 브라질 등의 개발도상국들이 3,000억 달러의 빚을 갚지 못해 결국 파산했다.

1980년대 초반 고유가, 고금리, 고환율의 '3고 현상'을 맞으며 우리도 직접적인 타격을 받았다. 환율을 높이면서 수출 기업들의 선전에 기댈 수밖에 없었다. 그런데 환율이 뛰자 수입물가가 상승하면서 국내 물가도 요동을 치기 시작했다. 전두환 정부는 물가 잡기를 경제의 최우선 목표로 두면서 공무원 봉급을 동결하고 임금 인상을 억제하는 등의 다양한 정책을 시도했다. 이런 과정에서 물가는 안정시켰지만, 부의 불균형 분배는 점점 커져만 갔다. 여기에 1985년부터 미국이 자국의 경제 회복을 위해 농업인을 지원하면서 한국 농업이 피해를 보기 시작했다.

1980년대 후반, 미국의 경제가 회복되면서 세계는 저유가, 저금리, 저물가라는 '3저 현상'으로 바뀌었다. 이에 한국 경제는 3저 현상의 혜택, 10년 이상 이어지는 세계 경제의 호황, 삼성의 반도체 사업으로의 성공적 전환과 조선산업의 성장 등을 통해 넛크래커 현상에서 빠져나올 기미를 보이기 시작했다. 더불어 베이비붐 세대가 경제의 핵심 세대로 성장하면서 내수시장도 크게 성장하고, 부동산과 주식시장도 활성화되어 부의 외형적 규모가 매우 커졌다.

거시적 지표와 겉으로 보이는 모습은 한강의 기적이라 불리기에 충분한 변화였다. 비료, 기초화학, 시멘트 등의 내수산업과 노동집약적 경공업(섬유, 신발, 완구, 가방 등)에서 시작한 한국의 산업은 1970년대에 화학, 철강, 기계, 조선, 전자 등 중화학공업으로 산업구조의 전환을 시도했고, 1980년대 중반에 이르러서는 안정적인 제조업 국가의 모습을 갖추었다. 이 당시 한국기업들은 일본의 성공모델을 보고

한국의 연대별 주력산업의 변화

1950년대	중석, 생사, 흑연, 철광 등이 1~4위의 주력 수출 품목
1960년대	의류, 합판, 가발, 생사, 어패류 등
1970년대	의류, 합판, 합성섬유, 섬유사, 반도체 소자 등
1980년대	의류, 선박, 반도체, 철강판 등
1990년대	반도체, 의류, 자동차, 선박 등이 1~4위의 주력 수출 품목

엄청난 자극을 받았다. 그리고 일본을 어떻게 해서든 따라잡아야 한다는 집단적인 기업 심리가 발동하면서 1차 넛크래커 현상을 극적으로 벗어나, 짧은 시간에 중진국으로 진입하는 기적을 창출했다.[16]

1988년 올림픽을 개최하면서 전 세계 사람들이 한국에서 일어난 경제성장의 기적을 보고 깜짝 놀라게 되었다. 1993년 군부 출신이 아닌 김영삼이 대통령에 당선되면서 아시아에서 민주주의의 꽃을 피운 아름다운 나라라는 찬사까지 받았다. 1990년부터 자동차, 전자, 정보통신 산업이 비약적으로 발전하면서 한국은 1996년 12월 12일에 드디어 선진국들의 모임이라고 불리는 경제협력개발기구OECD에도 가입했다.

그러나 위기는 찬란한 영광이 빛날 때 은밀한 곳에서 시작되는 법이다. 겉으로는 최고의 영광을 누리며 전 세계 사람들의 부러움을 받고 있었지만, 박정희 정부 시절 첫 단추를 잘못 끼운 한국경제는 속으로 계속해서 악화되고 있었다. 결국, OECD 가입 1년 후인, 1997년 12월 외환위기를 맞고 쓰러지고 말았다.

김영삼 정부 시기 위기 징후가 곳곳에서 나타났지만, 대마불사라는 도덕적 해이, 정권 말기의 레임덕과 업적 부각 욕심 때문에 기업에 대한 구조조정의 때를 놓쳤다. 또한, 준비 없이 실행된 자본 자유화의 허점을 파고들어 단기차입금으로 국내외의 위험한 금융상품에 투자하는 금융기관을 통제할 금융개혁입법은 보류되었다.[17] 결국 통제되지 않은 몇몇 대기업과 금융기관의 누적된 부실이 한 순간에 도미노처럼 터져 나오면서 한국경제는 무너지고 말았다.

학자들은 정치적으로 금융, 조세, 산업 특혜를 받은 재벌과 재벌 일가 중심의 고도성장, 기술개발보다는 외국기술을 도입해서 저임금 기반으로 성장하고 문어발식 사업 다각화를 통해 매출을 키우는 경영방식, 특정산업의 과다 육성과 지나친 수출의존 경제체제가 결국 1997년 12월에 IMF 구제금융을 받게 된 핵심 원인이라고 평가한다.[18]

사실, 박정희 정부도 이런 미래를 모르지 않았다. 그래서 한국 경제의 고질적인 문제를 해결하기 위해 1974년 5.29조치를 통해 기업의 차입 경영 문제, 한국경제의 대기업 집중화 현상을 해결하기 위한 기업과 금융개혁 정책을 발표했다. 여신을 규제하고, 기업의 재무구조와 소유구조를 개선하고, 금융산업의 경쟁력 확보를 위해 금융기관의 민영화와 대형화를 촉진하는 등의 개혁을 시행하려고 했다. 하지만 기업의 거센 반발, 고도성장의 신화에 사로잡힌 한국사회의 자만과 안일한 현실 인식, 재벌과 이익단체의 광범위한 로비, 외국기업의 사업파트너로서의 재벌 선호 현상, 금융기관의 불투명성과 낮은 경영 능력과 누적된 부실채권에 대한 위기의식 결여 등으로 확실한 성과를 내지 못하고 말았다.[19]

이런 상황은 전두환, 노태우 정부에서도 이어졌다. 김영삼 정부에서도 개혁정책이 근본적인 구조개혁으로 나아가지 못하고 느슨한 위기관리, 표면적 대증요법 중심의 정책에 머물렀다. 그 결과 IMF 구제

금융 신청이라는 외부적 압력을 통해서 개혁을 강제당하게 되었다.

외환위기는 어떻게 점화되었나

외환위기 당시 한국의 경제상황은 어떠했을까? 이규성 씨가 지은 1,080페이지 분량의 〈한국의 외환위기: 발생, 극복, 그 이후〉라는 책을 보면 당시의 한국 경제상황을 한눈에 파악할 수 있는 자료들이 잘 정리되어 있다.[20] 정리된 내용을 보면, 외환위기가 일어나기 직전인 1996년 한국경제의 주요 지표는 외관상 그리 나쁘지 않았다. 경상수지 적자가 230억 달러를 기록하긴 했지만, GDP 규모는 OECD 국가 중 12위였고 GDP 실질 성장률은 6.8%였다. 수출은 세계 10위, 수입은 12위였다. 실업률은 2% 수준으로 낮았고 소비자 물가상승률도 4.9%였다. 은행들의 BIS 기준 자기자본비율은 8%대를 기록할 만큼 안정적이었다.

그러나 일부 전문가들은 한국 경제에 다가오는 위기의 징후를 포착하고 있었다. 먼저 경상수지 적자가 크게 확대되었다는 점이 문제였다. 1996년부터 대기업의 매출과 수익률이 둔화하면서 경기하강 국면에 진입하고 있었다. 기업의 재고가 점점 늘어나고, 자금 사정도 나빠지기 시작했다. 겉으로 보이는 1996년 6.8%의 GDP 성장률 중에서 3% 정도는 재고 증가에 의한 효과였다. 이를 뺀 실질적인 성장률은 3%대로 하락한 셈이다. 또한, 16메가 D램 가격이 50달러에서 6달러로 하락했다. 반도체뿐 아니라 석유화학 제품, 철강 등 주력 수출 품목이 모두 공급과잉 상태가 되어 가격이 하락하고 있었다.

설상가상으로 일본 엔화가 1달러당 1995년 94엔에서 1996년 평균 108.78엔으로 급격히 절하되면서 글로벌 시장에서 일본과 치열한 경쟁을 하는 우리 제품의 가격 경쟁력이 더욱 하락했다. 무역수지는 큰 적자를 기록했고, 해외여행 경비와 외채 이자는 상대적으로 늘어났다. 이런 상황이 지속되면서 1990년대에 지속적으로 적자를 기록했던 경상수지 적자 폭이 1996년에 갑자기 크게 증가했다. 경상수지 적자가 커지면서 1992년 428억 달러였던 국가부채도 1996년에는 1,126억 달러로 크게 늘어났다. 더 심각한 것은 그 중에서 59.5%가 단기부채였다는 점이다. 갑자기 국내외에서 경제위기가 발생하면 외환보유고 부족으로 순식간에 외환 유동성 위기에 빠질 수 있는 상황이었다.

불안한 경제 여건에서 1993년에 다자간무역협정인 우루과이 라운드Uruguay Round가 타결되고 1996년 OECD에 가입했다. 그 여파로, 농업 분야의 피해 대책 수립과 금융 개혁 및 감독 등의 사전 준비가 미흡한 상태에서 상품시장은 물론, 금융과 서비스업 분야까지도 개방해야 했다. 특히 금융업이 개방되면서 불안감은 가속화되었다. 한국 경제는 이미 성장의 한계에 도달하여 본격적인 정체기에 들어서고 있었다. 1987~1994년까지 평균 16.2%의 임금 상승률을 기록하면서 기업의 경쟁력도 매우 약해지고 있었다(같은 기간 대만은 10.3%, 미국은 2.7%의 임금 상승). 또한, 미국의 2배에 달하는 매출액 대비 물류비용, 8.1%의 고금리(당시 미국의 실질금리는 3.0%, 일본은 1.2%, 대만은 5.4%), 평균 공단 분양가가 일본보다 10% 이상 비싸고 대만보다는 4.5배 이상 비쌌을 정도로 높은 지가地價 등 전반적인 비용 증가가 가중되고 있었다.

폴 크루그먼Paul Krugman은 1994년 발표한 논문 '아시아 기적의 신화The Myth of Asian Miracle'에서 아시아의 급속한 경제성장은 투자의 증가와 농업인구가 산업인구로 전환되는 과정에서 값싼 노동력이 지속적으로 공급된 것에 기인한다고 분석했다. 만약 이 두 가지 요인이 한계에 도달하면 아시아의 기적도 끝날 것이라고 그는 예측했다.[21] 폴 크루그먼의 예측처럼, 1990년대 들어서 생산성 향상이 한계에 도달하고, 고비용 구조로 여건이 바뀌자, 기업들은 외부적으로 경쟁력이 약화되고 내부적으로는 재무건전성이 악화되기 시작했다. 예를 들어, 제조업의 매출액 대비 경상이익률은 1995년 3.60%에서 1996년 0.99%로 크게 줄었다. 이것이 우리가 선진국 클럽이라는 OECD에 가입한 것을 자랑하던 1996년의 현실이었다.

물론 자료를 살펴보면, 정부도 이런 문제들을 알고 있었다.[22] 1996년 9월 3일, 김영삼 정부는 물가 안정을 바탕으로 고임금, 고물류비, 고금리, 고지가 등의 구조적인 문제를 해결하고, 노동시장의 유연성을 확대하고 기업 환경을 개선하기 위한 대책을 발표했다. 그러나 노동법 개정과 관련된 법안이 국회 통과 과정에서 여야의 극심한 대립을 초래했다. 노동계에 불리해진 법안이 통과되자 1997년 1월, 한 달여에 걸친 대규모 총파업이 발생했다. 당시 생산 차질 규모는 노동부 추계로 2조 8,500억 원이었다. 김영삼 대통령이 임기 말의 레임덕에 빠지면서 국가 리더십도 약화되었다. 결국, 위기를 해결하는 데 필요했던 각종 정책 시행이나 기업 및 금융기관 규제와 구조조정은 지연되고 말았다.

그전까지 20여 년 동안 막대한 규모의 차입경영과 문어발식 확장, 정경유착과 각종 특혜를 독식한 대기업 위주의 압축성장 속에서 곪아왔던 상처가 하나둘씩 터지기 시작했다. 1997년 1월 23일 재계 순위 14위였던 자산 5조 원 규모의 한보그룹이 부도를 냈다. 부도 당시 한보그룹의 부채는 자산보다 많은 6.6조 원이었다. 한보그룹의 부도로 금융권, 채권시장, 해외자본 유입이 연쇄적으로 충격을 받았다. 대기업의 부실이 곧바로 은행권의 부실로 이어질 수 있다는 지적이 나오자, 국내에 있던 일본계 은행들은 단기자금 대출을 정지시켰다. 정부가 지급보증을 하겠다며 서둘러 진화에 나섰지만, 외국계 은행들의 의구심은 다른 대기업과 금융회사들로 확산되기 시작했다. 해외신문들도 한국의 경제 위기에 대해서 보도하기 시작했다. 국제 신용평가사들은 한국의 기업과 금융기관들에 대한 신용등급을 연이어 낮추기 시작했다.

상황이 이렇게 급변하자, 국내 금융시장과 실물 시장, 주식시장도 흔들리기 시작했다. 대기업뿐만 아니라 건실한 중견기업과 중소기업들도 자금 조달에 비상이 걸렸다. 채권 회수 압력이 커지고 이자 비용이 증가했다. 단기자본의 만기연장이 어려워져서 국내은행들이 해외 금융기관들로부터 빌려온 달러 자금에 대한 만기연장이 줄어들고, 자금회수가 늘어났다. 당시 단기차입금의 만기연장 비율은 대략 30~50%대에 불과했다.

실물경제가 흔들리면서 기업의 국내 매출도 영향을 받기 시작했다. 주가는 롤러코스터처럼 춤췄다. 1997년에 접어들어서도 경상수지 적자 문제가 개선되지 않자 해외자본들이 우리나라 기업과 경제의 미래를 보는 시각이 더욱 부정적으로 되면서 자본수지마저 적자로 돌아서기 시작했다.[23] 이미 단기외채가 59.5%(1996년)에 달하는 상황에서 추가로 외환 자금을 조달하기 어려워지고 있었다.

안 좋은 일은 겹쳐서 일어난다고 했다. 한 번 위기의 물꼬가 터지자 정부의 노력도 역부족이었다. 위기는 급속도로 사회, 정치, 경제 전반으로 퍼지기 시작했다. 1997년 3월 14일 정부가 해외 차입 확대 방안 마련을 지시했지만 큰 효과가 없었다. 그 해 4월 진로그룹, 5월에는 삼립식품, 대농, 한신공영 등이 부도위기에 몰렸고, 6월에는 기아그룹이 위기에 빠졌다. 대기업의 잇따른 부도와 경영 악화는 국내 금융권의 부실로 연결되었다. 제일은행, 서울은행 등의 BIS 자기자본 비율이 하락하고, 대한, 제일, 신한, 삼삼, 나라 등 무려 14개의 종합금융사가 자본 완전잠식 상태에 빠졌다. 종합금융사의 총 부실 여신 규모는 5.5조 원에 달했다.[24]

1997년 4월부터 6월까지 외환과 금융시장이 일시적 안정을 되찾으며 소강 국면으로 진입하는 듯 보였다. 하지만 그해 7월에 태국에서 외환위기가 발생하면서 인도네시아, 필리핀, 말레이시아, 대만, 홍콩 등 동남아 전역이 위기에 휩싸이자 한국의 위기도 재점화 되었다. 10월에 들어서자 해태, 뉴코아, 쌍방울, 한라, 고려증권 등의 대기업이 부도 위기에 몰렸다. 11월에는 단기성 외환보유고가 1개월을 못 버틸 상황이 되면서 외환시장도 공포에 휩싸였다. 한국의 금융시장도 급격한 신용경색credit crunch에 빠졌다. 금융개혁법안 등 특단의 대책이 제시되었지만, 정치권의 싸움으로 국회가 마비되면서 각종 대책은 표류하거나 더디게 처리되었다. 정부의 금융시장 안정 및 금융산업 구조조정안을 담은 종합대책이 잇따라 발표되었지만, 백약이 무효였다. 결국, 1997년 11월 21일 김영삼 정부는 임창렬 부총리 겸 재정경제원 장관을 통해 IMF에 구제금융을 신청하기로 했다고 발표했다.[25]

충격은 대단했다. 건설과 설비 투자가 급감했고, 제조업의 평균가동률이 사상 최하로 떨어졌다. 거의 모든 업종의 조업이 단축되고, 근로자의 임금이 줄고, 해고가 속출하고, 환율이 폭등하여 수입 물가가 높아지자 소비자 물가는 크게 인상되어 소비시장도 얼어붙었다.

1998년에는 전국적으로 부도업체가 월평균 2,000~2,500개에 이르렀고, 55개 기업이 퇴출당하고, 30대 기업 중에서 15개가 탈락했으며, 제일은행과 서울은행은 해외자본에 매각됐다. 11개 공기업이 민영화되고, 130만 명의 실업자가 발생했고, 현대, 삼성, 대우, LG, SK 등 5대 재벌도 25개의 부실계열사를 매각하고 빅딜을 통한 구조조정을 단행했다.[26] IMF 구제금융 위기 수습 과정에서 쌍용자동차를 인수하면서 자산 규모에서 삼성을 제치고 재계 2위에 올라섰던 대우그룹마저 1999년 최종 부도처리 되고 말았다.

위기 대책은 위기가 발생하기 전에 선제적으로 해야 효과가 있다. 위기가 발생한 후에는 혁명에 가까운 특단의 대책이 아닌 한 정책 효과가 거의 발생하지 않는 법이다. 세계은행은 부채와 관련해서 외채 상환에 문제가 없는 국가, 경經 채무국, 중重 채무국 등 3부류로 국가를 분류한다. 이 중에서 중간 단계에 해당하는 경 채무국의 기준은 다음과 같다.[27]

1. 경상 GDP 대비 총 외채 비율 30~50%이하
2. 경상 외환 수입액(상품수출액 + 서비스 제공 수입액)에 대한 총외채 비율 165~275% 이하
3. 외채 상환 비율debt service ratio 18~30% 이하
4. 이자 상환 비율interest service ratio 12~20% 이하

위의 4가지 지표가 위험 수준을 넘어서면 곧바로 외채 상환에 심

각한 문제가 있는 국가로 의심을 받기 시작한다. IMF 구제금융 위기의 직접적인 원인은 한보의 부도, 기아그룹의 부도 유예, 금융기관의 부실채권 증가와 대외신인도 하락, 태국 등 동남아시아의 외환위기 발생 등이라고 할 수 있다. 그러나 세계은행이 지적한 것처럼, 외환위기는 근본적으로 외채를 갚을 수 있을 정도의 건실한 경제성장을 이루지 못하면 발생한다. 경제성장률이 외채의 이자율보다 높아야 외채의 규모가 증가하지 않는다.[28] 외채의 원금을 줄이려면 경상수지 흑자와 재정수지 흑자를 내야 한다. 만약 수년간 경제가 침체하고 재정적자가 지속적으로 발생하고 경상수지 적자가 누적되면, 외채규모가 불어나고 이자 감당이 어려워지면서 외환위기가 발생하게 된다.

우리처럼 경제성장을 대기업의 수출에 전적으로 의존하는 경우에는 대기업과 금융기관의 위기가 곧바로 외환위기를 불러오게 된다. 지난 1997년 12월의 외환위기가 박정희 정권부터 시작된 재벌중심 구조와 밀접하게 연결되어 있다는 주장이 설득력이 있는 이유가 바로 여기에 있다. 더불어 국내 자산시장(주식, 채권과 부동산 등)이 침체를 겪게 되면 정부의 세수가 줄어들어 재정적자가 발생하게 되므로 그 부족분만큼 부채를 늘려야 한다. 이는 다시 신인도를 떨어뜨려 외국자본의 이탈 가능성을 높인다. 즉 부채 증가가 자본수지의 적자를 불러오는 동인으로 작용하면서 위기를 한순간에 극대화할 수 있다는 말이다.

외환위기 조기 졸업, 그 양날의 칼

김대중 정부는 외환위기의 조기 졸업이라는 또 하나의 신화를 세계 역사에 남겼다. 애초 2004년 5월까지 갚기로 한 195억 달러의 IMF

차입금을 2001년 8월 23일에 조기 상환한 것이다. 그리고 외환위기로 반강제적 기업 구조조정을 하는 과정에서 한국의 산업은 디스플레이, 핸드폰, 반도체, 전자, 조선, 자동차 위주로 재편되면서 이들 분야가 세계적 경쟁력을 갖추게 되었다.

그러나 빠른 회복, 빠른 성장에 집착하는 이면에서 많은 문제가 잉태되었다. 만약, 김대중 정부 시절 외환위기 극복을 좀 늦추더라도 한국 경제와 산업의 구조를 근본적으로 수술하는 작업을 했다면 어땠을까? 어쩌면, 우리는 경제민주화를 좀 더 빨리 실현할 수 있는 또 다른 기회를 잡았을지 모른다.

만약 김대중 정부가 IMF 구제금융 위기를 이용해서 경제민주화 공약을 제대로 실천했다면 우리나라 산업이 직면한 성장의 한계라는 현재의 위기를 최소 10년 정도는 늦출 수 있었을지 모른다. 만약 지금의 위기를 10년 정도만 더 늦출 수 있다면, 우리나라 제조업은 일본, 독일, 미국처럼 제3단계에 안착하면서 최소 1인당 GDP 5만 달러까지는 무난하게 성장할 가능성이 훨씬 더 클 것이다. 그 과정에서 질 좋은 일자리도 추가로 만들어 낼 수 있을 것이다.

빠른 경제회복을 위해 김대중 정부가 펼친 고환율을 기반으로 한 강력한 수출 촉진 정책, 부동산 및 주식시장 등의 자산시장 촉진 정책, 무리한 소비 촉진 정책이라는 3가지 정책은 양날의 칼이 되어 우리에게 되돌아왔다. 이미 수많은 실업자가 발생한 상황에서 오랫동안 높은 환율이 지속됨으로써 수입 물가가 상승하여 내수기업과 서민 경제는 더욱더 어려워졌다. 경제위기와 강도 높은 물가안정 정책 등으로 임금이 하락하거나 상승이 더뎌지자 개인들의 빚은 늘어났다. 일한 만큼 돈을 벌기 힘든 상황이 되자 부동산 및 주식 투기를 통해서라도 부를 축적하려는 분위기가 만들어졌다. 부동산 투기는 점점 가열되었고, 투기로 번 돈으로 소비를 늘려갔다. 소비가 늘어나자 서비스업이 성장하고 내수시장이 활황을 맞는 듯했다.

외형적으로는 경제회복이 빨라졌지만 결국 손에 남은 것은 소비 중독과 빚 중독뿐이었다. 상황이 이렇게 되자, 부의 불균형 분배가 더욱 가속화되었다. 최상위 10% 대비 최하위 10% 소득 계층의 소득 배율(시장 소득 기준)은 1992년 3.79배였지만 IMF 구제금융 위기 이후인 2008년에는 6.2배로 뛰어올랐다. 상위 고소득자를 제외한 나머지 국민은 이때부터 경제가 성장하는 국가에서 겪는 '상대적 빈곤'을 실감하기 시작했다.[29]

이런 분위기는 노무현 정부에도 곧바로 이어졌다. 특히나 정치적인 기반이 부족하여 국정운영에 어려움이 많았던 노무현 정부는 부동산시장을 제어할 능력이 없었다. 결국, 한국의 부동산은 마지막 열기를 내뿜으며 60개월 연속 상승이라는 초유의 기록을 세우고 2008년 최고점에 도달했다.

경제 대통령을 자부했던 이명박 정부는 4대강 사업을 추진하고, 부동산 규제를 완화하는 정책을 쓰면서 부동산 버블의 붕괴를 막기 위해 애를 썼다. 그러한 엄청난 노력 덕택으로 한국의 부동산 버블은 심리적으로는 완전히 붕괴되었지만, 현실에서는 시간이 정지된 것처럼 붕괴 직전에 멈춰 있다. 이제 처참하게 무너질 시간만 남아있을 뿐이다.

IMF 구제금융 이후 2000~2010년까지 한국 기업의 매출은 2배 이상 성장했다. 금융업을 제외한 한국의 2,000대 기업들의 매출액은 2000년 815조 원에서 2010년 1,711조 원으로 성장했다. 하지만 임

직원 수는 2000년 156만 명에서 2010년에는 161만 명으로 5만 명이 늘어났을 뿐이다. 서비스업 종사자는 65만 명에서 59만 명으로 오히려 줄어들었다.[30] 외환위기 전 연평균 10% 이상 기록하던 설비투자율은 5%대로 주저앉았다. 심지어 2011년과 2012년은 대내외 불확실성의 증가와 크게 개선되지 않은 규제의 제약으로 0.9%의 설비투자율을 기록했다.

30대 그룹의 순수익 총액에서 삼성전자와 현대기아자동차의 단 두 기업이 절반 이상을 차지할 정도로 대기업 안에서의 편중도 심화되었다. 100대 기업의 이익에서 삼성전자와 현대기아자동차의 이익이 차지하는 비율은 2007년 19%에서 2009년에는 35%로 높아졌고, 2012년에는 51%로 사상 최고치를 기록했다. SK, LG까지 포함한 4대 그룹이 30대 그룹 총 순이익의 80%를 차지할 만큼 쏠림 현상은 극에 달했다. 이런 현상은 증시와 GDP에도 곧바로 반영되었다. 한국 증시에서 15개 삼성그룹 계열사의 시가총액이 전체의 30%를 차지하고 있다. 마찬가지로 삼성그룹의 매출 총액은 우리나라 전체 GDP의 30%에 육박한다. 현금보유액도 삼성과 현대자동차 두 그룹이 10대 그룹의 64%를 차지한다.

수출 지역의 변화도 컸다. 2007년에는 수출 물량의 47.4%가 선진국이었지만, 2012년에는 42.3%로 줄어들었다. 미국이 12.3%에서 10.7%로 줄었고, EU는 15.1%에서 9.2%로 크게 감소했다. 대신 신흥국으로의 수출이 52.6%에서 57.7%로 증가했다. 대중국 수출이 22.1%에서 24.1%로 늘었고, ASEAN이 10.4%에서 14.1%로 크게 늘었다.[31] 이는 수출 지역의 다변화이기는 하지만, 거꾸로 중국의 경쟁력이 높아지고 ASEAN 경제의 불확실성이 커지면 우리나라 수출이 직격탄을 맞을 조건이 되기도 한다.

우리나라의 수출의존도는 2007년 30%에서, 2011년 50%대로 높아졌다. 수출과 수입을 합친 무역의존도가 2012년 1분기에 101.6%로 사상 최초로 100%를 돌파하면서 대외의존도가 더욱 커진 것도 불안요소다. 실제로 최근, 한국의 수출경쟁력은 글로벌 위기와 대중국 수출경쟁력 약화로 한국경제에 큰 위기 요소로 작용하기 시작했다.

이런 상황에서 박근혜 정부, 혹은 다음 정부에서 억지로 멈춰놓은 부동산 버블 붕괴의 시계가 다시 돌기 시작하면 예고된 재앙이 시작될 것이다. 부동산시장의 붕괴는 주식시장의 붕괴와 환율 급등을 도미노처럼 몰아 올 것이다. 건설, 금융, 전자정보통신 등 산업을 가리지 않고 한동안 공황 상태로 몰고 갈 것이다. 삼성이나 현대기아자동차도 예외가 아니다. 한국경제에 위기가 닥치면 환율이 급등하기 때문에 수출기업만이라도 탈출구를 마련할 수 있다고 생각할 수 있다. 1970년대, 1980년대, 1990년대의 위기극복 시절에는 전형적으로 이런 전략이 통했다. 그러나 앞으로 이 전략은 더 이상 유효하지 않다. 삼성을 포함한 대부분 한국 기업의 글로벌 경쟁력이 2~3년 이내에 한계에 도달할 것이기 때문이다.

3장

삼성의 몰락,
5년 안에 시작된다

거인들이
몰락하는 이유

　　　　　　　　　　스티브 잡스 이후 천하를 호령하
는 자리에 오른 삼성전자의 미래는 어떻게 될까? 필자가 예측하기에,
이대로 가면 삼성전자의 위기 혹은 정상에서의 몰락은 빠르면 3년
늦어도 5년 후부터 시작된다.

　2008년 혁신의 대명사였던 노키아의 몰락은 IT 업계에 큰 충격을
안겨 주었다. 단 한 번의 방심과 혁신의 실패로 노키아는 5년만에 주
가가 1/20토막이 났다. 필자가 한 콘퍼런스에서 노키아를 직접 컨설
팅 했던 핀란드의 한 컨설턴트를 만난 적이 있다. 그에게 노키아 몰락
의 원인이 무엇이었냐고 물었다. 그는 주저 없이 이렇게 말했다.

　"하나는 성공의 자만심, 다른 하나는 지속적인 혁신의 실패!"

노키아 주가 추이

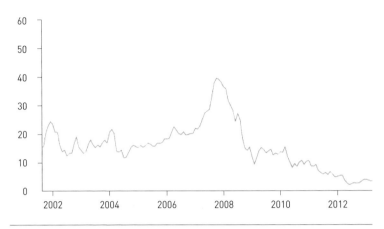

출처: Yahoo.com

　단 한 번의 자만심과 단 한 번의 혁신의 실패에 따른 대가는 컸다. 2007년 말 40달러까지 올랐던 노키아의 주가는 1년 만에 75%가 폭락하더니, 2012년 7월에는 1.70달러까지 내려가면서 정크본드 판정을 받는 수모를 겪었다. 그런데 최고 기업의 몰락은 노키아뿐만이 아니다. 한때, 전자제품 분야에서 전 세계를 석권했던 일본의 소니도 마찬가지였다. 소니의 최전성기였던 1996년 32달러였던 주가는 2000년에 150달러를 넘었다. 그러나 옛 영광에 자만하다가 혁신의 속도에서 후발주자였던 한국의 공세에 밀리고, 컴퓨터와 휴대폰 분야에서는 애플에 밀리면서 현재는 본사까지 매각해야 할 신세로 추락했다.

　회사의 주가가 한순간에 급락하는 현상은 다반사다. 애플의 주가는 2009년 100달러에서 2012년 9월 660달러로 최고점에 이르렀다. 그러나 불과 4개월 뒤인 2013년 1월 450달러로 폭락했다. 애플이 스

소니 주가 추이

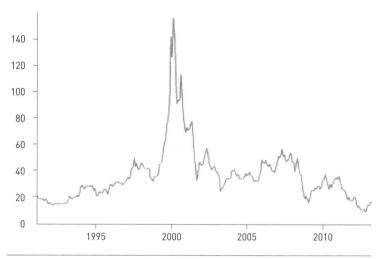

출처: Yahoo.com

티브 잡스 사후에 혁신성을 잃었다는 낙인이 찍히면서 4개월만에 37%가 급락한 것이다.

필자가 분석한 바로는 IT 기업의 생존기간은 평균 10년 정도다. 그 가운데 1등 자리를 유지하는 기간은 평균 3~5년 정도에 불과하다. 이때 주가는 대략 4~5배 폭등한다. 소니, 모토로라, 야후, 애플, 노키아 등도 대략 4~5년 정도 최고의 자리에 있으면서 그 기간에 주가가 4~5배가 올랐다.

구글과 아마존은 예외적인 경우다. 2003년부터 두각을 나타내기 시작한 구글은 10년이 지난 지금도 1위 자리를 지키고 있다. 주가도 2005년 100달러에서 꾸준히 올라 2013년 4월 820달러 수준을 기록했다. 8배 이상 오른 셈이다(하지만 2007년 10월 710달러를 기록한 점을 반영한다면 구글 역시 급격한 성장은 5년 정도였다). 회사가 혁신을 지속할

애플 주가 추이

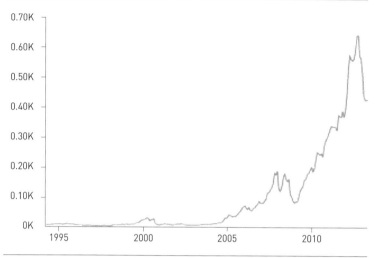

출처: Yahoo.com

수 있도록 이끈 창업자와 CEO가 건재했기 때문에 계속 1위를 지킬 수 있었다. 10년 넘게 아마존이 건재할 수 있는 이유도 구글과 비슷하다. 1998년 인터넷 서점이라는 혁신적 아이디어로 두각을 나타내기 시작한 아마존의 주가도 2008년 70달러에서 2013년 250달러까지 급등했다. 아마존은 스마트폰의 시대를 잘 읽고, 그에 맞는 혁신적인 상품과 사업전략을 구사했기 때문이다. 이제 아마존은 단순한 인터넷 서점이 아니다. 전자책, 음악, 영화, TV 콘텐츠 등에서 구글보다 3배나 충성도가 높고, 회원당 구매 금액이 애플의 89% 수준에 해당하는 강력한 새로운 모바일 콘텐츠 생태계를 성공적으로 안착시켰다. 이를 기반으로 일거에 삼성과 자웅을 겨룰 수 있을 정도로 태블릿 시장에서 선두권에 진입했다. 그 후 지지부진하던 아마존의 주가는 급등했다. 만약 애플도 스티브 잡스가 살아 있었다면 구글처럼 계

구글 주가 추이

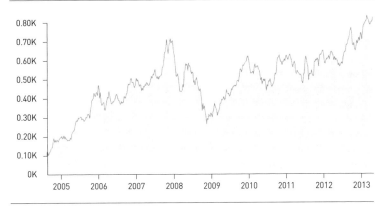

출처: Yahoo.com

아마존 주가 추이

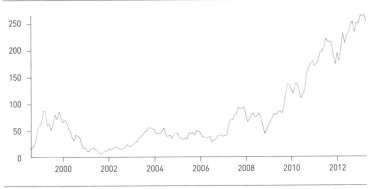

출처: Yahoo.com

속 성장했을 것이다.

이런 점을 근거로 삼성의 미래에 대한 기본적인 예측이 가능하다. 삼성은 휴대폰의 선두 주자였던 노키아가 혁신에 실패하여 몰락한 후, 스마트폰 시장에서 반애플 진영의 선두로 나서면서 1위로 올라섰다. 그 결과 지난 3년 동안 매출이 빠르게 상승하면서 주가도 급등했다. 이 추세라면 대략 1~2년 정도는 좀 더 선전할 수 있다. 하지만 그 마지막 축제의 기간이 끝난 2~3년 뒤에는 현재의 제품과 사업 전략이 성장의 한계에 봉착할 것이다.

왜 잘 나가는 회사에 어김없이 이런 일이 일어날까? 이 질문에 대한 답은 거스를 수 없는 자연의 원리 중의 하나인 '시스템 원리'에서 찾을 수 있다. 시스템의 거대한 변화(창발을 거친 진화)를 선도하는 탈출구를 열지 못한 상황에서, 현 제품이 판매되는 시장이 시스템적 성장의 한계에 도달하면 예외 없이 쇠퇴 국면으로 몰리게 된다.

2013년 상반기에 삼성전자는 갤럭시 S4 판매 부진이 발생하면서 하반기에 지역별 모델 수를 늘리는 것으로 대응하고 있다. 전문가들은 이것이 일시적인 현상이 아니라 시스템적 성장의 한계에 도달하기 전에 나타나는 '알렉산더 딜레마'에 빠진 결과라고 평가했다.[32] 알렉산더 딜레마란 알렉산더 대왕이 전쟁에서 연전연승했지만, 승리한 후 군대를 쉬게 해야 할지 아니면 힘들더라도 승기를 유지하기 위해 무리해서라도 계속해서 새로운 전쟁을 해야 할지 결정하기 어려운 딜레마에 빠진 현상을 일컫는다. 이처럼 알렉산더 딜레마는 성장이 최고조에 이른 시점에서 시장점유율을 계속해서 확장해야 하는지 아니면 핵심역량 유지에 집중해야 하는지 결정하기 어려운 딜레마에 빠진 상태를 가리킨다. 삼성전자의 핵심 역량은 부품 표준화와 제조 자동화를 중심으로 하는 제조 경쟁력이다. 그러나 만약 삼성전자가 앞으로도 계속해서 이 핵심 역량에 집중하는 선택을 할려면 시장점유율 증가 속도가 떨어지면서 주가하락의 리스크를 감당해야 한다.

반대로 무리해서라도 계속해서 시장점유율을 높이는 쪽으로 의사결정을 하면 지금까지 성장의 핵심 요소였던 '핵심 역량'의 질적 저하를 감수해야 한다. 핵심 역량에 집중하는 전략으로 도달할 수 있는 시장점유율이 거의 한계에 도달해서, 앞으로는 브랜드와 시장 지배력의 관성을 이용해서 제품의 종류를 늘림으로써 추가적인 시장 점유율을 확보하는 단계로 가야만 하기 때문이다. 제조 모델 수가 많아질수록 부품 표준화와 제조 자동화를 통한 '속도와 비용' 측면의 제조 경쟁력은 약화된다. 중국, 일본, 유럽, 미국 기업들에게 빠른 속도로 추격을 당하고 있는 삼성전자가 '속도와 비용, 그리고 이를 통한 수익성 증가'라는 제조 경쟁력을 잃어버리면 치열한 전투 중에 팔 하나를 잃은 장수 꼴이 된다. 1등 기업이라도 판 자체를 바꾸어 새로운 시장을 스스로 만들어내는 혁신을 하지 못할 때 부딪히는 한계다.

결국, 삼성은 2~3년 이내에 자체 시스템의 한계와 기존 시장 시스템의 성장 한계에 동시에 직면할 것이다. 이런 상황에서 자신들이 만든 기존의 상품을 완전히 부정하는 수준의 상품 전환을 하지 않은 채 진행하는 노력은 쇠퇴의 시간을 지연시키는 마약 효과에 불과하다. 새롭게 재정의 되어 기존 제품 시장을 대체 및 잠식해 가는 새로운 시스템으로 전환해야 살 수 있다. 이런 전환에 성공하려면 비즈니스 패러다임을 전환해야 한다. 삼성 같은 거대 기업의 최고 약점은 인재, 기술, 자본, 마케팅 및 유통 능력의 부족이 아니다. 바로, '자기 부정'의 어려움이다. 현재 삼성의 조직과 문화에서는 자기 부정이 거의 어렵다. 그래서 유일한 길은 DNA와 문화가 완전히 다른 새로운 회사를 만들어 새로운 시장 시스템에 적응시키는 것뿐이다. 필자의 질문은 바로 이것이다.

"과연 그것이 가능할까?"

삼성이 내부적으로 이 문제로 우물쭈물하는 사이, 1~2년 후부터 IT 업계의 빠른 변화, 새로운 시장 지배자의 등장, 후발 주자의 무서운 추격 속도, 1등 기업의 자만심이 겹쳐서 나타날 것이다. 이미 그런 우려가 서서히 나오고 있다. 2013년 5월 '비즈니스인사이더'는 삼성의 스마트폰 사업에 위기가 올 수 있다고 경고했다.[33] 삼성전자가 주력 상품인 갤럭시S4를 출시하자마자 'HTC원'보다 못하다는 평가를 받았기 때문이다. '월스트리트저널'의 월터 모스버그 기자도 같은 평가를 했다. 삼성이 애플의 시장 판매를 바짝 뒤쫓고 있긴 하지만, 품질만 보면 삼성은 아직도 애플보다 못하다고 평가받는다. 삼성의 스마트폰이 예전보다 훨씬 개선된 성능을 자랑하지만, 삼성전자가 정상의 자리에 오른 것은 통신사들과의 긴밀한 관계와 막대한 마케팅 비용 덕택이라고 보는 것이다.

앞으로 노키아와 애플의 반격이 시작되고, 모토로라를 인수한 구글의 배신이 드러나고, 아마존이 스마트폰으로 시장을 확장하고, 중국 스마트폰이 가격이 아닌 '혁신'을 무기로 거센 추격을 해올 것이다. 그러면 삼성의 장점들이 서서히 와해되면서 '멜트다운meltdown(원자로의 노심붕괴)' 현상이 발생할 것이다. 애플은 혁신성을 잃더라도 독자적인 운영체계os를 가지고 있기 때문에 시장에서 힘을 잃는 속도도 느릴 것이다. 그러나 삼성은 안드로이드 운영체제 진영 안에서의 1등이라는 약점을 가지고 있다. 그래서 한 번 소비자들의 마음을 잃는 순간, 안드로이드 진영의 다른 회사로 소비자들을 급속하게 빼앗기며 추락할 수 있다.

삼성전자의 주가가 얼마나 무력하게 무너질 수 있는지, 그 실마리를 보여 준 사건이 근래에 발생했다. 2013년 6월 7일 JP 모건이 갤럭시S4의 미래에 대해서 부정적으로 평가하자 외국인들이 대거 주식을 내다 팔았다. 이날 삼성전자 주가는 단 하루 동안 6.18%가 폭락하면서 시가총액에서 15조 2천억 원이 날아갔다.[34] 단 한마디의 부정적 평가에 이런 일이 벌어졌다는 것을 기억해야 한다. 국제신용평가사 피치 역시 삼성은 혁신자가 아니라 빠른 추격자일 뿐이라고 평가했다. 삼성전자는 반도체, 스마트폰, 디스플레이에서 세계 정상의 자리에 올랐지만, 이제는 더는 오를 자리가 없다고도 했다. 그렇기에 위기라는 진단이다.[35]

만약, 미래의 어느 날에 이런 평가가 일주일 이상 가고, 2~3개월 안에 이 평가를 뒤집을 획기적인 미래청사진을 제시하지 못한다면, 삼성전자의 주가는 언제든지 3개월 안에 30~40% 폭락할 수 있다는 현실을 극명하게 보여 준 사건이다. 필자가 예측하기에 이런 일이 2~3년 안에 발생할 가능성이 매우 크다.

삼성전자의 주가는 2009년 50만 원대에서 4년 만인 2013년에 150만 원 가까이 급등했다. 만약, 삼성이 1~2년 후에도 구글이나 아마존처럼 지속적인 성장을 구가하려면 어떻게 해야 할까? 간단하다. 구글과 아마존의 조건을 갖추면 된다. 우선, 혁신을 주도하는 창업자나 최고경영자가 살아 있어야 한다. 혁신을 완성하는 것은 직원들이지만, 혁신의 방향을 잡고 혁신을 이끌어가는 사람은 창업자나 최고경영자뿐이다.

그래서 애플의 스티브 잡스가 죽거나, 노키아의 혁신과 성공 신화를 이끌었던 요르마 올릴라 회장과 알라 피에틸라 사장이 2006년 물러난 것과 같은 일이 삼성에 일어나는 순간 위기는 시작된다. 특히 창업자의 영향력이 절대적인 우리나라의 경우, 삼성전자의 미래는 이건

삼성전자 주가 추이

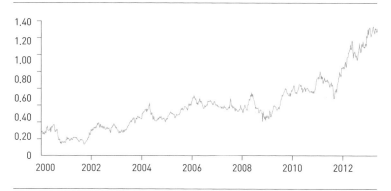

출처: Yahoo.com

희 회장의 건강과 직결되어 있다.

IT 산업처럼 변화가 빠른 영역에서 최고경영자의 능력은 거의 절대적이다. 회사의 명운을 건 혁신의 방향, 속도, 타이밍에 관한 결정은 창업자나 최고경영자만이 내릴 수 있기 때문이다. 사원들이 아무리 혁신적인 생각을 해도 소용이 없다. 현재의 제품과 서비스를 좀 더 훌륭하게 만드는 수준의 혁신은 사원들 차원에서도 얼마든지 가능하다. 하지만 피처폰에서 스마트폰으로 사업의 방향 자체를 바꾸는 수준의 혁신에 관한 의사결정을 창업자나 최고경영자를 제외하면 누가 할 수 있겠는가? 그래서 IT 산업의 정상에서 수많은 적들의 공격을 받고 있는 삼성의 경영에서 이건희 회장의 역할은 거의 절대적이라고 보면 된다.

상품2.0 시대, 하드웨어만으로는 1등 될 수 없다

미래의 제품이라고 예측되는 안경과 시계 타입의 스마트 디바이스 개발 문제에서 삼성의 현재 실력이 정확히 드러난다. 삼성은 언제나 구글, 애플 등이 새로운 개념의 디바이스를 발표를 한 후에 "우리도 비슷한 제품을 개발 중이다." "우리도 곧 같은 제품을 출시할 것이다."라는 말을 할 뿐이다. 삼성은 3등은 아니지만 1등도 아니다. 혁신에서는 아직도 2등이다. 그래서 위기다. 1등을 쫓아가기는 멀고, 현재 3등인 중국이 2등의 자리로 치고 올라올 2~3년 후면 3등으로 떨어질 수도 있다. 그러면 회사의 주가는 1~2년 내에 노키아처럼 추락한다.

현재 삼성전자 주식의 50%는 외국인들이 가지고 있다. 그들은 지난 2~3년 동안 삼성전자의 주식을 사모으면서 주가를 3배 띄워 올렸다. 삼성전자의 반도체 능력을 보고 투자한 것이 아니다. 스마트폰 단한 가지 제품을 보고 투자한 것이다. 필자는 5년 전에 핸드폰을 포함한 IT산업의 미래에 대한 예측을 정리해서 발표했었다.

인터넷 사업에서 포털 회사들의 몰락은 이미 시작되었으며, 통신회사들의 수익도 정점에 도달했다. 몰락을 목전에 두고 있는 네이버와 다음, SK, KT, LGU⁺ 등은 하루빨리 새로운 탈출구를 찾아야 한다.

당시 필자의 이런 예측을 들은 관계자들이 상당히 기분 나빠 했다는 말을 전해 들었다. 필자는 구글 글래스가 발표되기 전, 우리나라에서 스마트폰이 보급되기 시작할 즈음인 2009년에 핸드폰의 미래와 관련해서 4개의 단말기만이 남을 것임을 예측한 바 있다.

현재 '핸드폰1.0'에서 '핸드폰2.0'으로 넘어가고 있다. 좀 더 정확하게 말하자면 '상품1.0'에서 '상품2.0' 시대로 넘어가고 있다. 상품1.0은 상품이 전통적인 고유기능에 충실한 것이다. 핸드폰은 전화 통화를 하는 수단이고, 침실은 잠자는 곳이고, 자동차는 나를 안전하게 원하는 목적지에 데려다주는 기계다. 그런데 상품2.0은 상품의 고유 기능을 기본적으로 탑재하면서도 '하나의 하드웨어에서 다양한 활용도One Source Multi-use'를 구현해야 한다. 이러한 변화의 시작이 핸드폰이다. 핸드폰1.0에서는 전화만 잘 터지면 됐다. 품질 좋은 통화라는 본래의 기능을 위해서는 하드웨어 기능이 매우 중요하다. 바닥에 떨어져도 터지고, 물속에 들어갔다 나와도 터지고, 40도가 넘는 사막에서도 터지고, 영하 20~30도인 북극에서도 터지고, 심지어 1톤 트럭이 밟고 지나가도 잘 터진다. 삼성의 핸드폰은 이런 하드웨어의 탁월함을 앞세워 전 세계 시장의 22.5%, 북미시장의 40%를 점유했다.

그런데 핸드폰2.0으로 시장이 바뀌고 있다. 핸드폰2.0의 대표 주자는 애플이다. 애플은 핸드폰을 가지고 업무와 놀이(주식, 인터넷 검색, 게임)까지 하는 새로운 개념을 제시했다. 당신이 퇴근길에 버스를 타고 가다가 도로변 대형광고판에 붙은 유명 브랜드 청바지 광고를 보았다면 즉시 아이폰으로 주문할 수 있게 되었다.

시대가 이렇게 바뀌면서 큰 변화가 일어나고 있다. 상품1.0에서는 하드웨어가 소프트웨어를 이끌었다. 하지만 상품2.0에서는 소프트웨어가 하드웨어를 이끌고 간다. 이런 의미에서 핸드폰1.0과 핸드폰2.0은 완전히 다른 사업이다. 또 하나 기술력이 거의 같아졌기 때문에 이제 웬만한 하드웨어 기술력은 소비자들이 차이를 못 느낀다. 그래서 소비자의 선택에서는 2가지의 기준만이 남는다. 브랜드냐 혹은 싼 것이냐?

미래에는 4개의 단말기만 존재하게 될 것이다. 손안의 단말기 하나, 소파나 책상에서 사용하는 8~10인치 정도의 단말기 하나, 벽에 걸린

TV를 대체하는 100인치가 넘는 단말기 하나, 그리고 안경이다. 이는 하드웨어가 설 자리가 점점 줄어든다는 말이다. 하루빨리 소프트웨어로 넘어가야 하는 이유다.

이미 IT산업에서 하드웨어 부문의 매출은 7,521억 달러에 불과하지만, 소프트웨어 부문의 매출은 10,278억 달러를 넘어섰다. 이 중에서 한국은 하드웨어 수출이 1,300억 달러로 대략 18% 정도의 시장점유율을 기록하고 있지만, 소프트웨어는 16억 달러로 1.8%에 불과하다. 글로벌 100대 기업 중에서 한국의 SW 기업은 찾아볼 수 없으며, 한국의 IT 서비스기업은 3개에 불과하다. 세계시장에서 1.8%에 불과한 국내 소프트웨어산업의 시장점유율도 5년째 제자리걸음을 하고 있다.

소프트웨어 산업은 하드웨어와 비교하면 부가가치가 높고, 고용 창출 효과도 높다. 제조업의 부가가치율은 24.6%인 데 반해 소프트웨어는 49.6%다. 매출 10억 원당 고용 창출도 제조업이 10.5명인데 비해 소프트웨어는 16.5명에 달한다.

더 심각한 문제는 IT에서 밀리는 것이 단순하게 IT산업 하나로만 끝나지 않는다는 데 있다. 미래의 핵심 산업 중의 하나인 IT 기반의 2차 융합산업과 기존 산업의 새로운 돌파구인 IT융합기술에서도 밀리게 될 것이다. 그나마 하드웨어 경쟁력도 중국, 대만 등에 밀리고 있다. 전형적인 넛크래커 현상이다. 왜 이렇게 고전을 할까? 이유는 간단하다. 패러다임 변화를 놓쳤기 때문이다. 상품1.0에서 상품2.0으로 넘어가는 패러다임의 변화, 또한 생태계를 중시하는 비즈니스2.0으로 넘어가는 패러다임의 변화를 놓쳤기 때문이다.[36]

2013년 현재, 스마트폰을 기반으로 한 애플과 구글이 앱스토어 시장을 선점하면서 네이버의 신화에 금이 가기 시작했다. 사용자들의 포털 이용 추세가 감소하기 시작했고, 개별 모바일 앱 이용 순위에서도 네이버는 10위, 다음은 46위로 밀렸다. 이 두 거인은 신생 기업인 카카오스토리(4위)에게도 모바일 앱 이용 순위에서 밀렸다.[37] SK, KT, LGU⁺ 등 통신 3사는 생존을 위해 엄청난 수익을 포기하면서까지 전화통화 및 문자를 무료로 전환했다.

삼성의 최대 적은 애플 아닌 구글

필자가 2012년 삼성그룹의 임원 교육에서 '삼성의 10년 전략'에 대해서 기조 강연을 할 당시 이런 질문을 던졌다.

> "여러분들은 구글을 얼마나 믿습니까? 구글이 삼성과 영원히 함께 할 것이라고 생각합니까?"
>
> "스티브 잡스가 사라진 지금, 삼성의 미래의 적은 누구라고 생각하십니까?"

당시 필자는 삼성 갤럭시폰의 미래의 적은 애플이 아니라, 아마존, 페이스북, 구글이 될 것이며, 2015년 이후가 되면 중국 기업들이 최고 수준의 IT 혁신기업이 되어 삼성을 위협할 것이라고 했다. 구글은 2014년에 글래스 프로젝트를 상용화하면서 모토로라 휴대폰 사업과 함께 운영체제, 생태계(앱스토어 포함), 하드웨어 디바이스를 통합하는 회사로 전환할 것이다. 2013년 10월경에 구글이 선보일 스마트폰은 '모토X'로 명명된 지능형 스마트폰이다. 구글과 모토로라가 합작한 이 첫 번째 스마트폰은 사용자의 행동을 예측해 실행되는 지능형 기능이 핵심이다. 구글과 모토로라 연합은 이 스마트폰을 계기로 삼성과 전면전을 벌일 예정이다. 구글은 미래의 스마트 디바이스 역할을 할 것으로 예측되는 무인자동차의 기술도 확보했다. 구글의 에릭 슈미트 회장은 구글 무인자동차의 상용화 시기가 언제냐는 기자들의 질문에 2016년경이라고 답했다. 구글은 이제 검색엔진 기업이 아니다.

삼성이 따돌렸다고 생각하는 모토로라 같은 미국 기업들이 새로운 동맹을 결성하여 반격을 준비하고 있다. 또한, 삼성이 점령하고 있는 시장의 일부를 빼앗아 오려는 목적을 품은 새로운 경쟁자들도 등장하고 있다. 전통적으로 CPU를 만들어오던 인텔도 스마트폰 시장을 공략하기 위한 준비를 완료한 상태다. 인텔은 현재보다 50% 이상 성능이 향상되고 전력 소비량은 30% 낮은 차세대 프로세서인 '메리필드'를 장착한 멀티모드 4G LTE 'XMM 7160'을 출시할 예정이다.

중국, 일본, 대만의 추격도 무섭다. 2011년 샤프는 3,800억 엔이라는 사상 최대의 적자를 냈다. 샤프의 하청업체였던 대만의 홍하이라는 회사에 지분 9.88%를 팔아 자본을 조달하면서 1대 주주 자리를 내주고 말았다. 애플, HP, 소니, 닌텐도 등의 제품을 위탁 생산하던 홍하이는 이제 명실상부하게 한국 기업들과 본격적으로 경쟁할 만한 IT기업으로 부상했다. 홍하이는 이미 소니의 유럽과 남미 공장을 인수했고, 시스코의 셋톱박스 공장과 델의 폴란드 PC 공장을 인수했다. 중국의 화웨이는 2013년 스마트폰을 6천만 대 판매할 것이라고 선언했다. 성공한다면, 2012년 대비 2배 성장하는 셈이다. 화웨이는 전 세계 모바일 시장에서 중국의 돌풍을 주도하고 있는 회사다. 2012년에는 전년과 비교하면 60% 성장했다. 2012년 4분기만을 기준으로 보면 삼성전자와 애플에 이어서 세계 3위의 수준에 이르렀다. 화웨이의 선언은 단순한 허풍이 아니다. 15만 명의 직원을 거느리고 매출 40조 원, 순이익 2조 8천억 원을 올리며 글로벌 회사로 성장한 화웨이의 추격은 무서울 정도다. 화웨이는 더는 저렴한 노동력을 기반으로 물건을 조립해서 파는 수준의 회사가 아니다. 전 세계에 25개의 R&D 센터를 운영하면서 직원 2명 중 1명이 연구개발자이며, 그것도 모자라서 계속해서 해외 인재를 스카우트하고 있다. 2012년 한 해에만 화웨이가 기술개발에 투자한 돈은 회사 전체 매출의 13%에 해당하는 5조 5천억 원이다.[38] 중국 정부는 자국 기업의 통폐합과 해외 기업의 인수합병을 통해 2015년까지 이런 수준의 전자회사를 8개 더 키울 계획을 실행하고 있다.[39] 중국을 싸구려 제조업 국가로만 보다가는 큰코 다친다. 이미 세계 1위 품목이 우리보다 23배나 많다.

중국은 소프트웨어 분야에서도 약진하고 있다. 중국의 대형 게임업체 쿤룬의 모바일 총괄 디렉터인 라이언 얀은 현재 중국에 3만 개가 넘는 개발 스튜디오가 있어서, 앞으로 2년 이내에 중국의 게임산업이 세계 모바일 시장을 점령할 것이라며 자신감을 내비쳤다.[40] 지금의 스마트폰 산업은 하드웨어와 소프트웨어가 서로 연결되어 성장한다. 따라서 하드웨어뿐만 아니라 소프트웨어까지 함께 경쟁력을 갖추게 되면 중국의 추격은 더욱더 거세질 것이다.

이에 비해 삼성의 소프트웨어 경쟁력은 막대한 투자에도 불구하고 부끄러운 수준이다. 삼성이 주도하는 타이젠 OS는 시장 영향력이 0.04%로 완전한 실패작이 되었다. 미국의 시장조사업체 스트래티지 애널리틱스$_{SA}$는 2017년이 되어도 타이젠의 시장점유율은 2.9%에 불과할 것으로 예측했다. 구글 안드로이드와 애플 iOS처럼 제대로 된

앱 생태계를 구축하지 못했다는 점, 그리고 애플처럼 자사가 판매하는 모든 디바이스에 같은 OS를 밀지 않는 한계를 그 이유로 들었다. 삼성이 안드로이드를 주력 OS로 사용하는 한 타이젠의 미래는 어둡다. 그리고 OS를 잡지 못하는 한, 삼성은 절대로 앱 생태계 구축에 성공하지 못한다. 따라서 하드웨어 경쟁력이 떨어지는 그 순간 삼성전자의 스마트폰 천하는 막을 내리게 되어 있다.

스마트폰 외에 3D TV 시장에서도 한국 기업이 중국의 벽에 부딪히면서 글로벌 시장점유율이 50%를 넘지 못하고 있다. 삼성전자와 LG전자가 1, 2위를 차지하고 있지만, 3~7위까지는 모두 중국기업이다. 여전한 가격경쟁력에 더해 기술 격차를 빠르게 좁혀오면서 2013년 1분기에 중국 업체의 글로벌 시장점유율은 37.8%로 전년보다 6.7% 증가했다. 중국 기업은 이미 소니, 샤프, 파나소닉 등의 일본기업을 모두 제쳤다.[41] 중국 스마트폰 회사인 화웨이, ZTE, 레노버, TCL, 하이센스, 창홍 등의 기업은 애플리케이션프로세서AP를 자체 개발하기 시작했다. 중국 기업이 반도체 개발에 본격적으로 뛰어드는 것은 반도체 시장뿐만 아니라 스마트폰 시장에서 주도권을 확보하는 데에 강력한 무기가 될 것이라는 계산 때문이다. 삼성과 본격적인 경쟁이 벌어질 때 삼성이 중국 기업에 반도체 공급을 하지 않을 가능성에도 미리 대비하는 포석이기도 하다.

일본과 중국은 정부까지 나서서 삼성전자 타도를 외치고 있다. 일본의 아베 총리는 2013년 5월 17일 기업인들을 대상으로 한 연설에서 한국 기업을 다섯 차례나 언급하며 제조업의 부활이 일본경제 회복의 핵심이라고 강조했다. EU도 150억 유로를 투자해서 7년 내에 반도체 1위에 오르겠다는 선전포고를 했다. 우리나라 기업들은 새로운 성장 이전에 지금까지 만들어 놓은 1위 자리와 세계시장점유율을 지키기도 쉽지 않은 상황이 되고 있다.

삼성이 선택할 수 있는 3개의 미래산업

이 모든 변화의 추세를 정확히 직감하고, 스티브 잡스가 죽은 이후 애플 신화가 무너지는 것을 본 이건희 회장으로서는 삼성의 미래를 위해서 생전에 삼성의 주력산업을 미래형 산업으로 전환하려고 할 것이다. 그 과제를 자식들에게 넘기지 않고 자기 대에서 완벽하게 끝내려고 할 것이 분명하다. 현재 삼성그룹의 전체 매출에서 거의 70%를 삼성전자가 담당한다. 삼성전자에서 IT와 모바일이 차지하는 비중은 매출의 62%, 전체 영업이익의 74%에 달한다. 그러므로 삼성전자의 반도체와 스마트폰이 무너지면 그룹 전체가 무너지게 된다. 그런데 반도체와 스마트폰은 길게 잡아도 2020년 이후에는 절대로 지금과 같은 글로벌 경쟁력을 유지할 수 없다.

삼성그룹이 2020년 이후에도 살아남아 100년 기업으로 성장하려면 이건희 회장 대에서 그룹의 운명을 건 패러다임 전환을 끝내야 한다. 스마트 디바이스 사업을 지속하려면 추가적인 4개의 공간전쟁을 준비해야 한다. 후기정보화 사회의 중요한 특징은 학문, 지식, 산업 등에서 기존의 모든 경계가 허물어지면서 새롭게 재편된다는 점이다. 산업의 경계도 허물어지면서 어제까지 우리와 전혀 관계가 없었던 산업 영역의 강자들이 내일의 적으로 돌변한다. 이런 시기에는 누가 가장 먼저 경계를 허무느냐가 운명을 결정한다. 허물지 못하는 자는 먼저 허문 자에게 복속되어야 한다. 이것이 융복합의 핵심이다. 융복합은 그저 이것저것을 섞는 것이 아니다. 융복합의 핵심은 경계의 해체다.

경계가 해체되면서 새롭게 재구조화될 때, 가장 기본이 되는 카테고리가 무엇일까? 필자는 산업에서는 '공간'이라고 보았다. 미래의 산업에서 융복합을 통한 경계의 해체와 미래형 산업의 재구조화의 기준이 되는 것은 5개의 공간이다. 공간을 선점하는 자가 미래산업을 선점하게 된다. 공간을 지배하는 자가 미래의 소비자를 지배하게 된다. 그 첫 번째 공간은 우리가 지금 보고 있는 '손Hand'이라는 공간이다.

그런데 공간을 지배하려면 세 가지 능력을 갖춰야 한다. 첫째는 디바이스다. 디바이스는 공간을 형성하고 공간으로 들어가는 문이다. 둘째는 운영체제다. 운영체제는 공간이, 경계의 해체와 융복합을 통해 새로운 구조화의 장이 되어 움직이도록 하는 기반이다. 마지막으로 가상 생태계를 지배해야 한다. 가상 생태계는 가상이 현실로 튀어나오고 현실이 가상으로 편입되는 새로운 환경 속에서 사람들을 연결시키는 삶의 터전이다. 이는 후기정보화 사회의 중요한 특징 중의 하나이다. 후기정보화 사회에서는 가상의 학교, 가상의 정당, 가상의 기업, 가상의 시장 등이 '3차원 지능적 모바일 네트워크' 안에서 만들어질 것이다. 현재의 앱스토어나 3차원 커뮤니티는 이 새로운 네트워크의 전조에 해당한다.

이 세 가지를 잡는 자가 공간을 지배한다. 삼성은 현재 디바이스 하나를 지배하고 있다. 페이스북이나 아마존은 가상 생태계를 지배하고 있고, 구글은 운영체제와 가상 생태계를 지배하고 있다. 애플은 세 가지를 다 지배하고 있다. 그래서 가장 강력하다. 삼성은 디바이스를 기반으로 운영체제와 가상생태계에서 대안을 마련해야 한다. 공간의 전쟁은 여기가 끝이 아니기 때문이다. 첫 번째 공간인 '손 Hand'에서 밀리면, 다음의 4개 공간에서 전부 밀리게 된다.

손 다음의 공간은 '자동차'다. 미래의 자동차는 전기자동차 기술과 무인자동차 기술이 결합되면서 3차원 지능적 모바일 네트워크의 대표적인 디바이스가 된다. 10년 이내에 곧바로 이 전쟁에 돌입하게 될 것이다. 자동차 디바이스 전쟁은 지금의 스마트폰 전쟁보다 더 크고 치열할 것이다. 만약, 삼성이 자동차 디바이스 전쟁에서 밀리게 되면 현재 만들고 있는 스마트폰도 내주어야 한다. 그 다음의 공간은 집과 사무실이고, 네 번째 공간은 '몸 Human body'이며, 마지막 공간은 '길 Way'이다. 이 다섯 가지 공간은 모두 지금 스마트폰에서 일어나고 있는 디바이스, 운영체제, 가상 생태계 전쟁이 연장되어 나타날 것이다.

필자가 예측하기에 삼성에 가장 유력한 미래의 주력산업은 바이오-생명, 무인자동차, 나노 신소재 특허 기반 산업 등이 될 것이다. 바이오-생명산업은 현재의 반도체 역량을 가장 잘 활용할 수 있는 영역이다. 동시에 바이오-생명 산업은 10년 이후에는 가장 크게 형성되는 시장이 될 것이다. 이 전략을 사용하지 않고 생존하는 유일한 길은 임금이 상대적으로 낮은 중국 내부(시안, 청두 등)로 더욱 많은 공장을 옮기는 것이다. 그러면 2020년 이후에도 최소 5~10년은 기업수명을 연장할 수 있을 것이다.

특정 산업이 규모를 갖추려면 2가지 조건이 필요하다. 하나는 새로운 기술이 소비자의 욕구를 충족시켜야 하고 다른 하나는 충분한 소비자 기반을 형성해야 한다. 바이오-생명 기술은 10년 후가 되면 불치병이나 난치병, 미래의 병에 대한 예방 등에서 지금보다 크게 발전할 것이다. 바이오-생명 산업의 최대 고객이 될 55세 이상의 은퇴자들은 2028년이 되면 우리나라에서만 2,700만 명에 이르게 된다. 그 나이가 되면 생명과 관련된 비용 지출이 최우선순위가 된다. 좀 더 건강해지고, 좀 더 생명을 연장할 수만 있다면 빚을 내서라도 제품과 서비스를 구입한다. 앞으로 10~20년 후가 되면 중국, 미국, 일본, 유럽 등에서도 고령화 현상이 심화된다. 현재 전 세계 20개 국가가 전 세계 GDP의 85%를 생산한다. 바로 그 20개 국가가 앞으로 10~20년 이내에 모두 고령화 사회가 된다. 바이오-생명 산업의 엄청난 시장이 열리는 것이다. 게다가 바이오-생명산업은 응용 영역이 광범위하다. 의료 디바이스를 시작으로 관광과 예방 컨설팅까지 광범위한 응용산업의 영역을 만들어낼 수 있다.

삼성의 미래는 바로 여기에 있다. 그러나 삼성이 미래산업으로의 전환을 실천에 옮길 시간은 앞으로 10년밖에 없다.

삼성, 그 최악의 시나리오

삼성과 관련해서 한 가지 예측을 더 살펴보자. 바로 '가능성 있는 미래Possible Future'다. 현재 창사 이래 최고의 성과를 내고 있는 삼성은 창사 이래 최대의 위기에 봉착해 있다. 필자가 앞에서 예측했던 것처럼 삼성은 빠르면 1~2년, 늦어도 2~3년 안에 '성장의 절벽'에 맞닥뜨리게 된다. 그렇게 되면 애플보다 먼저 무너질 것이다.

'성장의 절벽'에 맞닥뜨릴 때 살아남는 길은 두 가지가 있다. 하나는 거기서 멈추고 뒤로 돌아가는 것이다. 성장의 한계, 시장 지배력의 한계를 인정하고 매출의 감소와 순이익의 감소를 받아들여 '다운사이징' 경영을 하는 것이다. 다른 하나는 새로운 성장곡선을 만드는 것이다. 기존에는 없던 혁신적인 방법으로 절벽을 건너갈 새로운 길을 만들고, 더 높고 새로운 산을 향해 가는 것이다.

새로운 성장곡선을 만드는 데는 두 가지 길이 있다. 하나는 이미 성장하기 시작하는 신사업에 빠르게 올라타는 것이다. 이를 위해서는 최고 경영자의 통찰력이 중요하다. 이건희 회장이 반도체로 삼성의 미래 방향을 전환했던 것이 바로 이 방법이다. 그러나 미래의 삼성은 이 방법을 다시 사용할 수 없다. 그 이유는 아이러니하게도 너무 커진 삼성의 덩치 때문이다. 앞에서 말한대로 필자가 보기에 가장 유력한 삼성의 생존의 길은 바이오-생명산업과 무인자동차 및 전기자동차산업, 나노신소재산업에 있다. 여기에 한 가지 더한다면 로봇과 사이보그산업이다. 문제는 바이오-생명산업이 현재 삼성전자의 매출 규모를 대체하기에는 시간이 너무 많이 걸린다는 점이다. 빨라도 최소 2020년 이후가 되어야 한다.

그러나 삼성전자의 주력 제품인 스마트폰, 반도체, 디스플레이 등이 중국의 추격과 일본, 미국, 유럽의 역습에 걸려 시장을 내주는 속도와 기간은 이보다 더 빠르게 진행될 것이다. 2015년 전후가 될 것으로 예측되는데, 2015년과 2020년 이후의 시간적 격차가 상당히 크다. 기업에서 5년은 긴 시간이다. 특정 기업이 5년 동안 정체기를 거치면 대략 70~80%는 재기하지 못한다. 물론 이건희 회장도 이 정도의 미래는 예측하고 있을 것이다. 때문에, 프랑크푸르트 신경영 선언을 한 지 20년이 된 2013년 6월에 이런 말을 했다.

20년이 됐다고 안심해서는 안 되고 항상 위기의식을 가져야 합니다. 더 열심히 뛰고 사물을 깊게 보고 멀리 보며 연구해야 한다고 생각합니다.

그러나 삼성은 이건희 회장의 바람과는 달리 움직이고 있다. 더 열심히 뛰기는 한다. 그러나 위기의식은 점점 약해져 가고, 사물을 깊게 보고 멀리 보는 연구는 제대로 하지 못하고 있다. 삼성이 가장 집중하는 것은 미래가 아니라 1~3개월 눈앞일 뿐이다. 필자가 보기에 삼성그룹에서 먼 미래에 관심을 두고 그 중요성을 절실하게 느끼는 사람은 이건희 회장 혼자뿐이다.

일본의 '히노키나무'를 생각하면서 이건희 회장은 5대 신수종사업을 구상했다. 태양전지, 자동차용 전지, 발광다이오드LED, 바이오제약, 의료기기 하드웨어에 2020년까지 총 23조 3,000억원을 투자해서 2020년에 50조 원의 신규 매출을 창출하겠다고 선언했다.[42] 하지만 이 정도로는 삼성의 추락을 막기에 역부족으로 보인다. 2012년 현재 삼성그룹 전체 매출이 380조 원이다. 지금 수준에서 2020년까지 매년 물가상승률을 겨우 이길 정도인 3% 성장을 지속하더라도 전체 매출이 최소 480조 원이 되어야 한다. 투자자들이 삼성이라는 1등 기업에 원하는 최소 수준의 성장률인 5%만 지속하더라도 560조 원이 되어야 한다.

이런 규모에서 신수종사업을 통해 거두는 50조 원의 매출은 전체의 1/10에 불과하다. 현재 가장 큰 도전과 위기의 진원지가 될 삼성전자 IM(IT, 모바일) 사업부 전체 매출 108조 5천억 원의 50%에 불과한 수치다. 중국의 추격과 일본, 미국 기업의 반격으로 앞으로 내어줄 것으로 예상되는 삼성의 매출 감소를 메우고, 미래 기대치를 충족시키기에는 턱없이 부족하다.

투자 측면에서도 승산이 있어 보이지 않는다. 거의 8~9년 동안 5개 분야에 23조 원 정도 투자한다면, 한 개 분야당 투자액은 4~5조 원밖에 되지 않는다. 이를 매년 투자액으로 계산하면 한 분야당 1년에 5천억 원을 투자하는 것에 불과하다. 이것으로는 절대로 신수종사업에서 이길 수 없다. 세계적 기업이라고 평가받는 삼성으로서는 미래의 신수종사업에 막대한(?) 투자를 한다고 말하기 부끄러운 수치다.

이건희 회장의 최대 장점은 위기에 대한 탁월한 통찰력과 기회의 땅으로 회사의 방향을 전환할 수 있는 확고한 의사결정 능력이다. 하지만 이건희 회장의 이런 능력이 최대한 발휘되기 위해서는 조건이 필요하다. 바로 새로운 사업이 이미 시장 성장기에 들어서기 시작해야 한다는 조건이다. 반도체 산업이 그랬다. 시장이 성장기에 들어서기 시작해야 빠른 속도로 따라잡기 전략을 사용할 수 있다. 그래야 시장을 확대해 가면서 기존 산업을 대체할만한 매출과 수익구조를 만들어 낼 수 있다. 삼성의 미래산업에서 핵심 영역이 될 바이오-생명산업과 무인자동차 및 전기자동차산업은 미래의 희망만 제시된 상태이다. 이것이 이건희 회장을 잠 못 이루게 하는 진짜 이유다.

새로운 성장곡선을 만들기 위해서는 반드시, 최고 경영자가 혁신을 이루고자 하는 분야에 대한 탁월한 수준의 기술적 안목을 가져야 한다. 스티브 잡스, 구글의 창업자들, 아마존의 창업자가 그러했다. 아쉽게도 이건희 회장에게는 그런 능력이 없다.

한국 정부, 삼성 이후를 준비하라

국가 GDP의 상당 부분을 책임지고 있고, 한국의 신용도와 이미지에도 큰 역할을 하는 삼성이 무너진다면 한국 경제는 '단기적'으로 큰 위기를 맞게 된다. 2013년 초, 일본의 니혼게이자이신문이 50여 개

산업의 대표적인 제품과 서비스의 2012년 시장점유율을 조사했다. 그 결과 미국은 19개, 일본은 12개, 한국은 8개에서 세계 1위를 차지했다. 그런데 한국의 1위 품목 8개 중 7개가 삼성의 제품일 정도로 치우침이 심했다. 이를 반영이라도 하듯, 2013년 6월의 한국 무역수지 흑자의 절반을 삼성전자가 기록했다. 삼성의 이런 성과를 우리나라 경제에서 빼버린다면 곧바로 아찔한 상황에 부닥치리라는 것은 자명하다. 문제는 이 시나리오가 전혀 불가능한 것이 아니라는 것이다. 한국 정부는 이 가능성에 대해서 지금부터 준비하지 않으면 안 된다. 삼성의 붕괴를 수많은 기업 중 하나의 붕괴로 막아낼지, 아니면 국가 위기의 출발점이 되고, 자산시장 전체의 붕괴를 알리는 신호탄으로 만들지는 정부의 역할에 달려 있다. 삼성 그룹을 잃는 일은 절대로 일어나서는 안 된다. 하지만 만에 하나라도 일어날 수 있는 최악의 시나리오를 준비해야 하는 것이 정부의 역할이다.

최악의 경우 삼성이란 기업 하나를 잃을 수는 있지만, 국가 전체를 잃어서는 안 된다. 기업은 언제든지 몰락할 수 있다. 선진국에서도 비일비재하게 발생하는 일이다. 어쩌면 선진국일수록 망하는 기업이 중진국이나 후진국보다 많을 것이다. 그렇다면 선진국과 나머지 국가의 차이는 무엇일까? 그것은 바로 거대한 기업이 쓰러졌을 때 흩어지는 인력, 자원, 사업 아이디어와 기술을 새로운 기업을 탄생시키는 밑거름으로 활용하는 능력의 격차이다.

핀란드에서도 우리의 삼성처럼 국가 경제의 30%를 차지하던 노키아가 무너졌다. 2011년 6월 3일 '월스트리트저널'에서는 '노키아의 고통이 핀란드의 고통이 되고 있다Nokia's Pain Becomes Finland's'라는 기사를 통해 국가의 세금 중 23%를 담당하고 국가 전체 투자의 30%를 담당하던 노키아의 몰락이 핀란드 경제에 막대한 타격을 주고 있다는 기사가 실렸다. 노키아의 주가는 1/20토막이 났고, 매출도 75%가 날아갔다. 노키아가 본사를 매각하고, 직원의 40%를 구조 조정하고, 중국 기업인 HTC에게도 시장에서 물어뜯기는 상태가 될 정도로 추락한 영향 때문이다.

그런데 핀란드 정부와 노키아의 적극적인 지원 덕분에 노키아에서 구조 조정된 인재들이 새로운 회사를 만들어 재기하는 데 성공했다. 핀란드 정부는 경제위기와 실업의 극복을 위해 '안식년'이라는 새로운 제도를 시행해 직원의 1년 치 급여를 정부와 기업이 반반씩 나누어 제공했다. 기술혁신투자청TEKES, 벤처캐피털펀드 핀베라 등을 통해 창업도 적극 지원했다. 정부는 2011년 한 해에만 1,928개의 프로젝트에 6억 1,000만 유로(8,800억 원)를 투자했다. 이런 지원으로 만들어진 회사 중 하나가 모바일 게임의 대박 신화를 만든 '앵그리버드'였다.

핀란드 정부는 대학 개혁도 단행했다. 정보화시대가 올 것을 예측하여 정부와 대학이 협력해서 정보통신인력을 대거 양성함으로써, 노키아를 탄생시켰던 과거의 경험을 되살렸다. 헬싱키기술대학, 헬싱키경제대학, 헬싱키디자인대학을 합쳐 알토대학을 2010년에 발족시켰다. 이 대학은 한순간의 정치적 선택이 아니라 오래전부터 준비해온 노력의 결과물이었다. 그것이 노키아의 몰락이라는 절체절명의 위기에서 핀란드를 구한 한 줄기 빛이 되었다.

이제 거의 망한 회사라고 평가받는 노키아도 '이노베이션 밀'이라는 프로그램을 만들어 직원의 창업을 전문적으로 도왔다. 노키아의 지원으로 만들어진 신생 회사만 300개가 넘는다. 그래서 노키아가 잃어버린 매출과 순이익을 국가적 차원에서는 빠르게 회복을 할 수 있었다. 그래서 일부에서는 노키아의 몰락이 핀란드 경제에 이익이 되었다고 평가할 정도다.[43]

우리는 어떨까? 삼성이 노키아나 소니처럼 무너진다면 삼성에서 이탈하는 수많은 인재와 기술, 다양한 역량을 빠른 속도로 재편하여 삼성의 매출과 순이익을 국가적 차원에서 회복할만한 준비가 되어 있는가? 이를 위해서 시급히 준비해야 할 것이 두 가지가 있다. 하나는 창의적 아이디어와 기업가 정신을 가진 이들이 미래산업으로 빠르게 나아갈 수 있도록 제도와 법을 선제적으로 정비해 주는 것이다. 핀란드처럼 미래를 내다보고 인재를 양성하는 시스템을 속히 갖추어야 한다.

다른 하나는 흩어져 나온 인재와 역량을 새롭고 혁신적인 아이디어로 재무장한 창업으로 이끌 토양을 만드는 것이다. 전문가들은 이런 토양을 만들기 위한 여러 조건을 제시한다. 그중에서도 시급한 것이 창업하는 사람들에게 가장 중요한 자금을 지원해주는 것이다. 이를 위해서는 우리의 금융산업이 선진화되어야 한다. 지금까지 금융산업의 선진화를 이야기하면 규모를 가장 중요하게 생각했다. 그러나 규모가 아닌 금융실력이 가장 중요하다.

창업하는 사람이 금융기관에 자금을 빌리러 가면 '담보 여부'가 핵심이라는 사실을 뼈저리게 깨닫는다. 아무리 지식과 아이디어, 창업자의 개인 역량을 평가하는 항목이 많아도 최종적으로는 담보가 가장 중요한 평가 기준이다. 그 이유는 무엇일까? 우리나라 금융기관 직원들은 대부분 금융관련 전공자들이다. 눈에 보이는 자산을 평가하는 데는 최고의 능력을 발휘한다. 하지만 창업자들이 가지고 있는 최고의 자산인 문학적 아이디어, 창의적 영감, 지식 자산, 창업자의 심리적 역량, 실패 후에도 다시 일어서는 회복 탄력성, 신뢰도와 정직성 등을 평가하지는 못한다.

벤처 창업자들은 담보가 없다. 은행이나 투자회사가 요구하는 담보는 회사가 어느 정도 성장하고 돈을 번 다음에 만들어진다. 은행에 저당 잡힐 담보가 있다면 이미 벤처회사가 아니다. 벤처기업이 가진 자산은 아이디어와 지적 능력, 미래가치 그리고 경영자의 인성이다. 미국이나 유럽 등 선진국의 엔젤투자회사들은 이런 무형의 자산을 평가한다. 엔젤투자회사는 부동산 담보가 없더라도 다른 자산을 제대로 평가하여 그에 맞는 돈을 투자하거나 빌려 줄 수 있어야 한다.

미국이나 핀란드처럼 정부가 벤처투자펀드를 만들어서 담보 없이도 자금을 빌려주기는 한다. 그러나 정부의 이런 정책에도 대출과 투자상담 창구에서 체감하는 것은 다르다. 또한, 평가 능력이 없는 상황에서 무조건 선진국을 모방해서 대규모 펀드를 만들어 투자하다가는 로비에 능한 사람들이 차지하는 눈먼 돈이 된다.

이 두 가지를 시급하게 갖추지 않는다면 삼성 같은 기업의 몰락이 국가적 차원의 위기로 전환되는 최악의 상황을 피할 수 없다. 어쩔 수 없이 주식이나 채권시장 등의 자산시장을 떠받치기 위해 국민연금이나 민간금융회사, 투자회사의 자금을 엄청나게 쏟아 부을 수밖에 없다. 국민의 연금과 저축을 담보로 국가 경제의 부실을 떠받치며 불안하게 생명을 이어가는 일본과 같은 꼴로 전락하게 되는 것이다.

4장

잃어버린 10년,
이미 시작되고 있다

넛크래커 현상이
새로운 문제의
도화선

최악의 시나리오를 고려해 보아야 할 기업이나 산업이 삼성과 IT산업만이 아니다. 당장, 조선산업은 더 큰 문제다. 얼마 전까지 한국의 조선산업은 세계 1위로서 35~40%의 점유율을 유지하고 있었다. 그런데 한국이 1위가 되기 전까지는 일본이 1위였다. 일본 조선산업은 1996년에 점유율을 40.2%까지 높였다. 그러나 2000년에 한국 조선산업이 일본을 추월하면서 일본의 조선산업은 넛크래커 현상에 빠졌다. 현재 일본의 시장점유율은 10% 미만이다. 일본 이전에는 누가 1위였을까? 유럽이었다. 1930년대 세계 최고의 해운국은 영국이었다. 영국은 당시 전 세계 선박 중량의 26.7%를 차지했다. 세계 3위로 6.8%를 차지하고 있던 일본은 상선단의 공격적 진출을 앞세워 해상무역과 해운업 등에서 영국에 대한 도전을 시작했다.[44] 이렇게 시작한 일본은 1990년대에는 선박을 건조하는 조선산업까지 세계 1위에 올라섰다.

조선산업에서 일본은 유럽을 넛크래커 속으로 밀어 넣으면서 1위를 뺏어오고, 우리가 다시 일본을 넛크래커에 밀어 넣으면서 1위를 빼앗아 왔다. 그런데 2009년부터 중국이 한국을 추월하기 시작했다. 중국이 저가 선박에 주력하고 있다며 낮게 평가하는 의견도 있다. 하지만 그것 자체가 넛크래커에 빠진 우리의 현실을 인정하는 상황이다. 마침내 2010년 상반기 선박수주량에서 중국에 밀렸다. 중국 조선업체들은 저가 선박에 만족하지 않고 고부가가치 선박, 해양설비 분야에까지 속속 진출하고 있다. 2010년 8월에 중국은 공식적으로 드릴십(원유시추선), LNG선, 반잠수식 시추선 등 한국의 첨단선박 독점체제를 깨겠다고 선전포고까지 한 상태다.

최근 들어 중국은 세계에서 가장 큰 5억 6천만 달러짜리 드릴십을 수주하는 등 한 척에 수억 달러에 달하는 첨단선박을 잇달아 수주하고 있다. 중국 조선업체들이 '양'에서 '질'로 급성장하고 있는 것이다. 사실 중국은 15세기 명나라의 환관 정화鄭和가 방대한 선단을 이끌고 해상원정을 이끌 당시 최고 수준의 조선기술을 가지고 있었던 나라다. 당시 정화가 만들었던 배 중에는 콜럼버스가 탐험할 때 사용했던 산타마리아호보다 무려 100배나 큰 규모의 배도 있었다. 중국은 지금 600년 전의 영광을 되찾으려 하고 있다.

필자는 2008년부터 한국 조선산업의 넛크래커 현상을 경고했다. 2010년 7월 25일 모 일간지 보도에 의하면 2010년 상반기 사상 처음으로 조선업의 경쟁력을 나타내는 3대 지표인 수주량, 수주잔량, 건조량에서 모두 중국에 1위 자리를 내주고 말았다. 수주량과 수주잔량 부문은 2009년부터 중국에 밀렸다. 선박 수주량은 462만

CGT(한국 점유율 38.0%) : 502만CGT(중국 점유율 41.2%), 선박 수주잔량은 4,925만 1천753CGT(한국) : 5,330만 7천252CGT(중국)이었다. 하지만 2010년 상반기에 건조를 끝내고 인도한 물량을 나타내는 건조량마저도 표준화물선 환산톤수에서 747만 889CGT(한국):801만 4,148CGT(중국)로 중국에 뒤지고 말았다. 이로써 2003년에 3대 지표에서 모두 일본을 앞지르며 일본을 넛크래커로 밀어 넣은 이후 7년 만에 우리가 거꾸로 중국에 의해 넛크래커에 빠지게 되었다.

한국 조선산업의 넛크래커 현상은 조선산업 관계자들이 생각한 것보다 5년 정도 빠른 추세다. 결국, 2013년 들어 조선, 해운, 에너지 산업에 주력하고 있는 STX그룹이 해체되었다. 그러나 이것은 시작에 불과하다. 한국의 조선회사들은 앞으로 5~10년 이내에 상당수가 구조조정 될 것이다. 그 결과 매출과 이익률이 반토막 나게 될 것이다.

철강산업도 2012년에 이미 25% 정도의 공급과잉(세계 총생산량 20억 톤 중의 25% 정도가 과잉생산)에 빠진 상태다. 그리고 앞으로 신소재가 계속 개발되면서 철강의 수요는 줄어들 가능성이 크다. 물론, 중국 등에서 도시 개발이 계속되면 철강의 수요가 필요하겠지만, 공급과잉 물량을 소화할 수준은 되지 않아서 최선의 시나리오가 되더라도 제자리 걸음 수준일 것이다.

석유화학산업도 위기다. 중국 기업들은 이전에 증설한 설비를 이용해 2013년부터 본격적으로 생산물량을 늘릴 것으로 보인다. 게다가 미국과 중국은 천연가스의 1/6 가격에 불과한 셰일가스, 땅속 깊은 퇴적층의 미세한 틈새에 존재하는 (탄소 함유량은 많고 황 함량이 적은) 경질유인 타이트오일 등을 대규모로 채굴할 것이다. 2012년에 미국은 이미 타이트오일의 생산량을 200만 배럴로 늘렸다. 타이트오일의 전 세계 매장량은 2,400억 배럴이다. 이는 인류가 330년을 사용할 수 있는 양이다. 타이트오일의 생산에 힘입어 미국은 2020년경이면 사우디아라비아를 제치고 원유 생산량 1위에 올라설 것이다. 이런 현상은 중동산 원유 의존도가 88.7%로 절대적인 한국의 석유회사들에게는 큰 위협이다.

셰일가스의 채굴량이 늘어나면 날수록 에탄(에틸렌의 원료) 가격의 하락세도 커진다. 석유화학 업체의 주력 생산품은 폴리에틸렌의 원료가 되는 에틸렌이다. 에틸렌은 원유나 천연가스를 정제하는 과정에서 얻는다. 우리나라의 석유화학 업체들은 이를 원유 정제과정에서 나오는 나프타로 만든다. 하지만 셰일가스 채굴이 늘어나면 가스 가격이 하락한다. 그러면 가스를 정제하는 과정에서 얻어지는 에탄 값이 하락하게 되어 나프타 기반의 한국 기업들은 가격경쟁력을 잃게 된다. 설상가상으로 중국과 중동 지역 국가들도 미래의 수익원을 위해 석유화학 분야 설비 확장을 강력하게 추진하고 있다. 한국의 석유화학산업은 미래에도 지속되겠지만 전성기는 여기가 끝이다.

한국 자동차산업의 불안한 미래

자동차산업도 넛크래커 현상에 빠질 가능성이 크다. 한국 기업의 기술력이 좋아졌지만 다른 경쟁자들의 기술력도 좋아지고 있다. 2009년 미국시장에서의 선전은 엄밀히 분석하면 환율 효과와 미국의 도요타에 대한 반격에 따른 반짝 효과였다. 도요타의 타격으로 가장 큰 효과를 본 나라는 미국이다. 크라이슬러가 1위까지 올라갔다. 도요타는 2009년의 수모에도 여전히 20조 엔 정도의 순수익net revenues을 내는 저력을 보여주었다.

더욱 중요한 점은 자동차산업의 새로운 패러다임이다. 지구 온난화 문제로 휘발유 자동차 시장의 축소는 불가피하다. 미래형 자동차인 하이브리드자동차나 전기자동차로 급속하게 넘어갈 것이다. 휘발유 자동차는 중국과 인도가 잠식해 들어오고 있고 미래형 자동차는 일본, 유럽, 미국이 앞서 가고 있다. 중국 상하이 자동차 그룹은 글로벌 톱10에 진입하는 약진을 보이고 있으며 미국과의 합작으로 전기자동차 배터리 시장에도 진출하고 있다.

전기자동차는 미국이 세계 최고의 기술을 가지고 있다. 1990년대에 미국의 GM은 전기자동차를 수천 대 생산해서 판매했다. 시장의 반응은 대단했다. 하지만 갑자기 FBI까지 동원해서 전기자동차를 전부 수거해서 폐차시켰다. 왜 그랬을까? 정부의 입장에서는 휘발유 자동차가 팔리지 않으면 유류세가 줄어들고, GM의 입장에서는 전기자동차가 잘 팔리면 기존의 휘발유 자동차 매출이 줄어들 것이기 때문이었다. 그래서 동종 업체의 눈치를 보면서 전기자동차의 기술 개발과 상업화를 늦췄다. 그 사이에 일본의 도요타가 하이브리드자동차를 치고 나오고, 중국마저 전기자동차를 상용화하고 나섰다. 여기에 더해 전 세계적인 경제위기로 기존산업과 신성장동력 산업에서 부를 만들어내야 한다는 압력이 거세지자 미국의 행보가 달라졌다. 미국은 하이브리드 자동차를 생략하고 전기자동차로 바로 가는 패러다임 전환에 속도를 붙이려 하고 있다.

미국과 일본이 전격적으로 움직이기 시작한다면 자동차산업의 신성장동력인 하이브리드자동차와 전기자동차에서 우리가 밀릴 가능성이 커진다. 현재 미국의 대표적인 전기 자동차인 '테슬라S' 모델은 한 번 충전으로 최대 483km를 주행할 수 있고, 시속 100km에 도달하는데 불과 5.5초밖에 걸리지 않는데 가격은 4만 9,900달러이다. 이에 반해 2010년 우리나라 기업이 출시한 전기자동차는 경차 수준의 크기에 7시간 충전으로 160km를 주행하는 수준이다. 최고 속도도 130km에 불과하고 시속 100km에 도달하는 시간이 11.8초나 걸렸다.

한편 우리는 미래형 자동차에 들어갈 2차전지 시장을 잡기 위해서 삼성SDI, LG화학, SK에너지 등이 많은 투자를 하고 있다. 삼성SDI는 독일 보쉬와 합작해서 유럽시장 선점에 나서고 있고, LG화학도 미국 GM, 포드와 전기자동차 프로젝트를 진행하고 있다. 현재 일본 IIT의 집계에 의하면 2009년 전 세계 리튬이온 2차전지 세계시장점유율은 일본의 산요가 20.2%로 선두를 고수하는 가운데 삼성SDI가 18.5%, LG화학이 13.2%로 그 뒤를 쫓고 있다. 그리고 한국 기업의 뒤를 중국의 BYD가 6.6%로 맹추격하기 시작했다. 지금까지의 2차전지 시장은 휴대전화, 노트북 컴퓨터 등 모바일과 IT 분야가 가장 컸다. 그래서 우리나라가 모바일과 IT에서 가진 세계적 경쟁력에 힘입어 휴대전화 및 노트북용 2차전지 분야에서 한국이 경쟁력을 가질 수 있었다. 현재 이 분야의 시장은 2010년 94억 달러 규모에서 2020년에는 220억 달러로 커질 것으로 예측된다.

그런데 앞으로 벌어질 전기자동차용 2차전지의 시장 규모는 2010년 28억 달러에서 2020년 302억 달러로 무려 11배나 증가할 것으로 예측된다. 또한, 에너지 저장용 배터리 시장은 현재 2억 달러에서 2020년 257억 달러로 폭발적인 성장을 할 것으로 예측된다. 이는 향후 2차전지 시장은 지금까지의 2차전지 경쟁력과는 무관하게 전기자동차와 에너지 저장용 배터리 분야에서 승부가 나게 된다는 말이다. 현재 우리나라의 2차전지 생산기업들이 글로벌 완성차 업체를 잡으려고 노력하는 이유가 바로 여기에 있다.

궁극적으로는 국내의 전기자동차 기술과 신재생에너지 산업의 경쟁력이 함께 받쳐주어야 한국의 2차전지산업도 함께 경쟁력을 높일 수 있다. 우리나라의 업체들이 글로벌 완성차 업체들과 손을 잡는다 해도 밀월 관계는 그리 오래가지 못할 것이기 때문이다. 현재 미국, 독일, 일본은 정부가 2차전지 산업 육성에 적극 나서고 있다. 버락 오바마 미국 대통령은 자동차산업을 회복시키기 위해 전기차를 지원하고 나섰다. 같은 맥락에서 전기자동차의 핵심부품인 2차전지에 대한 정부의 지원도 늘리고 있다. 지식경제부 집계에 따르면 2009~2011년 전기차 배터리의 연구개발에 대한 정부 지원액은 미국이 2,613억 원, 독일 2,040억 원, 일본 1,072억 원 등이다. 이에 비해 한국은 360억 원에 그치고 있다.

빠르게 우리를 추격해오는 중국과의 경쟁도 쉽지 않다. 녹색성장위원회 자료에 따르면 현재 2차전지 소재의 실질적 국산화 비율은 20% 미만에 불과하다. 아무리 수출이 증가해도 결국은 일본의 수익만 증가시키는 구조다. 참고로 2009년 일본에서 수입한 2차전지 생산에 필요한 소재의 수입 규모는 4억 9,000만 달러로 국내 소재 분야 수입에서 55%를 차지하고 있다.

기존 산업의 성장 한계가 지속될수록 한국 기업의 위기는 커진다. 삼성경제연구소는 한 번 매출액이 정체된 기업이 다음 해에도 정체할 확률은 59%이고, 2년 연속 정체된 기업이 3년째 다시 정체할 확률은 68%에 이른다는 분석 보고서를 발표했다. 그리고 이렇게 매출 정체가 4년 연속 이어지면 퇴출 확률이 무려 8배나 증가한다고 했다.

실제로 매출 정체가 4년 연속 이어진 기업 중에서 40%가 시장에서 사라졌다. 10년 후 한국 기업 중에서 이런 기업이 많이 나올 가능성이 크다.

한국 기업은 현재 생산성 위기에 빠져 있다. 현대자동차는 1986년에 미국과 일본 자동차 회사의 25% 수준이었던 생산성이 2006년에 60~70%까지 높아지며 계속 성장했다. 하지만 2007년 이후 생산성이 오랫동안 정체 상태다. 주5일 근무제가 정착되고 저출산 고령화로 생산가능인구의 증가율이 떨어지고 있기 때문에 생산성 향상은 앞으로도 쉽지 않다. 생산성 문제도 넛크래커 현상이 깊어지게 만드는 요인으로 작용한다.

서둘러야 한다. 한국의 기업들이 넛크래커에서 빠져나오기 위해서는 자본과 노동 등 생산요소의 집중 투입을 통한 단기적 생산량과 매출 확대 전략에서 빨리 벗어나야 한다. 대신 생산성 향상, 기술 개발과 경영 혁신을 위주로 하는 기업의 체질 개선을 서둘러야 한다. 미래형 산업을 위한 연구개발의 확대, 글로벌 수준에 맞는 경영의 선진화, 노사관계의 선진화 등을 통한 체질 개선도 시급한 과제이다. 정부도 불필요한 규제를 계속해서 줄여 주어야 한다. 앞으로 2020년 이전에 이를 해결하지 못하면 한국의 제조업에 근본적인 위기가 발생하게 된다.

현재 그리스는 제조업의 약화, 관광산업에 대한 높은 의존도, 누적된 고소득층의 탈세, 부의 불균형 분배, 중산층과 청년층의 높은 실업률, 통화정책의 실패로 유럽발 금융위기의 진원지가 되었다는 점을 기억해야 한다. 현재의 글로벌 위기 속에서도 상대적으로 더 큰 위험에 처해 있는 그리스, 스페인, 아일랜드 등은 모두 제조업이 붕괴한

국가라는 공통점을 가지고 있다. 이처럼 제조업의 붕괴는 비정상적인 경제 구조, 부의 불균형 분배, 실업률 상승 등의 새로운 문제를 일으키는 도화선 역할을 할 수 있다.

중국의 인재 경쟁력은 이미 한국을 추월했다

미래 경쟁력의 중요한 지표가 되는 인재경쟁력을 기준으로 한국과 중국을 살펴보자. 중국의 연간 대학 졸업생 수는 600만 명을 넘는다. 중국의 4년제 대학생들 숫자만 전부 합쳐도 우리나라의 생산가능인구보다 많다. 1978년 개방 이후 2008년까지 중국의 국외 유학생 수는 무려 117만 명이나 된다. 중국의 연간 박사 학위 취득자 수는 5만 2천 명이다.

한국과 중국의 인재 경쟁력 비교

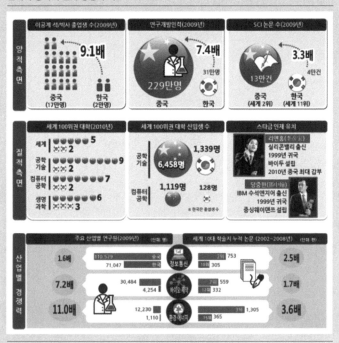

출처: 삼성경제연구소, 중국과 한국의 인재 비교, (서울: 삼성경제연구소, 2011.2.)

한중 SCI 논문 비교

구분	단위	한국(A)	중국(B)	비율(B/A)	비고
SCI논문 발표 수	천건	38.7(11위)	127.7(2위)	3.3	2009년
상위1% 피인용논문 점유율	%	1.5	4.3	2.9	2008년
논문 생산성	건	1.3	1.5	1.2	2009년

출처: 삼성경제연구소, 중국과 한국의 인재 비교, (서울: 삼성경제연구소, 2011.2.)

주요 전공별 세계 100위권 대학 수

구분		한국(A)	중국(B)	비율(B/A)	발표연도
세계 100위권 대학 수		2	5	2.5	2010/2011
전공별	공학기술(전체)	2	9	4.5	2010
	컴퓨터공학	2	7	3.5	2011
	생명공학	3	6	2.0	2010

출처: 삼성경제연구소, 중국과 한국의 인재 비교, (서울: 삼성경제연구소, 2011.2.)

중국의 이공계 석박사 졸업생 수는 2009년 기준 17만 명으로 2만 명인 한국의 8.5배이다. 또한, R&D 인력도 중국은 229만 명인 반면 한국은 31만 명으로 7.4배의 차이가 난다. 중국은 첨단기술 인큐베이터의 숫자도 미국에 이어서 세계 2위이고, 공과대학의 정원도 한국보다 11배가 많다.[45]

SCI 논문 수는 중국이 13만 건으로 세계 2위를 차지했는데, 한국 4만 건의 3.3배이다. 상위 1% 피인용논문 점유율은 중국(4.3%)이 한국(1.5%)의 2.9배이며, 논문 생산성도 중국이 한국보다 다소 앞선 상황이다.[46] SERI에서 연구한 한국과 중국의 논문 비교표를 보더라도 핵심 연구와 핵심 인재에서 압도적으로 차이가 나타난다. 이런 모든 차이는 시간이 지날수록 한국과 중국 간의 소프트파워의 격차를 만들어낸다. 기존산업과 미래형 산업의 특허, 서비스 아이디어, 금융 능력, 창조경제 파워 등에서 중국은 무서운 속도로 한국을 넘어설 것이 거의 분명하다. 이런 소프트파워의 차이는 곧바로 한국 산업의 글로벌 경쟁력 약화로 나타날 것이다.

골드만삭스는 "중국은 높은 R&D 투자, 과학기술 인재의 글로벌화를 통해 글로벌 혁신에서 새로운 허브Hub가 될 것"이라고 예측했다. 스티븐 로치 예일대 교수도 중국이 선진국이 될 수밖에 없는 10가지 이유 중 하나로 중국 인적 자원의 우수성을 지적했다.

중국은 질적 측면에서도 한국을 압도하는 인재경쟁력을 갖추고 있다. 중국은 세계적 수준의 대학이 한국보다 많고 그 배출 인력도 3배 수준이다. 세계 100위권 대학 수는 중국이 5개, 한국이 2개이다. 특히 공학기술 분야 세계 100위권 대학 수는 중국이 9개지만 한국은 2개에 불과해서 앞으로 공학기술의 차이가 두드러질 전망이다. SERI 보고서에 지적한 주요 전공별 세계 100위권 대학 수 자료를 살펴보자.[47]

표에서 알 수 있듯이, 대학의 글로벌 연구 역량을 나타내는 기초과학 순위 평가ESI : Essential Science Indicators에서도 중국은 상위 1% 수준의 학과가 대폭 증가하고 있다. 특히 베이징대. 칭화대. 푸단대 등 7개 대학의 상위 1% 수준 학과는 2001년 24개에서 2010년 74개 학과로 증가하는 추세이다. 여기에 세계적인 지명도를 가지고 글로벌 일류기업과 공동연구를 진행하는 대학 교수도 다수 배출하고 있다.

중국은 이런 인재 경쟁력을 가지고 전략적으로 미래형 산업에 적극적으로 뛰어들고 있다. 예를 들어, 2015년까지 고효율 연소, 고효율 축전지, 녹색 절전재료, 에너지 감축 및 계량 등에 중점을 두는 국제적 수준의 혁신적 에너지 절약 기술 장비 및 제품 제조 기업과 산업화 시범기지 육성 계획을 추진 중이다. 이외에도 주요 환경보호 기술 장비 및 제품 산업화 시범 프로젝트, 주요 자원 순환 이용 프로젝트, 인터넷과 방송 등의 광대역 통신 프로젝트, 고성능 집적회로 프로젝트, 신형 평판 디스플레이 프로젝트, 콘텐츠 네트워크 및 클라우드 컴퓨팅 프로젝트, 고성능 의학 진료 설비 프로젝트, 항공장비 프로젝트, 선진 궤도 교통장비 및 주요 부품 프로젝트, 주요 소재 고도화 세대교체 프로젝트 및 인공지능 기기, 나노 기계, 신에너지 자동차, 신소재산업, 바이오산업 등을 체계적으로 국가 단위에서 추진 중이다.[48]

은퇴자, 자영업자를 기다리는 비극적 미래

10여 년 전, 혹독했던 환란 구조 조정 한파에 휩쓸려 직장을 그만둬야 했던 강성훈(53·가명)씨. 이미 중간정산을 받았던 터라 손에 쥔 퇴직금은 1,500만 원 남짓에 불과했다. 막막했다. 집 한 채 없이 두 자녀를 키워야 되는 절박한 처지에서 무엇이든 해야 했다. 지인 소개로 한 부품 중소기업에 들어갔지만 연고도 없는 지방으로 발령 나는 바람에 금세 옷을 벗어야 했고, 아동 서적을 파는 인터넷 쇼핑몰 사업을 시작했다가 3년을 넘기지 못한 채 접고 말았다. 다시 절치부심. 4년 전, 대출까지 받아 아내와 함께 자동차용품점을 열었다. 처음엔 자리를 잡나 싶더니, 최근 불황 여파로 월세와 대출이자 내기도 급급한 처지다."[49]

강성훈 씨 같은 사람들에게 지난 10년은 '잃어버린 10년'이었다.

IMF 구제금융 위기 이후 수많은 중산층이 돈, 직업, 미래의 희망을 모두 잃으면서 '워킹푸어(Working poor, 근로빈곤층)'로 전락했다. 2009년 기준으로 우리나라 근로자의 449만 명(25.6%)이 저임금에 시달리고 있는데, 지난 5년 사이에 17%에서 25%로 급증한 결과다. 이는 OECD 국가 중 가장 높은 수준이다. 법정 최저임금도 받지 못하는 노동자는 193만 명에 이른다. 최저임금 미달자는 2001년 8월 59만 명(4.4%)에서 2006년 8월 144만 명(9.4%), 2007년 8월 189만 명(11.9%), 2008년 3월 193만 명(12.5%)으로 늘어나고 있는데, 비정규직의 50%가 여기에 속하고 있다. 또한, 상위 20%와 하위 20%의 소득 격차는 8배 이상으로 벌어진 상태다. 2008년 한 취업 사이트의 조사 결과 20~30대 직장인의 65%가 스스로를 워킹푸어라고 생각하고 있었다.

더 큰 문제는 엄청난 사교육비와 자녀양육비 때문에 자신의 가난과 실패를 자녀에게까지 물려 주어야 한다는 불안감이다. 앞으로 중산층의 몰락과 부의 불균형 분배는 더욱더 커질 가능성이 높다. 분배를 중시하던 참여정부도 해결하지 못할 만큼 부의 불균형 분배가 시스템적으로 굳어졌기 때문이다. 소득불균형을 나타내는 지니계수(1에 가까울수록 소득불균형이 심함)는 2003년 0.270에서 2009년 0.294로 높아지면서 개선의 여지를 보이지 않는다.

또 다른 충격적인 조사 결과가 있었다. 2010년 12월 9일, 국세청이 처음으로 조사한 업종별, 지역별 자영업자 현황이 발표되었다. 다음의 내용을 보면, 국내 거의 모든 생활밀착형 서비스 산업이 과포화 상태에 이른 상황이다. 앞으로 은퇴할 1, 2차 베이비붐 세대 1,640만 명 중에서 대략 30% 정도(약 500만 명)가 자영업으로 전환할 것으로

2010년 12월 9일, 국세청이 처음으로 조사한 업종별, 지역별 자영업자 현황

음식점 43만 9,223개 (인구 114명 당 1개) * 2012년에 60만 개를 넘었다.

의류점 8만개 (인구 595명 당 1개)

부동산중개업소 7만개 (인구 650명 당 1개)

호프집 6만개 (인구 767명당 1개)

미장원 10만개 (협회 추산)

2009년 한 해 창업자 수 92만 5,000명 중 35%가 생활밀착형 창업

음식점 창업 12만 5천 명   옷가게 2만 6천명

호프집 2만 5천명   부동산중개업소 2만 명 창업

자영업자 숫자

2007년 452만 7천 명

2008년 473만 명

2009년 487만 4천 명

**프리랜서(자유직업 종사자) – 2009년 신고 기준 340만 3,715명
(2008년에 비해 14,0836명 증가 – 4.3% 증가)**

다단계 판매업 종사자 90만 명(평균 소득 73만 원)

학원강사 30만 8,219 명(1,133만 원)

호스티스 14만 명

배우 1만 9,130 명(1,729만 원)   연예보조인 7만 6,519 명(484만 원)

대리운전 2만 1,305 명(283만 원)   퀵서비스 2만 2,434 명(849만 원)

성악가 8,716 명(410만 원)   모델 9,851 명(495만 원)

작곡가 1만 1,457 명(720만 원)   가수 7,415 명(962만 원)

미술인 1만 6,911 명(1,104만 원)   음식배달 1만 8,049 명(1,453만 원)

보험설계자 7만 3,452 명(3,881만 원)

행사도우미 9만 4,010 명

예측되는데, 그 숫자가 포함되지 않은 상황이다.

2010년 기준으로 우리나라의 자영업자 비율은 OECD 평균의 2배다. 2배라는 말은 한 사람이 열심히 일하면 저축할 정도의 돈을 벌수 있는 일자리를 두 사람이 나누어 갖고 있다는 뜻이다. 그러니 한국의 자영업자들과 생활밀착형 서비스 산업 종사자들은 열심히 일해도 저축할 돈은 고사하고 생활비조차 벌기 어렵다. 실제로 자영업자의 30%는 월 220만 원도 못 번다.

모자란 생활비는 가게 보증금을 까먹든지, 추가로 빚을 내서 보충해야 한다. 결국, 이런 상황을 이기지 못하고 현재 창업하는 사람들 10명 중 6명이 3년 안에 폐업을 한다. 앞으로 1,640만 명의 1, 2차 베이비붐 세대가 은퇴하면서 이들 중의 상당수가 창업하게 되면 상황은 최악이 된다. 자영업에 뛰어든 은퇴자의 80%는 5년 이내에 무너질 수밖에 없을 것이다. 그러니 개인들의 빚은 앞으로도 계속해서 증가할 수밖에 없다.

무너지는 중산층, 사다리 걷어차는 사회

종신고용의 붕괴도 이제는 오래된 말이 되었다. 2013년, 가까스로 정부가 60세 정년 법안을 여야 합의로 통과시켰지만, 과연 60세 정년을 지킬 기업이 얼마나 될까?

일반적으로 종신고용이 붕괴되면 소비의 주체가 되는 중산층이 타격을 받게 된다. 중산층의 타격은 내수시장에 큰 부담을 준다. 2009년 말 기준으로 취업준비생이나 구직단념자 등을 포함하는 우리나라의 사실상 실업자는 330만 명을 넘어서 실질 실업률이 13%에 육박했다. 이는 공식 실업률의 4배를 넘는 수치이다.

이런 현상은 미국과 같은 선진국에서도 동일하게 일어난다. 골드만삭스의 내부보고서에 의하면 지난 2000~2009년까지 10년 동안 미국의 GDP는 20% 성장했지만, 일자리는 겨우 1,000개가 늘었다고 한다. 그 원인은 기계화, 자동화, 해외 아웃소싱, 일자리를 크게 늘릴 필요가 없는 금융업의 발달 등 때문이다. 금융업은 일자리 창출 기여도가 그리 크지 않다. 한 사람이 100억 원을 투자하고 관리하나, 그 한 사람이 1,000억 원으로 늘려서 관리하고 투자하나 하는 일은 똑같다. 오히려 똑똑한 사람이 더 큰돈을 관리하고 투자하는 것이 더 효율적일 수 있다.

우리나라는 2003년부터 2009년까지 중산층이 계속 줄고 있다. OECD는 한 나라의 전체 가구를 소득순으로 분류했을 때 맨 가운데에 해당하는 '중위소득'을 기준으로 50~150%에 범위에 해당하는 소득을 버는 가구를 중산층으로 규정한다. 이 기준을 가지고 2010년 7월 한국개발연구원KDI이 전국 가구의 가처분소득을 기준으로 우리나라의 중산층 비중을 분석해 본 결과, 1996년 68.5%에서 2009년 56.7%로 13년 동안 무려 11.8%나 줄어든 것으로 분석되었다. 하지만 체감 상황은 이보다 더 심각하다. 2012년 모 기관이 시행한 설문조사에서 중산층이라고 분류된 사람들 대부분이 자신은 중산층이 아니라고 대답했다.

상류층은 1996년 20.3%에서 2009년 24.1%로 3.8% 포인트 늘었고, 빈곤층은 같은 기간 11.3%에서 19.2%로 7.9% 포인트 증가했다. 이를 보면 중산층에서 상류층으로 올라간 경우보다는 빈곤층으로 떨어진 비율이 더 높음을 알 수 있다.

2인 이상 도시 가구의 가처분소득을 기준으로 볼 때, 상대적 빈

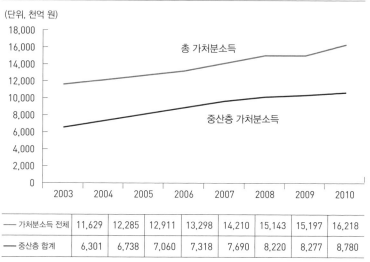

중산층 가처분소득 점유율 추이

(단위, 천억 원)

	2003	2004	2005	2006	2007	2008	2009	2010
—— 가처분소득 전체	11,629	12,285	12,911	13,298	14,210	15,143	15,197	16,218
—— 중산층 합계	6,301	6,738	7,060	7,318	7,690	8,220	8,277	8,780

가처분소득 = (근로소득+사업소득+재산소득+이전소득) – 공적 비소비지출
공적 비소비지출 = 경상조세 + 연금+ 사회보장

빈곤율(중위소득의 50% 이하의 가처분소득을 버는 가구 수가 전체 가구 수에서 차지하는 비율)도 2003년 10.6%에서 2009년 13.1%로 높아졌다. 또한, 2011년 종합소득 100분위 자료를 분석한 결과에서도 상위 1% 의 연평균 소득은 3억 8,120만 원, 상위 5%는 9,470만 원으로 나타났다. 그러나 중위 51%로 넓히면 2,480만 원으로 급격히 낮아지고, 하위 20%는 647만 원에 불과할 정도로 양극화 현상은 점점 더 커지고 있다.[50]

중산층에서 빈곤층으로 한번 떨어진 이들은 아무리 발버둥을 쳐도 헤어날 수 없는 빈곤의 늪에 갇혀 버린다. 양극화의 결과로 가난이 대물림되고, 부자가 선망의 대상이 아닌 분노와 증오의 대상이 되어 사회적 갈등이 더 커진다. 경제적으로는 내수시장의 펀더멘털이

악화되어 내수시장에 집중하는 다양한 산업이 타격을 받는다.

　위의 표를 보면 이미 우리나라는 경제성장 혜택의 불균형분배가 시작되었다고 봐야 한다. 2003년부터 2010년까지 총 가처분소득은 꾸준히 증가했지만, 중산층은 그 증가 속도를 따라가지 못해서 격차가 더 벌어지고 있다. 즉, 2003년부터 2010년까지 새롭게 증가한 부는, 중산층과 서민층보다는 부자들에게 더 많이 돌아갔다고 해석할 수 있다.

시스템 연관도를 보자. 한쪽에서는 불투명한 미래 때문에 기업의 투자 감소, 글로벌 경쟁 심화로 말미암은 고용 없는 성장의 지속, 이에 따른 국내 소비의 감소가 지속되는 구조가 이미 형성되었다.

다른 한쪽에서는 부동산 버블의 증가와 주식시장 버블의 증가로 물가와 금리는 상승하지만, 개인의 소득 증가율은 연평균 인플레이션에도 못 미치는 상황이 지속되면서 서민층과 중산층의 펀더멘털이 약화되고 있다.

여기에 기업의 부실을 떠안아 주면서 발생하는 정부의 재정 적자 증가까지 겹치면서 우리의 미래를 어둡게 만들고 있다. 이런 상황에서 만약 부동산 버블과 주식시장의 버블이 동시에 급격하게 터지게 되면 중산층과 서민층의 충격은 상상할 수 없을 정도로 클 수 있다.

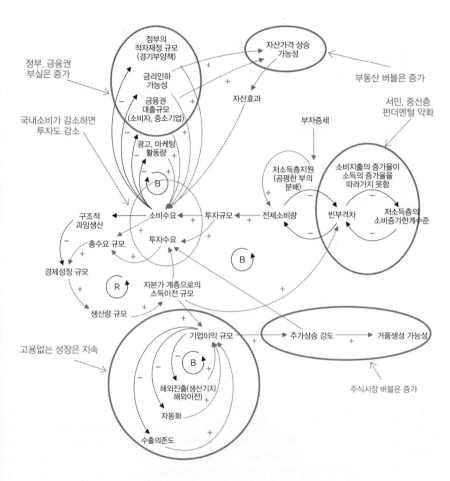

소비와 투자 관점에서 본 중산층 몰락의 부작용

해법이 없는 고령화

2008년 우리나라 건강보험 가입자 4,800만 명 중 65세 이상이 9.6% 임에도 이들의 진료에 쓰인 금액은 8조 1,021억 원으로 국민건강보 험공단이 지출한 전체 비용 25조 5,819억 원 중 무려 3분의 1(31.7%) 가까이 차지했다. 건강보험정책연구원의 예측에 의하면 저출산 고 령화 현상으로 인해 2030년에는 매년 28조 원의 적자가 발생하고, 2040년에는 65조 6천억 원, 2050년에는 102조 2천억 원, 65세 이상 이 전체 인구의 40.1%가 되는 2060년에는 132조 원의 적자가 발생 할 것이다.[51] 만약 이렇게 된다면 2030년 이후부터 2060년까지의 누 적 적자는 가히 천문학적 규모가 될 것이다.

결국, 의료비 혜택의 감소나 세금 증가의 부담이 발생한다. 이 모 든 부담은 노인들뿐만 아니라 젊은이들도 나누어져야 하는 짐이 된 다. 결국, 젊은이들은 젊은이들대로, 노인들은 노인들대로 불만이 폭

2010년 인구 추계 피라미드

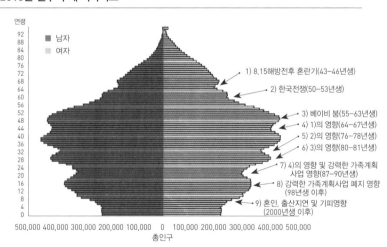

발할 수밖에 없다. 이런 불만이 정치적 행동으로 나타나면서 세대 간 갈등을 증폭시킬 것이다. 이렇게 되면 아마도 의학기술의 발달로 암 등의 질병이 정복되고, 바이오 기술, 사이보그 기술들을 통해 질병에 의한 사망률은 줄어드는 데 반해, 생계를 유지할 돈이 없어서 자살하는 사람들의 숫자는 늘어나게 될 것이다. 그래서 2050년 한국인 사망 원인 1위는 질병이 아니라, 생계형 자살이 될 것이다. 이 시나리오는 이미 현실에서 시작되고 있다. (다음의 그래프들은 필자의 연구소에서 2005년의 통계청의 인구조사 자료를 기초로 한 인구 추계 피라미드 시뮬레이션 결과이다)

통계청의 인구조사 자료를 바탕으로 시뮬레이션한 결과로는 2050년이 되면 전체 인구가 대략 800~1,000만 명 정도 줄어들게 되며, 60~90세까지의 인구가 전체의 46%를 차지하는 엄청난 초고령 사회의 완전한 역피라미드형 재앙적 인구구조를 갖게 된다.

연령별 인구 비중 변화

	2010년	2050년
60~90세	16%	46%
40~59세	31%	24%
20~39세	30%	17%
0~19세	23%	13%

인구피라미드의 연도별 변화

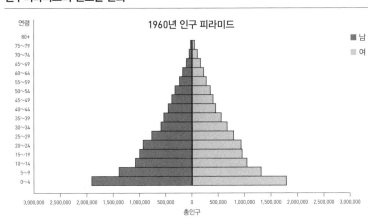

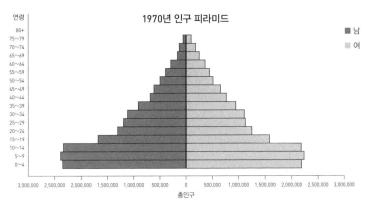

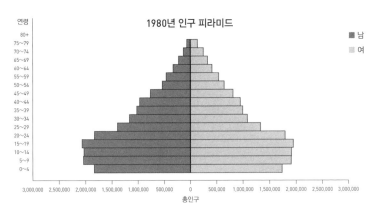

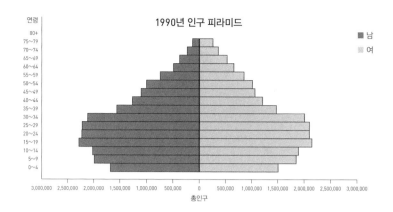

1990년 인구 피라미드

연령

■ 남
▨ 여

80+
75~79
70~74
65~69
60~64
55~59
50~54
45~49
40~44
35~39
30~34
25~29
20~24
15~19
10~14
5~9
0~4

3,000,000 2,500,000 2,000,000 1,500,000 1,000,000 500,000 0 500,000 1,000,000 1,500,000 2,000,000 2,500,000 3,000,000

총인구

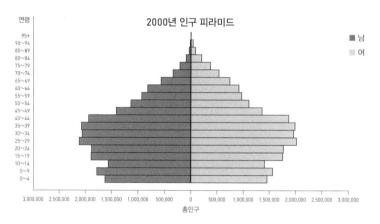

2000년 인구 피라미드

연령

■ 남
▨ 여

95+
90~94
85~89
80~84
75~79
70~74
65~69
60~64
55~59
50~54
45~49
40~44
35~39
30~34
25~29
20~24
15~19
10~14
5~9
0~4

3,000,000 2,500,000 2,000,000 1,500,000 1,000,000 500,000 0 500,000 1,000,000 1,500,000 2,000,000 2,500,000 3,000,000

총인구

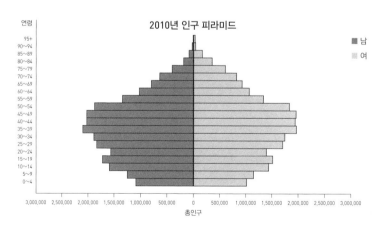

2010년 인구 피라미드

연령

■ 남
▨ 여

95+
90~94
85~89
80~84
75~79
70~74
65~69
60~64
55~59
50~54
45~49
40~44
35~39
30~34
25~29
20~24
15~19
10~14
5~9
0~4

3,000,000 2,500,000 2,000,000 1,500,000 1,000,000 500,000 0 500,000 1,000,000 1,500,000 2,000,000 2,500,000 3,000,000

총인구

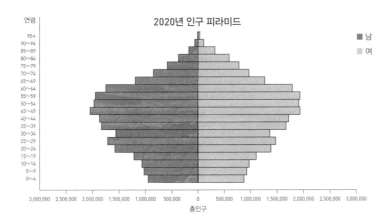

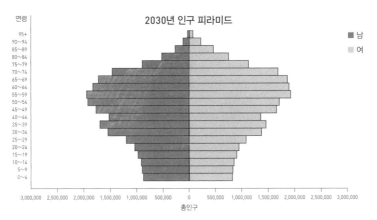

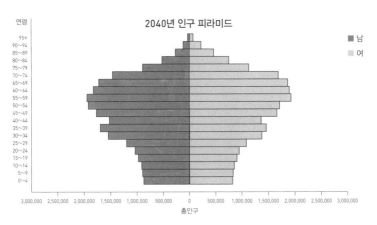

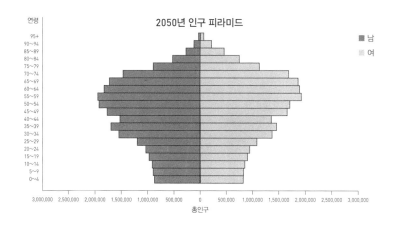

OECD는 2010년 기준 65세 이상 노인비율 순위가 10위인 우리나라가 2020년에는 세계 9위, 2030년이면 일본, 독일, 이탈리아 다음의 4위가 될 것으로 예측했다. 이렇게 되면 국내에서는 기업 활동을 할 수 없게 된다. 젊은이들이 부족하고, 노인들이 인구의 절반을 차지하는 노동환경, 그리고 높은 인건비에 비해 노동력의 질은 저하되는 환경에서는 제대로 된 기업 활동을 할 수 없다. 결국, 대기업들은 더 빠르게 우리나라를 탈출하게 될 것이다. 이렇게 되면 젊은이들도 좋은 일자리를 찾기 위해서 그리고 세금 부담을 덜기 위해 해외로 급격하게 빠져나가는 새로운 악순환이 발생할 가능성이 크다. 2010년 우리나라의 생산가능인구(15~64세)는 전체 인구의 73%이지만, 2050년이면 53%로 급감한다. 여기에 0~14세 인구는 9%에 불과해서 아이들의 소비시장도 함께 줄어들면 내수시장도 급격하게 위축된다. 잠재성장률마저 마이너스가 될 것으로 예측된다.

전문가들은 고령화 문제를 집을 갉아 먹는 흰개미에 비유한다. 경제발전의 기반이 무너지기 직전까지도 침식의 원인이 겉으로 잘 드

연령 계층별 생산가능인구 추이

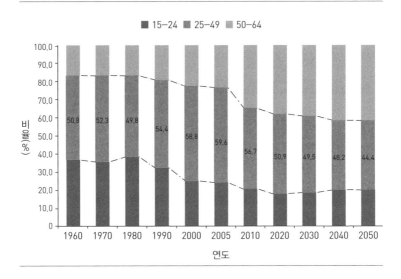

러나지 않기 때문이다. 물론 노인들의 증가로 실버시장의 규모는 2020년경에 148조 원 정도로 크게 성장하겠지만, 이는 어린아이와 장년층 시장의 축소분이 실버 시장으로 이전한 것일 뿐 새로 만들어지는 시장이 아니다. 이것은 결코 먼 미래의 모습이 아니다.

저출산의 충격이 온다

일본의 경우, 2008년 출산율이 1.34명이었다. 그 결과 사회 활력이 떨어지고 내수시장이 침체하는 등 '저출산의 저주'가 현실로 나타나고 있다. 예를 들어, 일본 국내의 자동차 판매량은 2004년 585만 대에서 2008년 470만 대로 4년 사이 무려 25%나 감소했다. 자동차뿐만이 아니다. 소매업, 교육업, 출판업, 물류업, 소규모 서비스업, 자영업 등이 줄줄이 저출산의 폭탄을 맞고 매출 감소를 겪고 있다.

일본이 겪고 있는 이런 상황이 결코 남의 이야기가 아니다. 우리도 이미 심각한 저출산 현상으로 2017년부터 생산가능인구가 감소하기 시작한다. 이러한 인구의 감소는 심각한 노동력의 질적, 양적 하락 문제를 낳고, 국내시장의 급속한 위축 때문에 서비스 시장의 붕괴와 부동산을 비롯한 자산시장의 폭락을 불러온다. 저출산으로 이미 지난 10년 동안 서울지역의 유치원 30%가 폐업했고, 2008년 들어 초등학교 학생 수도 처음으로 한 반 30명 이하로 떨어졌다. 서울 강남지역에서까지 초등학교가 통폐합되고 있을 정도이다. 또한, 전국 농어촌 지역의 산부인과 시스템도 붕괴가 가속화되고 있다. 경북, 전북은 도시를 제외하면 출산이 가능한 산부인과가 단 한 곳도 없는 곳이 수두룩하다.

통계청의 자료를 분석해 보면 우리나라의 6~21세 학령인구는 2010년 990만 명에서 2050년 460만 명까지 급감한다. 그 결과 2018년부터는 매년 대학 입학 정원이 4만 5천 명씩 남아돈다. 이렇게 대학 수험생들이 줄면서 대학의 구조조정도 임박한 상태다. 지금 고등학교 교무실에는 '교수, 잡상인 출입금지'라고 써 붙여 놓은 곳이 많다. 교수들이 학생을 모집하기 위해 전국의 각 고등학교를 찾아다니며 세일즈를 해야 할 형편이기 때문이다. 앞으로는 대학교도 특성화를 하거나 아시아에서 학생들을 불러오지 않으면 살아남을 수 없다. 아마도 2030년경이 되면 대학 캠퍼스에서 젊은이들보다 성인들과 노인들을 더 많이 보게 될 것이다. 평생교육을 받아야 하는 성인들과 노인들의 필요와 학생 정원을 채워야 하는 대학들의 필요가 맞아 떨어질 것이기 때문이다.

이미 출산 정책도 타이밍을 놓쳤다. 우리나라는 1970년 4.53명의

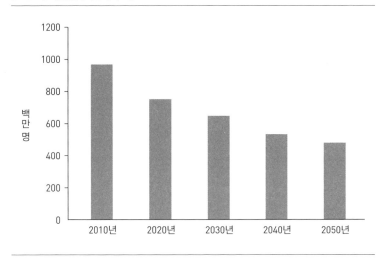

출산율을 기록한 이래, 미래를 내다 보지 못한 산아제한 정책으로 1980년 2.63명으로 급격히 줄었고, 1990년 1.60명, 2000년 1.47명, 2009년 1.19명이라는 최악의 상황에 이르고 말았다. 사실 1983년에 출산율이 2.1명으로 떨어졌을 때 신속하게 정책을 전환했어야 했는데, 정부가 적극적으로 저출산 대책을 시행하기 시작한 것은 2005년이 되어서였다. 대통령 직속으로 저출산 고령사회 위원회를 만들고 5년 동안 32조 원을 투자하는 등의 정책을 폈음에도 출산율은 더 감소했다. 인구 정책은 효과가 나타나기까지 최소 20~30년이 걸린다. 우리 연구소에서 통계청 자료를 가지고 컴퓨터 시뮬레이션을 해서 분석한 결과, 이런 추세가 지속된다면 2040년이 되면 우리나라 인구가 400~500만 명, 2050년이면 800~1,000만 명 정도가 줄어든다.

최악에는 2050년이 지나서까지 인구 감소가 지속되다가 최고 1,200~1,500만 명까지 줄어든 다음에 다시 균형피드백이 작동해서

총인구 및 인구성장률 추이 *아시아미래인재연구소에서 통계청의 자료를 기초로 시뮬레이션한 결과임

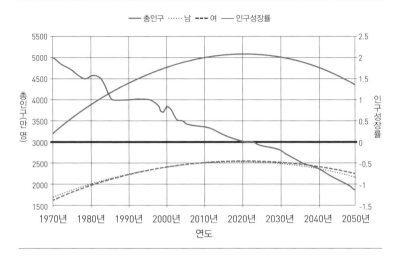

출산율이 늘어날 것으로 예측된다. 지금과 같은 출산장려 정책을 시행한다면, 가시적으로 인구 증가가 나타나는 시기는 2070년경이 될 것이다. 모 기관의 예측처럼 2300년에 우리나라가 사라질 가능성은 전혀 없다. 사람들이 알아서 균형피드백을 가동하기 때문이다. 이런 결과는 세계에서 가장 낮은 우리나라의 출산율 때문이다. 2008년 기준 우리나라의 출산율은 1.19명이다. 그런데 당분간 출산율을 높이기는 거의 불가능하다.

예를 들어 프랑스는 출산율 1.7명에서 인구쇼크를 받았다. 인구쇼크란 출산율이 문제가 되겠다고 정부나 국가가 인식하는 상태다. 참고로 우리나라는 1.21명에서 인구쇼크를 받았다. 프랑스는 1.7명에서 15년 동안 출산율 증가를 위해 엄청난 재정을 투입한 끝에 겨우 0.4를 높여 인구 유지를 가능케 하는 출산율 2.1명으로 회복했다. 출산율 0.4를 높이기 위해 프랑스는 매년 44조 5천억 원씩을 15년 동안

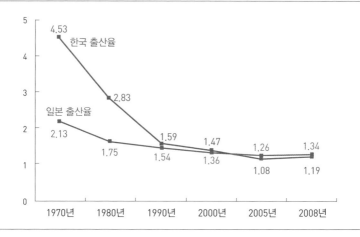

한국과 일본의 출산율 변화 추세 (단위 %, 자료: OECD)

투자했다. 이는 15년 동안 이명박 정부에서 우리나라 4대강 정비에 들인 총예산의 두 배가 되는 규모의 돈을 매년 투자했다는 말이다.

좀 더 넓은 범위의 가족 정책까지 포함하면 매년 프랑스 GDP의 3.8%인 약 120조 원을 투입했다. 그래서 공교육은 대학까지 사실상 무료이며, 임신부터 아이가 성인이 될 때까지 각종 보조금 지급, 임신한 산모에게 특별수당 지급, 출산 여성이 휴직하면 3년간 매달 500유로(약 76만 원) 안팎의 보조금 지급 등을 통해 출산을 장려한다. 또한, 2명 이상의 자녀를 두었으면 별도의 수당을 주며 편부모 수당, 개학수당 등 다양한 보조금 제도를 운용하고 있다.

반면 우리나라는 출산과 관련해서 직간접적으로 투입하는 예산이 연 2조 원 정도에 불과하다. 이제는 우리나라 출산율과 관련해서 무엇이 문제인지 온 국민이 다 안다. 자녀 한 명을 대학 졸업 때까지 양육하는 데 드는 비용이 2억 6,000만 원이나 된다. 따라서 출산율을 높이는 간단한 방법은 첫째, 사교육을 국가가 무료로 해주고, 공교육을 부모가 돈을 내면 된다. 사교육 시장이 40조 원이니 매년 국가가 40조 원을 보조해 주면 된다. 둘째, 남성과 여성들에게 안정적인 일자리를 만들어 주면 된다. 특히 여성의 일자리를 안정적으로 만들어야 한다. 지금은 부채가 크기 때문에 부부가 같이 일하지 않으면 못 사는 시대가 되었다. 많은 샐러리맨이 부동산 버블 때문에 둘이 벌어야 하는 신세가 되었다. 한 사람이 벌어서 아파트 융자금 이자를 갚고, 한 사람이 벌어서 생활비를 충당해야 한다. 그리고 여성이 출산하면 안정적인 유급휴가를 주어야 한다.

필자가 이런 비용들에 대해서 페르미 추정(제한된 시간과 자료를 바탕으로 단기간에 추정을 통해 대략적인 값을 알아내는 방법)으로 정리해보았는데, 우리나라에서는 거의 불가능하다는 결론을 도출했다. 우리나라 인구의 20%가 사라지는 것을 막을 방법이 전혀 없는 것이다.

인구 감소의 속도를 늦추기 위해서는 아무리 사회적 비용이 많이 들더라도, 국민 개개인들이 아무리 돈이 많이 들어도 아이를 더 낳는 것이 불가피하다고 스스로 느낄 때까지 기다리는 수밖에 없다. 지금은 하나를 낳았지만, 이 아이들이 성장 과정에서 혼자 자라며 느꼈던 외로움 때문에 내 자식에게는 이런 외로움을 절대로 물려주어서는 안 되겠다는 강한 심리적 원동력이 생길 때까지 기다려야 한다. 그러한 상황 변화가 생길 때 비로소 출산율이 올라가게 된다. 즉, 한 세대(20~30년)가 지나야 출산율을 높여야 한다는 자생적 동기부여가 가능하다는 말이다. 이를 앞당기기 위해서 국가의 재정으로 출산율을 끌어 올리려면 최소 매년 40~50조 원을 투입해야 한다.

또한, 프랑스처럼 중산층 가정에까지 지원을 확대하는 정책을 시행해야 한다. 2009년 한국보건사회연구원이 계층별 출산율을 조사한 결과 월평균 소득이 199~329만 원인 가정의 출산율은 1.68명이고, 464만 원 이상은 1.71명인데 반해 330~461만 원인 가정이 1.58명으로 가장 낮았다.

프랑스는 1972년 이전에는 전업주부 엄마를 위해서만 가족 정책을 폈지만, 1972년부터는 일하는 여성까지 포함하는 폭넓은 정책을 시행했다. 프랑스는 여성의 85%가 일을 한다. 일과 병행하여 출산, 육아도 잘할 수 있도록 자녀가 18세가 될 때까지 다양한 지원 정책을 시행한 덕분이다. 참고로 프랑스의 인구는 약 6,400만 명이고 1인당 GDP는 42,747달러(2009년 기준)인데도 3자녀를 둔 가정은 매달 100만 원 이상을 지원받는다. 우리나라는 2005년부터 5년 동안 32조 원을 투자하는데 그쳤다. 1인당 GDP가 우리보다 2배 정도 많은 프랑스가 지출하는 가족 정책 예산은 우리나라의 수십 배가 넘었다. 프랑스는 아이들에 대한 투자가 가장 큰 미래 투자라고 믿고 있기 때문이다.

우리나라도 출산과 육아 등의 가족 정책에 비교적 강력한 경제적 지원을 하면 곧바로 출산율을 끌어 올릴 수 있다는 것을 보여 주는 증거가 있다. 지난 43년 동안 계속 감소해왔던 인구가 증가 추세로 바뀌어서 2008년 출산율이 2.2명으로 우리나라 최고를 기록하고 있는 전라남도 강진군이 그 사례이다. 강진군은 신생아 양육비로 첫째 아이 연간 120만 원, 둘째 아이 연간 240만 원, 셋째 아이 이상은 30개월까지 720만 원을 지원해준다. 또 임산부의 초음파 검진비 6만 원, 출산준비금 20만 원, 출산용품 세트 15만 원 수준의 지원 등 2005년부터 강력한 출산장려 정책을 시행하고 있다.

저출산은 초기에는 긍정적 효과를 낳는다. 아이들이 줄어서 자연적으로 실업률이 낮아진다. 예를 들어 일자리가 100개인데 출산율이 줄어 취업시장에 나오는 아이들이 200명에서 100명으로 줄면, 일자리 창출을 안 해도 실업률은 0이 된다. 그 무렵의 정부는 분명히 실업률을 낮췄다고 자랑할 것이다. 하지만 이런 장점은 저출산의 부정적 충격과는 비교가 되지 않는다.

경제 전문가들은 신생아 한 명이 가져오는 경제 효과를 12억 원 정도로 본다. 보건복지부의 자료에 의하면 특히 출생 시부터 영유아기까지 약 4,400만 원, 초등학교에서 대학교 때까지 2억 2,000만 원, 취직 후에는 3억 9,000만 원의 비용 지출 효과가 있다고 한다. 저출산은 이런 잠재 시장을 날려 버리는 폭탄이다

저출산 현상은 고령화의 저주를 가속화하는 작용을 한다. 선진국은 최소한 저출산 문제의 충격을 어느 정도 완화해서 미국이나 프랑스는 인구 유지에 필요한 출산율 2.1명을 회복하는 데 성공했다. 하지만 우리는 저출산 문제가 매우 심각한데다 그 위에 고령화라는 폭탄을 추가로 맞아야 한다.

다가오는 저출산과 고령화의 저주

고령사회란 65세 이상의 인구가 전체 인구의 14% 이상인 사회를 말한다. 한국은 2018년에 인구의 14%가 65세 이상인 고령사회로 진입하고, 2026년은 총인구의 20%가 고령인 초고령사회로 진입한다. 2030년이 되면 인구의 24.3%인 1,181만 명이 노인이고 2050년에는 그 비율이 46%를 넘어선다. 이른바 '고령화의 저주'가 현실로 나타나는 것이 먼 미래가 아니다. 고령화의 저주는 국가재정 부담을 크게

늘려서 경제성장에 걸림돌이 될 뿐 아니라 평균 생활 수준 하락, 부동산 가격 하락, 내수시장 규모 축소, 사회 활력 저하, 저축률 하락으로 말미암은 경제 펀더멘털의 약화, 농촌 및 중소도시의 경제 파괴 등의 문제를 양산할 것이다. 더 큰 문제는 내수시장의 급격한 침체다. 일본은 서브프라임모기지 사태 이전부터 저출산과 고령화로 도요타 자동차의 내수 판매가 25% 줄고, 그 외에도 각종 서비스산업이 줄줄이 위축되고 있었다. 각국의 연구 발표도 한 나라의 인구에서 25%가 65세 이상이 되면 그 나라의 평균 생활 수준이 18% 정도 하락할 수 있다고 경고하고 있다. 이는 일본이 잃어버린 10년 동안 날린 돈과 비슷한 규모다. 우리나라도 2030년경이 되면 지금과 비교해서 평균 18% 생활 수준이 하락할 수 있다. 20년밖에 남지 않았다. 일본은 인구가 1억 2천만 명이나 된다. 그 절반에 불과한 우리로서는 일본과 비슷한 비율로 떨어져도 충격은 훨씬 더 클 수 있다.

현재도 우리나라 노인들의 소득은 국민 전체 평균소득의 62% 수준에 머물러 있다. 이는 OECD 34개 회원국의 평균 90%와 비교해서 턱없이 낮은 최하위 수준이다. 더욱이 우리나라 노인들의 1/2정도는 45.6%밖에 되지 않아 빈곤층으로 분류된다. 이는 OECD 전체 평균 노인 빈곤율인 13.5%보다 훨씬 높은 비율이다.[52] 앞으로 1, 2차 베이비붐 세대 1,640만 명이 은퇴하여 노인인구에 포함되면 얼마나 더 많은 사람이 빈곤층으로 전락할지 예측하기 어려울 정도다.

우리나라의 베이비붐 세대는 은퇴 후에도 부모와 자녀를 부양해야 한다. 서울대학교 노화고령사회연구소의 조사에 의하면, 베이비붐 세대의 71%는 부모가 생존해 있고, 80%는 성인자녀와 함께 산다. 함께 사는 자녀의 65%는 취업하지 않았다. 시간이 갈수록 부모의 의료비와 자녀 교육비와 결혼 비용은 증가한다. 때문에 수입은 점점 줄어 들지만, 부양 비용과 의료 비용은 점점 증가하는 결과가 빚어지기 때문에 시간이 갈수록 베이비붐 세대의 위기는 증가할 것이다.[53] 그러나 조세연구원의 분석에 의하면, 공적연금에 가입한 국민은 전체의 30%밖에 되지 않고, 우리나라 국민 40%는 공적이든 사적이든 연금에 전혀 가입하지 않았다. 공적연금과 개인연금 등에 모두 가입해서 상대적으로 노후를 준비한 국민은 3.9%에 불과하다.[54]

20년 후만 문제가 아니다. 10년이 채 되기도 전에 문제가 닥쳐올 것이다. 일본의 노무라연구소나 우리나라 경제연구소들이 발표한 자료에 의하면, 한 사람이 일생에서 가장 많은 돈을 벌어들이는 시기가 40 후반에서 50대 초반이다. 그때를 100으로 기준했을 때 65세가 되어 은퇴하면, 소비의 40%를 줄인다고 한다. 이것이 고령화의 현실이다. 40 후반에서 50대 초반에 한 달 평균 300만 원 정도를 소비했다면, 은퇴하게 되면 직장도 없고, 자녀도 다 출가하고, 두 부부만 남게 되어 평균 소비를 180만 원 정도만 해도 된다. 2018년이 되면 이런 인구가 전체의 14%가 된다는 말이다.

여기에 하나 더 문제가 있다. 65세라는 은퇴 연령은 산업주의 시대의 기준이었다. 지금은 평균수명은 증가하는 반면 은퇴시기는 50~55세로 빨라졌다. 우리나라는 2010년부터 인구의 14.6%에 해당하는 베이비붐 세대의 은퇴가 시작되었다. 전체가 약 712만 명이고 그중에서 셀러리맨이 약 310만 명이다. 9년 동안 이들의 은퇴가 진행된다. 55~65세에 해당하는 이 인구는 고령인구에도 잡히지 않는 사각지대의 인구다. 하지만 이들도 은퇴하게 되면 자신의 평균 소비를 40% 줄인다. 2018년경이면 65세 이상의 고령인구 14%와 베이비붐 세대 은퇴자 14.6%를 합친 28.6%(전체 인구의 1/3)가 평균소비를 40% 줄인다는 말이다. 여기에 저출산으로 말미암은 내수시장 폭탄이 더해진다.

가장 활발한 경제활동을 하는 지금의 30~40대도 저성장의 그늘과 부동산 버블이라는 폭탄을 짊어지고 있다. 동시에 과도한 자녀 양육비로 자신들의 은퇴 후를 준비할 만큼의 경제적 여유도 없다. 현재는 젊은이 7~8명이 노인 1명을 부양하지만, 앞으로 10년이 지나면 젊은이 5명이 1명을 부양해야 한다. 2050년이 되면 젊은이 1.2명이 노인 1명을 부양해야 하는 시대가 된다. 현재는 엄마, 아빠, 할아버지, 할머니, 외할아버지, 외할머니 등 6명이 아이 하나를 키우는 셈이지만 이대로 20~30년이 가면 거꾸로 아이 한 명이 엄마, 아빠, 할아버지, 할머니, 외할아버지, 외할머니까지 6명을 부양해야 한다. 초고령사회로 진입하는 속도를 비교해도 프랑스는 154년이 걸렸고, 미국 94년, 독일 77년, 일본 36년이었지만 한국은 26년밖에 되지 않는다. 속도가 엄청나게 빠른 만큼 부작용도 엄청나게 빠른 속도로 나타날 것이다.

저출산과 고령화, 프리터Freeter[55]의 증가는 국가재정에 큰 영향을 준다. 미혼과 만혼의 일상화, 저출산, 저수입으로 인해 세금은 줄어들고 사회복지 비용은 크게 증가한다. 인구구조의 변화는 산업 경쟁력을 악화시켜 기업들로부터 걷는 세금도 줄어든다. 주택시장이 하향 평준화되면서 부동산 세수도 줄어든다. 한국은 특히 앞으로 더욱더 많은 복지비용을 지출해야 한다. 핀란드는 교육기관 지출의 거의 전부를 공공비용에서 충당하지만, 우리나라는 20%에 불과하다. 공공 의료지출도 핀란드는 GDP 대비 6%를 넘는 데 비해 우리나라는

3.5%이다. 공공 사회복지 지출도 핀란드는 25%를 넘어서지만 우리 나라는 핀란드의 1/3 수준에 불과하다.[56] 이처럼 앞으로 한국은 곳곳에서 복지비용이 증가할 요인이 발생할 것이다.

이런 상황에서 정부는 고령사회를 감당하기 위해 젊은이들의 세금부담을 빠르게 증가시킬 수밖에 없다. 그러나 개인들의 세금을 과도하게 인상하면 노동 기피 현상이 생기고, 높은 세금 지출을 보전하기 위한 세전 임금 인상 요구가 늘 것이며, 이 때문에 기업의 임금 비용이 상승해서 기업 경쟁력이 하락한다. 기업과 국가의 경쟁력이 하락하면 (지금 정부가 아무리 그런 일은 없을 것이라고 홍보를 해도) 연금수령 시작일을 늦출 수밖에 없고, 받는 액수도 현저하게 줄어들 수밖에 없다. 이미 유럽의 대부분 국가는 연금수령액을 낮추고 연금수령 시작 시기도 몇 년씩 늦추는 법안을 속속 통과시키고 있다. 물론 지금 우리나라의 국민연금이 엄청난 보유금액을 자랑하지만 2030년만 되어도 연금수령액이 연 110조 5,579억 원이 넘게 된다는 점을 인식해야 한다.

박근혜 정부는 65세 이상의 노인을 대상으로 한 기초노령연금 공약을 성실히 수행하려고 하고 있다. 이 정책의 미래는 어떤 결과를 초래할까? 필자의 연구소에서 통계청 사회통계국 인구동향과의 자료를 가지고 기초노령연금과 국민연금 지출이 정부예산에서 차지하는 비중의 증가 추세를 예측해 보았다. 기초노령연금은 65세 이상에게 모두 매월 20만 원씩을 준다는 애초의 공약보다 낮게 최소치를 적용했다. 또한, 2060년경이 되면 연금수령자가 전체 인구의 40%가 될 것이라는 가정을 사용했다. 결과는 어떻게 되었을까? 한마디로 충격적이었다.

국민연금이 고갈되기 전까지는 현재의 정책이 전혀 문제가 없다. 하지만 연금이 고갈되는 2050년부터는 기초노령연금과 국민연금 모두 정부가 세금을 걷은 돈에서 지출해야 한다. 실제로 국민연금을 세계 최초로 시행한 독일은 국민연금 잔고가 고갈되어서 세금을 거둬서 연금을 지급하고 있다. 이런 사례를 근거로 정부는 연금이 고갈되어도 정부가 충분히 지급할 수 있다고 장담하고 있다. 그러나 한국은 2050년에는 정부예산의 59%, 2055년에는 68%, 2060년에는 77%를 고스란히 2개의 연금을 지급하는 데만 사용해야 한다. 여기에는 건강보험 비용이나 기타 수많은 복지 비용이 포함되지 않은 것이다.(참고로, 일부에서는 기초노령연금 지급액을 박근혜 정부가 대선 공약의 원안대로 실시하면 2060년경이면 273조 원이 필요하다고 계산한다. 필자의 예측표는 그것보다 훨씬 적게 보수적으로 잡은 것임에도 충격적인 결과를 보여 주고 있다)

박근혜 정부는 5년의 집권 기간에 총 80조 원 규모의 복지지출을 늘린다는 계획을 밝혔다. 기초연금에 17조 원이 투입되고, 출산 장려정책과 무상보육에 11조 8천억 원이 들어간다. 4대 중증질병에 대한 건강보험 적용을 확대하는 데도 2조 1천억 원이 소요된다. 빈곤층 지원에 6조 3천억 원, 장애인연금 기초급여 확대에 3조 9천억 원, 민생 치안 강화를 위해 경찰력을 늘리는 데에 1조 4천억 원, 고교 무상교육 확대에 3조 1천억 원, 반값등록금 사업에 5조 2천억 원 등이 든다. 그 외에도 경제성장을 위해 33조 9천억 원, 평화통일 기반구축에 17조 6천억 원, 문화산업 활성화에 6조 7천억 원, 행복주택사업에 9조 4천억 원, 무주택 서민을 위한 전세임대에도 1조 8천억 원이 든다. 이런 모든 것들을 실천하기 위해 드는 총비용은 5년 동안 135조 원이다. 박근혜 정부는 이 모든 재원을 지하경제 양성화, 경제성장,

정부 예산 대비 '노령연금+국민연금' 지급액 비중

(단위: %)

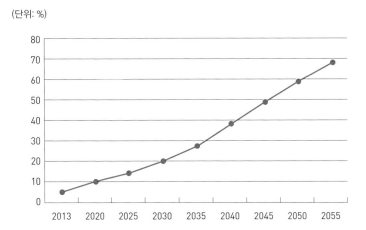

연도	2013	2020	2025	2030	2035	2040	2045	2050	2055
65세 이상 인구(만 명)	614	808	1,003	1,270	1,475	1,650	1,747	1,799	1,771
기초노령연금 지급액 (조원)	2.6	3.5	4.5	5.6	6.6	6.8	7.2	7.4	7.3
연금지급액	14.5	33.9	56.3	90.0	138.9	213.8	306.8	414.0	525.4
기초노령연금+ 국민연금 (a)	17.1	37.4	60.8	95.5	145.4	220.5	314.0	421.5	532.6
정부예산(2%씩 상승)	342.5	393.4	434.4	479.6	529.5	584.6	645.5	712.6	786.8
정부총세입(2013년)	288.1	330.9	365.3	403.3	445.3	491.7	542.8	599.3	661.7
(노령연금+연금지급액)/ 정부예산	5%	10%	14%	20%	27%	38%	49%	59%	68%

(금액 단위: 조 원)

효과적인 재정운용 등으로 부채 없이 해결할 수 있다고 자신한다. 역
대 정부도 모두 그랬다. 그러나 결과는 부채의 증가뿐이었다. 결국, 이
번 정부의 행보도 자칫 잘못하면 국가의 부채만 더 늘릴 수 있다.

국가에 엄청난 부담을 주는 이런 현상은 한 번 시작되면 그 여파가
최소 20~30년간 지속된다. 최종적으로 그 영향은 국민 모두에게 고

스란히 전가된다. 특히 은퇴자의 고통이 상대적으로 더 커질 수 있다. 2003년 통계청의 발표에 의하면 한국 남성의 평균수명은 72.84세 여성은 80.1세다. 하지만 미래예측에 의하면 2035년이 되면 평균수명이 100세에 이르게 된다. 1961년 우리나라의 평균수명은 51세였다. 그러나 불과 50년 만에 87세까지 증가했다. 이런 추세라면 2035년이면 평균 수명이 100세까지 이르는 것도 불가능한 것이 아니다. 이미 일본에는 백세 넘은 노인이 4만 명이 넘는다. 그런데 국가의 재정위기와 저출산 고령화로 경제적 충격이 점진적으로 증가할 것으로 예상되는 상황에서 100세까지의 장수는 과연 축복일까 저주일까?

2050년이 되면 전체 노동시장에서 고령 노동자는 29% 정도, 외국인 노동자는 36% 정도를 차지할 것으로 예측된다. 이럴 경우, 노인과 외국인 노동자의 권리를 보호하기 위한 정치적 행동이 구체화하고 이들의 힘을 등에 업은 정치세력이 등장하게 된다. 물론 외국인의 정치 참여가 지금보다 훨씬 더 활발하게 이루어질 것이다. 또한, 외국인은 종교적 틀 안에서 세력을 형성할 가능성이 크기 때문에 종교 간 본격적인 갈등이 벌어질 가능성도 있다.

인구 문제는 이처럼 다양한 분야에 엄청난 파급효과를 가져오므로 개인이나 기업이 전략을 짤 때 반드시 고려해야 한다. 사실, 이 위기를 피할 수 있는 시기는 이미 놓쳤다. 지금부터는 리스크를 최소화하는 것이 중요하다. 고령사회를 준비할 시간이 많지 않다. 적게는 5년 많아야 10년 안팎이다. 그나마 잘 준비해 온 선진국에게도 고령화사회는 큰 부담이다. 미국은 고령화를 문제를 풀기 위해 기업이 중심이 되어 퇴직연금이 금융자산의 34%를 차지하도록 했고, 영국은 정부 연금의 부족분을 개인 스스로 개인연금으로 준비하도록 권장하는 등의 대비를 해왔다. 하지만 이것도 근본적인 해결방안은 아니다. 좀 더 빠른 시기에 고령화사회를 준비한 선진국들도 이런 형편인데, 앞으로 한국의 실정은 어떻게 변할까? 미래에 우리가 풀어야 할 가장 큰 숙제 중 하나가 될 것이다.

쌓이는 부채, 지방정부가 위험하다

기존 산업의 성장 한계를 극복하려면 장기적으로 새로운 산업에 엄청난 투자를 해야 근본적인 대안을 마련할 수 있다. 그래야 종신고용의 붕괴로 말미암은 노동 안정성 저하 문제를 해결하는 근본적인 길도 열린다. 그렇지 않으면 지금도 낮아지고 있는 경제성장률이 더 하락할 수밖에 없다. 앞에서 살펴본 저출산과 고령화 문제도 엄청난 규모의 재정이 투입되어야 하는 문제다. 한국은행은 저출산과 고령화로 생산가능인구가 줄고, 제조업의 노동 생산성이 하락하는 것만으로도 2020년이면 우리나라의 GDP 성장률이 3.6%로 하락하고, 그후로 10년 동안은 2.4%대의 성장률을 기록할 것으로 예측한다.[57] 심지어 2030년 이후부터는 성장률이 1%로 추락할 가능성도 크다.

전경련의 분석에 의하면 1970년 이후 우리나라의 연평균 고용 탄력성은 0.31을 기록하고 있다. 즉 성장률이 1% 하락하면 7만 6천 개(취업자 수의 0.31%)의 일자리가 감소한다는 뜻이다. 그리고 가계소득은 3조 원이 감소하고 가계부채는 평균 1,700만 원 증가한다.[58] 정부의 세수도 줄어들어 재정 건전성도 나빠진다. 여기에 한국의 기업들이 넛크래커 현상에서 탈출하지 못하거나 탈출이 지지부진하다면 성장률은 더욱 떨어질 수 있다. 한마디로 앞으로 10~15년 동안에 우리나라의 개인, 기업, 정부 모두가 지금보다 훨씬 큰 규모의 재정을 투입해야 생존의 길을 여는 계기를 마련할 수 있다는 결론이다. 하지만 안타깝게도 우리나라는 개인, 기업, 지방정부, 중앙정부 모두가 추가로 빚을 낼 여력을 거의 상실해가고 있다.

2010년 7월 12일, 연간 예산 2조 3천억 원, 재정자립도 67.8%로 경기도에서 재정자립도가 가장 높아 부자 도시로 꼽히던 성남시가 지자체 중에서 처음으로 모라토리엄을 선언했다. LH공사와 국토해양부 등에 내야 할 5,200억 원을 단기간에 갚을 능력이 안돼 지급유예를 해달라는 선언이었다. 성남시는 지방채를 발행하고 사업 지출 예산을 줄여 2013년까지 모두 상환할 계획이라고 밝혔다. 즉, 새로운 빚을 내서 빚을 갚고, 구조조정을 통해 빚을 갚겠다는 말이다. 성남시가 이 정도라면 다른 지방정부들은 어떨까? 서울시는 2012년 말 부채가 약 27조 원(서울시가 투자한 산하기관까지 포함)이 되었다. 인천시도 빚이 9조 6,000억대가 넘은 상태여서 한 해 가용예산이 약 5,500억 원인데 이자로만 4,500억 원을 내야 하는 실정이다. 이러한 빚은 대부분 7조 7천억 원의 검단신도시, 6조 2천억 원의 청라지구, 2조 3천억 원의 영종하늘도시, 24조 7천억 원의 송도국제도시, 3조 5천억 원의 151층 인천타워 등 각종 개발공사 때문에 생긴 것이다. 이런 실정임에도 인천은 인류 역사상 가장 큰 개발프로젝트인 317조 원짜리 무의도 에잇시티 해상도시 프로젝트를 계획 중이다.

필자가 보기에 이 중 송도국제도시는 나라 전체를 위기에 빠뜨릴 시한폭탄이 될 가능성이 크다. 한 도시가 첫 삽을 뜨고 완전하게 형성되려면 최소한 20년 이상이 걸린다는 것이 전문가들의 공통된 의견이다. 송도국제도시는 중국, 러시아, 일본, 홍콩 등에서 3시간 30분 이내에 올 수 있는 접근성과 100만 명 이상의 대도시 61개에 둘러싸여 있는 송도의 지리적 이점을 최대한 살려 아시아의 맨해튼을 꿈꾸는 국제업무단지로 만들 계획이었다. 이를 통해 송도는 중국과 일본을 잇는 동북아시아의 허브로 자리매김한다는 목표였다. 이런 비전을 가지고 2020년까지 300여 개의 글로벌 기업과 20여 개의 외국인 학교를 유치하고, 연간 2,000만 명의 관광객 유치, 300만 개의 일자리 창출, 1억 명의 왕래와 700만 톤의 화물수송을 예상하는 물류기지를 건설하는 계획을 진행하고 있다.

하지만 송도의 이런 계획은 전 세계적 호황기에도 진척이 더뎠다. 한 예로 송도와 계약을 맺은 한 외국계 투자회사는 2014년까지 36억 6,400만 달러의 외자를 유치하겠다는 계획을 세웠지만 2009년까지 3,300만 달러밖에 외자를 유치하지 못했다. 전체 외자 유치 계획의 0.9%밖에 안된다. 송도의 주 대상이 외국인이라고 하는데, 2010년에 비즈니스를 위해 들어 와 있는 외국인은 겨우 30여 명에 불과했다. 당시 이미 건설된 비즈니스 단지와 상가도 공실률이 70%를 넘고, 임대된 상가들은 완전히 휴점 상태였다. 송도 건설 초기에 맺어진 외자 유치 양해각서MOU 중 20%는 무산되었다. 양해각서는 법적 구속 능력이 없어서 남은 양해각서들도 이어지는 글로벌 경제위기 속에서 무산되거나 무기한 연기될 가능성이 크다. 꿈을 안고 분양받은 세입자들은 빚더미에 앉은 상황이고 소송이 줄을 잇고 있다. 그런데 전 세계적인 단기적 저성장과 20년 이내에 4~5번 정도 반복될 가능성이 큰 글로벌 경제위기 속에서 과연 이 모든 비전을 실현하고 국제적인 도시로 성장할 수 있을지 의문이다.

송도는 국가의 재정이나 지자체의 재정을 기반으로 진행되는 도시 건설이 아니다. 절대적으로 외자 유치에 의존한다. 또한, 송도국제도시 안에 건설되는 모든 학교, 주민시설, 공공업무시설들은 아파트를 분양해서 얻는 개발이익으로 짓겠다는 계획이다. 그래서 외국 투자자들의 유치가 진행되지 않고, 이미 지어진 상가도 개점휴업 상태임에도 아파트 분양은 계속 진행되고 있다. 이런 상황에서 경제위기는 곧 외자 유치의 실패로 이어지고, 외국기업이 들어 오지 않는 송도의 아파트는 폭락하게 된다. 이런 상황이 전개되면 송도를 완전한 주거용 도시지역으로 전환하려고 시도하겠지만 이마저도 쉽지 않을 것이다.

우리나라는 54개의 신도시가 건설 중이다. 부동산 버블 붕괴도 초읽기에 들어간 상태다. 이미 송도 주위에 검단, 청라 신도시 등 대규모 주거지가 중복해서 개발되고 있기 때문에 송도는 진퇴양난에 빠지게 될 것이다. 실제로 인천도시개발공사가 추진하는 영종하늘도시 택지지구는 땅을 분양한 지 3년이 넘은 후, 공급 용지의 40%는 사업성이 없다는 이유로 건설사와의 계약이 해지되었다. 그 결과 5,000억 원의 손해가 났으며 총 용지공급률이 30%에도 못 미치고 있다. 송도의 부진은 2011년에도 계속되었다. 2011년 10월 인천 송도국제도시에서 분양한 1,063가구 아파트는 16가구만 계약이 되어 분양률은 1.5%에 불과했다. 이를 주도한 인천도시개발공사의 부채비율은 356%에 달하고 빚은 7조 9,271억 원에 이른다. 2010년에 27개 사업 중에서 6개를 포기했지만, 여전히 개선의 여지는 크게 보이지 않는다.

필자가 예측하기에 송도의 유일한 대안은 여의도를 통째로 옮겨가 금융허브를 만드는 것이다. 이를 바탕으로 세계적인 기업을 유치해 상하이나 홍콩 등 동아시아 허브 도시 경쟁에 뛰어드는 것이다. 물론

이 방안을 실현하기는 거의 불가능하다.

정부가 특별한 대책을 마련하여 미래형 신사업 하나를 통째로 송도에 내어 주는 것도 생각해 볼 수 있는 대안이다. 미래 바이오-의료 산업을 집중적으로 몰아 주고, 교육 특별도시로 지정하여 해외 유수의 최고 수준의 대학을 유치하여 아시아의 인재을 끌어모으고, 해외 유학의 수요를 송도로 돌려야 한다. 물론 현재는 뉴욕주립대학 한 곳이 개교를 했다. 하지만 재정부족 탓에 추가로 입주하기로 한 9개의 외국대학이 들어올 엄두를 내지 못하고 있다. 결국, 중앙정부의 지원이 절대적인 셈이다. 하지만 현재 거의 모든 지자체가 미래형 신산업에 중복 투자하고, 여기저기서 아시아 학생들을 유치하려고 혈안이 되어 있어서 이것도 쉽지 않다.

현실적으로 송도의 문제는 출혈 없이 풀 방법이 없다. 정부와 국민, 지자체가 서로 희생을 감수하지 않으면 해법을 찾기 어렵다. 최악에는 현재 상황으로 송도가 지지부진한 상태로 문제를 장기적으로 끌고 가게 되면 부동산 버블 붕괴와 더불어 우리나라를 잃어버린 10년으로 빠뜨릴 주요 원인 중 하나가 될 공산이 크다. 그래서 송도는 뜨거운 감자가 될 수밖에 없다.

문제는 송도뿐만 아니다. 2010년 당시 다른 지방 자치단체들도 수백억~수천억 원짜리 청사 신축, 무리한 인프라 투자, 중복투자 등으로 엄청난 부채를 만들어냈다. 2010년 우리나라 지자체 세출 예산 규모 144조 5,000억 원 가운데 지자체가 직접 투자사업을 하거나 부동산 등 자산 구입에 쓴 돈이 39.7%에 달했다.[59]

강원도는 예산 대비 부채 비율이 전국 3위다. 강원도는 이미 정부로부터 강력한 구조조정을 요청받은 상태다. 강원도는 알펜시아 리조트 사업에 무리하게 뛰어들면서 6,730억 원의 부채를 안게 되었다. 하지만 만기 도래하는 상환금 1,400억 원을 갚을 방안이 전혀 없는 상태에서 매일 1억 원씩 이자를 내고 있었다. 이 때문에 강원도개발 공사는 본사 건물까지 매각해야 할 처지가 되었다.

2010년경, 대전 동구청도 700억 원 규모의 신청사 건립을 마무리 하는 데 필요한 300억 원의 돈이 없어서 공사를 중단한 상태였고, 312억 원의 직원 월급이 밀린 상태였다. 광주광역시 광산구 역시 당 시 직원 인건비 511억 원 가운데 163억 원을 예산에 반영하지 못한 상황이었다. 일부에서는 9월이 되면 지방채를 발행하지 않으면 월급 을 주기 어려울 것으로 전망했었다.

18,000명의 인구와 100개의 섬으로 이뤄진 옹진군도 300억 원을 들여 약 4,530평의 신청사를 건축 중이었다. 신안군도 163억 원을 들 여 호화청사를 짓고 있었다. 참고로 이 두 군의 재정자립도는 10%대 초반에 불과하다. 안양시도 2018년까지 100층짜리 신청사를 건축하 려다 최근 들어 포기하고 말았다.

우리나라 지자체의 재정자립도는 1997년 이래 지속해서 하락하 고 있다. 안전행정부의 자료에 의하면 특별시와 광역시는 1997년 89.4%였던 재정자립도가 2010년 68.3%로 14년 연속 하락 중이 다. 전국 평균은 1997년 63%에서 2010년 52.2%, 전국의 시 평균도 1997년 53.3%에서 2010년 40.0%로, 자치구는 1997년 51.6%에서 35.4%로 계속 하락 중이다. 246개의 지자체 중에서 부채가 1년 예산 의 30%를 넘어선 곳이 16곳이다. 이들은 모두 특별관리 대상이다. 또한, 자치단체의 수입만으로는 공무원의 급여를 줄 수 없는 곳도 무 려 40곳이나 된다. 이들은 사실상 거의 파산 상태에 가깝다고 보는 것이 맞다.

2013년 현재 이런 상황은 5년 전보다 개선되기는커녕 더 심각해졌다. 안전행정부의 분석에 의하면, 2013년 지방자치단체들의 재정자립도는 51.1%로 1991년 지방자치제 시행 이후 최악으로 떨어졌다. 244개의 지자체 중 220개가 50% 미만이다. 광역지자체 중에서는 전남이 16.3%로 가장 낮고 기초지자체 중에서는 전남 강진군이 7.3%로 가장 낮다. 부동산 경기 침체로 지방세로 공무원 인건비를 주지 못하는 지자체는 5년 전보다 더 늘어난 125개가 되었다.[60]

2008년 금융위기 전까지는 지방자치단체의 재정수지 흑자가 20조 원에 달했다. 지방자치단체에는 3가지의 큰 재원이 있다. 하나는 취득세·등록세·재산세 등 부동산 관련 세금이고, 다른 하나는 기업에서 걷는 세금이고, 다른 하나는 중앙정부의 지원금이다. 2008년까지는 전 세계적인 부동산 버블과 분에 넘치는 소비 덕에 지자체들도 흑자를 기록할 수 있었다. 이런 버블 잔치가 벌어지는 틈을 타서 우리나라 지방정부들은 씀씀이를 엄청나게 늘렸다. 하지만 전 세계적인 호황은 끝나고 경제위기가 지속되는데다가 부동산 버블 붕괴, 정부의 감세 정책이 겹치며 2009년 지방자치단체는 7조 원의 적자로 돌아섰다. 2009년 말 광역자치단체 지방채 발행 총액은 25조 5,531억 원으로 2008년도 19조 486억 원보다 32.9% 급증했다. 16개 시·도 중 지방채 잔액이 1조 원을 넘는 곳이 11곳에 달하고 있다. 앞으로 어떻게 될까? 필자가 예측하기에 당분간 전 세계 경기는 낮은 더블 딥이나 저성장 국면으로 들어갈 것이다. 이러면 지방자치단체의 부채 부담은 더욱 더 커질 것이다. 여기에 2015년 무렵부터 눈에 띄게 현실화되기 시작할 저출산 고령화의 경제적 충격이 더해질 것이다.

지방공기업의 부채 증가는 더 심각한 상태다. 코레일은 고속철도 개발로 4조 5천억 원의 빚을 진 후, 이를 만회하기 위해 단군 이래 최대 개발사업이라던 사업비 31조 원 규모의 서울 용산국제업무지구 개발사업을 시작했었다. 하지만 부동산 경기 침체로 사업이 청산 절차를 밟게 되면서 1조 원이 허공으로 사라져 부채만 더 늘어나게 되었다.

경기도시공사는 광교신도시, 고덕국제화단지 등의 산업단지 개발, 남양주 진건지구 주택공사 등 25건의 개발사업을 진행하면서 2조 7,503억 원에 달하는 미분양 물량, 2012년 기준 8조 4,356억 원의 부채 등이 쌓이면서 321%의 부채비율을 기록 중이다.[61] 정부 발표 자료를 보면 지방공기업의 부채는 2005년 5조 6,691억 원에 불과했었다.

안전행정부 발표로는 2010년에는 총 244개의 지방자치단체 중에서 152개 단체가 적자를 기록했고 부채비율이 200%를 초과한 곳도 70개나 된다. 세입비율은 낮아지고 부채 부담은 커지면서, 광역자치단체 중에서 이미 5개 정도가 스스로 재정위험을 극복할 수 없는 수준으로 전락했다. 이런 현실을 반영이라도 하듯, 2010년에는 지방정부 부채의 총액이 28조 9,000억 원에 이르렀고, 지방공기업 부채는 67조 6,000억 원이었다. 이 중에서 60%는 도시개발 때문에 만들어진 부채다.[62] 이대로라면 2017년경에 지방공기업들의 총부채 규모는 100조 원을 넘을 것으로 예측된다. 삼성경제연구소는 지난 6년간 급증한 지방공기업 부채를 2005년 수준으로 다시 되돌리려면 25년 이상이 소요될 것으로 분석했다.

이런 상황임에도 대한민국은 여전히 대규모 개발사업을 진행 중이다. 앞에서 언급했던 317조짜리 해상도시 개발 프로젝트, 지난 정부에서 4대강 개발 관련 친수법(4대강 주변 친수구역 활용에 관한 특별법) 통과로 에코델타시티 등의 4대강 주변 대규모 개발계획이 진행 중이다. 경기도는 머지않은 미래에 실버타운으로 전락할 가능성이 큰 동탄시 옆에 엄청난 규모의 동동탄 신도시를 개발 중이다. 이미 한국의 기존 산업들이 넛크래커 덫에 걸려 성장의 한계에 도달한 상황임에도 지자체들은 수천억 원이 넘는 예산이 투여되는 산업단지 조성 사업을 무리하게 진행 중이다. 복지예산을 깎아가면서 경전철의 빚을 갚아야 하는 용인시는 그 빚을 갚을 해법으로 새로운 주택토지 개발을 선택했다. 그리고 부동산 경기가 좋지 않자, 분양되지 않으면 시공사들로부터 미분양 토지를 되사 주는 법안을 통과시켰다. 결국 인천과 부산, 용인, 통탄 등은 부동산 버블 붕괴의 충격으로 깊은 상처를 받을 것이다.

아시안게임으로 1조 5,200억 원의 빚을 추가로 부담해야 하는 인천시는 아시안게임이 끝나면 빚의 규모가 10조 원이 넘는다. 인천시의 예산으로는 이자도 감당이 안 될 것이다. 비슷한 처지에 놓은 강원도 평창도 동계올림픽 개최 후에 깊은 후유증에 시달릴 것이다. 인천시는 220개의 재개발 재건축 사업이 있었지만, 재정난으로 계속해서 해제하는 중이다. 그러나 아직도 전국에서 500억 원 이상 되는 대규모 개발 사업이 240개 정도 된다. 물론 거의 모두 다 빚으로 추진한다.[63]

여기에 저출산과 고령화로 말미암은 내수경기의 침체가 겹치게 되면 현재 부실투성이인 일부 지방정부는 막다른 상황으로 몰릴 가능성이 크다. 이 불똥은 시중은행에도 튈 것이다. 시중은행은 자치단체의 금고 역할을 하는데 이 예산을 관리하면서 얻는 예대마진이 사라지면 수익성이 악화될 수 있기 때문이다. 한마디로, 대한민국 지방정부들은 언제 터질지 모르는 시한폭탄을 싣고 질주하는 폭주기관차인데도 그 누구도 멈추게 하려고 하지 않는다.

미국을 위험에 빠뜨린 재정적자의 문제도 월가의 도덕적 해이가

중국은 어떤가? 중국은 숨겨진 지방정부의 부채가 상상을 초월할 정도로 크기 때문에 필연적으로 큰 문제를 일으킬 수밖에 없다. 현재 중국은 대규모 경기부양정책을 펴는 속에서 무분별한 대출을 남발하고 있다. 2009년 말 기준으로 31개의 전체 지방정부 중에서 부채 비율이 60% 이상인 곳이 24개에 이른다. 100%를 넘어선 곳도 10개에 이른다. 특히 현 단위의 중소도시 중에는 부채비율이 400%를 넘어선 곳도 있다. 이 정도면 자본주의 국가에서라면 사실상 파산 선고를 받아야 하는 상태이다.

일본은 홋카이도 유바리현을 비롯해서 무려 40여 개 지자체가 부도 경고를 받거나 이미 부도가 났다. 유바리현의 경우 부도 선언 이후 11개이던 초등학교와 중학교가 2개로 통합되고, 물가는 3배가 오르고, 공무원 급여는 50%가 삭감되었다. 전기를 비롯한 인프라 가동률이 50% 이하로 떨어질 정도로 시의 경제는 완전히 마비되었다. 지방정부가 소유한 자산을 거의 다 처분하고도 빚을 해결할 방법을 못 찾고 있다. 그 결과 주민이 타지역으로 뿔뿔이 흩어져 현재는 주민이 1/10로(3,200명에서 994명으로) 준 유령도시가 되었다. 도쿄에서 서북쪽으로 330㎞ 떨어진 나가노 현의 오타기무라 시도 한 해의 행정예산 대비 부채비율이 41.6%를 넘어서면서 부도를 냈다. 오타기무라 시는 일본의 버블 경제가 최고조에 달했던 1990년에 총 128억 엔을 투자해서 온타케 리조트를 건립했다. 그 뒤 일본이 1991년부터 잃어버린 10년에 빠지자 총 36억 3,000만 엔의 부채를 떠안게 되어 결국 부도를 냈다. 그 후로 오타키무라 시는 공무원 숫자를 20% 감축하고, 수도요금 19%, 하수도요금 31%, 공공주택 임대료 30% 인상 등으로 주민에게 그 부담을 전가했다. 그 결과 현재 주민 수는 1/3로 줄어든 상태다. 남은 주민도 65세 이상이 전체 인구의 35.3%를 차지하고 있다고 한다.

가장 큰 원인이지만, 저 깊숙한 곳에는 지방정부들의 부실이 근본적원인 중의 하나였다. 지자체의 부채나 부실이 국가부채의 규모에 비해서는 작지만 심각하게 다루어야 하는 이유가 여기에 있다. 사실 돈은 있지만 당장 5,200억 원이 없어서 빚 갚기가 어렵다고 한 성남시는 그래도 형편이 나은 편이다. 미국 캘리포니아 주는 아예 돈이 없어서 죄수마저 석방하는 지경까지 이르렀다. 캘리포니아 주는 세수 대비 재정적자 규모가 56%를 넘어섰다. 캘리포니아 주는 2009년 기준 재정적자가 190억 달러에 실업률은 12.6%에 이르렀다. 일부에서는 현재 연방정부의 심각한 재정적자와 부채 문제가 지자체의 파산과 부실 충격과 겹치며 최악의 상황으로 전개될 가능성도 있다고 보고 있다. 예를 들어, 주 정부의 경제 규모가 브라질(1조 5,720억 달러)을 넘어서고 이탈리아(2조 1,128억 달러)와 맞먹는 캘리포니아 주(1조 8,000억 달러)가 파산하면 그 영향력은 가히 폭발적이라고 할 수 있다.

부채 공화국이 되어버린 대한민국

그렇다면 공공기관의 부실도는 얼마나 될까? 택지개발과 공공주택 공급 사업을 담당하는 한국토지주택공사LH가 전국에서 개발 중인 신도시 등의 사업지구는 총 414곳에 425조 원 규모다. LH는 414곳을 개발하는 과정에서 2010년 6월 말 기준으로 118조 원의 부채를 지고 있어서 하루에 이자로만 100억 원씩 지출하고 있다.

그런데 부동산 경기가 좋지 않아 이 문제가 개선될 가능성은 없다. 경기도 파주시 교하면 운정 3지구에 속한 다율리는 택지 조성을 맡은 LH가 보상금을 주지 못하고 있어서 도시 자체가 슬럼화 되어 버렸다. 이 지역 주민은 보상금이 나올 것으로 생각하고 미리 대출을 받아 주변 지역에서 대토를 사느라 총 1조 2,000억 원의 빚을 졌다. 하지만 LH는 자금 부족으로 신도시 사업 자체를 백지화하려고 하고 있다. LH가 이미 계획한 개발사업들만이라도 제대로 진행하기 위해서는 매년 23조 원의 채권을 계속 발행해야 한다. 전문가들은 이런 상황을 그대로 내버려뒀다가는 공기업 파산이라는 초유의 사태가 일어날 수 있다고 염려하고 있다.

두바이 신화도 건설개발을 담당했던 공기업의 파산에서 시작되었다는 점을 기억해야 한다. 상황이 이 지경에 이르자 2010년 8월 LH는 신규 주택사업을 계획했던 122곳에 대해서 전면적으로 재검토하겠다고 발표했다. 최악의 국면을 피하기 위해서는 재개발이나 도시재생사업 등 상당수를 취소해야 할 형국이다. 물론 이렇게 되면 해당 주민과 지방자치단체의 거센 반발에 직면해야 한다. 하지만 LH가 거센 후폭풍을 무릅쓰고 신규사업의 전면 재검토라는 극약처방을 들고 나온 것은 부채 문제가 그만큼 심각하다는 방증이다.

세종시 건설, 정부가 야심 차게 추진하고 있는 100만 호 보금자리 주택 건설 등의 국책사업을 LH가 떠안고 있기 때문에 122곳의 주택사업 중에서 상당수를 구조조정을 하더라도 늘어나는 부채의 속도를 줄이는 효과 이상은 기대하기 어려울 것이다. 결국, 이런 상황이 전혀 개선되지 않아서 LH의 2013년 현재 부채의 규모는 138조 원으로 증가했다.

공공 부문의 잠재 채무까지 합치면 규모는 더 커진다. 2011년 기준으로 국민연금의 잠재채무는 1,460조 원, 국민건강보험의 잠재채무는 252조 원이고, 국채 및 지방채 381조 원, 통화안정채권 163조 원, 공기업 채무 603조 원 등 기타 공공 부문의 확정 채무와 잠재 채무까지 합치면 국가부채는 2,900조 원을 넘는다.[64] 이를 바탕으로 확정 채무의 이자 부담만 계산하더라도 한 해 수십조 원에 달한다. 상황이 이러니 웬만한 강도로 허리띠를 졸라매서는 공공기관 부채의 원금을 줄이기는 앞으로도 거의 불가능하다. 결국 정부는 공기업이나 준공기업에 추가적인 빚을 떠넘기고, 공공요금을 인상하면서 국민에게 빚을 떠넘기고, 각종 사업을 민자 사업으로 돌리고, 건전한 공기업은 물론이고 부실한 공기업까지 민간 자본에 팔려고 할 가능성이 크다. 그런데 부실한 공기업이 민간기업화되면 그들은 다시 손해를 메우기 위해 해당 서비스의 가격을 인상하려 할 것이다. 결국, 각종 세금과 요금 인상 등으로 나라빚의 이자와 원금을 감당하는 셈이 된다. 국민이 정부에 대한 감시를 더 철저히 하지 않으면 머지않은 미래에 이런 일들이 발생할 것이다.

개인은 중산층의 부채율이 높다. 금융감독원의 자료에 의하면 2010년 6월 말 기준으로 '빚 폭탄'을 안고 있는 주의·위험 등급자가 경제활동인구 3~4명 중 1명꼴에 이르는 것으로 나타났다. '신용 주의 등급'인 7~8 등급자가 586만 5천 159명, 최하위 '신용 위험 등급'인 9~10 등급자가 166만 8,796명으로 집계됐다. 이들을 모두 합하면 753만 3,955명으로 경제활동인구 2,515만 8천 명의 30%에 해당한다.

기업도 안심할 수 없다. 잘 나가는 기업들은 금융부채보다 금융자산이 더 많지만, 중견·중소기업은 금융부채가 금융자산보다 훨씬 많다. 한국은행 발표로는 2010년 3월 기준, 금융회사를 제외한 기업의 금융부채는 1,255조 원이다. 그러나 상거래신용 등을 감안한 총부채를 기준으로 하면 기업부채는 1,782조 2,000억 원이다. 2013년 가계부채는 1,500조 원에 이른다. 공공기관의 부채까지 합하면 국가 부채는 GDP의 75.3%까지 올라간다. 부채가 많더라도 늘어나는 부채보다 더 많은 돈을 벌면 문제가 없다. 그러나 앞에서도 분석했듯이, 우리나라의 기존산업은 이미 넛크래커 현상에 빠지기 시작했고, 미래 한국의 내수시장과 노동 경쟁력은 저출산과 고령화 때문에 점점 위축되고 있다. 이 문제들은 필연적으로 경제성장률을 낮추는 쪽으로 영향을 미치게 된다. 경제성장률이 낮아지면 국가와 기업, 개인은 빚을 늘려 부족분을 메우려 하고 그 때문에 소비 여력은 더 감소한다. 이와 같은 상황에서는 기업도 국내 투자율을 크게 늘릴 수 없는 악순환이 벌어질 가능성이 크다. 두바이 신화가 무너진 것은 겉으로 드러난 국가부채가 아니라 숨겨놓은 국가부채들 때문이다.

5장

부동산,
잃어버린 10년으로 가는 방아쇠

위기는 언제나
부동산에서
시작된다

개인의 부채가 늘어나면 소비력은 감소하는 것이 상식이다. 자기가 버는 소득 중에서 일부를 부채의 원금과 이자를 상환하는 데 쓰기 때문이다. 하지만 2000년대 들어 7년 동안 엄청난 유동성과 저금리를 바탕으로 전 세계가 돈 축제를 벌인 골디락스 시대에는 이 상식이 적용되지 않았다. 엄청난 유동성 공급으로 개인이나 기업이 빚을 손쉽게 낼 수 있었기 때문이다. 이 기회를 틈타서 개인과 기업이 앞다투어 빚을 내서 부동산을 샀다. 전 세계적인 부동산 버블 때문에 집값은 계속 뛰었다. 그래서 사람들은 추가적 대출을 받아 일부는 빌린 돈의 이자를 갚고 나머지로는 소비를 더욱 늘렸다. 이자보다 집값 상승분이 더 컸기 때문에 빚과 소비가 동시에 느는 기현상이 일어났다. 빚으로 소비를 더 늘리자 경기가 활황이 되고, 일자리도 늘어났고, 임금도 올랐다.

2008년 가을 이 비상식적인 시스템이 한순간에 정지했다. 이어서 시스템이 빠른 속도로 거꾸로 돌기 시작했다. 집값이 폭락하면서 경기가 추락했다. 문제는 집값이 폭락해도 이자는 줄지 않는다는 것이다. 경기가 하락하니 월급도 동결되거나 줄기 시작했다. 일부는 아예 직장을 잃었다. 이렇게 상황이 반전되자 원금과 이자 상환 부담은 더 커졌다. 이를 견디지 못한 개인들이 파산하기 시작했다. 미국에서는 10억 원짜리 아파트를 10% 정도 처음에 지불하고 나머지 90%를 대출받아 사는 경우가 일반적이다. 그러나 대출금 일부를 갚으며 살다가 돈이 없어 원금과 이자를 못 갚는 상황이 되면 그냥 몸만 빠져나오면 집은 잃지만, 나머지 부채 잔액에 대한 상환 부담도 없어진다. 하지만 우리나라와 일본은 다르다. 집을 경매로 잃어도 남아 있는 부채는 끝까지 상환해야 한다. 그렇지 못하면 신용불량자가 되어 모든 금융활동이 정지되어 순식간에 바닥까지 추락한다. 바로 이런 제도상의 차이가 부동산 버블이 터지면 일본이나 우리나라가 미국보다 더 큰 충격을 받는 원인 중 하나다.

일본 국토교통성의 자료에 의하면 일본의 부동산 가격은 1974년을 100으로 봤을 때 1991년 부동산 버블이 터지기 직전 주택지구의 지가는 296.4, 상업지구의 지가는 271.6까지 수직 상승했다. 17년 새 3배로 오른 것이다. 특히 1991년 버블 붕괴 직전에는 51개월 연속으로 부동산 가격이 상승했다. 그 후 버블이 터지면서 16년 연속 하락해 주택지구의 지가는 156.6까지, 상업지구의 지가는 82.7까지 하락했다. 도쿄 도심 23구 75m² 신규분양 아파트의 경우, 1991년 1억 1,520만 엔에서 2006년 5,355만 엔으로 53.5% 폭락했다. 일본 전체로 보면, 주택은 60%, 상업용 부동산은 87% 폭락했다.

우리나라는 어떨까? 결론부터 말하면, 1970년대 후반 강남개발이 본격화되면서 일기 시작한 부동산 투기 열풍은 이제 끝났다. 필자는 2010년부터 10년 동안 3번 정도의 조정을 거치면서 가격 정상화가 될 것으로 예측했었다.

부동산 가격 정상화는 부분적으로 저출산 문제를 해결하는 데 도움이 될 수 있다. 통계청이 1980년부터 지난 2009년까지 우리나라

필자가 부동산 가격 폭락 대신 가격 정상화라고 표현하는 것은 숨은 뜻이 있어서다. 우리는 자녀세대에게 큰 죄를 짓고 있다. 우리는 자녀에게 파괴된 지구를 물려 준다. 저출산 고령화 때문에 세금을 40%까지 내서 우리를 부양해야 하는 미래를 물려 준다. 거기에다 2010년 기준으로 개인, 기업, 정부의 부채 총합이 거의 4,500조 원에 이르는 미래를 물려 준다. 기성세대는 이자만 내고 끝날 것이다. 우리의 자녀 세대가 살아야 할 미래는 노인, 외국인 노동자, 젊은이가 부족한 일자리를 두고 치열하게 싸워야 한다. 이런 문제들은 기성세대가 자기 욕심을 채우느라 작은 문제를 미리 해결하지 않고 미루어서 커다란 문제로 만들어 버린 것들이다. 기성세대는 이 문제들을 절대로 해결할 수 없다. 이 문제를 해결해야 할 주체는 이들 문제에 대해서 전혀 책임이 없는 우리의 자녀이다.

후손에게 지친 몸 하나라도 마음 놓고 쉴 수 있는 '집' 하나라도 주는 것이 이들에게 속죄하는 우리의 최소한의 도리라고 생각한다. 그러나 우리나라의 집값은 거의 폭탄 수준이다. 언론 보도에 따르면 연봉이 5,000만 원 정도 되는 직장인이 매월 87만 원씩 저금한다는 전제로 서울 아파트를 사는 데 평균 58년 정도가 걸린다. 강남은 89년이 걸린다. 여기서 아파트 가격이 더 오른다면 서울 아파트를 사는 데 평균 80~90년, 강남은 150년이 걸린다. 필자는 아파트 가격만이라도 우리가 욕심에 의해 끌어 올린 가격을 정상화시켜서 아이들에게 물려주어야 한다고 본다. 그래서 아파트 가격 폭락이 아니라, 아파트 가격 정상화라고 부른다.

의 혼인 건수를 분석한 결과 연간 결혼 숫자가 줄어드는 것도 저출산의 중요한 이유로 드러났다. 1980년대 연간 결혼 건수가 40.3만이었던 것이 2000년에 33.2만, 2005년에 31.4만, 2009년에 30.1만으로 급격하게 줄고 있다. 물론 오래전부터 시작된 저출산으로 결혼할 젊은이의 숫자가 줄어든 것도 원인일 것이다. 하지만 젊은이의 초혼이 지속해서 늦어진 것도 결혼 건수를 낮추는 큰 이유다. 젊은이의 초혼이 늦어진 이유는 안정적인 직장은 구하기 어려운데, 집값과 전세, 월세는 너무 올라서 사회적 안정성이 약해졌기 때문이다. 그러므로 부동산 가격 정상화는 미래를 위해서도 꼭 필요하다. 이제부터는 어떻게 하면 경제에 주는 충격을 최소화하면서 아파트 가격을 정상화시킬 수 있는지 논의해야 할 때다.

아직도 이런저런 이유를 들어 우리나라 부동산시장은 절대로 일본처럼 붕괴하지 않을 것이며, 머지않아 다시 대세 상승국면으로 전환될 것이라고 주장하는 이들이 있다. 이들도 자기주장을 뒷받침하기 위해 몇 가지 근거를 제시한다. 대표적인 근거 중 하나가 우리나라 인구가 앞으로도 증가한다는 주장이다. 물론 우리나라 인구는 아직은 대략 100만 명 정도 더 증가할 여력이 있다. 하지만 어느 세대의 인구가 증가하는지를 잘 보아야 한다. 대한민국의 추가적인 인구 증가는 노인 인구의 증가에 기인한다. 100세 시대가 되면서 평균수명이 증가하기 때문이다. 그런데 노인층은 30평 아파트를 5~10억 원씩 주고는 절대로 살 수 없다.

두 번째는 세대수가 증가하기 때문에 부동산 가격이 폭락하지는 않을 것으로 주장한다. 당연히 우리나라는 지금 세대수가 증가하고 있다. 전문가들은 1~2인 가구의 지속적인 증가로 2035년까지 가구

수가 계속 증가할 것으로 예측한다. 그러나 이 역시 어떤 세대가 증가하는가가 중요하다. 바로 1인 가구가 증가한다. 젊은 청년들, 이혼한 사람들, 노처녀 노총각들, 홀로 사는 노인들이 증가하기 때문이다. 이들 역시 30평 아파트를 5~10억 원씩 주고는 절대로 살 수 없다. 필자가 부동산 버블이 붕괴한다고 해서 앞으로 사람들이 절대로 집을 사지 않는다거나 아파트가 절대로 팔리지 않는다는 것이 아니다. 앞으로도 계속해서 집은 팔리고 아파트는 시장에 공급될 것이다. 단, 부동산 투기가 활발할 때처럼 30평짜리가 5~10억 원씩 팔리지 않게 된다는 말이다. 대략 2억~2억 5천만 원 정도의 정상가격에 팔릴 것이다. 현재의 부동산 가격은 5~7년 정도 더 하락하면서 정상가격으로 회귀하게 될 것이다.

또 다른 주장도 있다. 독일처럼 인구가 감소하고, 생산가능인구가 줄어 주택 수요가 줄어도 집값이 반등하는 사례도 많다는 것이다. 즉, 인구 쇼크와 부동산 가격의 하락이 상관관계는 있지만, 절대적이지는 않는다는 논리다. 이런 주장을 하는 사람들은 일본, 미국, 영국, 스페인 등이 생산가능인구의 비중이 정점을 찍고 감소로 돌아선 것과 집값의 하락이 거의 정확하게 일치를 했다는 점은 인정한다. 그러나 프랑스, 이탈리아, 덴마크, 벨기에, 핀란드, 그리스는 거꾸로 생산가능인구가 감소함에도 집값이 상승했다는 점을 근거로 반론을 편다. 그것도 아주 가파른 상승 곡선을 그렸다는 점을 강조한다.

과연 독일을 근거로 한국의 부동산시장을 낙관하는 주장이 얼마나 설득력이 있을까? 일단, 독일은 1990년 10월 3일 통일 이후 대략 200만 명의 동독인들이 서독으로 옮겨가면서 임대주택 수요가 급격히 늘었다. 그 결과 1995년까지 서독의 주택가격이 급격히 상승했다.

독일 등의 사례를 근거로 한 반론을 직접 살펴보자.[65]

독일은 일본이나 미국과는 사뭇 다른 움직임을 보인다. 독일은 생산가능인구 비중이 1986년(69.5%) 일찌감치 정점을 찍었을 뿐만 아니라 일본과 함께 총인구 감소(2004년)가 시작된 몇 되지 않는 나라 중 하나다. 독일의 생산가능인구 비중은 1986년 이후 지속해서 하락했지만, 주택가격지수는 이 기간에도 줄곧 상승세를 유지했다. 생산가능인구 비중 감소가 주택 가격에 별다른 영향을 미치지 못한 것이다. 오히려 이 기간에 생산가능인구 비중 감소에도 집값은 거꾸로 상승했다. 독일 주택 시장은 최근에도 가파른 상승세를 이어가고 있다. 거품을 우려하는 목소리가 나올 정도다. 독일 중앙은행인 분데스방크에 따르면 2011년 독일 주택 가격은 평균 5.5% 올랐다. 뮌헨 등 대도시 주택 가격은 10%대 상승률을 기록했다. 특히 수도 베를린의 집값이 급등하고 있다. 베를린 주택 가격은 최근 2년 새 23% 이상 뛰었다.

독일

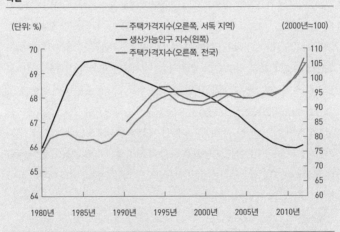

출처: BIS, OECD

독일은 1990년 동서독 통일 직후 투자 붐이 거세게 불었던 때를 제외하곤 부동산시장이 비교적 안정을 유지해 왔다. 독일은 부동산시장에서 임대주택 비중이 높은 대표적인 나라다. 독일인 가운데 자기 집을 소유한 사람은 전체 인구의 43.2%에 불과하다. 하지만 최근 독일인들이 그 어느 때보다 부동산 투자에 열을 올리고 있다. 인플레이션에 대한 우려가 커지면서 안전자산인 부동산이 인기를 끌고 있기 때문이다. 여기에 유럽에서 가장 경제 사정이 좋은 독일을 선호하는 해외 투자자들까지 가세하고 있다. 독일 일간지 '프랑크푸르터알게마이네차이퉁'은 집값 급등 원인으로 공급 부족을 꼽았다. 주택에 대한 수요가 증가하고 있는데 공급이 이를 따라잡지 못한다는 것이다. 독일은 전체 인구가 감소하고 있지만 1인 가구나 핵가족은 오히려 늘어나고 있다. 1인 가구도 좀 더 넓은 주거 공간을 갖고 싶어 한다. 연방주택연구소 분석에 따르면 주택 수요를 맞추려면 매년 19만 3,000채의 집이 새로 지어져야 한다. 그런데 2011년 공급된 주택은 겨우 4만 채에 불과했다.

조OO(KDI 국제정책대학원) 교수는 한국이 일본의 길을 따라갈 가능성은 거의 없다고 단언한다. 일본의 부동산시장 장기 침체는 생산가능인구 비중 감소뿐만 아니라 여러 가지 요인이 결합해 나타난 매우 특이한 사례라는 분석이다. 그는 "일본은 가격 하락 이전에 엄청난 규모의 거품이 부동산시장에 형성돼 있었지만, 한국은 그렇지 않다."고 말했다. 1985~1991년 사이 일본 6대 도시 주거지 지가가 200% 상승한 데 비해 2001~2008년 서울 주택 매매가격은 84% 뛰는데 그쳤다. 일본 버블 붕괴 직전 담보인정비율이 150%에 달하는 등 마구잡이식 주택담보대출이 이뤄졌지만, 한국은 일찌감치 돈줄을 죄어 놓은 상태다. 김 교수는 "일본은 주택 공급이 수요를 훨씬 초과해 이뤄졌고 실질 GDP 성장률이 1%대로 낮아진 상태에서 부동산 가격이 정점에 도달했다."고 말했다. 기획재정부 보고서는 생산가능인구 비중 감소와 함께 주택 시장이 장기 침체에 빠지느냐, 그렇지 않느냐는 정점 직전 과도한 집값 거품의 존재 여부에 좌우된다고 지적하고 있다.

(중략)

이 교수가 작년 11월 발표한 '소득 대비 주택 가격 비율(PIR)의 산정 방식 및 그 수준에 대한 국제 비교' 논문도 뜨거운 논란을 피하지 못했다. PIR는 소득을 몇 년 동안 쓰지 않고 모아야 주택을 구입할 수 있는지 보여주는 지표다. 이 교수의 연구로는 한국의 PIR는 4.4로, 미국(3.5)보다는 높았지만, 홍콩(11.4), 호주(6.1), 영국(5.2)보다는 낮았다. 그는 "한국의 주택 가격이 지나치게 높아 지속해

그러나 1995년부터 2007년까지 10년 이상 거의 오르지 않고 안정기에 들어섰다. 이는 독일의 임대자 보호 정책과 물가 안정 정책 덕분이었다.

독일은 생산가능인구가 줄었지만, 동독으로부터 서독으로 지속해서 인구가 유입되고, 독일 정부가 강력한 구조조정을 하면서 경제 펀더멘털을 강화시켜 경제가 계속해서 활력을 띠며 성장을 했었다. 또한, 독일 국민은 과도한 채무를 지지 않은 상태였고, 1999년 유럽연합이 탄생하면서 유럽의 미래경제에 대한 희망이 확산되었다. 특히, 독일은 금융위기에서도 꿋꿋이 버틸 정도로 유로지역에서 가장 탄탄한 경제적 역량을 가지고 있었다.

이런 여건 덕분에 독일의 은퇴자들은 유럽에서 가장 탄탄한 경제력을 가지고 있었다. 게다가 은퇴 이후에도 일할 기회가 다른 나라보다 훨씬 많았다. 은퇴자들이 경제적 여유가 있는데다가, 더욱이 독일은 월세 위주의 주거 패턴이기 때문에 개인들이 집을 급히 팔 이유도 없었다. 또한, 2000년부터 전 세계적으로 저금리의 풍부한 유동성이 공급되어 주택가격 상승의 분위기가 팽배했기 때문에 주택가격이 상승하면 상승했지 하락할 이유가 없었다.

2008년 글로벌 위기가 발생한 이후에는, 미국이나 다른 유럽국가들보다 경제적 안정성이 뛰어난 독일은 갈 곳을 잃은 해외 투자금이 선호하는 나라가 되었다. 여기에 더해 2010년 이후 인플레이션 우려가 커지면서 부동산 투자 가치가 상대적으로 상승했기 때문에 독일의 집값은 위기 가운데서도 상승할 수 있었다. 즉, 생산가능인구가 줄어들면 당연히 주택 수요가 감소하여 집값이 하락압력을 받지만, 독일처럼 다른 요인이 선방해 주면 집값이 안정세를 유지할 수 있다. 여기서 필자가 던지는 질문은 이것이다.

"과연, 현재 우리나라 국민의 경제 펀더멘털과 우리나라 경제의 미래가 독일처럼 강하고 밝은가?"

생산가능인구가 줄어도 주택 크기를 늘리려면 지속적인 경제성장이 필요하다. 반론을 펴는 사람들도 주장하듯, 1인당 GDP가 3~4만 달러 정도가 되어야 은퇴하더라도 주택의 크기를 늘리려는 마음을 가진다. 그러기 위해서는 우리나라 1차 베이비붐 세대가 은퇴를 마치는 앞으로 5년 이내에 우리나라의 1인당 GDP가 1.5배~2배까지 늘어나면 된다. 가능할까?

우리나라 베이비붐 세대의 실질적 은퇴시기는 50~55세다. 이들은 1년에 한두 번 손자들과 함께하기 위해 큰 집을 계속 유지하는 도박(?)을 하지 못한다. 또한, 자녀에게 유산으로 상속하기 위해서 은퇴 후 40~50년 동안 큰 집을 팔지 않고 보유하지도 못한다. 55세 무렵 은퇴하게 되면, 평균적으로 첫째 자녀는 겨우 대학을 졸업하고, 둘째는 대학을 다닐 나이다. 그래서 자신이 은퇴하면서 받은 퇴직금은 두 자녀를 대학 졸업시키고 결혼까지 시키면 전부 고갈된다. 자신을 위한 돈은 한푼도 없다. 남은 것은 집 한 채뿐이다. 몇 푼 안되는 연금으로 버티면서 이 집을 손자들을 위해 혹은 유산으로 상속하기 위해 30~40년을 계속 보유할 수 있을까?

우리나라 부동산시장은 일본과 비슷하다. 우리나라는 부동산 가격이 하락할 요인이 훨씬 더 많다. 앞에서 말한 한국의 위기 요인이 모두 부동산 가격 하락 요인으로 작용한다. 여기에 생산인구의 감소와 전체 인구의 감소가 더해진 것뿐이다. 즉, 인구감소가 유일한 요인이 아니라는 말이다.

소득 대비 주택 가격 비율PIR의 산정도 다른 견해가 있다. 2006년 기준으로 우리나라의 총 주택 수는 1,353만 호이다. 이 숫자를 가지고 주택보급률이 100%를 넘었다는 주장과 아직 부족하다는 의견이 갈린다. 하지만 어느 측면을 보느냐에 따라서 주택보급률 평가가 달라질 수 있다. 우리나라는 인구 구성과 1~2인 가구가 늘어나는 이론적 가구 구성 측면을 보면 아직도 주택 부족상태이다. 앞으로도 10~20년 정도는 부족 상태가 지속될 것이다. 하지만 2007년 고점의 가격을 기준으로 한 실질적인 주택 구매 여력을 가진 유효 인구 구성이나 유효 가구 구성 측면에서 보면 공급 과잉 상태다. 즉 우리나라의 주택이 이제는 중산층들이 살 수 있는 수준을 훨씬 넘어선 것이다.

우리나라는 2001부터 2008년 사이에 전국의 아파트는 2배 가까이 올랐고, 서울지역은 2.6배가 올랐는데, 같은 기간 도시 근로자의 가구 평균 소득은 69% 오르는 데 그쳤다. 생애 첫 집을 사야 할 30대 젊은이들은 도시 근로자의 평균 소득의 60%에 불과하기에 그들이 체감하는 집값 상승의 부담은 더 크다.[66]

또한, 우리나라에서 집을 살 때는 60~80% 정도의 부채를 짊어지고 사기 때문에 개인이 빚을 낼 수 있는 '부채 여력'도 아주 중요하다.

그러나 우리나라의 가계 부채는 이미 GDP 대비 96%를 넘어섰다. 이 수치의 의미는 무엇일까? 부동산 버블이 붕괴된 미국의 2008년 가계부채 비율은 GDP 대비 96%였고, 이탈리아는 122%였다. 일본은 부동산 버블 붕괴 시기인 1992년 가계부채 비율이 63.2%에 불과했다. GDP 대비 96%의 부채비율이란, 우리나라에서 수억 원씩의 부채를 추가로 낼 수 있는 사람들의 비율이 현저히 낮아졌다는 뜻이다. 사고 싶은 사람은 많아도, 살 수 있는 능력을 갖춘 사람은 적고, 이미 공급된 비싼 아파트는 많다는 점이 독일과 다른 모습이다.

정부는 2003년에 10년간 500만 가구를 공급하겠다는 계획을 수립해서 2011년까지 422만 7천 가구를 공급했다. 이에 대해 2013년 감사원은 애초부터 수요 예측이 잘못되었다고 분석했다. 그리고 1~2인 가구가 68%나 증가하는 등의 주택 수요 변동을 반영하지 않아 중대형 미분양이 늘고, 무리하게 보금자리주택 사업을 펼친 결과, 실제 수요보다 97만 2천 가구를 더 공급했다고 평가했다. 또한, 무분별한 뉴타운 사업 때문에 예상되는 매몰 비용만 1조 6천억 원에 달할 것으로 분석했다.[67]

한국의 부동산 버블 붕괴 3단계 시나리오
우리나라 부동산의 미래에 관한 시나리오들은 몇 가지가 있다.

- 시나리오1. 2007~2008년의 가격으로 회복되어 다시 상승하거나 유지하는 시나리오이다.
- 시나리오2. 현재의 부분적이고 약한 하락의 수준이 정부의 강력한 의지에 바탕을 둔 금융 및 제도적 지원으로 대략 4~5년 동안 지속

하는 시나리오이다.

- 시나리오3. 마치 롤러코스터를 타듯이 부동산 가격이 반복적으로 오르락 내리락 하는 일희일비 장세 시나리오이다.

- 시나리오4. 짧게 1~2년 사이에 40~50% 이상 폭락하는 경착륙 시나리오다.

- 시나리오5. 정부의 대책이 먹혀들지 않고, 동시에 전 세계가 장기적 저성장으로 들어가면서 강력한 경기상승 모멘텀의 지원을 받지 못해서 결국 일본처럼 최소 6~7년에서 길게는 10년 이상 장기적이고 지속적인 부동산 가격 폭락 국면으로 서서히 진입하는 것이다.

위의 5가지 시나리오는 모두 일어날 가능성이 확률적으로 분명히 있다. 필자가 현재로 봐서 '가장 일어날 확률이 높은' 미래라고 판단한 것은 바로 마지막 시나리오다. 이 시나리오를 필자는 "7년의 극심한 흉년 시나리오"라고 이름 지었다. 구약성경에 나오는 고대 이집트에서 발생한 '7년의 풍년과 7년의 흉년'에서 가져온 표현이다.

그 개요는 다음과 같다. 지난 7년 동안의 잔치는 끝나고 그 동안의 부동산 신화가 완전히 잊힐 정도의 극심한 7년의 흉년이 시작된다. 거품과 폭등의 시대는 끝나고 부동산 가격이 정상화되는 과정에서 발생하는 경제적 고통, 사회적 고통이 개인, 기업, 국가 전반에 걸쳐서 광범위하게 펼쳐질 가능성이 크다. 오래 집을 가지고 있는 사람은 고민의 시기일 것이고, 2007~2008년 고점에서 집을 산 사람들에게는 고통의 시간일 것이다. 성경에서 7년간의 흉년이 온다는 경고를 무시하고 준비하지 못한 사람들은 흉년이 시작되자 곡식을 사기 위해 자신이 가진 돈, 땅, 심지어는 가족들까지 노예로 팔았다. 이와 비숫하게 단지 집만 잃는 것이 아니라, 가족과 미래를 모두 잃을 수도 있다. 그러나 7년의 흉년을 미리 지혜롭게 준비한 사람에게는 오히려 큰 기회가 되었던 것처럼, 부동산 가격 하락에 미리 대비한 사람들과 자의든 타의든 현재 집이 없는 사람들에게는 희망과 기회의 시간이 될 것이다.

장기적이고 지속적인 부동산 가격 하락의 국면은 다음과 같이 단계별로 전개될 가능성이 크다. 필자는 이 시나리오를 2008년부터 지속해서 강조하며 위기를 경고해왔다.

1단계: 2010−2011년, '부동산 스태그플레이션' 단계

부동산을 보유한 개인들이 부동산 경기 회복에 대한 마지막 기대를 하는 단계다. 시장에서도 부동산 버블 붕괴는 비현실적이라는 주장이 어느 정도 통한다. 여기에 급격한 경기침체를 두려워한 정부의 과감한 부동산 규제 완화 정책 등으로 일정한 수준의 시장 가격은 겨우 유지한다.

그러나 2007~2008년 부동산 버블 최고점에서 구매한 사람들은 이자의 부담을 견디지 못해 정부의 규제가 풀릴 때마다 급매물을 내놓지만, 잠재적 매수자들은 추가 가격 하락을 기대하면서 구매를 늦추기 때문에 실거래는 현저히 줄어든다. 즉, 부동산 가격은 어느 정도 고점에서 겨우 버티고 있지만, 부동산 거래는 현저히 줄어드는 스태그플레이션 분위기가 형성된다. 여기에 2008년부터 지속되는 전 세계적인 경제 위기, 순간순간 반복되는 작은 불황과 경제적 불확실성 때문에 큰 폭으로 요동치는 주식과 환율시장, 불황으로 인한 시중의 신용창조 속도의 감소 등이 겹치게 되면서 시장의 고민은 극에 달한다.

필자의 예측대로 1단계의 조정은 이미 끝이 났다. 이 기간에 중대형 아파트의 실질 가격은 50~60% 하락했다. 1차 조정은 글로벌 경제 위기에서 이어지는 작은 불황 탓에 시중의 신용창조 속도 감소와 부동산 담보대출 부담으로 말미암은 아파트의 실 구매 수요 감소가 주된 원인이었다.

특히 부동산 버블 붕괴의 방아쇠는 신용창조 속도의 감소다. 투기 버블의 역사를 연구하여 금융불안정성 이론을 주장한 하이먼 민스키Hyman Minsky의 이론을 폭넓게 연구한 세일러(필명)는 〈불편한 경제학〉에서 "버블이 붕괴하는 과정을 살펴보면, 통화량이 감소하지 않아도 통화량 '증가율의 감소'만으로도 무너진다."는 점을 하이먼 민스키가 밝혀냈다고 평가했다.

다음의 두 가지 그림에 주목하라. 하나는 통화량이 증가하면서 자연스럽게 자산 버블이 발생하는 것을 보여 준다. 그리고 다른 하나는 통화량 증가 속도의 감소만으로도 활화산처럼 타오르던 자산 버블이 터지는 것을 보여 준다.

그림에서 볼 수 있듯이, 신용창조 속도가 줄면 신용경색이 시작되고, 그 때문에 자산 버블의 붕괴가 시작된다. 현재의 자본주의 시스템은 '신용, 즉 빚을 창조해서 경제를 성장시키는 시스템'이다. 이 시스템은 태생적으로 빚으로 경제를 성장시키기 때문에 빚이 많아질수록 '부실도'가 커진다. 여기서 부실도란 자신의 신용한도에 근접해 가는 정도를 말한다. 개인이든 기업이든 국가든 신용한도를 넘어서면 빚을 더 내지 못하고 파산하게 된다. 버블의 붕괴는 신용한도를 넘어서서 파산 지경에 이른 상태를 말한다.

선진국 유동성지수와 자산버블 발생 시기

자료: IMF, IFS., OECD, StatExtracts., 일본은행, Bloomberg
출처: SERI CEO Information, 글로벌 유동성 리스크 진단과 시사점, (서울: 삼성경제연구소, 2011),
10에서 재인용

미국의 부동산 버블 붕괴와 신용창조 속도 감소의 관계

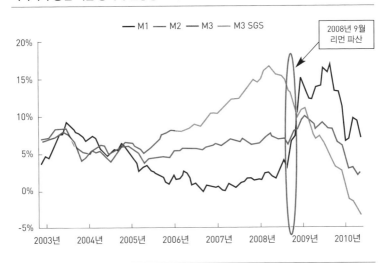

출처 : shadowstats.com, 2010. 5. 16, http://www.shadowstats.com/alternate_data/money-
supply-charts

이를 해결하는 방법은 신용한도를 염두에 두고 빚을 미리 조절하면서 적절하게 통제하는 것, 그리고 수입 증가를 통해 신용한도를 계속 높여가는 것 두 가지뿐이다.

앞의 아래 그래프를 보면 시중의 유동성, 즉 신용창조의 속도를 나타내는 통화량 M3가 2008년 9월 리먼 브러더스가 파산하기 전부터 이미 감소하고 있었다. 즉, 개인, 기업, 정부가 2008년 전까지 7~8년 동안 엄청나게 빚을 내서 소비했는데, 2008년에 접어들면서 그 속도가 한계를 보이기 시작했다. 그리고 신용창조 속도가 감소하자 전체적인 유동성이 계속 증가함에도 그 이면에서는 신용경색이 서서히 나타나기 시작했다.

리먼 브러더스 사태는 결정적으로 신용경색을 가속화시킨 계기였다. 이런 측면에서, 5년 전 필자는 이렇게 예측했다.

> 우리나라는 2010~2011년에 낮은 더블딥이나 저성장으로 신용창조 기능이 예전만 못하게 되고, 그 결과 신용경색 현상이 발생하면서 1차 부동산 가격 조정이 일어날 것이다. 정부가 부동산 규제를 위해 시행했던 주택담보인정비율LTV과 총부채상환비율DTI 규제를 지속하면 신용창조 속도가 더 빠르게 감소할 것이다.
>
> 이렇게 되면 정부는 '어쩔 수 없이' 부동산 규제를 일부 해제함으로써 신용창조의 속도를 높여서 부동산 가격의 하락을 막으려고 시도할 것이다. 그러나 글로벌 경기 침체가 더 큰 힘이기 때문에 정부가 시행하는 부동산 규제 완화는 그리 큰 효과를 발휘하지 못할 것이다. 그러면, 정부는 국채를 발행하면서 부동산 경기를 떠받치려고 할 것이고, 그 때문에 폭락 사태는 겨우 피할 것이다.

2011년까지 필자가 예측한 이 모든 것이 현실이 되었다.

부동산과 연관된 산업이 우리나라 GDP의 20%를 차지하기 때문에 정부는 부동산시장을 떠받칠 수밖에 없다. 하지만 이런 조치도 오래가지 못할 것이다. 미국은 부동산 버블 붕괴 이후 담보 주택의 가격이 모기지 대출 금액보다 낮은 상황, 일명 언더워터Underwater 상태에 빠진 주택 소유자 수가 2010년 1분기 기준으로 전체 주택 수요자의 30%가 넘는 1억 4,750만 명이나 되고, 이들의 주택담보 대출규모도 2조 4,000억 달러나 되었다. 바로 이것이 미국 경기 회복의 발목을 붙잡았다.

한국은 어떨까? 2010년 10억 원까지 올랐던 대형 아파트 로열층이 4억 4,000만 원까지 폭락하는 사태가 발생했다. 부의 상징인 타워팰리스도 10억 원씩 가격이 하락했다. 지방에서는 분양가의 40~50%를 할인 판매하는 아파트도 속출했다. 2013년에 용인, 성남, 일산 등의 20~30평대 아파트는 2007년 고점 대비 실거래가가 30% 이상 하락한 상태이며, 불패신화의 진원지인 강남의 아파트 가격도 하락했다. 특히, 용인의 50평이 넘는 대형아파트는 55~60% 이상 폭락했다.

이처럼 많은 사람이 주택담보대출의 이자를 수백만 원씩 내고 있는데 집값은 거꾸로 1~2억 원씩 하락했기 때문에 소비 여력이 극도로 위축될 수밖에 없다. 주택담보대출의 만기도 점점 짧아지고, 분할상환방식도 줄고 있어서 주택담보대출의 잠재 리스크가 상승 중이다. 더욱이 변동금리대출 비중이 90%대에 이르고 있기 때문에 금리가 인상되기라도 하면 채무 불이행 가능성도 커지게 된다.[68]

다음 그래프는 2008년 이후, 한국에서 주택담보대출의 변화 추이

지역별 주택대출 증가 규모[1] 및 지방 주택대출 중 비은행권 비중

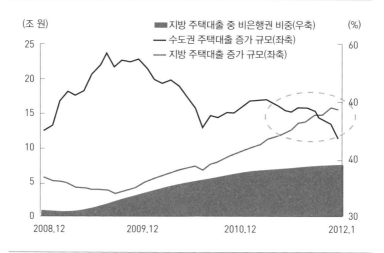

주: 1) 전년 동월 대비(은행과 비은행금융기관 합계)
자료: 한국은행

다. 수도권은 2008년 이후부터 주택대출 증가 규모가 줄기 시작했다. 그러나 지방은 2009년 이후부터 2012년까지 계속해서 증가했다. 수도권에서 투자할 만한 지역이 줄자 투기 수요가 지방에서 마지막 불꽃을 피운 것이다. 그러나 이것도 2012년으로 끝났다.

1997년 외환위기 이후 정부는 소비자 물가상승을 볼모로 원화 가치를 하락시켜 대기업의 수출을 증가시키고, 근로 소득의 상실을 카드빚과 부동산담보대출 등 빚잔치를 통한 왜곡된 소비를 조장해서 넘어갔다. 그리고 미래를 위한 R&D 투자나 건강한 경제성장을 위한 설비투자와 부의 불균형 분배를 해결하기 위한 정부 정책 등을 철저히 희생시켰다.

그 과정에서 수출을 독식했던 재벌들이 국내의 건설업도 독식하면서 아파트 한 채를 지으면 한 채 값이 남는 엄청난 폭리를 거둬들였다. 열심히 연구하고 땀 흘려 일해서 1,000원짜리 제품 하나를 만들면 겨우 60~80원밖에 남지 않는 상황에서 아파트 한 채를 지으면 한 채 값이 남는 사업은 엄청난 유혹이었다. 그래서 웅진그룹도 돈을 벌어 건설회사를 인수하려는 유혹에 빠진 것이다.

가계부채는 2001년 말 342조 원에서 2011년 1/4분기에 800조 원을 돌파했다. 불과 10년 만에 460조 원 이상 증가한 것이다. 전문가들은 이 10년 동안 늘어난 가계부채의 50~60%인 230~270조 원 정도가 부동산 버블에 투자된 돈이라고 보고 있다.

개인들도 이 정도의 엄청난 돈을 부동산 버블에 투자한 상황이기 때문에 "현재의 부동산 가격 상승은 절대로 버블이 아니다!"라고 외치는 정부와 건설사의 거짓말을 공격할 수 없다. 즉 누구나 다 속으로는 거짓말이라고 확신하면서도 겉으로는 거짓말이라고 하면 안 되는 어처구니 없는 상황이 벌어지고 있는 것이다.

개인들은 집값과 건설을 지속해서 떠받쳐줄 정치인을 찾았다. 기업도시, 혁신도시, 행정복합도시 등 다양한 형태의 신도시 개발, 뉴타운, 재개발 등을 내건 사람을 국회의원으로 뽑았다. 가난하고 낙후된 지역에 부동산 거품을 이용해 돈을 벌게 해주고 중산층의 상징인 중대형 아파트를 지어 주면 선거에 유리했다. 그래서 지난 30년 동안 재개발을 했던 면적보다 더 넓은 서울시 전체 면적의 7.5%를 한꺼번에 뉴타운으로 지정하는 일마저 벌어졌다.

이렇게 전 국토가 개발로 들썩이면서 2007년 고점 전까지 거의 50개월 연속 부동산 가격이 상승하는 초유의 기록이 만들어졌다. 이 과정에서 거품이 일었지만, 거품은 또 다른 지역의 새로운 개발 거품

최근 한국, 일본, 미국의 부동산 가격지수 동향

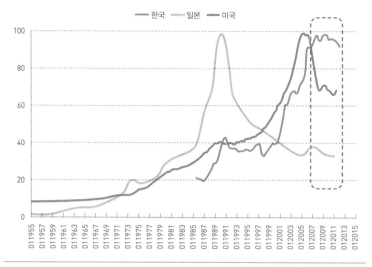

* 한국은 서울 아파트 가격, 미국은 S&P 케이스-실러 20대 도시 주택가격지수, 일본은 6대 도시
  주거용지 가격임

출처 : JREI, DataStream, Robert Shiller 홈페이지, 국민은행 부동산통계의 자료를 가공한
  세일러, '착각의 경제학', 312쪽에서 인용

으로 막는 상황이 이어졌다.

전 세계를 휩쓸던 부동산 불패신화가 무너진 2008년 대한민국 국
민은 "우리나라는 다를 것이다."는 한 줄기 희망에 매달렸다. 그래서
경제와 부동산시장을 살려 줄 메시아로 이명박 정부를 선택했다. 그
렇게 탄생한 이명박 정부는 국민의 기대를 저버리지 않고 부동산 버
블 붕괴를 온 힘을 다해 일시적으로 막아 주었다.

다음의 집값 그래프를 보면 미국과 일본의 주택가격은 시차만 다
르지 상승했다가 꼭짓점에 도달한 후 곧바로 붕괴한 것까지 거의 유
사하다. 차이가 있다면 미국은 일본의 절반 수준에서 폭락이 멈추었
다는 점이다. 그 이유는 무엇일까? 답은 간단하다. 수요가 일본보다

미국과 일본 도시지역의 주택 가격 변화

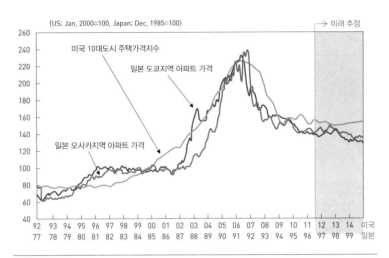

주: m², 5개월 이동평균

출처: Bloomberg, Real Estate Economic Institute, Japan, S&P/Case-Shiller Home Price
Indices, as of Oct, 5, 2011/http://us.spindices.com/indices/real-estate/sp-case-shiller-ny-
new-york-home-price-index
http://issuu.com/gfbertini/docs/the_world_in_balance_sheet_recession_-_causes__cur

상대적으로 강하기 때문이다. 미국도 2010년부터 7,000만 명의 베이
비붐 세대가 은퇴하기 시작했지만, 그 규모가 크기 때문에 지연효과
가 있다. 또한, 백인의 출산율이 줄어도 이민자가 증가하면서 인구감
소현상을 미뤄 준다. 그리고 미국은 기축통화를 가지고 있기 때문에
부동산 버블 붕괴의 충격을 줄일 힘을 갖고 있다. 미국은 여전히 세
계 최강의 경제 대국이며 앞으로 최소 10~20년은 세계 최고의 자리
를 지킬 것이기 때문에 주택의 투자 가치가 살아 있다. 그럼에도 그래
프에서 보듯 미국의 10대 도시의 부동산 가격은 일본과 거의 비슷한
수준까지 하락했다. 이와 달리 우리나라는 이명박 정부가 부동산 버
블 붕괴를 지연시키는 정책을 구사하여 예외적으로 고점에서 4~5년

간 하락이 지연되고 있다. 그러나 이것은 '폭탄 돌리기'에 불과하다.

우리나라는 곧 다가올 부동산 버블 붕괴의 후폭풍을 대비해야 한다. 앞으로 10년은 실질 소득이 줄고, 자산 가치도 줄어드는 이중고가 발생할 것이다. 이 과정에서 수백만의 신용불량자가 양산될 수 있다. 부동산 버블보다 충격이 작은 2002~2003년의 카드대란 때도 372만 명의 신용불량자가 양산되었다. 그 때는 주로 저소득층에서 발생했지만, 부동산 버블 붕괴가 본격화되면 은퇴를 앞둔 사람들과 중산층에서 막대한 신용불량자가 양산될 것이다.

이미 2011년 1/4분기 기준으로 우리나라 가구의 30.5%가 적자 가구이다. 결국, 이들이 기존의 빚을 청산하고 새로 빚을 낼 수 있는 여력을 회복하기까지는 최소 6~7년, 길게는 10년 이상 걸릴 것이다. 이런 상황에서 버블 붕괴의 마지막 희생양은 강남 3구에서 진행되고 있는 재개발 사업일 가능성이 크다. 이미 10억 원을 넘어서는 이 지역의 아파트를 헐고 새로 지으면 적어도 15~20억 원이 되는 아파트가 쏟아져 나올 것인데, 그런 수준의 아파트를 살 사람이 강남이라고 해도 얼마나 있을까? 강남 3구의 재개발은 본격적인 부동산 버블 붕괴가 시작되기 전의 마지막 불꽃이자 최악의 신기루가 될 것이다. 지금은 누가 빨리 이것을 깨닫고 부실과 거품의 도깨비 방망이를 내 던지느냐가 중요하다. 하지만 우리나라 정부, 기업, 개인은 아직도 손 안의 성냥으로 밀려오는 어둠을 몰아낼 수 있다고 믿고 싶은가 보다.

정부가 아무리 획기적인 대책을 내놓고 건설사들이 아파트 가격을 할인해서 판매하더라도 좀처럼 부동산 가격은 크게 오르지 않는다. 그래서 가능하면 최소의 손실을 보는 범위에서 팔려는 사람들로 높은 호가만 유지되는 스태그플레이션의 상황이 좀 더 연장될 뿐이다. 이 과정에서 2010년 7월 기준으로 '집 가진 가난뱅이'에 속하는 200만 가구의 고통이 시작되었다.

1단계에서는 부동산 가격이 고점은 유지하지만 더는 폭등하지 않기 때문에 부동산을 담보로 추가로 빚을 내서 이자를 내고 소비를 늘리는 마법을 부릴 수가 없게 된다. 부동산 스태그플레이션 국면에서 나타나는 가장 확실한 현상은 부동산 가격의 폭등기에 오른 물가의 부담을 피부로 느끼기 시작하고, 흥청망청했던 소비 규모에 대한 미련과 부담이 교차하게 된다는 점이다. 0.25% 정도의 금리 인상에도 늘어날 이자 부담에 심장이 뛰고, 곧 다가올 원금 상환에 대한 두려움이 엄습하며, 언제부턴가 더 늘지 않는 월급과 소득을 생각하면 한숨만 나오게 된다.

이런 고통을 버티지 못하는 사람들의 순서대로 손해를 보더라도 집을 팔아 심리적 고통에서나마 벗어나고자 하는 행동을 시작하게 된다. 이런 분위기가 감지되면 정부는 경기침체에 대한 공포 때문에 투기를 장려해서라도 부동산 가격을 붙들어 두고 싶어 안달하게 된다. 그러면 그럴수록 집을 사려는 사람들은 "좀 더 기다리자... 시간은 우리 편이다!"라는 생각을 하고 끝까지 버티기에 들어간다. 그래서 부동산 급매물이 나오더라도 시장에서는 거래가 급격하게 위축된다. 이런 분위기 속에서 어떤 사람이 소비를 늘리겠는가? 결국, 부동산 거래의 위축은 내수시장 전반의 위축으로 확산된다. 이렇게 부동산 스태그플레이션이 경제 스태그플레이션으로 옮겨가기 시작한다.

이 때쯤 되면 일각에서 장기적인 경제 침체에 대한 우려가 나오게 되고, 지금 팔지 못하면 영원히 집을 팔지 못할 수도 있다는 공포가 독버섯처럼 전국으로 퍼진다. 물론 이 과정에서 반짝하는 이슈들이 등장하거나 정부가 무리하게 새로운 개발계획을 발표하면 국지적으로 마지막 투기장이 서게 된다. 이는 투기꾼들이 정부와 개인의 마지막 단물을 빼 먹는 상황일 뿐이다. 시장의 한쪽에서는 부동산 투자에 크게 물려 있는 저축은행과 건설업체 그리고 부동산 투기자본의 몰락이 서서히 진행된다. 건설업체와 건설에 무리하게 투자한 금융권이 타격을 입기 시작하면서 집을 사지 않았는데도 예금했던 자기 돈을 잃어버리는 사람이 속출하게 되고, 대형건설업체에 매달려 있던 하도급 업체의 줄도산이 시작된다. 이는 다시 고용시장을 급랭시켜 소비시장을 위축시킨다.

하지만 시장과 정부는 남은 여력을 총동원해서 늪에서 빠져나오기 위해 최후의 발버둥을 칠 것이다. 한두 가지의 반짝 호재가 생기면 엄청나게 부풀려서 '긍정의 힘'을 시장에 불어넣으려고 할 것이다. 그러면 그럴수록 시장에는 의심만 가득하게 된다.

1차 조정기의 가장 큰 피해자는 누구일까? 2005년 이후 구매한 기존 아파트가 크게 오른다는 가정하에 이를 팔아 새 아파트를 사려고 분양받은 사람들이 큰 낭패를 볼 것이다. 특히 2008년 부동산 버블의 마지막 최고점에서 분양받은 사람은 치명타를 입을 가능성이 크다. 2008년경 새로 분양 받은 아파트의 잔금을 치르기 위해 기존의 아파트를 팔아야 하는데, 아파트의 가격이 크게 하락했고, 그나마 급매로도 잘 팔리지 않는다. 다행히 기존의 아파트가 급매로 팔린다 해도 고점에서 분양받은 새 아파트의 잔금을 치르려면 다시 큰돈의 부채를 얻어야 한다. 부채를 얻어 급한 불을 끄더라도 매달 200~300만 원씩의 높은 이자를 감당해야 하는 또 다른 악순환에 빠져들게 된다. 이런 상황을 해결하려면 다시 부동산 버블이 일어서 아파트 가격이 급등해야 한다.

　5년 전, 필자는 앞으로 1~2년 동안 상당수의 사람이 갈수록 늘어나는 이자를 감당하기 위해 소비를 줄여야 할 상황으로 몰리게 될 것으로 예측했다. 국민은행 분석에 의하면 우리나라 서울 지역의 아파트 가격은 1988에서 2009년까지 약 20년 동안 409% 상승했다(한 부동산 정보업체의 분석으로는 635% 상승했다). 또한, 연간 소득 대비 주택 가격은 서울의 주택 평균은 9.4배, 강남지역만을 보면 약 12~13배다. 즉 1년간 번 돈을 한푼도 쓰지 않고 모으면 9년, 매년 소득의 20%를 저축한다면 거의 50년을 모아야 서울 지역에 있는 아파트를 살 수 있다는 말이다. 2010년 기준 주택담보대출의 규모는 267조 원에 이른다. 특히 그 이전 5~6년 동안 대략 100조 원의 주택담보대출이 늘었는데, 이 대출은 보통 5년 거치 후 원금 상환의 조건인 경우가 많다. 따라서 이자만 내는 5년이 지난 후인 2011~2012년에 원금상환 폭탄이 몰려왔다. 따라서 2011~2012년에 가계부채 부담이 더욱더 커지게 되는 것은 예정된 절차였다.

2단계: 2014~2016년, '부동산 디플레이션' 단계

필자의 5년 전 예측대로 정부는 1단계인 부동산 스태그플레이션의 단계를 길게 끌고 가기 위해 온 힘을 기울였다. 2012~2013년까지도 대규모 선거가 벌어지면서 최선을 다해서 부동산 경기를 살리거나 더 이상은 나빠지지 않도록 노력을 했다. 부동산 가격이 내려가는 만큼 표가 떨어지기 때문이다.

　이렇게 정부가 각종 대책을 쏟아내고, 이런 정부의 대응에 마지막 희망을 걸어보기로 하는 부동산 보유자들이 생기면서 부동산시장에 잠시 광명이 비치는 듯 보일 것이다. 하지만 이후 반짝했던 부동산 가격 회복의 기대감이 무너지면서 더 이상은 이자와 원금상환 부담을 견디지 못하는 200만 가구의 '집 가진 가난뱅이'들이 매물을 시장에 토해 놓기 시작할 것이다. 그리고 2010년부터 은퇴를 시작한 베이비붐 세대의 몰락이 사회적 문제로 떠오르기 시작하면서 부동산 가격은 빠른 속도로 하락하기 시작할 것이다. 하지만 이런 상황이 심화할수록 잠재적 실구매자들은 추가적인 가격 하락을 기대하게 되므로 실제 거래량은 여전히 크게 개선되지 않는 상태가 될 가능성이 크다. 부동산 가격은 드디어 눈에 띄게 하락하기 시작하지만, 거래는 좀처럼 살아나지 않는 디플레이션 현상이 발생하는 것이다.

그러나 새 정부는 언제까지나 매년 50~60조 원 이상의 돈을 풀어 땅을 파고, 도로를 건설하고, 아파트를 짓고, 사람이 살지도 않는 곳에 간척지를 매워 신도시를 건설할 수 없다. 정부가 추가로 낼 빚의 여력도 현저히 줄어들었고, 일본의 전철을 밟으면 안 된다는 우려의 목소리가 커지기 때문에 인위적인 건설경기 부양에 대한 부담을 크게 느낄 것이기 때문이다. 일본 정부는 바로 부동산 버블 붕괴 후 건설과 소비시장을 살리기 위해 사람도 살지 않는 곳에 길을 놓고, 철도를 깔고, 땅이 남아도는데도 바다를 막아 새로운 간척지를 개발했다. 만약 우리 정부가 일본처럼 막대한 돈을 건설경기 부양에 쏟아붓게 되면 엄청난 빚이 추가로 늘어서 국가는 재앙을 맞게 될 것이다.

2단계인 부동산 디플레이션 단계에 들어서면 집값을 올리던 10가지 요인들이 모두 끝나 버린다. 더불어 2단계에 진입하면서 우리나라의 절대적인 인구 증가가 멈추고 생애 첫 번째 집을 사야 하는 20대 후반과 30대 초반의 인구가 감소한다. 게다가 이 세대는 베이비붐 세

집값을 오르게 하는 근본 요인을 이해하는 것이 필요하다. 지금까지 우리나라는 대략 2번 정도의 큰 폭의 부동산 상승 국면이 있었다. 1980년대 중반~1990년대 중반까지의 1차 상승랠리는 베이비붐 세대의 주택 수요 급증과 공급 절대 부족이란 수요 공급 요인, 가처분소득 증가, 경제성장에 힘입어서 발생했다. 2000년대부터 시작된 2차 상승랠리는 유동성 증가(특히, 주택담보대출의 힘)로 인한 상승이었다. 두 시기 집값을 상승시킨 대표적 요인은 다음과 같다.

1. 급격한 경제발전과 베이비붐 세대들의 시장 진입, 이들의 수도권 및 대도시로의 빠른 집중 현상을 따라가지 못한 주택보급률.
2. 1970~1980년대 지어진 집들을 대대적으로 재건축해야 하는 상황과 무분별한 뉴타운 계획으로 실제적인 주택 수요의 부족 현상.
3. 지난 10년 동안의 초저금리 현상.
4. 넛크래커 현상으로 노동을 통한 소득의 빠른 증가를 기대할 수 없게 되자, 로또를 사듯 자산 투자를 통한 부의 축적에 대한 상대적 기대감의 상승. 한국금융연구원의 분석에 따르면 1998년 외환위기 이전 9년 동안 우리나라 가계의 가처분소득은 연평균 14.7%씩 증가했지만, 외환위기 이후 9년 동안은 연평균 4.7%씩밖에는 상승하지 못했다. 가계소득이 겨우 물가상승률 수준으로만 증가했다는 말이다. 이는 실질적인 소득 증가가 9년 동안 전혀 없었다는 말이다. 이런 상황에서는 부동산 투기가 거의 유일한 기회라고 느껴지게 된다.
5. 늘어나는 사회적 비용과 소비 욕구를 감당할 수 있는 추가적인 불로소득의 필요성 증가.
6. 집값이 오르는 기미가 보이자 일에서 투기로 심리적 욕구가 빠르고 광범위하게 이동하는 현상이 발생.
7. 큰 집을 선호하는 심리가 강해지면서 건설사들이 큰 평수 공급 경쟁을 벌인 결과로 상대적으로 투기 소득이 훨씬 더 큰 중대형 평수의 공급 과잉과 실수요자들이 찾는 소형 주택의 공급 부족. 이 때문에 소득 수준이 상대적으로 낮은 중산층까지 중대형을 사야만 하는 환경이 조성되었다. 실제로 통계를 보면 2002년 서울의 연립 및 다세대 주택 건설 비중이 64.6%였는데 2006년

에는 21.3%로 줄고, 아파트는 32.4%에서 76.5%로 증가한 데 따른 부조화가
발생했다.(부동산 대폭락 시대가 온다, 선대인, 심영철, 2008, 한국경제신문).
8. 달러 유동성을 급격하게 늘려 무역적자와 재정적자를 해결하려는 미국의
정책으로 외국 투기자본의 빠른 국내 유입.
9. 잃어버린 10년을 극복하기 위한 궁여지책으로 일본이 저금리 정책을 장기
간 고수한 데 따른 일본 자금의 대대적 국내 유입(엔 캐리 트레이드).
10. 달러와 엔화를 초저금리로 마구 빌려 아파트 담보 대출과 부동산 개발 투
자에 퍼 부으면서 돈 장사를 한 시중 금융기관들의 행보.

대보다 경제적 여력이 약한 상황에서 주택시장에 들어온다.

그런데 시장에는 공급 물량이 쏟아져나온다. 2007부터 차례로 지
정된 35개 뉴타운 지역의 아파트 물량이 본격적으로 쏟아지기 시작
한다. 부동산 버블기의 마지막 환상을 불러일으켰던 송도를 중심으
로 한 인천지역 아파트 공급도 완료된다. 이런 상황임에도 2011년
이명박 정부는 서울 반경 40km 이내의 제2기 신도시들을 통해 총
574,000여 가구를 추가로 공급하려고 했다. 이 물량도 부동산 버블
붕괴 2단계쯤 완료될 예정이다.(제2기 동탄 113,000가구, 검단 66,000가
구, 김포 59,000가구, 양주 56,000가구, 위례 46,000가구, 파주 34,000가구, 광교
31,000가구, 판교 27,000가구, 검단 2지구 26,000가구, 오산 세교 23,000가구)

1차 조정이 글로벌 경기침체와 부동산 공급 초과가 가장 큰 원인
이었다면, 2차 조정의 가장 큰 원인은 다음과 같은 것들이 될 것이다.

• 베이비붐 세대가 경제력을 상실하면서 중대형 아파트를 본격적으
로 매도하는 흐름

- 중국의 버블 붕괴 여파가 미칠 가능성
- 부동산(아파트, 상업용 부동산 모두) 공급 초과의 표면화
- 미국발 금리 인상

    일본도 35~54세 인구의 감소와 전후 세대인 '단카이 세대'의 은퇴가 시작된 1990년을 정점으로 주택 가격이 내려가기 시작했다. 미국도 베이비붐 세대의 은퇴와 35~54세 인구의 감소가 시작되기 1년 전인 2006년부터 주택 가격이 하락했다. 우리나라에서 2015~2016년은 712만 명이나 되는 베이비붐 세대의 절반쯤이 은퇴했을 때이다. 베이비붐 세대의 은퇴는 2차 부동산 조정에도 큰 영향을 미친다. 저출산 때문에 부동산의 수요 자체도 줄어든다. 하지만 더 큰 문제가 있다. 베이비붐 세대가 은퇴하는 시기에 인류는 지금까지 한 번도 맞닥뜨린 적이 없는 위기에 직면하게 된다. 바로 조기 은퇴와 수명 연장이 만들어내는 위기다. 2035년이 되면 인간의 평균수명이 100세까지 늘어난다. 그러나 역으로 은퇴는 50대 초반으로 빨라진다. 이 세대는 은퇴 후 50년을 살아야 한다. 그런데 국가의 도움도 못 받고, 자녀의 도움도 받을 수 없다. 이는 인류역사상 그 어떤 세대도 경험해보지 못한 상황이다.

    최근 자료에 의하면 우리나라는 은퇴 후 부부가 사는 데 필요한 한 달 생활비 최소치는 150만 원에서 200만 원이다. 1년에 현금으로 1,800~2,000만 원 정도가 필요하다. 그것도 집과 자동차가 있다고 가정했을 때이다. 계산을 쉽게 하기 위해서 2,000만 원으로 잡고, 10년을 산다면 2억 원이 있으면 된다. 예전에는 65세에 은퇴해서 1~2억 원의 퇴직금을 가지고 10여 년의 여생을 일 안 하고 충분히

살 수 있었다. 자녀가 많았고, 자녀가 부모를 부양했기 때문에 그 돈을 자녀에게 나누어 줄 여유도 있었다. 그런데 은퇴가 빨라지고 평균 수명이 늘어나면 상황이 달라진다. 은퇴 후 50년을 살려면 10억 원이 필요하다. 50세 이전에 10억 원을 준비하거나, 50세 이후에 10억 원의 현금흐름을 창출할 수 있는 사람이 몇 명이나 될까?

현대경제연구원의 자료에 따르면 2006년 기준으로 베이비붐 세대의 퇴직금을 포함한 평균 순금융자산은 8,549만 원이다. 이 금액은 자신들의 평균 연봉인 4,460만 원의 1.9배밖에 되지 않는 돈이다. 이런 상황에서 이들의 은퇴 후의 미래는 어떻게 될까?

베이비붐 세대 중에서 전반기 은퇴자들은 앞으로 5년 안에 상당한 부를 잃게 될 것이다. 그 이유는 이렇다. 50년을 자기 힘으로 살아야 하는 베이비붐 세대는 상상을 초월하는 압박감에 시달리게 된다. 이런 상황에서 거의 모든 은퇴자는 새로운 일자리를 찾아야 하는 상황에 몰리게 된다. 하지만 이들을 위한 직장은 턱없이 부족하다. 현재 우리나라는 청년실업률도 높지만, 아르바이트 자리마저 부족한 실정이다. 앞에서 살펴본 것처럼 거의 모든 분야가 성장의 한계에 빠져서 추가적인 일자리를 만들어 내지 못하고, 치열한 경쟁만이 지배하는 레드오션에 빠져 있다.

이런 상황에서 베이비붐 세대가 선택할 수 있는 또 다른 것은 창업이다. 하지만 거의 모든 산업이 포화 상태이기 때문에 베이비붐 세대가 은퇴 후 창업을 해도 성공확률이 상당히 희박하다. 현재 우리나라는 창업자 중 70~80%가 5년 이내에 망하거나 생존해도 절망적 상황으로 전락한다. 전문가들은 은퇴 후 6~10% 정도가 실제로 창업한다고 본다.[69] 우리나라의 1, 2차 베이비붐 세대가 대략 1,640만 명이므로 최소한 100~160만 명이 창업한다는 말이다. 하지만 은퇴 후 창업을 선택한 베이비붐 세대 중에서 70~80%는 망하거나 상당한 빚을 지게 된다. 이런 과정에서 상당수의 사람이 은퇴 자금이나 부동산담보대출의 대부분을 잃게 될 것이다.

재취업도 힘들고 창업도 힘들다고 판단한 사람들이 선택할 길은 무엇일까? 전 세계적으로 유일하게 일자리를 무한히 양산해 내는 사업이 있다. 바로 다단계다. 다단계는 이론상 전 세계 인구 70억 명을 위한 70억 개의 일자리를 만들어낼 수 있다. 실제로 미국이나 우리나라 모두 불황일 때 다단계회사가 급격한 성장을 했다. 물론 다단계회사에서 성공하는 사람은 1%도 되지 않는다. 많은 이가 다단계를 통해 자신의 부의 일부를 잃게 될 것이다.

마지막 가능성이 남아 있다. 그것은 바로 상업용 부동산, 주식, 펀드 등에 투자하는 것이다. 일본도 비슷했다. 일본은 베이비붐 세대가 은퇴하면서 상당수가 상업용 부동산에 투자했다. 상업용 부동산을 사놓고 부동산 가격이 오르기를 기다리든지, 혹은 안정적인 임대료 수입을 얻으려는 전략이었다. 현재 우리나라의 베이비붐 세대는 부동산에 대한 믿음이 강하다. 2010년 모 신문의 설문조사에 의하면 베이비붐 세대의 80%가 부동산이 미래에도 투자 수단으로 유망하다고 응답했다. 이런 상황이라면 은퇴자들의 상당수가 상업용 부동산에 투자할 가능성이 크다. 실제로 필자가 만난 상당수의 은퇴 준비자들이 이런 생각을 하고 있었다. 목 좋은 곳의 건물을 사서 임대를 내주고 그것으로 노후 생활을 하겠다는 것이다.

하지만 1991년 부동산 버블이 터지면서 일본은 상업용 부동산이 주거용 부동산보다 더 많이 하락했다. 예를 들어, 10억 원짜리 상업용 부동산을 사서 임대료를 얻어 노후 자금을 충당하려고 한 일본의 베이비붐 세대는 13~15년이 지난 후 임대료 수입은커녕 자신이 구입한 상업용 부동산의 가격이 1억 3천만 원으로 떨어지는 고통을 겪었다. 주식 투자나 펀드 투자도 위험성이 크다. 특히 우리는 선진국 국민보다 금융지식이 부족하다. 그러니 '묻지 마' 투자 습성을 고치지 못하는 대다수의 사람이 투자에서 큰 손실을 볼 것이다. 이것이 현재 은퇴를 했거나 앞둔 베이비붐 세대의 5년 후의 미래다.

이처럼 은퇴 후 5년 이내에 상당량의 현금을 잃거나, 미래에 대한 불안감이 커서 현금 확보 욕구가 강한 사람의 수중에 몇 억 원 되는 중대형 아파트가 있다고 가정해 보라. 2010년 신한은행 고객 중 서울, 수도권에 거주하는 베이비 붐 세대 1,274명을 대상을 시행한 설문 결과, 현재 이들이 보유한 전체 자산 중 부동산의 비중은 평균 60% 선이었고, 2006년 통계청이 조사한 전국 베이비붐 세대의 부동산 보유 비중은 평균 79.8%였다.

그들에게 현금이 점점 줄어드는 상황이 생긴다면 유일한 선택은 바로 아파트를 파는 것이다. 우리나라 베이비붐 세대의 자산 중 70~80%는 부동산이고 그 중에서도 중대형이 많다. 그래서 중대형이 먼저 터지는 것이다. 이들이 아파트를 파는 방법은 2가지다. 하나는 역모기지론이다. 이럴 경우, 부동산시장의 급격한 붕괴에 따른 충격은 막을 수 있다. 정부로서는 이쪽으로 정책을 활성화해야 한다. 그 다음으로는 중대형 아파트를 팔고 중소형 아파트로 이사하거나 전세로 옮기는 길이 있다.

한쪽에서는 이런 현상이 발생하는 동안 시장의 다른 한쪽에서는 2011년부터 주택 유효수요계층(25~45세)이 감소하기 시작하면서 시장에 충격을 준다. 2016년경이 되면 생산연령인구(15~64세)도 감소하기 시작한다. 여기에 설상가상으로 현재 진행되고 있는 대규모 주택 공급물량이 시장에 쏟아져 나온다. 전국 43개 지역의 총 520만 명 수용 규모의 신도시 공급물량이 2015~2016년 사이에 몰려 있다. 참고로 서울의 총 가구 수는 348만 호이고, 그 중에서 아파트는 138 만 채에 불과하다. 여기에 언제 거품이 터질지 모르는 불안한 상태에 있는 중국의 버블 붕괴가 이 시기에 일어난다면 그 충격이 배가 되거나 2차 조정기가 앞당겨질 것이다.

'초고층빌딩의 저주'라는 말이 있다. 역사적으로 초고층빌딩이 완공되면 경제가 붕괴된다는 것이다. 이를 뒤집어보면 초고층빌딩 건설 붐으로 불황의 전조를 예측할 수도 있다.

- 1930년 319m 77층에 이르는 미국 뉴욕의 크라이슬러 본사가 완공되고 1931년 뉴욕의 381m 102층의 엠파이어스테이트 빌딩이 완공된 후 곧바로 대공황 시작
- 1973년 뉴욕의 417m 110층의 세계무역센터와 1974년 미국 시카고의 442m 110층의 시어스타워가 완공된 후 스태그플레이션 발생
- 1997년 말레이시아 쿠알라룸푸르의 452m 88층의 페트로나스타워가 완공된 후 동아시아 금융위기 발발
- 2010년 두바이의 828m 160층의 부르즈칼리파가 완공된 후 두바이 파산

경제학자 앤드루 로렌스가 1999년 '초고층건물 지표Skyscraper index'라는 개념을 처음 제시했다. 초고층건물 사업의 참여는 일종의 도박과 같다. 그 이유는 부동산 가격이 다른 자산에 비해 빠른 속도로 상승할 것이라는 확신과 낮은 금리가 뒷받침돼야만 투자 결정이 가능하기 때문이다. 즉 과잉투자, 통화팽창, 투기적 성향의 거래 등이 나타나는 경기 확장기에만 초고층빌딩 프로젝트가

추진될 수 있다. 그런데 초고층빌딩은 투자가 확정된 다음 완공까지 몇 년이 걸리는데 그 사이에 호황기의 불꽃이 사라지면서 거품 붕괴가 시작된다. 이런 패턴이 귀신같이 맞아떨어지는 것이 반복되면서 '초고층빌딩의 저주'라는 말이 정설처럼 여겨지고 있다. 그렇다면 우리나라는 어떨까? 우리나라도 100층이 넘는 건물을 2016년까지 10개 짓고 있다.

- 서울 상암 DMC랜드마크타워, 133층 640m 목표로 설계 중
- 잠실 제2롯데월드, 555m 123층 규모로 저층부 공사 시작
- 현대차그룹, 뚝섬에 110층 빌딩 건설 프로젝트 추진
- 한국전력공사, 삼성동 본사 부지에 114층빌딩 추진
- 용산 국제업무지구내 드림타워 102층
- 인천 송도의 인천타워 151층
- 부산 해운대 관광리조트 118층
- 해운대 솔로몬 타워111층

이들 초고층빌딩의 완공 시기가 2014~2016년에 몰려 있다. 이런 흐름을 읽고 있어서인지는 모르지만, 외국인들이 서울 시내에 보유한 부동산 비율은 약 9.3% 정도가 되는데 이들이 2008년부터 매각하기 시작했다.

3단계: 2020년 무렵, 부동산에 대한 뉴노멀이 형성되는 단계

이 때는 버블 붕괴가 상식이 되고 부동산에 대한 뉴노멀New normal이 형성된다. 필자가 예측하기에 2020년경이 되면 마지막 3단계에 진입할 가능성이 크다. 우리나라 부동산은 완전히 거품이 빠진 이후에도 절대로 2007년 이전의 환경으로는 되돌아갈 수 없다.

물론 3단계로 들어서는 시기는 우리나라 기존 산업의 넛크래커 현상, 저출산 고령화로 말미암은 내수시장 축소, 부의 불균형 분배, 고

용 없는 성장, 정부 부채 증가 문제를 어떻게 선제적으로 해결해나가는지, 그리고 세계의 저성장 기간이 어느 정도 이어지는지 등의 내외부적인 요인에 따라서 약간은 달라질 수 있다. 하지만 이런 요인에 대해서 최고의 대응을 하더라도 3단계의 진행을 막기에는 역부족일 것이다. 그 이유는 다른 것들은 어떻게 선제적으로 대응해서 피해를 줄이거나 늦출 수 있지만, 인구의 감소와 베이비붐 세대의 은퇴, 세계에서 가장 빠른 초고령사회로의 진입과 평균 수명 100세 시대로의 진입은 이미 막거나 늦출 수 없게 된 물리적인 요인이기 때문이다.

보통 베이비붐 세대 때문에 만들어지는 부동산 버블의 발생은 2단계를 거친다.

첫 번째 단계는 베이비붐 세대가 사회에 진출해서 직장을 얻고 결혼을 하고 신혼집을 마련하는 시기다. 이들은 안정적인 가정을 꾸리기 위해 주택 구입을 시작한다. 막강한 인구 띠를 형성하고 있는 베이비붐 세대가 종신고용이 보장된 안정적인 직장을 담보로 빚을 내서 집을 사기 시작하면서 부동산 가격이 급등하기 시작한다. 부동산 가격이 급등하면 물가도 빠르게 오른다. 물가가 상승하면 개인은 은행에 저축하기보다는 소비를 더 늘리거나 실물 투자를 크게 늘린다. 그럴수록 물가는 더 오르게 된다. 주택가격 상승과 물가 상승은 다시 원가 상승과 임대료 상승을 불러오게 되어 개인과 기업의 전반적인 비용 상승으로 이어지면서 경제를 과열시킨다.

하지만 이 과정에서 각 부분의 생산활동, 소비, 투자 등의 합산인 명목 국민총생산GDP도 같이 오르게 되어 일정 기간은 정부가 부동산 가격 상승과 무분별한 소비 증가를 방관하게 된다. 하지만 이런 현상이 지나쳐 급격한 인플레이션 위험이 증가하게 되면 정부와 중앙은행은 결국 급등하는 물가와 부동산 가격을 잡기 위해 금리 인상을 추진한다. 이 때쯤 베이비붐 세대의 생애 첫 집 구입도 마무리되면서 주택 가격은 하락세로 돌아선다. 이것이 바로 한국전쟁 후 1950년대 중반부터 태어나기 시작한 1차 베이비붐 세대가 1980년대 후반에서

90년도 초반에 만들어낸 첫 번째 부동산 버블이었다.

이 때 베이비붐 세대의 본격적인 사회진출 증가와 생활 수준의 향상, 소득 증대, 물가상승 압박이 합쳐져 출산율 저하라는 중대한 문제를 낳는다. 실제로 노벨경제학상을 받은 유명한 학자인 게리 베커Gary Becker는 임금 수준이 높아질 때마다 근로시간의 증가, 경제적 부에 관심과 교육비 지출에 대한 부담이 더 커지면서 출산율이 상대적으로 저하된다는 것을 증명했다.[70] 베이비붐 세대의 출산율 하락은 국가 전체의 인구 구성에서 베이비붐 세대의 영향력을 더욱더 확대하면서 이들이 앞으로 시장에서 빠져 나가면 커다란 위기를 초래할 단초를 만든다.

그러나 이 단계에서는 아직 다가올 미래의 위기에 대한 인식은 약하다. 막강한 인구를 구성하고 있는 베이비붐 세대가 40대 후반부터 50대 초반까지의 가장 경제력이 좋은 시기로 진입하면서 아이들도 성장하고, 부에 대한 자신감이 커지면서 결혼 초기에 마련한 집이 작다고 느끼기 시작한다. 동시에 부동산 가격 상승 국면에서 자산효과를 통해 미래를 준비하려는 마음이 커지면서 좀 더 큰 집을 구입하려는 경향이 생긴다. 이를 통해 두 번째 부동산 붐이 일어난다. 이렇게 베이비붐 세대의 소득이 커지는 만큼 경제 전반의 소비가 증가하고 호황 국면이 지속된다.

여기에 은행들이 낮은 금리로 대출을 급격하게 늘리는 경향이 맞물린다. 주택 가격 상승에 비해 대출금리 부담이 작다고 느끼는 사람들이 부동산을 구입하기 시작한다. 더불어 낮은 금리는 주식투자도 늘리는 효과를 불러와서, 주식과 부동산의 쌍끌이 상승으로 자산시장에 대한 기대를 한껏 고무시킨다. 이것이 2000년부터 시작된 2차 부동산 호황기였다.

이런 기본적인 패턴 위에 2007년 이전까지 전 세계적으로 초저금리 추세를 바탕으로 골디락스 현상이 만들어지면서 한국의 부동산은 폭등하기 시작했다. 2008년 부동산 최고점을 기준으로 가계 평균 연소득 대비 평균 주택가격 비율을 나타내는 PIR의 한국 전체 평균은 6.26배였고, 국민은행의 자료를 가지고 분석한 서울의 PIR은 무려 12.4배에 달했다. 참고로 1990년 일본은 본격적으로 부동산 버블이 붕괴되기 직전 수도권의 PIR이 11.6배였다. 산은경제연구소는 2008년 미국의 전체 평균 PIR은 3.55배, 부동산 버블이 이미 붕괴된 일본은 3.72배였다고 발표했다.[71]

이렇게 부동산시장을 들썩였던 베이비붐 세대가 2010년부터 은퇴하기 시작했고, 2011년에 주택 구입 가능 연령인 35~54세의 인구가 정점을 찍고 하락하기 시작했다. 2018년이면 전체 인구의 14.6%를 차지하는 713만 명의 1차 베이비붐 세대의 은퇴가 완료된다. 이때는 인구의 14%를 차지하는 65세 이상의 노인들과 은퇴 후 평균 소비를 40% 줄이는 세대를 합치면 우리나라 인구 전체의 28.6%를 차지하게 된다. 2028년에는 927만 명의 제2차 베이비붐 세대가 은퇴를 마치게 된다. 즉, 2028년까지 총 1,640만 명이 은퇴하면서 서서히 소유하고 있는 중대형 아파트들을 이런저런 방법으로 처분하게 된다. 동시에 2028년이 되면 무려 2,700만 명의 사람들이 40대 후반에서 50대 초반의 최고 경제력을 가진 시기에 비해 40%의 소비를 줄이는 초유의 사태가 벌어지게 된다. 이런 상황에서 부동산의 가격은 어떻게 될까? 부동산 가격에 영향을 미치는 여러 요소들 중에서 가장 결정적인 영향을 미치는 요소는 인구다.

베이비붐 세대가 은퇴를 시작하면서 자신들이 급등시켜 놓은 집 구매자금의 이자와 원금상환이 점점 부담스러워지기 시작한다. 자녀가 장성해서 결혼하게 되어 큰 목돈이 필요하게 된다. 은퇴 이후 소득이 급격하게 줄면서 두 부부만 살기에는 큰 집의 관리비가 부담스러워지고, 늘어난 수명 탓에 미래가 불안해진다. 나이가 들어서 도시 중심보다는 도시 주변부에서 사는 것이 그리워지는 사람이 늘어나기 시작한다. 이 모든 요인이 합쳐져서 상당수 은퇴자가 집값이 더 하락하기 전에 집을 팔아 은행예금을 늘리려는 경향이 확산하기 시작한다.

그나마 65세 정도가 되면 모아 놓은 저축도 거의 소진되고 국가로

부터 받는 각종 지원이 기하급수적으로 늘어나게 된다. 그래서 건강보험, 연금보험, 저소득 지원, 각종 복지혜택을 위한 비용이 늘어나서 국가와 나머지 생산활동인구의 부담을 증가시킨다. 이것이 다시 주식 및 부동산 등의 자산시장에 악영향을 미친다. 즉, 은행은 저축을 늘리기 위해 고금리 정책으로 선회하고, 생산활동인구의 하락과 질적 저하 때문에 기업 생산성은 하락한다. 기업실적이 하락하면 배당금이 줄어 주식 투자의 매력이 떨어지고, 미래에 대한 불확실성 때문에 자산시장의 매력도가 떨어진다. 그러면 사람들은 안정적인 예금과 장기채권에 대한 투자로 선회하면서 다시 주식과 부동산의 하락이나 장기적 가격 정체 현상을 불러온다.

이처럼 부동산 가격의 하락으로 시작되는 전체적인 자산 가치의 하락은 베이비붐 세대의 은퇴로 만들어지는 가장 위험한 사건이자 최대의 고민이다. 사태가 이 정도가 되면 아직 은퇴하지 않은 세대도 무리해서 집을 사지 않으려는 경향을 보이게 된다. 특히 중대형 아파트는 최고의 기피 대상이 된다. 만약 이런 이유를 듣고도 아직도 부동산 가격 상승에 대한 기대감을 떨치지 못하는 분들이 있다면 마지막으로 다음의 물음에 답할 수 있어야 한다. 다음의 2가지 조건만 맞출 수 있다면 부동산 가격은 2007~2008년 최고점으로 다시 회복되고 심지어는 더 높게 상승할 수 있다.

첫째, 2028년까지 1,640만 명의 베이비붐 세대가 은퇴하면서 내놓는 매물을 받아 주고, 지난 20여 년 동안 이들을 대상으로 지었던 아파트의 수요만큼을 유지하려면 2028년까지 1,640만 명의 새로운 수요층이 필요하다. 즉, 현재 20~30대가 1,640만 명이 있으면 된다.

두 번째, 우리나라 부동산 호황을 이끌었던 1, 2차 베이비붐 세대는 경제성장과 함께 올라왔기 때문에 우리나라 전 세대를 통틀어 가장 큰 부를 가진 세대이다. 직업도 가장 안정적이었다. 현재의 20~30대가 앞 세대만큼 앞으로 20년 동안 부를 축적할 수 있고, 이들만큼 안정적인 직장을 가질 수 있으면 부동산 가격은 절대로 내려가지 않는다.

현실은 어떤가? 이미 생애 최초의 집을 구매하는 시기인 30대 초반에 진입한 젊은이들과 신혼부부들은 주택 구매는커녕, 소비중독으로 말미암은 낮은 저축률과 부동산 버블 붕괴의 마지막 전조인 월세와 전세금 폭등에 짓눌리고 있다. 청년실업은 이미 400만 명을 넘어섰고, 일자리를 가진 청년들은 아버지 세대와는 다르게 비정규직을 전전하면서 남은 70년의 인생을 걱정하고 있다. 이들의 머릿속에서는 '아파트 구매'라는 희망이나 목표가 지워져 가고 있을 것이다.

여전히 어느 유명 경제연구소는 베이비붐 세대가 대량으로 은퇴하더라도 주택경기는 크게 침체하지 않을 것이라고 전망했다. 부동산은 노후 안전장치이고 자녀에게 상속해 줄 수 있는 가치 있는 주요자산이기 때문에 60대 이후에도 지속해서 보유할 것이라는 점을 근거로 든다. 그리고 2007년부터 본격적으로 도입된 주택연금(역모기지)의 가입자 수가 크게 증가하는 추세에 있기 때문에 부동산을 곧바로 처분하기보다는 노후 생활자금의 밑천으로 활용할 가능성이 크기 때문이라는 것이다. 매우 순진하고 단순한 접근이다.

물론 우리나라의 베이비 붐 세대는 자신이 가진 집을 곧바로 처분하지는 않을 것이다. 중대형 집들이 잘 팔리지 않는 현실, 어쩌면 더 오를지도 모른다는 근거 없는 마지막 기대감, 손실을 확정하는 것의 부담, 집에 대한 강한 소유 욕구 때문에 퇴직금, 예금, 적은 근로

소득으로 최대한 버티려고 할 것이다. 그래서 우리나라의 부동산 가격 하락은 한번에 모든 지역이 붕괴하는 시나리오보다는 일본처럼 10~15년 동안 점진적으로 하락하는 시나리오가 될 가능성이 크다.

이밖에도 일부 전문가들은 여전히 이런저런 이유를 들며 한국에서는 미국, 일본과 같은 부동산 버블 붕괴가 없을 것이라고 우긴다. 미국의 서브프라임모기지 사태나 일본식의 장기적 부동산 버블 붕괴는 몇백 년만에 한두 번 올 예외적인 상황이라는 것이다. 맞다! 하지만, 앞에서 말한 모든 요인이 한꺼번에 맞물리는 상황 역시 우리나라 5천 년 역사에서 한 번도 없었던 일이라는 것이 문제다.

버블 붕괴 후의 부동산 뉴노멀

그러면 부동산 버블 붕괴 후 뉴노멀은 어떤 모습이 될까? 부동산 버블 붕괴의 엄청난 휴유증과 인구구조의 완전한 변화로 사람들은 부동산이 로또가 될 수 없다는 인식을 뼈에 사무치게 갖게 될 것이다. 그리고 현재 20대 이하의 청년 세대는 부동산 버블 붕괴로 부모들의 고통을 아무런 죄없이 함께 겪게 되면서 마음속으로 이렇게 다짐할 것이다.

"나는 절대로 우리 아버지 어머니처럼 빚내서 집을 사서 평생을 고생하는 일은 하지 않을 거야!"

'평생 집을 사지 않는 것'이 뉴노멀이 될 가능성이 크다. 즉, 집은 사는 것$_{Buying}$이 아니라 단지 사는 것$_{Living}$이라는 것이 상식이 되는 시대가 될 가능성이 크다. 현재의 30대들은 설령 집을 산다고 해도 자신들의 소득과 신용창조 능력에 맞는 즉, 분수에 맞는 소형 주택을 일생에 단 한 번 구매하는 정도일 것이다.

돈이 충분히 있다면 살 수는 있지만, 그렇다고 돈이 있다고 반드시 사야만 할 것은 아니라는 인식이 보편화된다. 집은 단지 어떤 방식으로든 살기만 하면 되고, 차라리 집을 살 돈으로 노후를 준비하거나 자신과 가족에게 투자하는 것이 훨씬 더 현명하다는 인식이 상식이 된다. 만약 정부가 경제적 여력이 약화된 국민을 위해 주거 문제를 안정시켜 주기 위해 독일처럼 장기임대주택이나 장기월세주택에 대한 법적인 보장을 해준다면 돈이 있고 좋은 직장에 다니는 사람이라도 자신의 돈을 집에 묶어두는 선택은 하지 않을 것이다. 독일은 임차인을 보호하는 법이 아주 엄해서, 주인이라도 월세 세입자를 절대로 쫓아낼 수 없다. 즉, 세입자가 스스로 원해서 나간다고 할 때만 나가라고 할 수 있고, 주인이 직접 들어가 살려고 해도 최소 6개월 전에 미리 통보하고 상의를 해야만 가능하도록 해 놓았다. 주인이 월세 비용도 자기 마음대로 올릴 수 없게 해 놓았다. 그래서 독일에서는 국민의 80% 이상이 자기 집 없이 주택을 장기 임대해서 산다. 부동산 버블 붕괴 후의 가장 이상적인 뉴노멀의 한 실례라고 볼 수 있다.

이뿐만 아니라 부동산 붕괴 후에는 소형 주택과 사무실이 훨씬 더 많아질 것이며, 소셜 하우징과 같은 새로운 스타일의 건축이 다양하게 진행될 가능성이 크다. 소셜 하우징(참여적 개발 주택)이란 입주자들이 개발자들에게 전적으로 맡겨 지어주는 대로 들어가 사는 것이 아니라 서로의 아이디어를 공유하면서 함께 만드는 '공유주택Co-Housing'과 같은 것이다. 즉, 우리나라로 보면 땅콩주택이나 지금 새로 일기 시작하는 '공동 다세대 주택'과 비슷한 개념이다.

예를 들어, 땅값이 비싸기로 유명한 오스트리아 빈에 가면 '오렌지 주택'이라는 별명을 가진 '관(棺) 공장'이라는 뜻을 가진 '자르파

브릭_{Sargfabrik}'이라는 공동주택이 있다. 이곳의 입주자들은 7년 동안 건축가 프란츠 숨니치_{Franz Sumnitch}와 상의해가면서 자신들만의 공동주택을 지었다. 1996년 총 75세대가 입주해 사는 1호가 완성되었고, 1998년에 50가구가 사는 2호가 완공되었다. 물론 서민용 주택이지만 아주 창의적인 발상과 독창적인 디자인이 잘 어우러져서 한 번 입주한 주민은 거의 이사를 나가지 않을 정도로 만족도가 높다. 현재는 많은 사람이 찾아와 탐방하는 세계적인 건축 명물이 되었다. 가구당 면적은 우리나라 평수로 환산하면 9~21평으로 아주 실용적인 크기다. 하지만 공동세탁실, 목욕탕, 공동 부엌, 도서관, 세미나실, 옥상정원, 유치원 등의 공동공간들이 합리적이고 아주 유용하게 설치되어 있다. 더군다나 이런 공간들이 아주 창의적인 디자인으로 구성되어 있어서 흔히 생각하는 가난한 사람들의 충충하고 냄새나는 그런 공동공간이 아니다. 자금은 은행에서 30년 동안 저금리로 돈을 빌렸다.

이런 식의 공동주택 건설은 1970년대 덴마크에서 처음으로 시작되었는데, 현재는 집의 디자인에서부터 자금을 조달하는 방식과 소유의 형태까지도 아주 다양하게 발전했다.[72] 우리나라도 2020년 이후가 되면 이런 식의 건축과 재개발에 관한 관심이 높아질 가능성이 크다. 특히 서울 대도시는 이미 오를 대로 오른 땅값 때문에 지금과 같은 방식의 아파트 건축은 거의 불가능하게 된다. 현재 5~10억 원이 넘는 서울의 아파트들을 같은 방식으로 재건축하면 최소 10~20억 원의 아파트가 되어야 하는데 그것을 살 20~30대와 50대 이후 은퇴자들은 거의 없기 때문이다. 그렇다고 계속해서 노후화되는 아파트나 집들을 그대로 놔두면 슬럼가가 될 가능성이 크다. 그러므로 특히 땅값이 상대적으로 비싼 대도시에서는 이런 식의 소셜 하우징 트렌드가 가장 잘 어울리는 방식이 될 수 있다.

건설업도 2020년 이후에는 한 채를 지으면 한 채 값을 남기는 시대는 지나가고 제조업과 같거나 약간 수익이 많은 사업으로 바뀔 것이다. 지금처럼 땅이 생기면 무조건 짓고 보자는 풍조도 먹히지 않게 된다. 주거용 대단위 부동산이든 혹은 상업용 부동산이든 시작 단계에서 철저하게 시장조사를 하고 건물을 짓는 것부터 입주자가 들어오고 마지막에 건물을 철거할 때까지의 모든 과정을 철저하게 기획하고 전략을 세우지 않으면 실패할 가능성이 아주 커진다.

또한, 집을 지을 여력이 되지 않는 은퇴자들은 자신이 가진 집을 친환경적으로 리모델링하여 에너지 비용을 줄이고 주거환경을 개선하여 사는 방식을 선호하게 될 것이다. 다양한 소규모 임대사업이 펼쳐질 수도 있다. 허름한 집을 사서 작은 공동주택으로 리모델링을 한다든지, 혹은 아예 집 안에 집을 만들어 주인이 함께 살면서 1~2가정에 임대하여 수익을 올리는 사업 방식도 관심을 받게 될 것이다. 실제로 2012년부터 일부 국내 건설사들이 주인이 원하는 대로 아파트의 방 크기나 개수를 조정할 수 있는 맞춤형 주택 서비스를 시행할 예정이다. 아예 집 속에 또 다른 집을 만들어 1인 가구를 입주시켜 월세 수입을 올리도록 설계된 아파트도 속속 선보이고 있다.

대규모 임대사업은 국가가 하든지 혹은 자본력이 좋은 건설사들이 대규모 단지를 지어서 판매 대신 임대사업을 하는 방식으로 전환될 가능성이 매우 크다. 이런 다양한 방식들이 대두하면서 우리나라 주거문화와 부동산 분야에 차츰차츰 새로운 표준과 상식이 만들어져 갈 것이다.

6장

통일, 축복일까
재앙일까

괴물은 언제나
예고 없이 나타난다

미래의 위기 상황에서 통일이라
는 변수가 현실화하면 어떻게 될까? 세계 2위의 경제 대국인 일본은
자산 버블의 붕괴로 장기 침체에 들어갔지만, 세계 3위의 경제 대국
인 독일은 통일로 한동안 장기 침체를 경험했다. 만약 GDP 순위로
2003년 11위에서 2009년 기준으로 15위, 1인당 총소득은 54위까지
밀려난 우리나라가 이 두 가지 문제를 동시에 겪게 된다면 어떻게 될
까?

기우가 아니다. 현실적으로 이 두 가지 문제를 10년 이내에 동시에
겪을 가능성이 상당히 커져가고 있다. 필자의 예측으로는 북한의 김
정은 정권은 2~3년 이내에 장성택과의 권력 다툼에서 첫 번째 위기
를 맞고, 지금부터 10년쯤 후인 2023년 전후가 되면 군부의 부패가
극에 달하고 군부의 탐욕을 채워줄 수 있는 정도의 자금능력이 무너

지면서 2번째 위기를 맞게 된다. 만약, 김정은이 두 번의 이 위기를 극복하지 못하면 갑작스럽게 통일의 기회가 찾아올 수 있다.

준비되지 않은 통일의 비극적 시나리오

가까운 미래에 갑작스럽게 남북한이 통일될 때 비용은 어느 정도가 들까? 2009년 기준으로, 북한의 국민총소득(명목GNI)는 24조 6,000억 원으로 남한의 1,068조 7,000억 원과 비교해서 1/37분 수준이었다. 1인당 GNI도 123만 원으로 남한의 2,192만 원과 비교하면 1/17분 수준으로 추정되었다. 1991년 남북한의 1인당 소득 격차가 6.3배 정도였는데, 그 후로도 남북한의 차이는 급격하게 벌어진 것이다.

남북한 통일 비용에 대해서는 각 기관마다 추정하는 금액에서 상당한 차이를 보인다. 바클레이스는 남한 GDP의 4~5%, HSBC는 남한 GDP의 4.4%, 피치Pitch는 남한 GDP의 3~4% 정도를 예상했다. 이는 대략 30~50조 원의 금액이다. 하지만 한국개발연구원은 10% 내외를 예상했고, 한국의 조세연구원은 12%를 예상했다. 이는 대략 100~130조 원 정도의 금액이다.

하지만 위의 높은 예상치조차 필자가 보기에는 최소의 비용에 불과한 수준이다. 2009년 한국교통연구원은 남북 간 육상 및 해상 교통망을 새로 확충하거나 연결하는 데 필요한 비용을 분석한 결과 10년 동안 대략 91조 1,502억 원이 필요할 것이라는 조사 결과를 발표했다.[73] 이처럼 큰 금액은 현재 북한 측이 자체적으로 조달할 수 없기 때문에 통일이 되면 한국의 몫으로 고스란히 전가될 것이 분명하다. 그것뿐만이 아니다. 북한은 도로시설 이외에도 철도망, 항만, 전력망 등이 완전히 노후화되어 있다. 이를 현대화 하는 데도 수십조 원이 들 것으로 예측된다. 공장이나 주택도 거의 노후화되었다. 공장이야 통일되면 남한의 민간기업이 투자와 비즈니스 차원에서 접근할 것이므로 정부의 돈이 당장 들지 않겠지만, 주택은 다르다. 한국 분양가의 절반 수준으로 공급해도 북한 주민이 이런 비용을 감당할 수 없다. 결국, 정부가 공공주택을 지어서 장기 임대를 하는 수밖에 없을 텐데, 2006년 기준으로 2,311만여 명인 북한 주민에게 장기 임대 주택을 제공하려면 300~400만 호를 신규 공급해야 한다. 여기에 최소한 400~600조 원의 공공자금이 필요하다.

이처럼 북한의 인프라망을 현대화하는 비용만 해도 10년 이내에 무려 1,000조 원 이상이 필요할 것이다. 우리나라 GDP의 10% 혹은 정부예산의 33% 이상을 매년 북한의 기본적인 인프라 재건비용으로 투입해야 한다는 말이다. 여기에는 생계형 주택을 포함해서 도로망, 통신망, 철도망, 항만, 전력망, 상업용 토지 및 황폐해진 농지를 포함한 북한의 토지 개발 등 최소한의 인프라망 현대화만 포함된 수치다.

그러나 가장 심각한 도전은 통일 이후 북한 주민의 소득을 얼마나 빨리, 얼마나 많이 끌어 올리느냐가 될 것이다. 독일은 1990년 통일 이후 동독에 사는 주민의 평균소득을 서독의 70%까지 끌어 올리는 데 20년간 2,300조 원 정도를 투입했다. 매년 약 110조 원이 들어간 셈이다. 하지만 통일 당시 동독의 1인당 국민소득이 서독의 40%나 되었고 인구는 서독의 25%밖에 되지 않았던 것을 감안해야 한다. 북한의 1인당 국민소득은 우리나라의 5.9%에 불과하며, 인구는 남한의 50% 가까이 된다. 이 정도의 동서독 통일비용도 당시 서독의 선진화된 민주주의 체제, 성숙한 시민사회 의식, 상당한 수준의 경제 성장을 기반으로 든 비용이다.

한국경제연구원은 우리나라에서 정규직과 비정규직의 임금 격차를 해소하는 데 연 22조 원이 소요된다는 연구 결과를 발표했다.[74] 노조가 없는 사업체에서 남성 비정규직은 정규직에 비해 4.9% 격차가 나고, 노조가 있는 사업체는 27.9%에 달하는 것으로 나타났다. 기업이 비정규직을 늘리는 이유는 비용절감을 위해서다. 그러니 비정규직을 줄이려면 기업이 절감하려는 비용만큼을 보전에 줄 추가적인 재원이 필요하다. 매년 22조 원의 비용을 보전해줄 추가적인 세금 증가가 있거나 기업부담이 있어야 한다는 말이다.

그렇다면, 통일 이후 북한 주민의 소득 수준을 남한 주민의 70%까지 끌어 올리려면 비용이 얼마나 필요할까? 물론 거의 다 정부가 부담해야 할 것이다. 유럽계 투자은행인 크레디트스위스는 2008년 한 보고서에서 북한의 소득을 남한의 60% 수준으로 올리는 데 필요한 비용을 대략 20년간 1조 5,000억 달러(약 1,680조 원)로 계산했다.

이렇게 10년간 들어가야 할 인프라 구축비와 20년간 북한 주민의 소득 향상에 들어갈 비용을 합하면 2,680조 원을 훌쩍 넘게 된다. 삼성경제연구소도 통일 뒤 일단 남한의 최저생계비 수준으로 북한 주민의 생활수준을 끌어 올리기 위해 지원해야 할 비용만도 매년 40조 원씩 필요할 것으로 추정했다.

필자가 보기에는 매년 180~270조 원씩의 통일비용이 들어가야 한다. 이는 우리나라 2010년 정부예산 292조 원과 맞먹는 규모다. 대통령 직속 미래기획위원회도 급격하게 통일이 되는 경우 2040년까지 약 30년간 2,525조 원(2조 1,400억 달러)이 들것으로 파악했다. 이는 2009년 우리나라 GDP 1,063조 원의 거의 2배가 넘는 규모이다.

이렇게 되면 국가부채비율은 2040년에 147%까지 높아질 수 있다고 발표했다.

2011년 2월 당시 한나라당 통일정책 태스크포스 보고서에서도 1년 이내에 급진적 통일이 일어나면 연평균 720억 달러(약 80조 원)의 비용이 소요되고, 30년 동안 총 2조 1,400억 달러(약 2,100조 원)의 비용이 발생할 것으로 예측했다. 이는 국민 1인당 5,180만 원의 통일비용 부담이 발생하는 것이다.[75]

통일되면 일자리를 찾아서 남쪽으로 내려오는 북한 주민의 일자리 창출 문제도 고민해야 한다. 한국개발연구원은 통일 독일의 사례를 볼 때 취업을 위해 남쪽으로 내려오는 북한 주민은 대략 4.5% 정도인 110만 명이 될 것으로 예측했다. 2000~2010년까지 1,000개 기업에서 단 5만 개의 일자리밖에 늘어나지 않았던 우리나라의 상황을 미루어 볼 때 110만 명의 일자리를 마련하기는 쉽지 않다. 이들에게 일자리를 마련해 주지 못하면 고스란히 사회문제로 전환될 것이다.

그런데 최근 시행된 여론조사에서 통일을 바라는 국민조차도 48%가 통일비용을 세금으로 낼 생각이 없다고 했다. 통일을 바라지 않는 나머지 국민이야 말할 것도 없다. 더욱이 통일의 당위성에 찬성하는 국민도 줄고 있다. 2010년 통일연구원이 시행한 여론조사에 의하면 통일의 당위성에 찬성하는 비율이 76.6%에 불과했다. 2005년도에 같은 질문에 대한 대답이 83.9%였던 것에 비하면 크게 낮아진 수치다. 2008년 서울대학교 통일평화연구소가 시행한 조사에 의하면 통일이 자신에게 이익이 안될 것으로 생각하는 국민이 72.3%, 빈부격차의 악화를 예상한 국민은 69.6%, 실업문제 악화는 59.6%, 지역격차 악화는 64.9%, 가치관 혼란 악화는 61.6%, 경제성장 악화는

44.1%의 국민이 우려했다.[76]

필자는 앞으로 10년이 한반도의 통일 가능성이 가장 큰 시기라고 예측한다. 물론 만약 10년 이내에 벌어질 2번의 권력 위기를 김정은이 잘 넘겨서 통일되지 않으면 북한의 정권이 다시 한 시대를 더 갈 수 있을 것이다. 하지만 통일과 같은 일들은 '뜻밖의 시기'에 찾아오는 경우가 더 많다. 그래서 필자의 예측보다 더 빨리 올 수도 있다. 독일의 통일도 마찬가지였다. 독일이 통일되기 불과 한 달 전에 서독의 총리는 공개 연설에서 "우리 시대에 통일은 절대로 되지 않을 것이며, 우리의 후손에게도 통일될 것이라는 거짓말을 해서는 안 된다!"고 했다. 그 연설이 있은 지 한 달 뒤에 베를린 장벽이 무너지고 통일이 되었다. 통일 같은 엄청난 일은 이렇게 예상을 깨고 갑자기 찾아올 가능성이 크다. 그러므로 통일 후 찾아올 혼란을 최소화하기 위한 제반 사항들을 지금부터라도 정부, 학계, 시민단체들이 합동으로 신속하게 검토하고 시나리오를 수립할 필요가 있다.

그 어느 때보다 통일은 우리 가까이 와 있다. 하지만 우리나라의 통일 준비는 반대로 더 멀어지고 있는 듯하다. 남북관계는 그 어느 때보다 경색되어 있고, 서해에서는 미국과 중국, 북한과 남한의 군사적 긴장이 도를 넘어서고 있다. 게다가 남한의 경제력이 위기로 빠져들고 있다. 이런 상황에서의 통일은 자칫 엄청난 재정 부담에 발목이 잡히고, 남북한의 민족적 갈등이 극으로 치달으면서 남북한이 동시에 공멸하는 재앙이 될 수도 있다. 그렇다고 민족의 숙원인 통일을 거부할 수도 없으니 길은 한 가지밖에 없다. 서둘러 통일을 준비해야 한다. 이를 위해서는 우선 통일의 득과 실을 분명하게 구분해서 대처해야 한다.

그렇다면 통일 독일의 사례에 비추어 볼 때, 과연 한반도 통일의 득과 실은 무엇일까? 독일의 통일은 장기적으로 독일과 유럽 전체에 긍정적인 결과를 낳았다. 서독은 1990년에 1인당 GDP 2만 달러에 진입했고, 통일 이후 1995년에는 3만 달러에 진입했다. 마찬가지로 한반도의 통일은 장기적으로 정치와 경제 모든 면에서 우리나라와 아시아 전체에 긍정적인 결과를 낳을 것이다. 예를 들어 우리는 북한의 풍부한 자원을 활용할 수 있게 되어 다가오는 자원전쟁과 미래의 경제성장에 긍정적인 힘을 얻게 될 것이다.[77]

2009년 골드만삭스 보고서를 보면 평양 주위에만 3조 7,000억 달러 상당의 광산이 있다고 한다. 국내 학계에서는 북한에 200여 종의 유용 광물이 있는데, 이 중에서 경제적, 산업적으로 개발 가치가 있는 자원은 금과 은, 동, 철, 아연, 중석, 마그네사이트, 석회석, 인상흑연 등인 것으로 보고 있다. 이 중에서 북한의 가장 대표적인 지하자원은 최대매장량 약 50억 톤(인도의 절반 수준)으로 추정되는 철광석, 무게가 철의 25%에 불과해서 고급 철강제품 생산에 필수적인 마그네슘의 원료인 마그네사이트 40억 톤(1,260조 원 가치, 세계 1위 매장량이며 전 세계 매장량의 50%), 우라늄 400만 톤(현재 세계 1위인 호주는 130만 톤) 등이 있다. 이밖에도 금, 무연탄, 아연, 석회석, 갈탄 등 세계 10위 안에 드는 매장량을 보유한 자원을 비롯한 360여 종의 지하자원이 있는 것으로 분석된다. 북한의 석유 매장량도 약 40~50억 배럴(혹은 최대 230억 배럴)이 되는 것으로 밝혀졌다. 이는 석유 매장량 세계 20위인 인도네시아와 비슷한 규모다.

또한, 남한의 1/17밖에 되지 않는 북한의 낮은 소득 수준은 거꾸로 낮은 인건비의 노동력을 제공할 수 있는 조건이 되어 통일 한국의 제조업에 새로운 경쟁력을 부여해줄 것이다. 중국이나 동남아로 옮겼던 공장들이 다시 국내로 되돌아오고 단가 인하 압력에 처한 전통 산업들에 새로운 성장동력을 제공하게 될 것이다. 이렇게 되면 남쪽은 첨단 산업 중심으로 산업 구조를 재편할 수 있게 되어 글로벌 전쟁에서의 집중도를 높일 수 있다.

또한, 백두산을 중심으로 한 개마고원 일대가 알프스의 알펜시아처럼 환상적인 4계절 관광지로 개발되면 최고의 국제적 관광명소가 될 수 있다. 부산에서 시베리아까지 철도가 연결되고, 부산에서 신의주를 거쳐 유럽으로 가는 도로가 개통되면 동북아의 물류전쟁에서 상당히 유리한 고지를 점령할 수 있게 된다. 이런 이점들 때문에 미국의 골드만삭스는 당장 통일이 되지 않고 남북한 경제통합만 이루어져도 1인당 GDP가 15년 후에는 3만 4천 달러를 넘어설 것으로 예측했다.

만약 독일식 흡수통일이 아니라, 중국이 홍콩을 관리하는 것과 같은 방식으로 북한을 관리할 수 있다면 2050년경에는 통일 한국의 실질 GDP가 6조 5,000억 달러가 되어 프랑스, 독일, 일본을 능가할 것으로 예측하기도 한다.[78] 한반도에서 핵무기 등의 대량살상 무기는 물론, 재래식 무기가 감축되고 최고의 위협요소인 안보 리스크가 크게 감소하게 되면, 국가 신용도가 높아지고 외국 투자자본의 유입 가능성이 커질 수 있다는 것이다. 그리고 국방비의 지출도 현저히 줄어들 것이라고 보았다. (그러나 필자는 통일되더라도 동아시아의 군비경쟁 때문에 우리나라 국방비가 크게는 줄어들 수 없을 것으로 본다) 이런 통일의 장점들에도 불구하고 단기적으로는 엄청난 경제적 충격과 사회적 갈등을 초래할 수 있다는 것이 '통일의 딜레마'다.

통일은 어떻게 다가올까? 1994년 7월 김일성이 사망하고 1995년 엄청난 규모의 홍수와 기근이 북한 전역을 휩쓸면서 북한의 행정력이 거의 마비되었다. 그러자 북한은 사상 처음으로 국제적 도움을 요청했다. 1996년부터 중국으로 탈북하는 사람들의 숫자가 급증하기 시작했다. 1997년 4월 북한 주체사상의 핵심인사라고 알려진 북한 노동당 비서 황장엽 씨가 남한으로 망명하는 초유의 사태마저 벌어졌다. 북한의 체제 유지에 커다란 변화가 보이기 시작한 것이다. 김정일의 리더십도 크게 타격을 받았다.

1998년 1월 미국 CIA에서는 전현직 정보부 관리자, 군인, 학자, 동북아 군사전문가, 연구원 등 20여 명이 모이는 비밀회의가 소집되었다. 이 자리에서 한반도의 미래에 대한 심층적인 토론이 벌어졌다(이들 중에 남한 전문가는 소수였고, 북한 전문가는 거의 없었다고 한다). 이 토론회를 기반으로 1998년 1월 21일 미국의 CIA는 총 36페이지 분량의 '북한 붕괴 시나리오의 시사점에 대한 연구'라는 한반도 관련 비밀문서를 작성했다(2006년 미 의회의 정보공개법을 근거로 미국 조지워싱턴 대학교 안에 있는 NSANational Security Archive 와 한국의 한 방송사의 공동 노력으로 이 비밀문서가 비밀 해제되었다). 이 자료를 통해, 북한의 급속한 붕괴에 대비하기 위해 1997년 3월에 미국의 정보부처들이 합동으로, 남북이 통일되는 시나리오를 기반이 'Korean endgames'이란 시뮬레이션을 비밀리에 진행했던 것이 드러났다. 전문가들은 미국의 정보기관들이 소련 붕괴 때에도 이런 종류의 시뮬레이션은 하지 않았다고 한다.

1997년 미국은 북한에서 일어날 수 있는 '제한적 남침' '쿠데타(혹은 내전)' '남한 주도의 평화적 통일'이라는 3가지의 시나리오를 작성하고 시뮬레이션을 돌렸다. 이 3가지 시나리오를 기반으로 한 각

시뮬레이션의 공통점은 모두 북한의 붕괴로 이어진다는 것이었다. 1997년부터 미국은 북한의 붕괴를 대비하고 있었던 셈이다.

그 후 몇 개월이 지나서 1997년 10월 김정일이 조선노동당 총비서에 성공적으로 취임하여 권력 장악에 성공하고, 남쪽에서는 1997년 12월 역대 대통령 중 가장 진보적인 김대중 대통령이 당선되면서 '햇볕정책'과 같은 평화의 분위기가 만들어졌다. 그러자 미국은 1998년 1월에 달라진 한반도의 상황에 대응하기 위해 제4의 시나리오인 '북한이 급격하게 붕괴하지 않고 오랫동안 경쟁적으로 남아 있는 시나리오'에 대해 토론하기 위한 전문가 모임을 비밀리에 다시 개최했다. 이 토론 자리에서 전문가 패널들은 북한의 경제 위기는 해외 원조의 도움으로 숨통이 트이기 시작했고, 남한도 IMF 구제금융사태를 당하면서 흡수통일을 할 수 있는 경제적 여력이 없기 때문에 남북한의 경쟁적 상존이 최소 5년 정도는 더 유지될 것으로 분석했다. 하지만 그 당시의 예측과는 다르게 북한 정권은 남한의 햇볕정책, 중국의 정치 경제적 후원, 미국 본토를 공격할 수 있는 핵무기 개발 등을 기반으로 12년 넘게 유지되었다.

2010년부터 상황이 다시 급변했다. 미국이 본격적으로 북한의 붕괴를 준비하기 시작한 지 12년이 지난 현재 한반도에서는 1998년도와는 정반대의 상황이 벌어지고 있다. 김정일의 건강이 악화되어 사망했다. 3대째 정권을 세습한 김정은의 권력장악력은 약하고, 북한 주민의 경제적 상황은 더 나빠져 정권에 대한 충성심이 크게 흔들리고 있다. 북한을 향한 중국의 원조 역시 예전만 못한 듯하다. 북한체제에 변화의 조짐이 다시 일고 있는 것이다.

남한 정부 역시 지난 10년간의 대북정책과는 정반대로 대북강경

정책을 지속하면서 천안함 사태 등에서 보듯 군사적 긴장상태가 고조되고 있다. 미국도 대북 강경책을 지속하고 있다. 하지만 미국의 고민도 크다. 2003년에 미국은 이미 북한을 선제공격하는 시뮬레이션을 시행했다. 2003년 5월 30일 워싱턴의 국제전략연구소에서 실행한 북한과의 전면전에 대한 시뮬레이션에서 수퍼컴퓨터는 미국의 참패를 예측했다. 당황한 미국의 네오콘들은 같은 해 7월 펜타곤에서 2번째 시뮬레이션을 진행했지만, 결과는 역시 미국의 참패였다. 여기에 북한은 이미 2005년 2월 10일 핵보유를 선언했다. 북한을 무력으로 공격하고 싶어하는 미국의 머리가 복잡해질 수밖에 없다.

미국이 북한을 선제공격하려면 북한의 핵 공격을 방어할 미사일 방어체제를 좀 더 정밀하게 준비해야 한다. 물론 이 경우라도 북한에서 미국으로 날아가는 핵탄두가 2~3개 정도면 완벽한 방어가 가능하지만, 10기 이상이라면 미국 본토의 핵 방어 체제를 100% 확신할 수 없다. 그래서 미국은 북한을 고립시켜 스스로 붕괴하게 하는 전략이 가장 현실적이고 안전하다는 판단을 하게 되었다. 북한의 핵실험 이후 지속해서 UN을 중심으로 대북제재를 강화하던 미국이 2010년 들어 김정일의 돈줄을 막는 등의 대북제재를 강화한 이유가 여기에 있다. 또한 수출의 20%를 이란에 의지하고 있는 중국, 그리고 이란에 군수물자를 음성적으로 판매하여 달러를 확보하는 북한을 동시에 압박하기 위해 이란에 대한 경제 제재도 강화했다.

5년 전 필자는, 앞으로 5~10년 이내에 통일의 핵심변수는 김정일 북한 국방위원장의 건강이라고 분석했다. 당시 김정일은 셋째 아들인 김정은을 후계자로 낙점하고 신속하게 권력승계 작업을 진행하고 있었다. 그런데 후계체제가 확고하게 자리 잡기 전에 절대권력자 김정일이 퇴장했다. 김정은은 확고한 권력기반을 마련할 시간이나 명분이 약했기 때문에 김정은 지지 세력과 반反 김정은 세력으로 나뉘어 일촉즉발의 생사를 건 권력암투가 벌어질 가능성이 점점 커질 것으로 보았다. 특히 북한의 독재권력의 특성상 첫째 김정남과 둘째 김정철이 죽지 않는 한 김정은의 불안한 권력자로 남게 된다. 이런 불안한 권력구도는 반드시 문제를 일으킨다. 실제로 김정일이 사망한 후 첫 번째 권력투쟁이 벌어졌고 김정은 측이 1차 승리를 거두었다.

5년 전부터 필자는 김정일 사망 이후 김정은은 불안한 권력을 공고히 하기 위해 내외부적으로 초강경 태도를 보일 것으로 예측했다. 내부적으로는 무너진 경제에 대한 불만과 김정은의 후계세습을 김일성과 김정일만큼 인정하지 않는 주민에 대한 강력한 단속을 할 것이고, 이복형 김정남과 친형 김정철의 지지세력과 권력의 중심부에서 밀려난 일부 엘리트 세력과 군부 세력들로 구성된 반 김정은 세력을 빠르게 제압하려고 시도할 것이라고 보았기 때문이다. 또한, 대외적으로는 핵실험과 남북한의 강경대치 국면을 조장하는 등의 초강경 태도를 보일 것이라고 보았다.

필자는 김정일이 죽고 난 후, 김정은의 권력 장악 1단계가 성공했기 때문에 북한의 미래 시나리오는 약간의 조정이 필요하다고 판단했다. 앞으로 통일의 핵심변수는 김정은 정권의 안정성이 된다. 만약, 2014년까지 김정은 정권이 모든 권력을 안정적으로 장악하지 못하면, 갑작스러운 사태가 발생할 가능성이 커진다. 그러나 이때까지 김정은이 모든 권력 장악을 완벽하게 하면 김정은 정권은 2020년 이후까지 지속할 가능성이 커진다.

또 하나의 변수가 있다. 바로 김정남이다. 필자는 예전부터 중국이

'의도적으로' 김정남을 보호하고 있으며, 북한의 김정은이 중국과 극한 대립으로 치달으면 김정남을 대신 그 자리에 앉힐 가능성도 계산하고 있다고 평가했다. 즉, 중국이 보험용으로 김정남을 보호하고 있을 가능성이 크다고 보는 것이다. 김정남은 세간에 알려진 것과는 다르게 망나니가 아니라 '사회경험이 풍부한 만만치 않은 인물'이다.[79] 그는 세습정치와 선군정치가 중요한 것이 아니라 북한 주민을 잘 먹이고 잘 입혀 주는 것이 가장 중요하다고 생각하는 인물이기도 하다. 또한 개혁개방의 필요성을 그 누구보다 잘 알고 있으며, 핵실험의 우려를 김정일에게 전달했고 오랜 해외 생활을 통해서 국제적인 관계에서도 좀 더 유연한 태도를 보일 가능성이 크다.[80]

김정은 정권은 안전한가

2011년 12월 17일 김정일이 죽자, 필자는 "김정은과 북한정권의 미래는 어떻게 될 것인가?"를 곧바로 예측했다. 김정은은 삼년상을 지낼 것이고, 삼년상을 지내면서 김정일의 '유훈 통치'를 시행할 것이다. 김정은의 '유훈 통치'는 3단계로 이루어질 것이다. 김정일 사망 후 1년 동안은 '김정일'의 '영생'이라는 것을 빌미로 통치의 명분을 만들 것이고, 2년째부터는 '혁명정신의 계승'을 통치의 명분으로 삼을 것이며, 3년째부터는 '개혁개방과 같은 유화적 통치'가 될 가능성이 크다. 그러므로 김정은은 김정일 장례가 끝난 후, 국가 주석직보다는 총비서직에 추대될 가능성이 크다. 현재 일고 있는 심각한 경제난과 식량난이 호전되지 않고 있어서 국가 주석직을 갖는 권력 승계 선포는 상당기간 미룰 것으로 보인다.

당분간 주변국과의 관계에 대해 모색할 것이며, 삼년상을 내세워

효자의 모습을 보이고, 아버지의 유훈 통치와 실제로 북한의 군부와 정치를 장악한 고모부 장성택을 전면에 내세워 자신의 기반에 대한 안정을 확고히 하는 전략을 구사하면서 대내외적으로 어려운 시기를 돌파할 가능성이 크다. 또한 군부의 안정, 주체사상의 재강조, 신군부세력의 충성심 확인, 중국과 미국 등 외부의 지원에 중점을 둘 것이다. 간간이 군부 내의 강경세력의 지지를 유지하기 위해 미국과 중국의 비위를 크게 상하게 하지 않는 범위에서 미사일 발사나 혹은 국지적 도발을 할 가능성도 크다.

김정은 정권이 1~3년 이내의 단기적 기간에 급격하게 무너지려면 몇 가지 조건이 갖추어져야 한다. 군부의 반란, 내부 국민의 반란, 그리고 주변국의 외면이다. 3가지 조건이 한꺼번에 발생해야 한다. 김정은의 어린 나이와 더욱더 극심해진 경제 문제로 북한 주민의 불만이 극에 달해 있다는 것은 사실이지만, 국민의 불만이 거국적인 정치적 소요로 확장되기 위해서는 생생한 정보를 순식간에 전달할 수 있는 핸드폰과 같은 통신 수단, 마을 단위에서 일어나는 국민의 소요를 전국적으로 확장시킬 수 있는 네트워크의 연결, 정치적 소요가 표출될 수 있는 공간 등이 필요하다. 이 3가지 조건이 시너지를 일으킬 정도의 수준에 올라오려면 시간이 좀 더 필요하다.

주변국이 북한의 급변 사태를 인정할 만한 명분도 아직은 부족하다. 중국과 미국의 동북아 기본 전략은 특정 체제의 전복이 아니라 전략적 균형이다. 이 기본 전략을 뒤엎으려면 김정은 정권은 도저히 통제할 수 없는 정권이라는 확신을 해야 한다.

마지막으로 김정은에 대항하는 일부 군부세력의 쿠데타나 현재 김정은의 가장 강력한 후견인인 장성택의 반란 가능성도 고려할 수 있지만, 이것도 아직은 가능성이 낮다. 군사 쿠데타 측면에서 김정일 사망이라는 최고의 명분을 사용할 시기가 지났다.

김정일이 자신의 삼촌이자 최고의 후견인이었던 김영주를 제거했다는 것을 알고 있는 장성택이 생존을 위해 김정은을 축출할 가능성도 아직은 크지 않다. 북한이 소련 등 동구 사회주의 국가나 중국의 군주제적 공산주의와 다른 하나가 있다. 바로 신격화되고 왕조화된 세습적 왕정 통치체제다. 북한은 김씨 일가가 왕위를 승계하는 것이 국가의 가장 큰 존립 기반이다. 그러므로 김정은이나 혹은 김씨 가문의 다른 혈족이나 혈통적 계승자가 나와서 김일성의 정신적 유산이나 혈통을 승계받는 것이 당, 군, 주민의 저항을 최소화하면서 지지를 받아낼 방법이다. 장성택이 김씨 일가를 밀어내고 왕권을 차지하게 되면 이는 '역성혁명'이 되어 왕조 붕괴와 국가 붕괴를 동시에 맞을 수도 있다. 또한, 정치적 공백이 크면 북한의 핵무기 때문에 대체적 왕조가 세워지기 전에 중국과 미국 등 외부세력이 개입할 가능성이 더 크다.

이런 이유로 김정은 정권의 진정한 위기 발발 가능성은 중장기적으로 보아야 한다. 예를 들어, 김정은이 당분간은 장성택의 수렴청정 뒤에 숨는 것이 효과적인 전략이라고 판단한다면 대략 30대 중반 정도가 되는 시점에서 본격적인 위기가 발생할 가능성이 크다. 그전까지 김정은과 장성택은 잠재적 '적과의 동침'을 지속하면서 지지 기반을 확고히하기 위해 사상, 문화, 기술혁신의 3대 혁신을 시도할 것이다. 동시에 김일성, 김정일의 우상화, 절대성, 절대복종을 기반으로 하는 유훈 통치를 시도할 것이다. 이 기간이 대략 3~5년 정도가 될 것이다. 이 단계가 지나면, 김정은과 장성택을 비롯한 일가친척들이 자신들의 장기적 정권안정을 위한 최후의 투쟁을 본격적으로 벌일 것이다. (참고로, 이 시나리오는 필자가 2011년 예측한 것이다. 당시에는 김정은과 장성택의 밀월관계가 아버지나 할아버지 때와는 다르게 오래갈 것이라는 예측들이 나왔다. 그러나 필자는 장성택이 선대에서 일어난 일들을 교훈 삼아 방어를 하더라도 결국은 비슷한 운명에 처할 것이라고 예측했으며, 그 시기를 김정일 사후 3~5년으로 예측했다. 실제로 2013년 12월, 장성택은 김정은과의 권력투쟁에서 밀려 사형을 당했다. 김정은의 장성택을 향한 권력투쟁이 필자의 예측보다 1년 빠르게 진행된 셈이다)

또 하나의 변수는 3~5년이 지난 후 경제적 고통이 해결되지 않으면서 쌓인 국민의 불만이 거국적인 정치적 소요로 확장되는 데 필요한 3가지 조건이 성숙할 가능성이다. 이 두 가지가 중장기적인 관점에서 북한의 미래를 좌우할 중요한 불확실성 요소다.

북한을 붕괴로 몰아갈 권력투쟁, 이렇게 시작된다

통일의 시기와 더불어 필자가 가장 많이 받는 질문이 있다. "북한 정권은 어떻게 무너질 가능성이 클까요?" 김정은에게 불만을 품은 세력들이 일으키는 군사 쿠데타로 무너질까, 아니면 북한 주민의 대규모 저항으로 무너질까를 묻는다. 필자가 예측하기에 이 두 가지는 북한 정권 붕괴의 핵심 요인은 되지 않을 듯하다.

필자가 보는 북한정권 붕괴의 핵심 요인은 '부패한 세력들의 권력투쟁'이 될 가능성이 크다. 군사 쿠데타나 북한 주민의 대규모 저항이 발생하면 이 요인에 의해서 통제력이 약화된 상태에서 권력투쟁이 일어날 것으로 보아야 한다. 본격적인 권력투쟁은 현재 북한의 실질적 통치자인 김경희(1947년생)가 죽고 난 이후 본격화될 가능성이 크다. 심혈관 질환 쪽에 가족 병력이 있는 김씨 일가는 김일성이 82세, 김정일이 70세를 살았다. 현재 건강이 악화된 것으로 알려진 김경희의 일차 고비는 2년 이내에 올 수 있다. 현재의 건강 악화에서 극적으로 회복하더라도 대략 2020~2022년경에 생명의 두 번째 위기를 맞을 수 있다. 김경희가 사망하면 북한은 급속도로 권력의 중심축이 무너지면서 막대한 돈으로 충성을 겨우 유지하는 상당히 불안한 상태로 전환될 수 있다.

현재 북한은 충성심이 극도로 약해졌다. 북한의 주민은 탈북자를 통해서 남한의 소식을 듣고, 100만 대가 넘는 휴대전화가 보급되면서 정보교류도 훨씬 더 빨라졌다. 하지만 중동의 민주화 물결처럼 주민 주도의 혁명이 일어나려면 불만을 품은 주민이 대규모로 모일 수 있는 계기가 마련되어야 하는데 북한은 철저한 감시체제를 통해 이를 원천적으로 봉쇄하고 있다. 체제에 극도의 불만을 품은 북한 주민이 할 수 있는 유일한 반항은 집단적 봉기가 아닌 개인적 탈북밖에 없는 셈이다. 즉, 북한 주민들의 불만이 아무리 극에 달해도 공포정치와 치밀한 감시망에 구멍이 뚫리지만 않는다면 얼마든지 체제를 유지할 수 있다.

그러므로 북한 정권의 붕괴를 불러오는 결정적인 힘은 다른 데서 찾아야 한다. 바로 권력 내부이다. 신적 충성심과 자발적 존경을 완전히 잃어버린 김정은 정권의 최대의 무기는 공포정치와 치밀한 감시망이라고 했다. 바로 이것이 무너지면 김정은 정권은 일시에 붕괴될 수 있다. 그리고 이것은 외부의 힘에 의해서가 아니라 내부에서 스스로 부패해야 허점과 구멍이 생긴다.

2012년부터 북한에서는 1990년 이후 출생한 '장마당 세대'가 부상하고 있다고 한다. 이들은 국가 배급망이 무너진 후 부모들이 장마당(북한 시장)에서 힘겹게 벌어서 키운 세대다. 이들은 낮은 출산율로 형제가 적고, 대부분이 발육장애를 겪었으며, 돈에 대한 집착이 크다. 북한 역사상 최고로 가난한 시기에 태어나서 어렸을 적부터 시장에서 부모의 장사를 돕거나 구걸하면서 자랐다. 태생적으로 국가와 가난에 대한 원한이 깊다. 그래서 그 어느 세대보다 이기적이고, 반항적이고, 물질만능주의 사고가 가득하다.[81] 이런 특성이 있는 장마당 세대가 2012년부터 북한 사회의 주역으로 등장하기 시작했다.

군대에서도 이들의 반항이 커지고 있다. 2010년 9월 28일 열린 당 대표자회 이후 정치에 진입한 이들은 아버지의 권력을 활용하여 초고속 승진을 하면서 유흥, 공금 유용과 뇌물수수의 주역이 되고 있다. 이런 사실을 잘 알고도 김정은 정권은 체제 유지를 위해 이들에게 수많은 이권을 나누어 주면서 공생하고 있다. 북한 정권이 휴대전화의 보급이 정보통제에 큰 문제를 발생시킬 것을 뻔히 알면서도 한 대도 막지 않는 것은 외화벌이 때문이다. 주성하 씨는 북한에서 휴대전화 개통과 사용으로 한 해에 벌어들이는 달러가 세전 영업이익으로 5,160만 달러에 이를 것이라고 분석했다. 북한의 시장도 당 간부, 보안기관 간부, 군인 등이 그물망처럼 연결되어 철저히 이권에 의해 움직인다.[82] 이렇게 만들어진 돈은 곧바로 충성심을 사는 자금으로 활용된다. 앞으로 만들어질 몇 개의 경제특구들에도 이런 관계가 적용될 것이다. 그러나 나누어줄 이권이 줄어들고, 이권을 챙기려는 기성세대들과 새로운 장마당 세대들 간의 치열한 권력암투와 부패경쟁이 심해지면 내부의 갈등은 더 커지게 된다. 바로 이것이 철옹성 같던 북한 정권이 무너지는 방아쇠가 될 가능성이 크다.

북한에서 군부 쿠데타의 가능성은 얼마나 될까

김정은 보다 빠른 속도로 반 김정은 세력이 군부를 먼저 움직이게 되면 평양 시가지에서 유혈충돌이 발생하게 된다. 이때 반 김정은 세력의 쿠데타를 막기 위해 군부가 움직이면서 평양 외곽지역의 치안이 허술해지게 되고 이를 틈타 일부 지역에서는 폭력 봉기와 약탈이 벌어지게 되고, 국경 부근에서는 허술해진 경계를 틈타 중국으로 탈출하는 대규모 움직임이 벌어지게 된다. 북한 국경을 지키는 군대는 난민들을 막기에는 절대적으로 역부족이 되고 일부는 탈출에 참가하기까지 하게 될 것이다. 북한은 사실상 무정부 상태에 빠지게 된다. 이럴 경우, 중국은 난민 유입을 차단하고 대량살상무기의 해외 유출을 막는 작전을 시행한다는 명분으로 북한에 군대를 파견하려 할 것이다.[83]

중국은 한국과 미국이 북한의 군사적 혼란을 틈타 한반도를 무력으로 통일하는 것을 막으려고 할 것이다. 중국의 기본 정책은 한반도의 안정, 자주적이고 평화적 통일, 대한반도 영향력 유지 및 강화이기에 한국과 미국의 군대가 북한에 대해 군사력을 사용하는 것을 수수방관하지 않을 것이다.[84] 중국은 북한과 '조중 우호협력 및 상호원조 조약'을 체결하여 북한에 급변사태가 생기거나 남북 간의 전쟁이 발발할 시에 자동 개입할 수 있는 합법적 근거를 만들어 두었다.

2010년, 미국 스탠퍼드대학교 아시아·태평양센터 연구원인 피터 벡Beck 은 '한반도 통일 비용과 대가'라는 주제로 열린 강연에서 중국은 북한 붕괴로 통일이 시작되면 북한과 중국의 국경을 신속하게 봉쇄하고 군대를 국경지대에 급파하고 10~20마일 폭의 '완충 지대'를 설치해 북한 내 혼란이 중국으로 확산하는 것을 가장 먼저 차단할 것이라고 주장했다. 중국은 이미 1990년대 중반 북한에 대기근이 발생했을 때 중국으로 넘어오는 수천 명의 난민들 때문에 어려움을 겪었다. 그래서 앞으로 벌어질 갑작스런 통일로 말미암을 대규모 난민에 대응하는 전략을 이미 수립해두었다. 다트머스 대학교의 데이비드 강 교수도 북한에 갑작스런 위기상황이 발생할 경우 한국과 중국이 대규모 북한 난민으로 치르게 될 막대한 대가에 대해 경고했다. 더불어 북한 내부에서 군부 충돌이 일어나면 한쪽은 중국에, 다른 한쪽은 한국이나 미국에 도움을 요청하는 상황이 벌어질 수 있다고 예측했다. 그는 상황이 이렇게 전개되면 중국, 미국, 한국군이 북한사태에 개입할 빌미를 주는 "매우 우려되는 상황"으로 돌변하게 될 가능성이 크다고 본다.

물론 반대 의견도 있다. 예를 들어, 국민의 정부에서 대통령 비서실 정무비서관을 역임했던 장성민 씨의 경우, "김정일의 수령체제가 붕괴하더라도 이것을 곧 북한이라는 나라가 붕괴하는 것으로 성급하게 진단하지 말아야 한다."고 주장한다. 김정일 체제의 붕괴와 북한이라는 나라의 붕괴는 다른 문제라는 말이다. 예를 들어, 소련 등 동구 사회주의 국가들이나 중국에서 정치체제의 붕괴는 있었지만 국가가 붕괴하는 경우는 거의 없었다는 점을 근거로 든다.

하지만 필자는 약간 다른 시나리오를 가정한다. 북한은 소련 등 동구사회주의 국가들이나 중국과 달리 신격화된 고대 왕조와 같은 김일성과 김정일의 세습적 통치체제를 가지고 있다. 그렇기 때문에 김씨 가문의 혈족이나 혈통적 계승자가 아닌 권력자가 등장하면 왕조의 붕괴와 국가의 붕괴를 동시에 맞을 가능성이 충분히 있다.

또한, 북한은 다인종으로 구성된 구 소련, 동구 사회주의 국가, 중국과 달리 한민족으로서의 단일성을 기반으로 강력한 결집력이 있는 공동체다. 그래서 다른 반쪽인 남한과 강한 결집력을 발휘할 가능성이 크다. 현재 북한은 김일성과 김정일의 혈통적 체제를 대체할만한 새로운 대안이 없는 상태다. 그러므로 신격화된 왕조의 붕괴로 정치적 공백이 생기면 다른 왕조를 추대하기보다는 강한 단일성을 공유하는 남한과의 흡수통일이 더 큰 심리적 원동력으로 작용할 가능성이 있다.

북한에 급변사태가 발생하면 중국, 미국, 한국군이 빠르게 개입하려는 가장 커다란 이유는 현재 북한이 정권이 보유하고 있는 '핵' 때문이다. 현재 북한이 외부의 위협으로부터 보호할 유일한 자구책은 핵무기밖에 없다. 북한 전문가인 장성민 씨는 이 핵무기가 남한과 미국을 겨냥하고 있지만, 넓은 범위로는 중국도 겨냥하고 있다고 말한다.

한국 군대의 움직임도 긴급해지게 된다. 2009년 4월 한국국방연구원은 미국의 외교 분야 싱크탱크인 '외교협회CFR'가 2009년 1월 발간한 '북한 급변사태의 대비'라는 보고서를 분석한 후, 만약 북한에서 급변사태가 발생하면 한반도의 안정화를 위해 최대 46만 명의 병력이 필요할 것이라고 분석했다. 이 병력은 북한의 내부 안정을 위한 숫자이고, 남한의 예비 병력까지를 감안하면 훨씬 더 많은 병력이 필요하게 될 것이라고 보았다.

통일 직후의 위기관리, 지금부터 준비하라

김정은이 쿠데타 세력을 실질적으로 제압하는 것이 불가능하거나, 반 김정은 세력에 의해 축출당하게 되면 한반도에 가장 큰 지분을 주장하고 있는 미국과 중국은 새로운 정부를 수립하는 것도 고려할 가능성이 있다. 물론 새로운 정부나 혹은 통일 한반도를 놓고 중국과 미국의 첨예한 대립도 지속될 것이다. 미국은 동북아시아가 가지고 있는 미래적 가치가 워낙 높아서 통일 이후에도 한반도에서의 주도권을 계속 유지하려고 할 것이다. 중국도 동북아를 둘러싼 미국과의 주도권 싸움에서 밀리지 않으려고 할 것이다. 냉전 이후에도 동북아에서 중국과 러시아 등의 대륙세력과 미국과 일본 등의 태평양을 중심으로 하는 해양세력의 대립은 지속되고 있다. 한반도는 유라시아 대륙과 태평양을 잇는 최고의 전략적 요충지다. 그래서 한반도를 누가 차지하느냐가 21세기 패권의 향방을 가르는 핵심이다.

그러나 북한 전문가들은 새로운 정부가 오랫동안 지속되기는 어렵기 때문에 결국 유엔의 주도하에 남북한 통합을 위한 본격적인 논의가 시작될 것으로 예측한다. 중국도 무작정 남한을 중심으로 하는 흡수통일을 반대하거나 또 다른 분단 상황을 만드는데 큰 부담을 느낄 것이므로 대만과의 통일 문제에 미국이 개입하지 않는다는 조건을 가지고 미국과 빅딜에 들어갈 가능성이 크다고 예측하고 있다.

하지만 이 단계에서 한국 정부는 독일 방식의 즉각적인 통일에 대한 큰 부담을 느끼고 국경을 유지하는 국가연합 형태의 중간 단계를 주장할 수도 있다. 한국 정부는 급작스런 통일에 대한 경제적 사회적 준비가 상당히 부족하기 때문이다. 하지만 오랫동안 통일을 기다려왔던 남한의 6.25전쟁을 겪은 극우세력과 진보세력, 그리고 오랫동안 굶주림과 비인간적인 대우에 지쳐있던 북한 주민의 힘이 두려운 한국 정부는 결국 155마일의 철조망을 제거하고 전면적 흡수통일을 받아들일 수밖에 없을 것이다. (이 부분에서 또 다른 시나리오가 가능하다. 만약, 다른 변수에 의해서 중국과 미국의 관계가 심각하게 악화된 상황이라면 중국은 빅딜을 하지 않고, 오로지 미국을 견제하려는 목적에 따라 북한의 김정은 정권이나 혹은 새로운 정권에 힘을 실어 주는 시나리오가 발생할 수 있다. 이럴 경우, 갑작스런 흡수 통일은 이루어지지 않고 좀 더 분단이 지속될 가능성이 있다. 단, 아래에 이어지는 시나리오는 이런 가능성이 없다고 가정하고 진행한다)

그러면 전격적인 남북한 통일에 온 국민이 환호한다. 지구 상에 남아 있는 유일한 분단국가인 한반도의 통일에 전 세계도 축하의 메시지를 보낸다. 하지만 그 환호성은 얼마 가지 않을 것이다. 곧바로 현실적인 문제들이 곳곳에서 총체적으로 터져 나오게 될 것이기 때문이다.

턱없이 부족한 통일기금과 부동산 버블 붕괴 이후 장기적 침체 국면으로 빠져들고 있는 남한의 경제사정은 북한을 흡수통일 할 여력이 거의 없기 때문이다. 앞에서 보았듯 매년 최소 180~270조 원씩 통일 비용이 곧바로 투입되어야 한다. 이는 급격한 정부의 재정적자 증가와 국가부채 증가로 귀결되면서 국내외에서 한국의 경제상황에 대한 위험성을 경고하는 보도가 터져 나오게 된다. 주식시장은 크게 흔들리고, 외국인 투자자들의 이탈 조짐이 두드러지게 된다. 일부에서는 다시 IMF 구제금융사태가 발발할 가능성이 크다는 경고도 나오게 된다.

정부는 부족한 통일비용을 감당하기 위해 대규모 국채 발행, 지방채 발행을 시도하고 동시에 세금과 공공요금의 전격적인 인상을 단행한다. 노인과 서민들에게 돌아가야 할 복지와 의료비용들을 삭감하는 등 재정 지출도 줄이지만 눈덩이처럼 불어나는 재정적자와 부채를 막을 길이 보이지 않는다. 정부는 북한주민의 저렴한 노동력을 활용해서 새로운 수입이 창출될 수 있다고 국민과 해외 여론을 달래지만 위기설을 잠재우기에는 역부족이다. 정부가 기대하는 낮은 임금을 활용한 제조업의 경쟁력 상승은 상당한 시간이 흘러야만 가시적 효과가 나타나기 때문이다. 이미 세계 시장은 낮은 임금을 앞세운 중국이나 동남아 심지어는 새로 등장한 아프리카의 노동집약적 제조업체들 때문에 포화 상태에 빠진 지 오래다. 남한의 자본과 기술력에 북한의 낮은 임금을 활용한 통일 한국의 산업 경쟁력은 분명 예전보다는 좋은 조건이지만 막대한 통일 비용을 상쇄할 정도로 큰 매력을 갖지는 못하게 된다. 2010년부터 급격하게 시작된 넛크래커 현상과 부동산 버블 붕괴로 국가 전체의 자본력도 크게 힘을 잃었기 때문이다.

그리고 한순간에 자본주의적 경쟁사회에 들어온 북한 지역의 1,020만 명이 넘는 노동자(1994년 기준)를 먹여 살릴 제대로 된 일자리가 일시에 필요하게 되었다. 이 중에서 170여만 명은 기술자들이지만 이들의 기술력은 남한 기업의 요구 수준에 턱없이 모자란다. 통일문서에 서명이 이루어진 이후 남한 기업은 발 빠르게 북한 지역에 공장을 짓기 시작했지만 빠르게 늘어나는 일자리 수요를 감당하기에는 부족하다. 공장을 지어도 노동자들을 새롭게 훈련해야 하므로 제조업 가동률이나 생산성이 예상만큼 빨리 오르지 않으면서 새로운 문제들이 발생한다. 순식간에 북한 지역의 실업률은 남한의 실질 실업률의 4~5배가 넘는 30%를 기록하게 된다. 북한 지역에서 일자리를 찾지 못한 주민들이 대거 남쪽으로 밀려 내려 온다. 이미 남한 지역에서도 오래 전부터 청년실업과 은퇴자들에 대한 일자리 문제가 심각해져 있는 상황이다. 여기에 북한에서 200~300만 명의 노동력이 남한의 도시 곳곳으로 밀려 내려오자, 남한 노동자들과 실업자들, 외국인 노동자들과 북한 출신 노동자들 사이에 부족한 일자리를 두고 갈등이 팽팽해진다. 통일정부는 대규모 토목사업과 공공사업을 벌이면서 막대한 경기부양책을 시도하지만, 실업률은 떨어질 기미가 보이지 않고 국가의 재정부담만 커져만 간다. 결국, 6개월도 채 못 되어서 기대와 환상은 사라지고 통일이 실망과 사회적 불만과 갈등의 불씨로 바뀐다. 정권의 지지도는 급락하게 되고, 도시 곳곳에서 대규모 시위가 끊이질 않게 된다. 한국사회에 적응하지 못하는 북한 주민들의 불만도 점점 커져만 간다. 정부가 북한 주민들의 남한 정착을 위해 최소한의 사회보장제도를 긴급하게 마련하지만 자본주의 체제에 전혀 적응하지 못한 북한 주민들은 김정일 체제 시절보다 열악한 경제 상태에 놓이게 되고 노숙자들은 늘어만 간다.

북한 지역은 부동산 투기장으로 돌변한다. 땅값이 연일 폭등하자 북한 주민의 안정적인 주거생활을 위해 통일 정부가 시행하는 장기임대주택과 소형주택 건설 비용도 급증하게 된다. 애초 남한의 장기임대주택의 절반 가격에 공급하려고 했던 계획은 투기세력과 급등하는 땅값 때문에 차질을 빚게 된다. 북한의 땅값이 상승하자 분단 이전의 부동산 소유권을 주장하는 소송까지 잇따르게 된다. 이런 불만은 정치로 표출되고, 영호남의 지역갈등을 능가하는 남북한의 지역갈등이 나라 전체를 혼란에 빠뜨리게 된다.

통일한국의 새로운 역동성과 경제성장은 이런 위기를 어떻게 해결하느냐에 달려 있다. 이런 문제에 대해 미리 준비하지 않는다면 통일한국이라는 환상적인 미래는 현실이 되기 어렵다.

똑똑한 미래 정보를 만드는
미래 마인드셋 10가지

미래예측이 두려운가? 당신의 '미래 마인드셋Futures Mindset'을 재조정하는 것만으로도 미래를 예측하는 통찰력을 크게 향상시킬 수 있다. 미래 마인드셋이란 '미래에 대해서 생각하는 방식, 즉 '생각의 프레임'이다. 누구나 미래를 생각하지만, 예측의 정확도와 통찰력에서는 큰 차이를 보이는 것은 생각하는 방식이 다르기 때문이다. 즉, 정보를 읽고, 정보를 걸러내고, 정보를 해석하는 방식의 차이가 미래예측력, 통찰력, 세상을 간파하는 능력의 차이를 만들어 낸다.

불확실한 미래 사회의 구조와 흐름을 꿰뚫어보는 데 필요한 미래 마인드셋은 '10+1'의 원칙으로 압축할 수 있다.

- Futures Mindset 1.
"미래에 대해 끊임없이 관심을 갖고 주목하라"

전 세계 130여 국가에 9만 명의 직원을 거느리고 있는 세계적인 제약·건강전문기업인 애보트랩스_Abbott Labs_는 1888년에 창립해서 125년의 역사를 자랑한다. 이 회사는 2011년 기준으로, 제약, 의료장비, 진단, 건강식품 등에서 390억 달러(한화 42조 원)의 매출을 기록할 정도로 탄탄한 회사다. 2012년 '포브스'는 '지속적인 생존과 번영의 비결'이라는 글을 통해 이 회사의 핵심 성공 요인을 2가지로 제시했다. 첫째는 끊임없이 미래를 주목하는 능력이고, 둘째는 이를 기반으로 변혁을 시도하는 투지였다.

1차 세계대전 이후부터 애보트랩스는 전담팀을 구성하여 미래에 대해 지속적인 관심을 기울임으로써 남들보다 먼저 미래 소비자들의 문제, 욕구, 결핍을 통찰해왔다. 이를 토대로 계속 새로운 제품을 개발하면서 변화에 미리 대응하는 투지를 보였다. 이것이 애보트랩스가 지속적으로 위대한 비즈니스 아이디어를 창출해 내는 비결이었다.

"당신의 뇌와 생각을 100% 믿지 마라." 이것이 현대 뇌공학이 우리에게 주는 조언이다. 우리의 뇌는 자기가 보지 못하는 세상이나 영역에 대해 '보이지 않아서 모르겠다'고 반응하지 않는다. 우리의 뇌는 '자만심에 가득 차 있어서' 자신의 기억과 학습된 회로들을 근간으로 제멋대로 상상해 버리고 그것을 사실로 믿도록 강요한다.

본래부터 인간의 눈은 세상을 완벽하게 보지 못한다. 그러나 '내게 보이는 세계가 전부이다.'라고 착각한다. 자신이 지난날에 얻은 경험과 학습된 지식을 가지고 세상에 대해서 제멋대로 추측한다. 심지어 세상을 보는 자신의 모델의 정당성을 강화하기 위해 '보고 싶은 것만' 본다. 이것은 심리적 작용이기도 하지만, 동시에 패턴을 통해 정보를 단순화하여 저장함으로써 에너지 효율성을 추구하는 뇌의 속성이기도 하다.

그러면 어떻게 해야 할까? 보고 싶은 것만 보는 작동원리를 고칠 수 없다면 이를 잘 사용하면 된다. 우리의 뇌는 '보고 싶은 것'이 생기면 자동으로 모든 집중력을 그곳으로 돌려서 놀라운 능력을 발휘한다. 예를 들어 유명 연예인에게 열광하는 당신의 자녀라면 가족의 생일은 제대로 몰라도, 자기가 좋아하는 연예인에 관한 정보는 거의 탐정 수준으로 쏟아낼 것이다. TV와 인터넷과 잡지를 통해 아이와 당신은 똑같은 정보를 접했지만, 당신은 연예인에게 별로 관심이 없어서 당신의 뇌가 그것을 '보고 싶은 것'으로 인식하지 않고 대부분 버렸지만, 아이의 뇌는 그것을 '보고 싶은 것'으로 인식했기 때문에 모조리 흡수한 것이다.

이런 원리를 이용해서 관심 질문을 만들어 두뇌에 각인시키자. 관심 질문은 뇌에 주의를 환기해준다. 의학적으로는 세뇌작용을 통해 뇌를 각성Arousal 시킨다고 한다. 이는 우리의 오감에 감성적 주의를 발생시키고, 관심사항에 대한 뇌의 정보 처리 우선순위를 바꾸도록 명령을 내린다. 의식적 주의가 발생하면, 우리 몸은 자동으로 관심사항에 대한 뇌의 감시Monitoring, 경계Alerting, 순응Orienting이라는 정보 처리 네트워크를 작동시킨다. 이 과정이 반복되면서 관심을 기울이는 변화에 익숙해지고 그에 적합한 새로운 뇌 회로가 생성된다. 이렇게 예전에는 보이지 않았던 것들이 점점 잘 보이게 되는 뇌의 정보처리 시스템이 만들어진다. 이런 일련의 모든 과정은 '관심'을 갖기 시작하면 자동으로 진행된다. 우리나라에서 뇌 분야의 전문가로 인정받는 이시형 박사도 이렇게 강조했다.

"일단 목표가 정해지면 뇌는 그 방향으로 모든 초점을 맞춘다."

먼저 당신의 머릿속에 있는(의식과 무의식) 모든 정보를 뒤지고, 그 다음으로 외부 정보를 뒤지고, 이 둘을 조합시켜서 미래의 해답을 찾아주는 것이다.

미래에 대한 관심을 가져라. 그러면 당신의 뇌는 미래에 관한 정보 처리 과정을 자동으로 실행하면서 지금까지는 보이지 않던 '미래에 대한 새로운 영감'을 선물해줄 것이다. 뇌는 이런 과정을 통해 관심 있는 정보를 수집한 다음에는 어떻게 해야 할지를 결정하고, 이에 따라 우선순위는 무엇이며, 어떤 목표에 행동을 선택과 집중을 해야 하며, 어떤 타이밍에 움직여야 하는지 등의 '행동 조절'까지 한다.

• **Futures Mindset 2.**
목적을 분명히 한 다음, 많이 읽고 잘 읽어라.

앨빈 토플러와 어깨를 나란히 하는 미래학의 대가인 존 나이스비트John Naisbitt는 다음과 같이 말했다.

"내 눈길은 가판대에서 판매되는 다양한 지역 신문들의 표제들을 따라 갔다. 그 순간, 나는 매일 이 지역 신문들을 모두 읽는다면 현재 이 나라에서 일어나고 있는 변화의 유형을 감지할 수 있으리라는 사실을 깨달았다. 마침내 미국에서 지금 무슨 일이 벌어지고 있는지 알아낼 방법을 발견한 것이다! 드디어 열쇠를 손에 쥔 깨달음의 순간이었다."

미래를 읽는 탁월한 통찰력을 가지고 있는 미래학자들의 공통점이 있다. 그들은 많이 읽고 잘 읽는다. 앨빈 토플러도 자신을 가리켜 '읽는 기계'라고 고백했다. 미래학자뿐만 아니라 통찰력의 대가들은 모두 이런 특성을 공유한다. 워런 버핏도 자신의 사무실에 틀어박혀 엄청난 분량의 문서를 읽는다. 여기에 자신만의 분석법을 더해 '잘 읽는다.' 읽는 과정을 통해 그들은 이 세계에 대해서 더 많은 것들을 통찰하게 된다. 새로운 세상의 기본적인 윤곽을 간파하고, 세상이 어느 방향으로 재편될 것인지를 통찰한다.

각 지역에서 발생하는 사건의 총합은 곧 나라 전체에서 일어나는 일이다. 각 나라에서 발생하는 사건의 총합은 곧 세계 전체에서 일어나는 일이다. 세계에서 일어나는 일을 지속해서 오랫동안 잘 읽으면 세계의 위기와 기회의 방향, 속도, 변화 등이 자연스럽게 보이게 된다. 더 많은 것을 더 깊이 더 폭넓게 간파할 수 있게 된다. 각 분야의 전문가들이 감추고 싶은 진실들도 꿰뚫어 볼 수 있게 된다.

많이 읽는 것보다 더 중요한 것은 "잘 읽는 것"이다. 잘 읽는다는 것은 두 가지를 의미한다. 하나는 정보의 잡음Noise에 휘둘리지 않고 읽는 것이다. 다른 하나는 '무엇을 읽어야 할지를 분명하게 파악하고' 읽는 것이다. 무엇을 보고자 하는지를 분명히 하지 않으면 망망대해와 같은 정보의 바다 위에 떠 있는 조각배 신세가 되어서 오히려 두렵고 위축될 수 있다. 목적에 맞춰 정보를 읽어야만 보고자 하는 것을 찾을 수 있고, 알고자 하는 것을 통찰할 수 있다.

예를 들어 "경제가 어려울 때, 소비자들은 어떤 행동을 할까?"와 같은 분명한 질문을 뇌에 주입하라. 그리고 각 지역에서 발생하는 사건들을 신문이나 매스컴을 통해 가능하면 많이 읽어라. 각 지역과 각

나라에서 발생하는 사건들을 추적해나가다 보면 경제적으로 어려움을 겪고 있는 전 세계 소비자들이 겪는 위기의 실체, 그 가운데서 모락모락 피어나고 있는 새로운 기회의 방향, 속도, 변화들이 자연스럽게 보이게 된다.

- Futures Mindset 3.
변하는 것과 변하지 않는 것을 구별하면서 읽어라.

미래가 구성되는 기본원리는 간단하다. 예를 들어, "10년 후 한국 경제는 어떤 모습일까?"라는 질문을 해보자. 10년 후 미래는 현재와 비교해서 '변하지 않는 것'이 80~90%이고, '변하는 것'이 10~20%로 구성된다. 따라서 정보를 읽을 때 이 두 가지를 구별하면서 읽는 것이 매우 중요하다.

일반인들이 세상에 대한 정보를 가장 먼저 접하는 매체는 신문이나 뉴스다. 필자도 우선은 이 두 가지 매체를 잘 보고 읽으라고 권한다. 그러나 한 가지 조심해야 할 것이 있다. 기자들은 변하지 않는 것에는 별로 관심이 없다. 그래서 신문을 많이 읽으면 세상이 정말 빠르고 많이 변하는 것처럼 느껴져서 도저히 따라잡을 수 없을 것으로 보인다. 이것은 현혹이다!

우리에게 중요한 진정한 변화는 그렇게 많이 일어나지 않는다. 이 점과 관련해 존 나이스비트는 "아무리 많은 것들이 변한다 해도 대부분은 변하지 않는다."는 점을 강조한다. 교육 개혁을 부르짖고 입시제도가 바뀌어도 학교생활 대부분은 아버지 세대나 자녀 세대나 비슷하다. 미디어를 보면 세상이 곧 SF영화에 나오는 첨단 세상으로 변할 것 같지만, 시골의 우리 부모 세대는 여전히 수 천 년의 관행을 따라 농사를 짓거나 바다에 나가 고기를 잡는다. 경작 방식이나 도구가 몇 가지 바뀌었을 뿐이다. 절대로 속지 마라. 세상은 생각보다 그리 빨리 변하지 않는다. 10년 후, 미래의 '물리적인 모습'도 지금과 비교해서 그렇게 많은 부분이 변하지는 않을 것이 분명하다. 10년 후의 당신이나 당신의 가족, 집, 친구, 도시의 모습, 전 세계 나라들의 구성, 자연계 등 물리적인 것들의 대부분은 지금과 비교해서 별로 변한 것이 없을 것이다.

그러나 변하지 않는 것 80~90%와 변하는 것 10~20%가 서로 역동적으로 얽히고설키면서 지금과는 '완전히 다른 관계'의 세상을 만들어 낸다. 결혼 전과 결혼 후의 당신의 모습을 비교해보라. 결혼 전과 후의 당신의 모습은 물리적으로는 크게 변한 것이 없다. 단지 당신의 삶에 아내 혹은 남편, 그리고 배우자의 몇 명의 가족과 새로 출생한 자녀 등이 새로 들어올 뿐이다. 하지만 당신의 인생에 이런 작지만 중요한 변화의 힘이 개입되면서 당신은 결혼 전과는 완전히 다른 삶을 살게 된다. 이런 방식으로 10~20%에 불과한 변하는 요소들이 변하지 않고 지속되는 80~90%의 요소들과 상호작용을 하면서 엄청난 '관계 변화'의 소용돌이를 만들어낸다.

대부분의 위기와 기회는 물리적인 모습의 변화에서 나타나는 것이 아니라 관계의 변화 속에서 나타난다. 변화를 꿰뚫어보는 능력은 신문이나 뉴스를 장식하는 변화를 말하는 사건들 속에서 '변하는 것과 변하지 않는 것, 그리고 두 가지가 서로 충돌하면서 나타나는 관계의 변화'를 구별하는 능력에서 시작한다. 이 세 가지를 잘 구별할수록 생존과 성공의 지속가능성을 높일 수 있다.

존 나이스비트도 이를 다음과 같은 말로 정리했다.

"변화는 대부분 '무엇'을 하는가가 아니라, '어떻게 하는가'의 영역에서 발생한다."

미래예측 기법은 바로 '변하지 않는 것과 변하는 것'을 구별하고, 이 둘이 만들어내는 새로운 변화를 예측해보는 기술이다. 필자와 같은 미래학자들은 이런 접근법을 기초로 다양한 시나리오들을 작성함으로써 미래에 대한 다양한 가능성을 놓치지 않으려고 노력한다. 이 책에 소개되는 미래에 대한 다양한 예측들도 바로 이런 과정을 통해서 만들어진 것이다. 사람들은 필자 같은 미래학자들을 용한 점쟁이처럼 보는 경향이 있지만, 사실은 '변하는 것, 변하지 않는 것, 이 둘 사이의 상관관계'를 잘 구별해내는 전문가일 뿐이다. 이렇게 만들어진 변화를 잘 다룰 수 있는 지혜를 갈고 닦아온 사람들일 뿐이다.

따라서 이런 능력은 후천적인 노력을 통해 누구나 기를 수 있다. '변화를 꿰뚫어 보는 힘과 변화를 다룰 수 있는 능력'을 갖게 된다. 남들보다 더 빠르게 변화를 읽고 그 가운데 최적의 타이밍에 행동할 의사결정을 할 수 있다. 우리는 이것을 '통찰력'이라고 부른다.

• Futures Mindset 4.

겉으로 보이는 변화만 보지 말고 속에 숨어 있는 변화의 힘을 찾아라.

변화의 힘을 아는 것은 힘의 주체와 힘Force(이 둘을 합쳐서 원동력 Driving Force이라고 한다)을 아는 것이다. 미래 예측을 위해서는 세상에서 발생하는 사건들을 힘의 변화로 변환시키는 작업이 필요하다. 따라서 힘의 방향, 속도, 타이밍, 지역, 지속가능성(크기)을 예측하는 데 관심을 둔다. 힘은 힘의 근원인 주체Agent와 주체의 시간에 따른 영향력으로 구성된다. 힘의 주체는 카오스적 진자운동을 한다. 미래예측에서는 힘의 근원인 주체가 존재하는 곳을 심층기반층이라고 한다.

변하는 것들을 구별해 냈다면, 그 변화의 모습이나 관계는 잊어버려라. 대신 이런 다양한 변화의 불꽃을 만들어내는 근원이 무엇이며 어디인지를 찾아야 한다. 즉, 다양한 형태의 변화를 만들어내는 '변화의 힘'이 무엇인지를 찾아라. 가장 근본적인 힘에서부터 시작하라. 그것은 신God이 될 수 있다. 다음으로는 인간 그 자체가 될 수 있다. 그다음은 인간의 본성Instinct이나 가치, 철학이 될 수 있다. 이어서 자연과 기술, 다음으로 법과 사회적 제도가 될 수 있다. 다음으로 시장경제나 정치권의 원칙과 핵심 주체들이 될 수 있다.

늘 신문이나 뉴스에 떠들썩하게 거론되는 사건들이 도대체 어디에 뿌리를 두고 있는지에 관심을 집중하라. 파헤치고 추적하고 감시해 보라. 많이 읽고 잘 읽다 보면 변화를 이끄는 힘이 무엇인지, 겉보기에 떨어져 있는 변화의 사건들을 2~3단계 밑으로 파고들면 어디에 연결되어 있는지를 간파해 낼 수 있다. 겉으로 보이는 수많은 변화는 변하지 않는 것들과 그 위에서 카오스적 진자운동을 하며 변화를 주도하는 힘들이 주어진 조건에서 드러난 것일 뿐이다. 눈에 보이는 변화, 일시적 유행을 걷어내라. 그러면 자연스럽게 '변화의 힘'이 모습을 드러낼 것이다. 리더는 그것에 주목해야 한다. 세상의 진정한 미래 변화를 알고 싶다면 유행이 아니라 그 밑에 있는 힘을 읽어야 한다.

• **Futures Mindset 5.**

'변화의 힘'을 어떻게 연결할지를 생각해 보라.

미래학은 '세상은 질서가 있다' '세상은 연결되어 있다'를 공리로 삼는다. 무언가를 연결할 때는 두 가지 방법이 있다. 연속적 연결과 연관적 연결이다. 연속적 연결은 주로 사건들의 연결에 사용한다. 연속적 사건을 말할 때 영어로 순서를 의미하는 'Sequence'라는 단어를 쓰는데, 이 단어는 '뒤따른다'는 의미가 있는 라틴어 'Sequo'에서 유래했다.

연관적 연결Correlational Link 은 단순히 사건들을 연결하는 것이 아니라, 중요한 단서나 힘들을 연결할 때 주로 사용한다. 변화를 주도하는 주요한 힘들은 강도의 차이만 있을 뿐 서로 연관되어 있다. 변화의 힘들 사이의 연관관계를 눈여겨 보라. 진정 거대한 변화는 느리지만 여기서 만들어진다. 겉으로 드러나는 수많은 새로운 사건들은 이런 움직임이 무엇인지를 암시하는 실마리일 뿐이다.

• **Futures Mindset 6.**

미래예측은 그림 퍼즐 맞추기 게임이다.

미래는 가능성과 방향, 사건, 뒤틀림과 전환, 발전과 놀라움의 집합이다. 시간이 흐르면서 모든 조각들은 제자리를 찾고 새로운 미래의 그림을 완성하게 될 것이다. 미래를 내다볼 때 우리는 어떠한 조각이 어디로 향해 가는지 예측해야 한다. 그러한 연결관계를 잘 이해할수록 그림은 더욱 정확해진다. -존 나이스비트

미래예측의 가장 간단한 접근법은 '미래 퍼즐 맞추기'다. 단, 퍼즐을 맞출 때 주의해야 할 점이 하나 있다. 겉으로 드러나는 사건들이 아니라 변화의 힘을 가지고 퍼즐을 맞추어야 한다. 변화의 힘끼리 연관 지어 가다 보면, 새로운 연관성이 꼬리에 꼬리를 물고 나타날 것이다. 그리고 빠진 고리들이 발견될 것이다. 새로운 연관성과 새로운 패턴과 피드백이 나타날 것이다.

퍼즐을 맞출 때 길라잡이를 하는 것이 있다. 바로 이치다. 이치理致란 '다스릴 리理'와 '이를 치 혹은 도달할 치致'다. 쉽게 말해 그리되어야 할 마땅한 흐름(원리)이라고 할 수 있다. 마땅한 흐름이라는 밑그림을 안내자로 삼아서 변화의 힘을 맞춰라. 이치가 퍼즐 판에 있는 가느다란 안내선 역할을 해줄 것이다. 이치(근본 질서)에는 물리적 이치, 수학적 이치, 철학적 이치 등이 있다. 철학적 이치란 '세상은 왜, 어떤 모습으로 존재 하나? 세상은 어떻게 구조화되어 있고, 사람들은 무엇을 추구하고 어떻게 움직이나?' 등 철학자, 인문학자들의 관심영역이다.

이치를 알려면 이치를 발견하여 체계적으로 정리해 놓은 대가들의 작품을 읽어라. 그다음으로 어떤 조각들이 이런 이치에 꼭 맞는 모양을 지녔는지, 꼭 맞는 조각을 찾았으면 그 조각을 중심으로 상호 보완해 줄 수 있는 다른 힘은 무엇인지를 찾아라. 행운이 따른다면 한 번에 찾을 수 있겠지만, 대개는 인내심을 가지고 신문과 방송, 그리고 전문서적을 뒤져야 한다. 찾아낸 힘들이 여기저기 산만하게 흩어져 있을 때는 별 관련도 없어 보이고 통찰도 얻을 수 없을 것이다. 그러나 퍼즐 판 위에서 하나씩 서로 맞물려 돌아가기 시작하면 빅 아이디어, 선명하고 큰 그림, 변화의 큰 물줄기가 천천히 드러난다. 잘

못 맞출까 봐 걱정하지 마라. 이런 것들이 스스로 모습을 드러낼 때까지 인내심을 가지고 이리저리 맞추기를 반복하라. 미래를 통찰하는 일은 결국 인내심의 싸움이다.

- **Futures Mindset 7.**
  퍼즐이 맞추어지면서 하나의 그림, 하나의 작동 가능한, 시스템 구조가 완성되면, 그 다음으로는 이것이 어떻게 작동하는지에 관심을 가져라.

미래 퍼즐을 맞춘다는 것은 세계를 이해하는 데 유용하게 사용될 수 있는 하나의 작동 가능한 모델을 만든다는 것이다. 미래 모델이 작동이 가능Operational하다는 것은 피드백이 있는 시스템 구조로 모델을 완성했다는 말이다. 시스템을 구성하는 피드백의 작동 방식은 두 가지뿐이다 - 강화 피드백과 균형 피드백. 미래를 움직이는 힘들을 연결할 때, 서로 연결이 되면 피드백 작용이 발생하면서 곧바로 작동 가능한 것부터 연결해야 한다. 세상은 하나의 거대한 시스템이다. 국가나 회사도 하나의 시스템이다. 가족도, 인간 그 자체도 시스템이다. 다양한 변화는 시스템의 작동에서 비롯된다. 시간에 따라 시스템이 어떻게 작동하는지를 생각해 보라. 어떤 부분에서 선순환이나 악순환의 강화 피드백이 강하게 걸리는지, 어떤 부분에서 균형피드백이 작동하는지, 어느 부분에서 외부의 힘들이 시스템으로 들어가는지, 반대로 시스템이 작동하면서 어떤 반복적인 결과들이 나오는지 등을 생각해 보라. 가장 기본이 되는 구조에서 발생하는 행동양식 Behavior 이 개연성이 있는 미래Plausible Future 다.

만약, 외부의 새로운 힘들이 가해진다면 시간이 흐름에 따라 (내부 요인이나 외부 요인 때문에) 시스템 자체에 어떤 역동적 변화가 발생할 수 있는지를 상상해 보라. 없어지는Eliminate 부분은 없는지, 약화되는Reduce 부분은 없는지, 새로 만들어지는Create 부분은 없는지, 강화되는Reinforce 부분은 없는지, 방향이 전환되는Switch 부분은 없는지를 살펴보라. 필자는 이것을 변화의 가능성을 생각하게 해주는 'ERCRS 조건 값'이라고 부른다. 이런 조건 값을 가지고 기본적이고 상식적인 수준의 모델을 조작하여 다른 가능한 행동양식을 도출해 내는 것이 '가능성의 또 다른 미래들Possible Futures'이다.

- **Futures Mindset 8.**
  이런 변화의 가능성이 나타나면 사람들은 무엇을 선택할지를 생각해 보라.

사회, 기술, 경제, 환경, 법, 정치, 제도 등의 영역에서 작동하는 힘이 미래를 만드는 것이 아니다. 단지 미래 변화의 가능성들을 만들 뿐이다. 몇 개의 큰 갈림길을 만들 뿐이다. 이 갈림길 중에서 어디로 갈지를 선택하는 것은 결국 사람이다.

사람의 선택에 영향을 미치는 것은 크게 3가지다. 영성(종교), 감성(인문학을 통해 추적 가능), 이성(계몽, 교육 수준)이다. 다양한 미래모델들을 만들었는가? 그다음으로는 각 모델 하에서 각기 다르게 발생하는 상황과 시기에 따라 이 세 가지(영성, 감성, 이성)가 어떻게 작동하며 인간의 선택에 영향을 줄지를 추론해 보라. 그 과정에서 대중이 선택한 길이 '메가트렌드'이고, 소수의 집단이 선택한 길은 비즈니스에서 '틈새시장'이 된다. 미래 변화의 가능성과 사람들의 선택, 이 두 가지가 결합하면서 미래가 만들어진다. 이 두 가지를 종합할 때는 하워드 가드너 박사가 말한 '종합하는 사고Synthesizing Mind'가 필요하다. 분산된 정보들을 함께 묶어 하나의 통일체로 만드는 능력이다. 자료를 조합해서 일관된 이야기를 만들거나, 뚜렷한 특징에 근거하여 분류하거나, 새로운 개념이나 이론, 법칙, 은유, 주제 등을 프레임으로 삼아 하나로 묶는 능력이다. 하나의 프레임으로 종합해 놓으면 그것은 세상의 전체 구도를 새로운 각도에서 체계적으로 볼 수 있는 모델이 된다.

여러 가능성 중에서 대중들이 선택할 길은 2가지가 있다. 하나는 일어날 개연성Plausible이 높은 미래다. '일어날 개연성이 높은 미래'란, 과거, 현재, 미래의 징후들을 논리적, 체계적, 생태학적으로 분석하여 볼 때, 가장 논리적으로 타당하고 이치에 맞아 수긍할 만한, 그럴듯한 미래다. 이것을 기본 미래Baseline Future로 삼는 것이 좋다. 발생의 개연성이 있다는 의미는 미래의 어떤 시점에는 반드시 한 번은 물리적으로 일어날 가능성이 있다는 말이다. 일어날 확률이 최소한 51% 이상(대개는 일어날 확률이 70~80%)의 확실성을 가진 다음과 같은 요소들로 구성된 미래이다.

1. 트렌드(변화의 흐름, 변화의 1차 2차 3차 효력들),

2. 계획(정부 계획, 지자체 계획, 회사 계획, 가족의 계획 등)

3. 심층원동력(변화를 일으키는 숨은 힘, 변화의 메커니즘, 패러다임, 역사적으로 반복되는 사이클, 세계관 등),

4. 현재 대중이 마음속에 가지고 있는 미래에 대한 이미지(생각, 느낌, 기대 등)

아무리 혁신적인 기술이나 상품이 나오더라도 결국은 사람이 선택해 이것이 대중적으로 확산할 때 기술과 사회변화를 일으킨다. 거꾸로 사람들이 이런 기술이 나왔으면 좋겠다 하는 마음이 많아지면 (대중의 마음이 그쪽으로 움직이면) 결국에는 그에 관련된 기술이 나오게 되어 미래가 변화될 가능성이 높다.

고려해 보아야 할 두 번째 것은 일어날 '가능성Possible'의 범위에 드는 미래다. 이 미래는 일어날 개연성이 높은 미래 위에 풍부한 상상력을 활용하여 좀 더 폭넓고 확장된 가능성과 옵션들을 포함한 미래다. 발생 가능성이 있다는 의미는 '(반드시 한 번쯤은 물리적으로 일어날지 아닐지를 모르지만) 한 번쯤은 생각해 볼만 한 미래다'는 말이다. 이를테면, 대중이 개연성이 높은 미래를 반대하거나 싫어해서, 현재의 시스템에 대하여 어떤 특정한 힘을 인위적으로 만들어내서 새로운 미래 방향으로 전환하기 위해 노력한다면, 또 다른 가능성의 미래를 만들 수 있다. 특히 개연성이 높은 미래가 비관적인 방향으로 전개될 것이 예상되는 경우, 우리는 이를 바꿀 새로운 계기를 만들어야 한다. 생각의 폭을 넓혀 기회의 가능성과 성공의 가능성을 찾아내고, 위기와 위협을 극복할 창의적 미래를 구상해야 한다. 가능성의 미래는 수렴하는 것이 아니라 확산한다. 기본미래에 존재하지 않았던 새로운 가능성, 새로운 길, 새로운 미래 모습을 찾아내는 것이다.

• **Futures Mindset 9.**
'비전의 범위에 드는 미래'를 선택해 보라.

우리가 미래에 관해 관심을 두고 연구하는 이유는 위기에 선제적으로 대응하고, 기회를 선점하여 지금보다 더 나은 미래를 만들기 위해서다. 지금보다 더 나은 미래를 만들기 위해 새로운 비전을 수립하기 위함이다. 탁월한 기업은 자신의 미래에 대해 분명한 방향과 생각이 있다. 하지만 비전이라고 해서 밑도 끝도 없는 상상력만을 발휘해서 환상적으로 그려서는 안 된다. 비전의 범위에 드는 미래Preferred Future, Vision'는 이제까지의 미래 마인드셋 과정을 모두 거친 다음 그 결과를 바탕으로 구성해야 한다. 그래야만 현 상황을 좀 더 긍정적으로 진보시키고, 미래의 가능성 있는 위기와 위협들에 대비하면서 최소의 리스크를 맞닥뜨릴 항로를 선택하며, 가장 바람직한 가치와 가장 바람직한 방향으로 전략적 진보를 성취할 수 있는 미래를 제대로 도출할 수 있다. 이런 맥락에서 비전 전략 역시 세상의 구조적 변화 가능성을 모두 살펴본 후, 비전을 제시하고 이끌어가는 주체Agent의 역량을 고려해서 선택하거나 만들어내는 '길Path'을 의미한다.

- **Futures Mindset 10.**
  미래에 있을지도 모를 최악의 상황을 상상해 보라.

마지막으로 '뜻밖의 미래Unexpected Future'를 생각해보아야 한다. 뜻밖의 미래는 와일드 카드Wildcard나 이머징 이슈Emerging Issue로 말미암아 촉발되는 미래다. 일어날 가능성은 낮지만, 현실화되면 치명적인 극단적 미래 위협을 방지하기 위해 반드시 고려해 보아야 할 미래다. 그래서 뜻밖의 미래는 '창발적 미래Emerging Future'라고도 한다.

뜻밖의 미래는 두 가지로 나눌 수 있다. 하나는 '비약적 진보Quantum Progress'에 의한 새로운 미래'다. 예를 들어 나노 기술과 같은 혁신적인 기술로 인해 지금의 변화 속도보다 훨씬 더 빠르게 인류의 진보가 '시작'될 수 있다는 가정을 해보는 것이다.

다른 하나는 '붕괴Collapse 후 새로운 미래'다. 이는 어떤 새로운 힘에 의해서 기존의 것이 완전히 붕괴되고 완전히 새로운 미래가 만들어질 수 있다는 가정에서 나온다. 완전히 새로운 미래는 좋은 미래일 수도 있고 좋지 않은 미래일 수도 있다. 예를 들어, 북한의 갑작스러운 붕괴로 새롭게 만들어지는 동아시아와 한반도의 미래가 여기에 속할 수 있다. 북한의 현재 정권이 무너지면 좋은 미래가 올 수도 있고 나쁜 미래가 올 수도 있다. 근래에 들어서 뜻밖의 미래의 가능성이 커지고 있다. 복잡성의 증대, 구성요소의 증가, 행위자들 사이의 네트워크 연결도의 증가, 피드백을 통한 연쇄작용과 누적작용 등의 요인 때문이다.

이 '뜻밖의 미래'는 가장 예측하기가 어렵다. 따라서 뜻밖의 미래를 생각할 때는 '뜻밖의 현상(창발적 현상)'이 언제 발생할지를 예측하려고 하지 마라. 대신, 특정한 '뜻밖의 현상'이 일어난다는 전제를 우선하라. 시나리오 기법의 대가인 피터 슈워츠 박사는 "미래의 골격이 될 거대한 흐름의 방향을 바꿀 뜻밖의 강력한 사건들은, 그 기본적인 행동 유형을 살피다 보면 필연적으로 드러나게 마련이다."라고 했다.

일단, 특정 사건을 간파하거나 선택하고 나면 그것이 '언제 일어날 것인지'에 관심을 두지 말고, '그로 인한 잠재적 영향이 무엇일까?' '그것에 대비하는 방법은 무엇일까?'에 더 집중하라. 이때 발견한 것들을 당신의 미래전략에 포함하여 미래에 대한 전략적 유연성을 증가시키는 데 활용하라. 뜻밖의 미래를 상상해 볼 때 "10년 후에 현재 직업의 80%가 사라진다면?" "대한민국이 한 달 이내에 갑작스럽게 통일이 된다면?" "중국의 거품경제가 갑작스럽게 붕괴한다면?" "H5N1과 같은 강력한 인플루엔자가 전 세계적으로 창궐한다면?"과 같은 극단적 미래에 대한 질문을 해보는 것도 한 방법이다.

지금까지 설명한 4가지 미래를 하나로 묶어서 '통합 시나리오'를 구축하면 당신만의 '미래 지도'를 만들 수 있다. 이를 바탕으로 4가지 미래를 동시에 대비할 수 있는 미래 전략을 생각해 보면 된다. 4가지 미래는 아직 일어나지 않은 미래이다. 그러나 미래의 어느 순간에 이르면 4가지 가능성의 경로가 나뉘는 순간, 즉 미래 분기점Futures Intersection이 나타날 것이다. 미래 분기점 이전까지의 전략은 '공통전략'이 된다. '미래 분기점' 이후부터는 4가지의 미래 모습들에 대해 각각의 전략들을 수립해야 한다.

- **Futures Mindset +1.**
  커다란 변화의 완성은 생각보다 늦게 이루어진다.

마지막으로 한 가지 더!One more thing! 변화가 빠르게 진행되는 시기에는 새로운 미래 변화는 생각보다 빨리 시작된다. 그러나 우리가 기대하고 있는 커다란 변화의 '완성'은 생각보다 늦게 이루어진다는 점을 명심하라. 하지만 변화의 완성이 생각보다 늦어진다고 방심하지 마라. 커다란 변화가 시작되는 것만으로도 우리의 삶은 영향을 받는다. 예를 들어 사람을 완벽하게 모방한 로봇은 앞으로도 100년 이상 걸릴 수 있다. 그러나 사람이 육체적으로 할 수 있는 수만 가지의 동작 중에서 하나의 기능만 수행하는 기계는 산업시대부터 나타났다. 기계적 로봇이다. 이런 기계들이 출현하면서 인간의 삶은 큰 변화를 겪는다. 현재 많은 과학자가 인간의 뇌를 완벽하게 모방한 인공지능의 출현 시기에 대해서 논쟁 중이다. 기대하고 있는 커다란 변화의 완성은 생각보다 늦게 이루어진다는 법칙을 따르면 인간의 뇌를 완벽하게 구현하는 인공지능은 앞으로도 100년 이상 걸릴 것이다. 그러나 조만간에 지금의 컴퓨터가 인간의 뇌가 하는 수많은 인식 능력 중의 일부분을 해내는 시기가 도래할 것이다. 그것은 커다란 변화의 시작이어서 그것만으로도 우리의 삶은 큰 영향을 받을 것이다.

이처럼 미래를 예측할 때 시작과 완성에 대한 시간 개념을 분명히 하는 것은 아주 중요하다. 앞서서 생각할 것과 앞서지 말아야 할 것을 잘 구별해야 한다. 그래야 미래의 변화에 대한 성급한 대응으로 실패하는 일을 막고 미래를 전략적으로 경영할 수 있다.

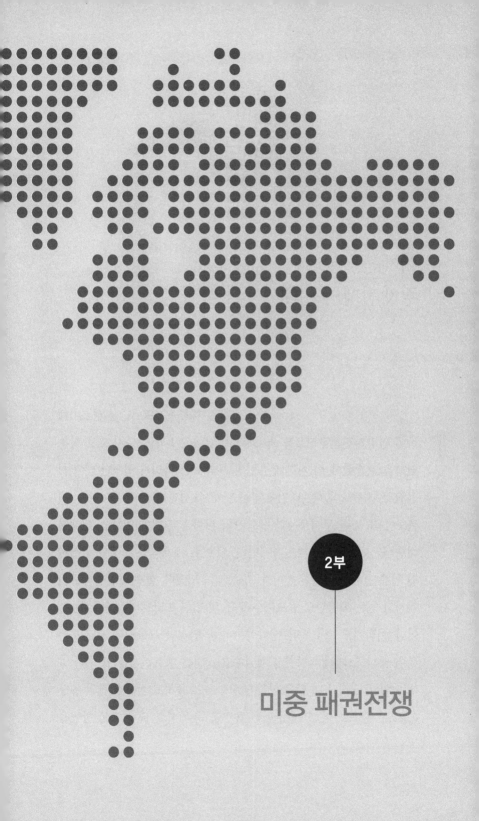

2부

미중 패권전쟁

이제는
경제전쟁의 시대

유럽 대륙은 1806년 신성로마제국이 멸망하면서부터 2차 세계대전이 끝나는 1945년까지 크고 작은 전쟁을 계속했다. 이 기간에 유럽의 거의 모든 나라가 엄청난 빚에 시달렸고, 지난 2차 세계대전에서 한 번에 수 십만 명을 몰살시키는 '리틀보이'라 불린 무시무시한 핵폭탄의 위력을 경험한 인류는 전쟁에 대한 극심한 공포에 빠졌다. "만약, 앞으로 세계적인 전쟁이 벌어지면 인류 전체가 공멸할 것이다."가 상식이 되었다. 실제로 선진국들이 가지고 있는 핵폭탄의 규모는 지구를 몇 번이고 날려버릴 수 있는 양이다. 이외에도 수소폭탄, 생화학무기 등 엄청난 살상력을 지닌 무기들이 많다. 그래서 국지전을 제외하고는 더는 영토전쟁을 할 수가 없게 되었다. 그러나 더 많은 땅과 영향력을 소유하고 싶은 인간의 욕망은 그칠 줄 모른다. 그래서 이런 욕망을 충족시켜 줄 새로운 방법을 찾아냈다. 그것이 바로 경제전쟁이다.

경제는 두 얼굴을 가지고 있다. 선한 얼굴의 경제는 인류가 서로 싸우지 않고 자원과 상품을 교환하는 평화로운 행위다. 인간의 삶을 풍요롭게 만드는 합리적이고 중립적인 행위다. 그러나 국제 사회에서 경제는 핵전쟁을 두려워하는 인류가 선택한 새로운 영토 및 패권전쟁의 가장 핵심적인 도구가 되었다. 개인 간의 경제 활동도 마찬가지다. 한 측면에서는 좀 더 풍요로운 삶을 위한 필수적인 활동이지만, 다른 한편으로는 부의 규모에 따라 새롭게 계급이 구분되는 기준이 된다. 이런 속성 때문에 사람들은 단순하게 좀 더 잘 먹고 편하게 살기 위해서만이 아니라, 신분 상승을 꿈꾸면서 경제활동에 힘을 기울인다. 돈은 더 많은 사람에게 영향력을 미칠 수 있고, 더 많은 사람을 선동해 더 큰 권력을 얻을 수 있는 원천이 된다.

그래서 현대사회에서는 강력한 자본가가 과거의 왕보다 더 큰 권력과 영향력을 갖는다. 미국 대통령도 대공황 같은 금융위기가 발발하면 J. P. 모건 등 월가의 거대자본가에게 손을 벌렸다. 지난 200년 동안 벌어진 수많은 전쟁의 배후에는 유럽과 미국 자본가들의 치열한 암투와 전략이 함께했다.

거대 자본가들은 때로 국가 간의 경제전쟁의 용병이나 경제 저격수 역할을 한다.[1] 이라크와 같이 힘이 약한 나라는 물리적 전쟁을 통해 응징하지만, 소련이나 중국 같은 나라를 상대할 때는 물리적 전쟁을 할 수 없다. 이들과의 물리적 전쟁은 곧 인류의 공멸을 초래하기 때문이다. 그래서 새로운 방식이 필요하다. 군대가 아닌 새로운 용병이 필요하다. 그것이 바로 자본가와 기업가이다.

이제는 칼과 창이 아닌 자본과 산업으로 전쟁하는 시대다. 경제전쟁은 소리 없는 전쟁이며 투명 망토를 입고 오는 강력한 군대다. 경제전쟁의 포탄에 맞아 쓰러지지 전까지는 쉽게 알아차리기 어렵다. 심지어는 경제적 충격을 당해 쓰러진 후에도 이것이 전쟁이었을 리가 없다는 착각에 빠지게 한다. 경제학 이론으로는 설명하기 어려운 상황이 곳곳에서 일어나는 이유가 여기에 있다. 경제전쟁을 보는 눈이 없이는 결코 제국 간의 충돌과 패권의 향방을 예측할 수 없다.

7장

미중 패권전쟁이
시작되었다

미중 전쟁이
20년 세계경제를
결정한다

중국과 미국의 '적과의 동침'은 결코 오래가지 못할 것이다. '차이메리카Chimerica[2]'는 특정한 조건에서의 한시적인 모습일 뿐이다. 미국은 어떤 방법을 사용해서라도 중국이 구소련과 같은 힘을 갖지 못하도록 선제적으로 대응할 것이다. 필자는 미국과 중국의 이런 상태를 '미중 전쟁'이라고 부른다. 2008년부터 미중 전쟁의 양상과 결과에 대해서 예측하며 정부와 기업에 미리 대비할 것을 권해왔다. 왜냐하면 미국과 중국의 전쟁은 앞으로 20년 부의 흐름을 좌우하는 가장 중요한 방향키라고 판단했기 때문이다.

그러나 필자의 예측을 들은 많은 이들이 "무협지 같다!"는 반응을 보였다. 그들의 머릿속에는 미국과 중국은 절대로 서로 싸울 리가 없다는 생각이 확고하게 자리 잡고 있었기 때문이다. 물론 미국과 중국이 물리적인 전쟁을 하지 않을 것이라는 점은 분명하다. 두 나라는 1979년 1월에 정식으로 수교했다. 그 후 소련이라는 공동의 적이 있을 때에는 군사적 동반자 관계였다. 1979년 12월 소련이 아프가니스탄을 침공하자 미국은 중국에 비非 살상무기를 수출할 정도로 급격하게 가까워졌다. 1990년대 들어 중국이 과감한 개혁개방을 추진하는 시기에는 넓은 시장이 필요했던 중국과 일본을 능가하는 새로운 국채 고객이 필요했던 미국의 입장이 서로 맞아떨어지면서 경제적 밀월관계로까지 폭이 넓어졌다.

물론 앞으로도 미국과 중국의 아름다운 동반자 관계가 지속될 가능성이 전혀 없는 것은 아니다. 하지만 필자가 예측하는 미국과 중국의 미래 시나리오 중에서 현재로서 가장 일어날 확률이 높은 것은 글로벌 패권을 둘러싸고 본격적으로 벌어질 '미중 전쟁 시나리오'다. 2008년 이 시나리오를 처음 발표했을 때로부터 5년이 지난 지금 그 가능성은 더욱더 커졌다.

패권전쟁의 포문을 연 중국

국제 금융시장에서 달러화 비중이 점점 낮아지는 상황에서 2008년에 미국발 금융위기가 발발하자 전 세계는 미국의 영향력에 대한 의구심을 갖게 되었다. 미국 역시 자신들의 제국이 이렇게 무너지는 것이 아니냐는 불안감을 갖기 시작했다. 미국이 2차 세계대전 이후 전 세계에서 막강한 영향력을 유지한 바탕에는 엄청난 경제력이 있었다. 미국은 경제발전으로 창출한 막대한 부를 활용해서 전 세계를 대상으로 군사전략에서부터 미국식 문화와 민주주의, 상품과 서비스를 공급했다.

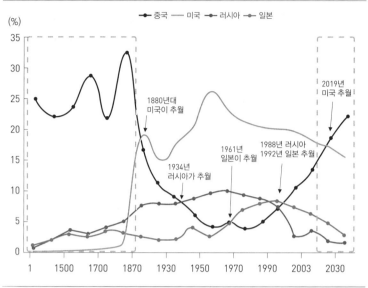

자료: Angus Maddison, Contours of the World Economy 1-2030 AD, Oxford Univ Pr., 2007.
전병서, 금융대국 중국의 탄생, (서울: 밸류앤북스, 2010) 77p.에서 재인용

그런데 21세기 들어 이라크 전쟁과 테러와의 전쟁에서 상처받은 미국의 자존심 못지않게 미국의 경제도 휘청거리기 시작했다. 안에서는 막 시작된 베이비붐 세대의 은퇴와 고령사회라는 비수가 몸을 깊이 찔러 들어 오고 있다. 그 와중에 정부와 월가가 무리하게 부풀린 부동산 가격이 한순간에 붕괴하는 경제 폭탄이 터졌다. 미국의 부채는 상한선을 넘었고 신용은 하락했다. 실업률은 10%를 넘어서고 강제적 재정적자 감축이라는 어려운 과제를 안게 되었다. 이런 미국을 예전처럼 신뢰할 수는 없는 것은 당연해 보인다.

이때 전 세계 금융위기의 구원자로 등장한 중국은 기회를 놓치지 않았다. 2009년 1월 당시 원자바오 중국 총리는 다보스 포럼에서 미

국을 겨냥해 화살을 날렸다. "위기의 원인은 일부 경제권의 부적절한 거시경제 정책과 장기간 계속된 낮은 저축률과 과소비로 규정되는 지속 불가능한 경제성장 모델이다." 옛 영광을 다시 찾으려는 야심으로 가득 찬 당시 러시아의 푸틴 총리도 보조를 맞추었다. "월가 투자은행들의 자부심은 모두 사라졌다. 그들은 지난 25년 동안 벌어들인 수익 이상의 손실을 냈다…… 그러나 미국 정부와 투자은행은 경제위기가 닥친 상황에서도 자기 파이를 차지하려고만 했다."며 직격탄을 날린 것이다.[2] 이어서 각국이 외화보유액을 단일 통화에 지나치게 의존하는 것은 세계경제에 위험요소라며 미국에 대한 공격의 고삐를 쥐었다.

중국은 더는 미국의 국채를 마음 놓고 사기 어렵다는 의사를 내비쳤다. IMF가 달러 발행국인 미국에 대한 감독을 더 강화해야 한다고도 주장했다. 한발 더 나아가 이 기회에 달러보다 좀 더 신뢰할만한 제1기축통화를 만들자고 나섰다. 2009년 3월 저우샤오촨 중국 인민은행 총재는 "SDR(Special Drawing Rights 특별인출권, 1969년 IMF가 만듦)이 초국가적 기축통화가 될 수 있다."고 주장했다. 후진타오 중국 주석은 2010년 서울에서 열린 G20 정상회의에서 "(달러를 대체할) 글로벌 기축통화 메커니즘이 만들어져야 한다."고 주장했다. 2011년 1월 월스트리트 저널과의 인터뷰를 통해 '달러 기축통화는 과거 유물'이라며 공격의 수위를 높였다.

내심 위안화를 기축통화의 자리에 올려놓고 싶은 중국은 2008년 글로벌 위기 이후 엄청난 규모의 금을 계속해서 사들이고 있다. 금을 많이 보유할수록 나중에 제1기축통화 자리를 놓고 미국과 힘겨루기를 할 때 유리하다고 보는 것이다. 다른 한편으로 아프리카와 개발도상국들을 상대로 경제협력과 지원을 넓혀가며, 새로운 국제 금융질서를 구축하는 과정에서 개발도상국들의 발언권과 표결권을 확대하자고 주장했다. 중국은 위안화로 국제 무역거래를 하는 나라들을 점점 늘려가고 있다. 중국의 미국 뛰어넘기는 이미 가속 페달을 깊이 밟고 있는 셈이다.

　중국은 명나라 시절인 1405~1433년에 환관 출신 정화鄭和 장군을 앞세워 불과 17척이었던 콜럼버스의 함대(1492년)와는 비교도 안 될 200척이 넘는 대규모 함대를 이끌고 아프리카에 이르기까지 30여 나라를 정복했을 정도로 세계를 지배하던 나라였다. 앞의 그림에서 보듯이, 중국은 한때 세계 인구의 37%를 차지하고 전 세계 GDP의 33%를 감당할 정도로 막강한 G1Great One이었다. 미국이 가장 강력했던 1960년대에 전 세계 GDP의 약 27%를 차지했던(2013년 현재는 20% 미만으로 줄었다) 것과 비교해보라. 그러나 기마 민족인 청나라가 중국을 지배하면서 해군력이 와해되어 서양 해양 세력에게 바다를 봉쇄당하면서 고립되었다.[3] 물론, 그 과정에서 조정의 두 파벌인 환관과 그 반대파 사이에 벌어진 권력투쟁도 한몫을 했다. 환관들은 선단을 파견하여 해양왕국을 건설하자고 주장했지만, 반대파들과의 권력투쟁에서 밀리면서 중국의 선단 파견은커녕 해양 항해마저 금지당했다.[4] 그 결과 1880년 이후 중국은 글로벌 패권을 완전히 잃게 되었다.

　본래 자신이 세계의 중심이자 G1이라는 사상을 가지고 있는 중국은 오랫동안 세계의 패권을 다시 잡을 때만을 기다려 왔다. 그들은 역사상 단 한순간도 2위에 만족한 적이 없었다. 이런 생각은 앞으로도 변함이 없을 것이다. 중국의 이런 움직임은 역대 지도자들의 전략에서도 잘 나타난다. 2008년 전까지 중국의 전략은 단지 잘 사는 나라를 만들자는 것이 아니었다. 세계를 제패하는 그날까지 낮게 엎드려 실리를 챙기면서 힘을 기르자는 것이 핵심이었다. 1949~1976년의 27년간 중국을 지배했던 마오쩌둥은 "굴을 깊게 파고 식량을 비축하며 패권자라 칭하지 말라."고 가르쳤다. 마오를 이어 1976~1989년의 13년간 중국을 지배했던 덩샤오핑도 "빛을 감춰 밖으로 새지 않도록 한 뒤 은밀히 힘을 기르라."고 강조했다. 이른바 도광양회韜光養晦 전략이었다.

그런데 1989~2002년까지 지도자의 위치에 있었던 장쩌민은 점점 커지는 경제력에 자신감을 드러내며 "필요한 역할은 한다."는 '유소작위有所作爲'를 외쳤다. 그 뒤를 이어 2002년에 집권한 후진타오는 초기에는 "평화롭게 우뚝 일어서다."는 '화평굴기和平屈起'를 내세웠다. 이때까지도 겉으로는 미국에 대항하는 태도를 보이지 않았다. 그러나 2008년 미국이 심각한 위기에 빠지자, 후진타오가 이끄는 중국의 전략이 완전히 바뀌었다. 정확하게 말해 마오쩌둥 시절부터 마음속 깊은 곳에 품고 있던 야심을 비로소 드러내기 시작했다. 2010년 후진타오는 "거침없이 상대를 압박한다."는 뜻의 '돌돌핍인咄咄逼人'을 강력하게 외치기 시작했다. 미국에 대한 전면전의 선포였다. 이미 세계 2위의 경제 대국으로 올라선 중국이 거침없이 압박할 대상은 미국 외에 누가 있겠는가?

하지만 미국은 상처는 입었지만, 여전히 백수의 왕인 사자였다. 사실 미국은 2008년 이전에도 중국의 속마음을 알고 있었지만, 중국의 성장 속도에 대해서 크게 신경을 쓰지 않았다. 중국의 성장 속도가 무섭기는 하지만 조만간 미국을 압도할 수준은 아니며, 중국은 미국을 위한 '좋은 시장'일 뿐이라며 자만했다. 미국의 이런 자만심은 2차 세계대전 이후 몇 번의 불황은 있었지만 계속 성장하는 경제력과 이를 기반으로 한 강력한 기술력과 군사력에서 비롯되었다.

그러나 9.11사태로 심장부가 테러를 당하고, 2008년 서브프라임 모기지 사태로 대공황에 준하는 내부적인 경제 붕괴가 일어나면서 미국은 흔들리기 시작했다. 이런 미국의 위기를 틈타 전통적으로 미국의 우방이었던 나라들도 미국에 대해서 의심을 품게 되고, 붕괴시켰다고 생각했던 러시아가 다시 일어서면서 재기를 벼르고, 좋은 시장이자 미국 국채를 잘 사주었던 좋은 고객이었던 중국이 칼을 빼들고 덤벼들기 시작했다.

2010년 7월 30일 중국 인민은행 부행장 겸 국가외환관리국장인 이강易綱은 "중국이 올해 상반기에 일본을 제치고 세계 2위의 경제대국이 되었다."고 공식적으로 선언했다. 이 소식이 나오자, 전문가들은 앞다투어 중국이 이런 추세로 성장을 지속하면 물가 수준을 감안한 구매력 기준으로 2019년경이면 적어도 경제 면에서는 미국을 제치고 세계 1위의 지위를 갖게 될 수 있을 것으로 전망하기 시작했다. 스웨덴 국제평화연구소SIPRI는 2049년이면 군비 지출 규모도 미국을 능가할 수 있을 것이라는 예측을 발표했다. 2008년 중국의 군비 지출 규모는 849억 달러로 같은 해 미국의 6,070억 달러의 14%에 불과했다.

2020년까지 중국이 아무런 견제도 받지 않고 지금처럼 계속 성장한다면, 그 이후에는 제아무리 미국이라 할지라도 더 이상 중국을 견제할 수 없게 된다. 미국이라고 이를 모를 리 없다. 그렇기 때문에 앞으로의 10년은 미국과 중국 모두에게 아주 중요한 시기가 될 것이다.

"10년이라는 시간은 짧은 듯 하지만 광범위하고 객관적인 힘들이 작용할 만큼 충분히 길다."[5]는 조지 프리드먼의 말을 잊지 말라.

중국을 무서워하는 나라, 미국

많은 문제를 안고 있는 중국이지만, 앞으로 최소한 10년 동안은 지속적인 경제성장을 할 것이다. 그리고 막대한 부를 활용해 구舊 소련을 능가하는 군사적 힘을 갖게 될 것이다. 동시에 기축통화의 지위를 확보하는 것을 포함해서 미국을 능가하는 경제적 힘과 지위를 갖추려고 야심찬 행보를 감행할 것이다.

지미 카터 대통령의 국가안보 보좌관을 역임하고 '국제전략문제연구소'의 고문이자 존스 홉킨스 대학의 교수로 있는 Z. 브레진스키는 〈미국의 마지막 기회〉라는 책에서 미국에 불리한 지정학적 경향들을 몇 가지 거론했다.

- 이슬람 세계 전체에 걸친 서구에 대한 격렬한 적대감
- 폭발적인 중동의 정세
- 페르시아만에서 우세한 위치를 점한 이란
- 불안정한 핵 무장 국가 파키스탄
- 불만을 품은 유럽
- 분노를 품은 러시아
- 아시아에서 더욱 고립된 일본
- 포퓰리즘적 반미 성향의 물결이 일고 있는 라틴 아메리카
- 동아시아 공동체를 조직하려 하고 있는 중국[6]

그런데 미국에 위협이 되는 요소 중에서 일본과 파키스탄의 문제를 제외한 나머지는 모두 중국과 연관될 가능성이 크다. 즉, 미국에는 위협적인 요소지만, 반대로 중국에는 이미 우호적인 나라이거나 앞으로 중국과 전략적 연합이 가능한 나라와 지역이다. 이미 미국의 골칫거리인 지역과 국가들이 중국과 손을 잡는다면 미국으로서는 더욱더 머리가 아프게 된다. 반대로 중국의 입지는 지금보다 훨씬 더 강화되어 미국을 위협하는 그룹의 대표자로 부상하게 된다.

중국의 급속하고 강력한 성장과 미래의 전략적 위협, 장기적으로 미국을 포함한 전 세계에 영향을 미칠 생태계 위협과 경제적 비용 손실을 미국이 전혀 달가워하지 않을 것이다. 중국도 이를 잘 알고 있지만, 미중 간의 제로섬 경쟁을 피하거나 대국굴기를 포기하고 싶은 마음은 없는 듯하다.[7] 미국으로서는 중국이 미국산 IT 제품, 자동차, 항공기, 에너지 등을 사줄 수 있는 아시아에서 가장 큰 시장, 미국 국채를 가장 많이 구매해 줄 수 있는 국가에 머문다면 매력적인 나라다. 그러나 이는 중국이 '감히' 미국의 지위를 넘보지 않는다는 전제 위에서나 환영받을 일이다.

아직도 미국과 중국의 새로운 경쟁 관계가 절대로 형성되지 않을 것이라고 주장하는 사람들이 있다. 중국의 부상은 전통적인 강대국들의 길과는 다르고, 시대가 달라져서 패권경쟁은 없을 것이라고 주장한다. 지금이 이념 경쟁의 시대도 아니고, 중국도 겉으로만 사회주의이지 속으로는 자본주의에 완전히 물들어서 이념에 별로 관심이 없다는 평가에 기반을 둔 주장이다. 그들은 중국이 옛 강대국들처럼 군사적으로 호전적인 태도를 보이지 않을 것이며, 주변국에 불안감을 조성하는 문제를 절대로 만들지 않을 것이라고 확신한다.[8]

과연 그럴까? 아래의 글은 1956년 8월 마오쩌둥이 제8차 전인대 예비회의 1차 회의에서 한 연설이다.

"미국의 인구는 겨우 1억 7천만 명인데 중국의 인구는 이보다 몇 배는 많다. 그런데 천연자원은 우리와 비슷하게 풍부하고 기후도 우리와 비슷하다. 그러니 우리도 미국을 따라잡을 수 있다. 우리가 굳이 미국을 따라잡아야 하는가? 반드시 그래야 한다. (중략)
50년 후 혹은 60년 후에는 반드시 미국을 따라잡아야 한다. 이것은 의무다. 우리에게는 그것을 가능하게 할 많은 인구, 광대한 영토, 풍부한 자원이 있다. 더구나 우리는 더 우월한 사회주의 체제를 구축하고 있지 않은가! 50년 혹은 60년 동안 노력했는데도 여전히 미국을 따라잡을 수 없다면 그보다 비참한 일이 또 있겠는가! 그러므로 미국을 따라잡는 일은 가능한 일일 뿐 아니라 반드시 필요하고 또 반드시 해야만 할 우리의 지상과제다."

중국이 미국의 적대국이던 시절은 막을 내리고 있다고 주장하는 사람들도 최소한 무역, 금융, 자원, 군비확장 등의 영역에서는 미국과 중국 사이에 앞으로도 계속해서 충돌이 있을 것이라는 점을 인정한다.[10] 하지만 이들은 기본적으로 중국의 부상이 미국을 포함한 서구와 세계의 이익을 증진한다고 판단한다.

2013년 6월 8일 버락 오바마 미국 대통령과 중국의 시진핑 국가주석이 첫 정상회담을 하고 새로운 대국관계의 정립을 대내외적으로 선언했다. 선언은 중국과 미국은 앞으로 갈등의 관계가 아니라 평화적이고 전략적인 동반의 관계로 나아갈 것을 천명했다.

두 나라 정상의 새로운 대국관계 선언을 뒤집어 보면 두 나라가 대내외적으로 본격적인 경쟁 관계에 들어섰음을 반증하는 사건이다. 그 이전까지 열세에 있다고 보았던 중국이 이제는 본격적인 글로벌 경쟁과 협력의 파트너가 되었다는 점을 미국도 인정할 수밖에 없게 된 것이다. 미국이 이런 정도의 대등한 경쟁과 협력 관계를 표명한 나라는 구소련과 러시아밖에 없었다.

겉으로 맺은 협력관계에도 불구하고, 미국은 뒤에서는 중국이 대규모 스파이 활동을 통해 미국의 전략적 무기 설계도들을 해킹하여 훔쳐 갔다고 공격의 포문을 열었다. 그리고 미국 군사 전력의 60%를 아시아태평양 지역에 재배치하고, 호주에 해병대를 주둔시키겠다는 계획을 발표했다.

중국 역시 양국이 공정하고 평화롭고 상생하는 경쟁을 하겠다고 선언한 직후, 미국 다음의 경쟁자인 EU의 중국산 태양광 패널에 대한 반덤핑 관세 부과에 맞서 무역전쟁을 선포했다. 중국은 여차하면 유럽산 자동차에까지 무역전쟁의 전선을 넓히겠다고 위협했다.

역사에서 1등의 자리, 황제의 자리, 세계 통치자의 자리를 두고는 절대로 타협이나 양보가 없었다. 의도했든 아니든 중국의 성장이 미국의 국익, 제1기축통화권의 지위와 군사 패권적 지위를 침해하거나 넘어서는 모습으로 변화되면 중국을 대하는 미국의 시나리오는 단 하나다. '미중 전쟁'을 통해 중국을 2위 혹은 그 아래로 끓어 앉히고 아시아의 좋은 시장 역할만 잘하도록 강제적인 수단을 사용하는 것이다.[11]

미국은 그런 나라다. 예를 들어 클린턴 정부는 1991년 아이티에서 민주정부를 무너뜨리고 군사정부를 세웠다. 2002년 부시 정부는 베네수엘라 군사 쿠데타를 지원했고, 2009년 오바마 정부는 온두라스 군사 쿠데타를 겉으로는 비난했지만, 암묵적으로 인정하고 IMF를 통해 1억 5천만 달러를 대출해 주었다. 또한 미국은 마약을 평계로 남미를 군사기지화 했고, 처음에는 이라크의 후세인을 지지하다가 미국에 대항한다는 이유로 대량살상무기를 보유하고 있다는 거짓 누명을 씌워 전쟁을 일으켰다.[12] 미국은 여전히 세계를 향한 팽창정책을 멈출 이유도 멈추려는 마음도 없다. 단지, 2008년 금융위기와 재정 절벽 위기 때문에 잠시 주춤하고 있을 뿐이다.

그렇지만, 미국이 중국을 상대로 물리적인 전쟁을 수행할 수는 없다. 미국과 중국 사이에 물리적인 전쟁이 일어나면 곧바로 3차 세계대전이 발발하게 된다. 인류는 핵전쟁, 생화학전쟁 등으로 공멸한다. 이런 사실을 명백하게 알고 있는 미국과 중국이기 때문에 서로가 군사적인 전면전을 할 가능성은 '혜성이 지구와 충돌해서 지구가 멸망할 가능성'만큼이나 낮다. 더욱이 지금은 과거처럼 물리적 전쟁을 통해서 영토를 빼앗지 않아도, 경제전쟁을 통해서 얼마든지 수많은 나라를 굴복시키고 세계를 지배할 수 있는 시대가 되었다.

상처 입은 사자, 미국의 반격

미국과 중국은 이미 오래전부터 상대를 '주적主敵'으로 규정하고 있다. 시나리오 경영의 대가인 피터 슈워츠 박사가 '9.11 사태'를 예측하는 시나리오를 7개월 전에 백악관에 전달했을 때, 부시 대통령은 외면했다. 그 이유 중의 하나가 당시 미국이 주적으로 생각하고 있는 나라는 오로지 중국뿐이었기 때문이다. 중국이야말로 미국 본토를 공격할 수 있는 유일한 적이라고 오래 전부터 생각하고 있었다는 말이다.

중국이 2008년 금융위기를 틈타 미국 달러화가 가지고 있는 기축통화 지위에 대한 도전의 행보를 시작했다. 우리나라를 포함한 6개국과 위안화 통화 스와프를 체결하고, 달러 대신 IMF의 특별인출권인 SDR의 사용 확대를 주장하고, 중국 국제금융센터를 설립해서 2020년에 위안화 자유 태환을 시행하겠다고 공식적으로 발표했다. 그리고 중국 동남부 5개 도시(상하이, 광저우, 선전, 주하이, 둥관)와 홍콩 간의 무역에서 위안화 결제를 도입했다.

월가의 수많은 금융 인재도 중국으로 스카우트했다. 더불어 막대한 자본력을 앞세워 각 분야의 해외 석학을 불러들여서 교육 분야에서 미국을 맹렬히 추격하고 있다. 이미 2009년 전 세계 100대 경영대학원 순위에서 중국 상하이의 중국유럽국제경영대 Cebis가 22위에 올랐고, 홍콩과학기술대 HKUST 경영대학원은 44위, 홍콩 중문대 경영대학원은 69위를 차지했다.

군사 측면에서도 2010년 천안함 사건 이후 신냉전 시대를 우려하는 말이 나올 정도로 미국과 날카로운 대립각을 세우고 있다. 중국은 공격적인 외교 활동을 통해서도 미국을 압박하고 있다. 일명 대국외교다. 예를 들어 중국은 미국의 턱밑에 있는 니카라과의 반미 좌파 정권과 손을 잡고 공사비 44조 원을 투입, 파나마 운하보다 더 큰 운하를 건설하고 100년 동안의 운영권을 가지기로 했다.[13] 중남미의 좌파 정부들과 연대해서 미국을 압박하는 것과 파나마 운하가 봉쇄될 경우의 대비책 등 다양한 포석이 깔려 있는 외교 전략이다. 금융위기의 급한 불을 끈 미국이 앞으로는 이러한 상황을 더는 넘겨버리지 않을 것이다.

부채의 제국, 세계 위기의 주범이라고 손가락질 당하는 미국에게
는 세계의 의심을 잠재우고, 동맹국을 다시 결집시킬 '강력해 보이는
적'과 '새로운 당근'이 필요하다(지난 날에는 소련이 이념적 적이었고, 정치
적 경제적 동맹을 유지하는 당근은 중동의 석유였다). 이를 위해서는 보이지
않는 적을 상대하는 테러와의 전쟁보다는 눈에 보이는 큰 적이 더 효
과적이다. 제국들의 역사를 보면, 엄청난 부채로 국가 전체가 위험에
빠지면 창의력이 풍부한 정치인들이 국민의 불안과 원성을 다른 데
로 돌리기 위해 새로운 적을 만들어냈다.[14] 더불어 이번 기회에 미국
을 넘어서기 위한 목적으로 만들어진 유럽연합에 대한 대응책도 마
련해야 한다. 유로화는 2006년부터 달러화보다 국제금융시장에서
더 많이 사용되고 있을 정도로 미국에게는 눈에 거슬리는 존재다.

앞으로 20년, 미국의 안보나 국익에 강력한 적수로 등장할 중국,
유럽, 러시아에 대한 미국의 가장 좋은 선제공격 시점은 역설적으로
미국이 만들어낸 현재의 금융위기 국면이다. 미국은 전통적인 동맹
국에 줄 좋은 선물도 준비하고 있다. 전 세계에서 가장 큰 미국 시장
을 더욱더 개방해 주고, 엄청난 매장량을 보유하고 있는 셰일가스와
셰일오일을 낮은 가격에 제공하는 것이다.

미국에게는 G2라는 단어도 기분이 나쁘다. 2차 세계대전 이후, 미
국은 동급의 어떤 경쟁국도 존재하지 않는 단극체제를 유지하는 것
을 기본 전략으로 삼았다. 미국은 국익과 지배의 영속화를 위해 필
요하다면 '예방공격Prevention'[15] '선제공격Preemption에 의한 방위'까지도
마음대로 수행할 수 있는 권리를 자신들이 가지고 있다고 생각한다.
필요하다면 국제법의 새로운 기준도 만들면 된다고 생각하고 지금까
지 그렇게 해왔다.[16]

미국이 중국의 사회, 경제, 국제관계 등의 분야에 좀 더 직접적으로 간섭하는 데는 중국에 위협을 느끼고 있다는 점 말고도 다른 이유가 있다. 역사적으로 미국과 같은 초강대국은 독특한 국가 심리가 있다. 자신들은 개발도상국 혹은 자기보다 낮은 발달 단계에 있는 나라나 세계 질서에 대해서는 '개입할 권리와 책임'을 갖고 있다고 생각한다. 초강대국들은 개발도상국에 자신들의 사회, 정치, 경제 체제를 강요했다. 무력이나 직접적인 위협도 서슴지 않았다.[17] 그렇게 해서라도 뒤떨어진 나라들을 문명화시키는 것이 자신들에게 주어진 이타적 수호자로서의 사명이라고 생각하기 때문이다.[18]

미국이 중국의 경제에 개입하려는 본능적 충동을 느끼는 이유는, 자신들이 문명화시켜야 하는 제3국가들이 중국식 개발과 성장의 모델을 본받지 않을까 하는 우려 때문이다.[19] 앞으로 10년 동안 미국의 대 중국 전략은 중국의 도전에 대한 두려움과 개입의 권리 및 책임이라는 두 종류의 의식이 묘하게 결합되어 나타날 것이다.

하나 더! 미국은 오래 전부터 가장 중요한 지정학적 목표 지역으로 유라시아를 염두에 두고 있었다. 유라시아는 세계에서 가장 큰 대륙이자 지정학적 중심부다. 500년 동안 세계를 지배한 제국이 유라시아에서 나오기도 했다. 세계 인구의 75%가 여기에 살며, 에너지 소비의 75%, GDP의 60%를 차지한다. 정치적으로는 매우 역동적이며 동시에 자기주장이 강하다. 비유라시아 국가인 미국은 자신이 유라시아에서 강력한 존재로 군림하고 있는 현 상황을 미래에도 지속하는 것을 미국의 장래와 세계 평화를 좌우할 결정적인 조건으로 믿고 있다.[20]

실제로 미국은 어떻게 움직이고 있을까? 2010년 1월 27일 오바마 대통령은 국정연설에서 "5년간 수출을 2배로 늘려서 미국 내에서 200만 개의 일자리를 만들어 낼 것"이라고 선언했다. 현재 미국의 산업구조에서 일자리를 추가로 크게 늘리려면 일본, 중국, 한국 중 누군가의 희생이 필요하다. 오바마 대통령은 다른 연설에서도 "차입과 소비의 시대를 국내에선 덜 소비하고 나라 밖으로 더 수출하는 시대로" 바꾸겠다고 했다. 미국 내에서 저축과 투자를 늘리겠다는 표면적인 뜻 이외에 노림수가 들어있는 말이다. 소비와 수입을 줄인다는 발언은 중국을 비롯한 대미 수출국을 간접적으로 겨냥하고 있다.

오바마의 말을 이어받아 로런스 서머스 백악관 경제자문위원장이 나섰다. 그는 NBC 방송과의 인터뷰에서 "미국 정부는 경제가 회복되면 재정적자 감소, 부채 부담 완화, 국내총생산 대비 부채 비율 감소에 전략적 초점을 맞출 것이다."라고 했다. 세계 최대의 소비국인 미국이 부채를 줄이게 되면 자연스럽게 세계 경제가 위축된다. 2008년 전까지 미국이 해마다 6~7천억 달러의 무역적자를 기록하면, 그 반대편에서 중국을 비롯한 다른 나라들이 그만큼의 흑자를 얻을 수 있었다. 미국의 부채가 기하급수적으로 늘어날수록 다른 나라들은 그만큼의 매출이 늘어났다. 이 모든 것을 당분간은 거꾸로 돌리겠다는 말이다.[21]

미국의 중국에 대한 본격적인 견제는 군사 분야에서도 나타났다. 2010년 7월 30일의 워싱턴포스트의 기사가 달라진 미국의 태도를 잘 설명해준다.

천안함 사건을 계기로 미국의 대 중국 태도가 강성으로 변했다…… 경제 문제에서는 중국의 G2 지위를 인정하나 중국의 팽창 정책에 대해서는 강경하게 대응하겠다는 쪽으로 미국의 동북아 전략이 수정됐다.

오바마 대통령은 2009년 취임 초에는 중국과의 잠재적 동반자 관계를 역설했다. 하지만 경제위기를 극복하고 재선에 성공하고 난 뒤에는 노골적으로 '중국 견제'에 나서고 있다. 이런 상황에서 앞으로 미국과 중국의 관계는 어떻게 전개될까? 상처 입은 사자 미국은 어떻게 행동할까?

중국은 아직 미국의 적수가 못 된다

필자는 미국과 중국의 10년 전쟁이 미국의 승리로 끝날 가능성이 좀 더 크다고 본다. 그 이유는 간단하다. 앞으로 펼쳐질 미국과 중국의 6가지 전쟁에서 미국이 꺼낼 카드가 중국보다 더 많다.

사실, 중국은 최소 10년 정도 더 몸을 낮추고 힘을 길렀어야 했다. 그랬더라면 미중 전쟁의 승자가 누가 될지는 예측불허였을 것이다. 그러나 중국이 성급하게 2008년을 기점으로 미국을 향해 포문을 열었다. 그런데 미국발 금융위기는 중국의 계산과는 다르게 미국에서 끝나지 않고, 유럽으로 불길이 번졌다. 처음 미국에서 위기가 발발했을 때는 중국이 세계경제의 구세주처럼 보였다. 누가 생각하더라도 미국의 소비 감소분을 중국의 과잉생산과 투자, 그리고 소비 진작으로 메워줄 수 있을 듯 보였다.

그러나 이런 기대는 비현실적임이 곧 드러나기 시작했다.(2008년 당시에도 필자의 생각은 달랐다) 금융위기가 발발하기 전인 2007년 기준(세계은행 자료)으로 미국의 GDP는 약 13조 8천억 달러, 중국은 3조 4천억 달러였다. 그리고 미국의 소비 규모는 GDP 전체의 75%를 차지했었으므로 약 10조 350억 달러. 그런데 2007년 중국의 GDP에서 가계소득이 차지하는 비중은 대략 40% 정도인 1조 4,356억 달러였다.[22]

이를 기준으로 생각해보자. 미국의 소비가 20% 준다면 금액으로는 2조 달러가 줄어든다. 이 감소분을 메우려면 중국의 소비가 단번에 70%가 늘어나거나 혹은 중국 GDP가 30% 늘어나야 한다. 그런데 미국의 위기가 유럽으로 번지면서 미국보다 GDP가 약간 더 큰 유로지역의 소비가 침체하기 시작했다. 쌍발 비행기의 양쪽 엔진이 한꺼번에 꺼진 형국이 된 것이다. 미국의 소비 감소도 혼자서 상쇄하기 어려운 중국이 유로존의 소비 침체까지 동시에 감당하기는 불가능하다. 이를 감당하기 위해서 무리를 한다면 중국은 높은 인플레이션과 버블 붕괴라는 엄청난 후폭풍을 맞게 된다. 더욱이 중국 경제 안에서도 위기의 징후가 곳곳에서 포착되고 있었다. 결국, 중국도 두 손을 들고 말았다.

미국만 위기에 빠진 줄 알았는데, 시간이 지날수록 전 세계가 위기의 늪에 함께 빠져들었다. 상황이 이렇게 변하자, 오히려 미국이 그나마 세계에서 가장 믿을 만한 나라로 평가받는 희한한 일이 벌어졌다. 이제 전 세계는 중국이 아니라, 미국이 이 위기를 극복하는데 중심 역할을 해주기를 기대하기 시작했다. 불신의 대상이었던 미국 국채의 가치가 다시 높아졌다. 유로존이 위기 탈출의 실마리조차 찾지 못한 채 겨우 생명을 연장하고 있는 동안, 중국에서는 다시 부동산 버블과 물가 인상에 대한 경고가 터져 나오기 시작했다. 그 사이 미국은 세계에서 가장 빨리 위기 극복의 신호를 내보냈다.

달러보다 좀 더 신뢰할만한 제1기축통화를 만들자, SDR를 초국가

System Map

이 그림은 미중 전쟁의 6가지 전쟁터인 패권, 무역, 환율, 원가, 산업,
인재 전쟁을 한 눈에 보여 주는 것이다.

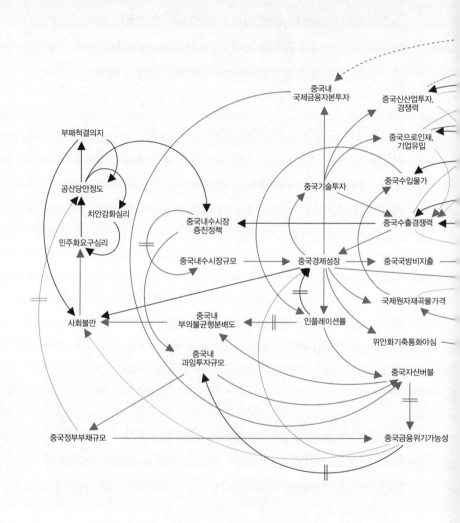

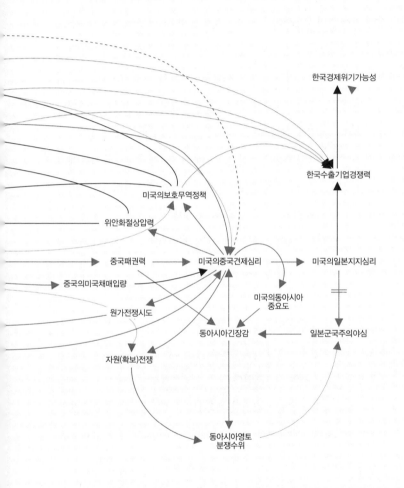

한국경제위기가능성

한국수출기업경쟁력

미국의보호무역정책

위안화절상압력

중국패권력 → 미국의중국견제심리 → 미국의일본지지심리

중국의미국채매입량

미국의동아시아
중요도

원가전쟁시도

동아시아긴장감 ← 일본군국주의야심

자원(확보)전쟁

동아시아영토
분쟁수위

적 기축통화로 하자, 달러를 대체할 글로벌 기축통화 메커니즘을 만들자는 얘기가 흔적도 없이 사라졌다. 대신 각국이 앞다퉈 달러를 사 모으기 시작했다. 독일 시사주간지 '디 차이트'의 발행인 요제프 요페Joffe 는 미국 쇠망론이 오래 전부터 반복적으로 제기되었던 점을 날카롭게 지적했다. "소련이 미국을 제치고 세계 최초의 인공위성 스푸트니크 1호를 쏘아 올린 1957년, 리처드 닉슨 대통령과 헨리 키신저 국가안보보좌관이 미·소 양강 시대를 대신할 5강 체제의 도래를 전망한 1960년대 후반, 지미 카터 대통령이 TV 연설에서 느닷없이 '미국은 신뢰의 위기에 빠졌다'고 해 국민을 충격에 빠뜨린 1979년, 폴 케네디 교수가 저서 〈강대국의 흥망〉에서 미 제국의 쇠퇴를 예고한 1987년, 그리고 부시 행정부 말기부터 최근까지" 여러 차례 미국 쇠망론이 되풀이되었지만, 미국의 쇠퇴를 뒷받침할 실질적인 근거는 없다." 요제프 요페는 오히려 미국이 아직 건재하다는 근거가 더 많다고 말했다.[23]

- 글로벌 금융위기로 미국 5대 투자은행 중 3개가 쓰러진 최악의 시기였던 2008년에도 미국의 GDP는 14조 2,646억 달러로 2위 일본(4조 9,238억 달러)의 약 3배였다.

- 중국의 군사력이 막강해졌지만 제해권制海權 의 척도인 해군 총톤수(함정들의 배수량을 다 합친 것)만 보아도 미 해군은 312만 1,014t으로 2~14위까지 13개국 해군의 총톤수를 합친 것보다 크다.

- 스톡홀름 국제평화문제연구소SIPRI 자료에 따르면 2008년 미국이 국방비로 지출한 금액 6,070억 달러는 전 세계 국방비의 약 40%에 해당하며, 2~10위 나라들의 국방비를 합친 4,767억 달러보다 많다.

요페는 역으로 중국이 미국을 능가하는 힘을 갖기도 전에 '늙은 나라'가 될 가능성이 더 크다고 보았다. 필자도 요페의 견해에 동의한다. 중국이 미국의 경제 규모를 추월하는 미래 시나리오들을 살펴보고 감춰져 있는 중국 내부의 위험 요소들을 분석하여 종합한 결과, 중국은 미국을 능가하는 힘을 갖기 전에 스스로 무너지거나 혹은 미국이 가하는 한 두 번의 결정적인 경제적 타격으로 주저앉을 가능성이 더 크다.(자세한 내용은 3부 12장 참조)

앞으로 10년, 미중 패권전쟁의 격전지가 될 동아시아

미국과 중국은 누군가의 우발적인 실수가 없는 한, 군사적인 전면전을 벌일 가능성은 거의 없다. 그러나 앞으로 10년 동안 군사력을 앞세운 강력한 패권전쟁이 벌어질 것이다. 냉전시대에 구소련과 미국이 벌였던 군사적 패권전쟁을 능가하는 강도로 진행될 것이다. 패권전쟁은 마치 두 마리의 맹수가 서로 노려보며 가장 큰 몸짓과 포효를 앞세워 상대방의 기선을 제압하려는 행동과 같다.

미국과 중국은 앞으로 10년 동안 세계 곳곳에서 동맹국을 앞세우면서, 전쟁이 일어나지 않을 범위 안에서 가장 큰 위협을 상대방에게 보여주려고 할 것이다. 필요하다면 국지적인 도발이나 충돌도 일으킬 것이다. 하지만 동아시아에서는 미국과 중국이 직접 부딪힐 가능성이 크다. 미국은 한국, 일본, 필리핀 등의 동맹국을 전면에 내세울 수 있지만, 중국은 미국의 동맹국과 직접 충돌할 수밖에 없다. 중국과 미국의 동맹국 간의 군사적 긴장과 국지적 충돌은 내륙에서는 인도, 바다에서는 이어도, 센카쿠 열도, 대만 해협, 난사 군도, 시사 군도 등의 영토분쟁지역에서 극대화될 것이다. 남중국해를 포함한 동아시아의 바다는 미국의 영토가 아님에도 2010년 당시 힐러리 클린턴 미국무장관은 "남중국해에서의 국가 간 분쟁은 미국의 국가이익에 중대한 영향을 미친다."고 선언했다.

중국으로서는 미국의 포위망 돌파가 매우 중요하다. 2011년 기준으로 중국은 GDP의 70%를 대외교역에 의존하는 데 그 물동량의 85%가 바다를 통해서 이루어졌다. 특히 식량, 석유 등의 전략적 물자 수송은 대부분 해양수송에 의존하고 있다. 미국이 인도양과 말라카 해협의 수송로를 봉쇄하면 중국은 경제적으로 심각한 타격을 받게 된다. 또한, 중국이 이웃 나라들과 벌이고 있는 150만~190만km²에 달하는 해양 국경선을 둘러싼 분쟁 지역은 미래의 자원이 대량으로 묻혀있는 곳이다.

중국, 대만, 필리핀, 말레이시아, 베트남에 둘러싸여 있는 남중국해에서 확인된 석유 매장량만 해도 대략 170억 톤(1,246억 배럴)이다. 전문가들은 대략 300억 톤의 원유와 5,600만m³의 천연가스가 매장되어 있을 것으로 추정한다. 석유 외에도 다양한 광물자원이 묻혀 있으며, 해상교통로로서의 전략적 가치도 크다.[24] 중국에게 남중국해는, 미국이 지난날 석유를 차지하기 위해 공을 들이고, 필요하다면 전쟁도 불사했던 중동 지역과 같은 곳이다.

일차적으로 분쟁국 당사자들끼리 국지적인 무력 충돌이 벌어지겠지만, 이는 중국과 미국의 대리전에 불과하다. 실제로 2013년 초에 중국과 일본이 센카쿠(중국명 댜오위다오)에서 초긴장 상태에 돌입하자 미군은 동중국해에서 중국 전투기와 전함들의 동향을 감시하기 위해 공중조기경보통제기AWACS를 즉각 투입했다. 중국 전투기가 미국의 P3C 초계기와 C130 수송기를 뒤쫓았기 때문이라는 명분을 내

세웠지만, 중국군의 움직임을 면밀하게 감사하고자 하는 의도가 짙었다.

중국이 급성장하는 경제력을 기반으로 경제, 군사 등 모든 분야에서 영향력 확장을 시도하면서 아시아 주변국의 반발도 커지고 있다.[25] 중국은 역사적으로 언제나 주변국을 침략하고 군사적 위협을 가했던 나라다. 이런 역사적 트라우마가 있는 필리핀, 베트남, 한국, 몽골 등의 주변국은 중국의 영향력 확장이 달갑지만은 않다. 필리핀은 스카버러 섬에서 중국과 영유권 분쟁 중인데, 무력 충돌이 일어나면 미국과 필리핀의 상호방위조약에 따라 자동으로 미군이 개입할 수 있다. 센카쿠 열도에서 충돌이 발생해도 미일 안전보장조약에 따라 자동으로 미군의 개입이 가능하다. 그 외에도 난사 군도와 시사 군도에서는 베트남이 중국과 영유권 분쟁 중이고, 이어도에서는 중국과 한국이 분쟁 중이다.

2011년 7월 19일, 대만은 국방보고서를 통해 중국의 군사력이 이미 자국의 방위 수요를 능가해서, 아시아 태평양 지역의 군사적 균형을 허물어뜨릴 수준에 이를 정도로 큰 변수가 되었다고 분석했다. 현재 중국과 대만은 양안경제협력이 급물살을 타면서 1949년 분단 이후 가장 좋은 분위기다. 그래서 군사적 충돌 가능성은 낮아졌지만, 군사적 위협 수준은 더 커졌으며 대만을 '병탄倂呑(다른 나라의 영토를 강제로 제 것으로 만듦)'할 중국의 욕구는 더 커졌다고 느낀 것이다.[26] 중국은 한 번도 대만을 자신의 영토가 아니라고 생각해 본 적이 없다. 중국은 공산당과의 내전에서 패한 국민당이 대만으로 도피할 때, 미국이 국민당을 지원해서 통일이 방해받았다고 보고, 현 상태는 임시적인 분단 상황일 뿐이라고 생각한다. 실제로 중국은 본토에서 불과

1km밖에 떨어져 있지 않은 대만의 영토인 진먼 섬을 가장 먼저 탈환하려고 끊임없이 공격하면서 호시탐탐 무력 점령의 기회를 노리고 있다. 1996년 3월에는 대만해협에서 중국과 대만-미국 연합군 사이에 전면전이 발발하기 직전의 상황이 벌어지기도 했다. 이 일을 계기로 중국은 군사력 증강에 더욱더 힘쓰기 시작했다.

중국과 일본의 센카쿠(중국명 댜오위다오)열도 분쟁 사례도 비슷하다. 중국은 인민해방군에게 노골적으로 일본과의 전쟁을 준비하라고 말한다. 중국인들도 중국 정부가 영토분쟁에서 절대로 밀리지 말아야 하며, 전쟁을 통해서라도 자존심을 지켜야 한다고 생각한다. 중국이 일본처럼 강력한 자위 능력을 갖춘 나라와도 드러내 놓고 전쟁을 말하는 상황이니, 일본보다 군사력이 상대적으로 약한 나라들은 미국의 손을 잡을 수밖에 없게 되었다. 이에 화답이라도 하듯 미국은 2011년에 호주 북부 다윈에 해군기지를 세우고 해병대 2,500명의 배치를 약속했다. 그리고 영토분쟁 국가와 분쟁 지역은 모두 미국의 공동 방위 대상이라고 선언하고 연합 군사훈련을 시행 중이다. 2012년 1월에는 한 보고서를 통해 중국의 급성장이 미국 경제와 안보에 큰 위협 대상이라며 국방의 축을 아시아태평양으로 옮긴다고 선언했다.

중국은 주변국에 대한 경제적 원조나 기업 진출을 빌미로 각종 광물 자원을 독점 개발하고, 대 중국 수출 물량을 가지고 압력을 가하는 방법도 같이 사용한다. 예를 들어 중국은 센카쿠 열도를 둘러싼 무력 충돌 시에 "한국은 누구 편이냐?"고 물으면서 경제적 압박을 가했다. 중국에 위협을 느끼면 느낄수록 주변국들은 미국과의 관계 개선에 나설 것이고 이는 다시 중국과 미국의 관계에 악영향을 미치게 된다. 중국으로서는 미국이 대만에 무기를 판매하고, 일본의 군국주의화 경향을 방관하고, 남중국해 영유권 갈등에 훈수를 두고, 대 중국 첨단기술 수출 금지를 조장한다는 사실만으로도 충분히 불쾌하다. 결국, 동아시아의 모든 군사적 긴장과 경제적 불균형은 미국과 중국의 불편한 관계로 귀결될 것이다.

미국과 중국의 군사 전력 비교

가능성은 낮지만, 반드시 검토해보고 넘어가야 할 시나리오가 있다. 만약 패권 경쟁을 넘어 미국과 중국이 지금 당장 전면전을 벌인다면 과연 누가 이길까?

2011년, 어려운 상황에서도 미국은 7,125억 달러의 국방비를 지출했다. 이는 중국의 5배, 러시아의 10배, 독일의 15배에 해당한다.[27] 2002년 이후 상위 100대 무기상의 대부분을 차지하고 있는 미국 군수회사들의 기업 가치는 매년 평균 37%씩 증가했다. 세계 최대의 무기 수출국인 미국은 2007년 230억 달러를 수출했고, 2008년은 378억 달러의 계약을 맺었다. 이는 2위 수출국인 이탈리아의 10배에 달하는 규모다. 현재 미국은 전 세계 무기 계약의 70% 가까이 독점하고 있다.[28]

21세기에 국제 교역의 90%는 해상을 통해 이루어진다. 세계를 지배하려면 바다를 장악해야 하는 이유다. 역시, 이 부분에서 미국은 부동의 1위다. 항공모함은 11척을 보유하고 있으며, 순양함 22척, 구축함 56척, 호위함 21척, 잠수함 71척, 수륙양용전함 31척, 해군 전투기 900기를 보유하고 있다. 해병대를 포함한 전체 해군 병력은 33만 5,822명이다.[29] 이 모든 것을 합하면 미국 해군력은 전 세계 해군력의 60%를 넘는다.

미군의 총병력 수는 140만 명이 넘고, 144국에 약 46만 명이 주둔하고 있다. 전투기 3,700대를 포함한 9,000대 정도의 유인 작전기, M1A2 전차 8,700대 등을 보유하고 있다. 현재까지 자국의 방어를 넘어서 전 세계 어느 곳에서든지 대규모 연합훈련을 하고, 군대를 주둔시킬 수 있는 경제력과 군사력을 가지고 있는 나라는 미국뿐이다. 미국은 세계 어느 곳이든지 120시간 이내에 사단 규모의 병력을 파병할 수 있다.

미국의 국방력은 규모뿐만 아니라, 질적인 수준에서도 세계 최강이다. 예를 들어, 2013년 4월 초 미국은 북한의 핵위협과 국지전 발발 징후가 포착되자 'SBX-1'로 불리는 탄도미사일 탐지 전용 레이더가 달린 해상 레이더 기지를 한반도 해역으로 급파했다. SBX-1은 미국 미사일 방어MD 시스템의 핵심 장비로 거대한 석유시추선에 실려 있는 대당 1조 원짜리 이동용 레이더 기지다. 최대 4,800km 떨어진 야구공을 탐지할 수 있는 능력을 보유하고 있어서 마하 20(음속의 20배)으로 날아오는 대륙간탄도미사일을 수천km 밖에서 탐지해서 요격할 수 있게 해준다.

이밖에도 미국은 레이저로 미사일을 격추하는 ABLAirborne Laser시스템을 보잉747-400F에 탑재하여 운용하고 있으며, 록히드마틴 사가 개발한 외골격 로봇 BLEEX은 90kg의 군장을 지고도 시속 16km로 달릴 수 있다. 공중급유 한 번으로 어디든지 날아가 핵 폭격을 할 수 있는 B2 스텔스 폭격기(핵폭탄 16발 장착 가능)를 20대나 보유하고 있으며, 무인 기갑 로봇과 무인 정찰기, 무인 전투기, 원격조종 로봇 병사 등도 곧 실전에 배치될 예정이다. 미국의 차세대 주력기 중 하나인 F-22 랩터는 스텔스 능력을 갖추고 있어 레이더에 탐지되지 않고,

적외선 탐지율도 낮다. 그래서 전투기의 기능뿐만 아니라 초소형 조기 경보기 역할도 담당할 수 있다. 대당 가격은 1,008억 원 정도이고, 최고 속도가 시속 2,655km, 비행반경은 3,700km나 된다. 랩터는 모의 공중전에서 241:2의 승률이라는 절대적인 위력을 발휘했다.

미국의 더욱 무서운 점은 만약, 전쟁이 나면 이런 무기들을 계속해서 생산해 낼 수 있는 군수 조달 능력까지 보유하고 있다는 점이다. 핵무기와 수소폭탄 등의 대규모 살상무기를 제외하고도 이런 능력을 보유하고 있다. 현재의 무기 성능 이외에도 IT, 생화학, 나노, 로봇, 사이보그 및 항공 우주 기술 등을 활용한 미래형 무기 개발에서도 세계 최고의 능력을 보유하고 있다. 예를 들어, '신의 지팡이'라는 별명을 가지고 있는 무기는 우주 위성에서 지상으로 핵미사일급 위력을 가진 폭격을 할 수 있다. 미군은 무인 지상 차량 1만 2천 대, 무인 항공기 7천 대도 보유하고 있다.[30]

군사력의 증강은 단순하게 패권전쟁에서의 승리에만 그치지 않는다. 곳곳에서 군사적 긴장감이 높아지면 무기 수출도 중요한 무역 거래 품목이 된다. 미국은 2008~2012년 전 세계 무기 수출의 30%를 차지했다. 특히 2012년에는 태평양사령부 관할 지역 국가들과의 무기 판매 계약 규모가 전년보다 5% 증가한 137억 달러(14조 6천억 원)에 이르렀다. 뒤를 이어 러시아가 26%로 2위, 독일이 7%로 3위, 프랑스가 6%로 4위를 기록 중이다. 중국은 5%로 영국을 제치고 5위에 올랐다.

군사기술의 수준은 산업기술 수준과도 아주 밀접한 관계에 있다. 미래산업을 이끌 다양한 핵심 기술들이 가장 먼저 적용되는 곳이 군사 분야다. 예를 들어 컴퓨터, GPS, 인터넷, 레이더, 전자레인지, 내시

경 등의 혁신적인 제품들은 모두 군대에서 사용되던 것들이다. 로봇, 사이보그, 입는 로봇, 투명 자동차, 무인 비행기, 무인 자동차 기술, 헬멧에 장착하는 헤드업HUD 디스플레이, 미래형 내비게이션 시스템 등이 지금 군대에서 시험적으로 사용되고 연구되고 있다. 미래는 영화 속에서 본 아이언맨처럼 병사들이 입는 로봇을 입고 전쟁을 할 것이다. 수십kg의 군장을 짊어져도 무게를 거의 느끼지 않고, 수백kg의 포탄을 자유롭게 들고 다니는 기술이 이미 군대에서 실험 중이다. 미국은 2020까지 로봇 군대나 사이보그 기술을 활용한 군인을 전체 병력의 30%까지 실전 배치할 계획이다.

현재 중국의 국방비 예산 규모는 미국의 10%를 조금 넘는 수준이다. 하지만 최근 중국은 급성장한 경제력을 기반으로 군사력을 대폭 증강 중이다. 중국은 지난 10년 동안 국방비 지출을 6배나 늘렸다. 2002년 200억 달러였던 국방비를 2011년에는 1,200억 달러(130조원)까지 늘리며 GDP의 2%를 국방비로 지출하고 있다. 이런 증가 폭은 다른 아시아 국가들의 국방비 증가 총액보다 많은 수치다.[31]

중국은 최근에 미국을 의식하면서 군대의 규모를 은연중에 드러내고 있다. 중국 인민해방군의 병력은 230~250만 명에 이를 것으로 추정된다. 2012년 중국의 국방백서에 의하면 중국은 18개 군단 85만 명의 육군을 보유 중이며, 해군 23만 5천 명, 공군 39만 8천 명, 포병 수만 명, 무장경찰 병력 80~100만 명 규모를 자랑하고 있다.

전통적으로 중국은 엄청난 인구를 기반으로 한 병력 수에서 타의 추종을 불허했다. 1949년 중화인민공화국이 수립될 당시에는 군 병력이 무려 627만 명에 달했다. 인류의 오랜 전쟁 역사를 되돌아보면 언제나 병력의 숫자가 전쟁 승패의 결정적인 역할을 했다. 6.25전쟁

때에도 중국은 일명 '인해전술'을 앞세워 거의 붕괴 직전까지 몰렸던 북한을 구해냈다.

그런데 현대전은 병력의 수가 절대적인 변수가 되지 않는다. 근래에 일어났던 중동전쟁들을 보라. 지금은 첨단 무기를 통한 조준 타격, 대규모 공습 등을 통해 적이 군대를 움직일 여유를 주지 않고 전쟁을 종료시킨다. 폭격의 위력도 예전과 달라서, 핵폭탄 한 방을 터뜨리면 한순간에 수십만 명에서 백만 명 이상을 쓸어 버릴 수 있다. 핵폭탄이 아니더라도 엄청난 파괴력을 지닌 포탄과 미사일이 많아서 병력의 숫자는 예전보다 훨씬 더 중요도가 떨어졌다.

늘어난 국방비와 병력 규모와 비교하면 무기의 수준은 아직도 미국보다 1~2세대 정도 뒤져 있다. 하지만 신무기의 지속적인 개발과 개량에 박차를 가하고 있다. 스텔스기나 미국 본토까지 날아가는 신형 대륙간탄도미사일 둥펑-41(사거리 1만 1천km), 둥펑-31A 탄도미사일, 폭격기에 장착하고 마하 1.5~2.5의 속도로 날아가는 사거리 1,500km의 창젠-20 등이 그런 노력의 결과물이다. 러시아에서 인수한 항공모함을 수리해서 첫 항공모함인 랴오닝호를 정식 취역시켰고, 추가로 2~3척을 더 건조 중이다. 그리고 유사시 미군의 항공모함을 타격할 수 있는 사거리 2,000km급인 DF-21D 대함對艦 탄도미사일, 원자력 추진 잠수함, 초음속 대함 크루즈 미사일 장착 스텔스 구축함, 조기 경보 통제기 KJ-2000 등의 전력을 증강 중이다. 그리고 사이버전이나 전자전, 5년 이내에 달착륙이 가능한 수준까지 올라온 우주 기술을 기반으로 한 레이저 무기, 위성 요격 무기 등 우주전 전력 강화에도 집중 투자 중이다.

중국의 국방비 증강 추세도 가속도가 붙었다. 미국의 군사정보 분석기관인 'HIS 제인스'는 2012년 한 보고서를 통해, 중국의 국방예산이 2008년 금융위기 이후 잠시 주춤했지만 2012년부터는 예전과 비슷한 수준(15% 이상)으로 회복되어 2015년까지 연평균 18.75% 증가할 것으로 예측했다. 이 예측대로라면 2015년에는 현재의 2배가 되어 호주까지도 긴장하게 될 것이라고 분석했다.[32]

중국이 공세적인 영토전쟁에 나서는 이유

중국이 미국과의 전면전 리스크에도 불구하고 영토전쟁에 민감한 이유가 한 가지 더 있다. 현재 중국의 경제, 금융, 학술, 산업의 중심은 모두 연안지역에 집중되어 있다. 이 연안을 지키지 못하면 중국 경제는 순식간에 무너지고 만다. 그런데 자신들의 해안지역에서 불과 1km 떨어진 진만섬이나 대만의 연안에 적들이 진을 치고 대량살상무기를 포진시킨다고 생각해 보라. (1960년대에 소련이 쿠바에 미사일 기지를 건설하려다가 미국과 소련 간에 핵전쟁 발발 직전까지 갔었다) 지난 50여 년간, 중국에 관한 첩보를 수집하는 데서 대만은 미국의 중요한 동반자였다.

종합하면 중국은 자국 연안지대의 안전 확보, 미래 자원의 확보, 그리고 세계를 지배하는 권력 획득이라는 3가지의 목적을 동시에 가지고 있기 때문에 결코 영토전쟁을 포기하지 않을 것이다.

앞으로는 과거와 같은 패권전쟁이 절대로 일어나지 않고 사자와 토끼가 서로 사이 좋게 공존하며 살 것이라는 생각은 순진한 발상이다. 아무리 신사적인 예의와 인류평화에 대한 교육을 받고 자라도 권력투쟁과 생존에 대한 극한 반응이라는 인간의 본능을 제어하기는 힘들다. 결국, 인간은 생존의 위협을 통제할 수 있는 선에서 최대한의 권력 투쟁을 지속할 것이다. 주먹으로 상대를 때리는 것이 힘들다면, 강력하게 단련된 주먹을 불끈 쥐고 큰 소리로 포효하면서 주변의 세와 돈을 모아 상대를 제압하려고 할 것이다. 이것이 바로 미국과 중국의 패권전쟁의 본 모습이다.

그런데 세상의 일이란 오래가다 보면 하나의 사건으로 끝나지 않고, 반드시 뜻하지 않은 영역에서 새로운 파급 효과를 몰고 온다. 패권경쟁이 가속화되면, 당사자들이나 주변국 중 어느 한 쪽은 전쟁으로 패망하든지 아니면 경제적으로 몰락하게 된다. 미국과 중국의 패권전쟁은 한국, 일본, 동남아 등 주변국들의 군사비 지출을 증가시킬 것이 분명하다. 특히, 예기치 않게 일본의 군국주의를 강화하는 명분을 제공해 주면서 동아시아의 군사적 긴장을 극대화하는 쪽으로 발전할 가능성이 크다.

2012년 기준으로 전 세계 무기 수입의 30%를 아시아 국가들이 담당하고 있다. 중국, 파키스탄과 패권경쟁을 벌이고 있는 인도가 12%로 1위 수입국이고, 중국이 6%, 파키스탄이 중국에 버금가는 5%를 수입하고 있다. 우리나라도 5%를 수입했고, 싱가포르도 4%를 수입하고 있다. 미중 패권전쟁 외에도 군국주의 기치를 공공연히 내걸고 있는 일본의 군비증강과 더불어 북한 김정은 정권의 도발적인 행동 때문에 아시아의 군비 증강은 당분간 지속될 것이다.

북한은 핵보유국 지위 획득에 명운을 걸고 있으며, 이미 미국 해안까지 도달할 수 있는 탄도미사일을 보유했다. 2012년에 북한이 발사에 성공한 '은하 3호'는 사거리가 1만 3천km에 달한다. 이제 핵탄두 소형화 기술과 대기권 재진입 기술만 완성하면 대륙간탄도미사일도 손에 넣을 수 있다. 사정거리 8천km이면 아시아 모든 지역과 미국의 알래스카와 하와이, 캐나다 일부를 타격할 수 있고, 1만km가 넘으면 유럽과 미국 본토까지도 타격할 수 있다. 북한의 이러한 행보는 미국을 포함한 주변국에 큰 위협이다. 하지만 묘하게도 이런 북한의 움직임이 미국에는 중국을 견제하는데 매우 유리한 기회를 만들어준다.

미국은 우방 국가들의 영토분쟁에 간섭하는 것만으로는 아시아 지역에서 군사력을 증강할 명분이 부족하다. 그래서 북한의 무력 도발 전략을 역이용할 가능성이 크다. 예를 들어 북한이 국지적 도발이나 핵무기 실험을 계속하여 한반도의 군사적 충돌 위협이 커질 때마다, 한반도 안정을 명분으로 한국, 일본, 필리핀, 호주 등에서 미군의 전력을 증강해나갈 것이다. 실제로, 2013년 4월, 미국 의회는 북한의 전쟁 도발 위협을 이유로 동아시아 지역에 전술 핵무기를 다시 배치하는 문제를 검토하라고 국방부에 제안하기도 했다. 중국을 지속적으로 견제하고 싶어하는 미국에게 북한은 아주 좋은 명분이다. 북한이 도발을 감행하고 미사일과 핵실험을 반복할 때마다, 미국은 한반도 주변에 핵무기와 첨단무기를 배치함으로써 중국을 코앞에서 견제하려 할 것이다. 또한, 북한이 도발할 때마다 유엔 안보리에서 대북제재 결의를 주도하면서 국제적 영향력을 공고히 하는 한편, 북한의 전통적 우방인 중국의 입장을 난처하게 만드는 효과도 얻으려 할 것이다. 이를 잘 알고 있는 중국도 나름의 대응에 나설 수밖에 없다.

결국, 동아시아는 어느 한 나라도 예외 없이 앞으로 최소 10~20년간 정부 재정에 큰 부담이 될 정도로 국방비를 크게 늘려야 한다. 국가 재정의 건전성을 해칠 정도의 국방비 증가 압력은 한국, 일본, 중국 등 아시아 국가의 경제력을 소진해 또 다른 금융위기를 불러오게 될 것이다.

일본, 한국, 중국은 순차적으로 고령화가 진행되는 나라들이다. 잠재적 경제성장률은 점점 하락하고, 저축은 줄고, 내수시장의 기반은 약해지고, 복지비용이나 의료비용은 시간이 갈수록 큰 폭으로 증가한다. 이처럼 수입은 줄고 지출이 늘어나는 국면에서, 자국의 방위를 위해 어쩔 수 없이 국방비를 증액하면 경제 전반이 크게 위축될 것이다. 설상가상으로 미국은 동아시아의 패권을 유지하기 위해서 자국의 국방비를 늘리기보다는 동맹국에 군사비용을 전가할 것이다. 그래서 동아시아의 나라들은 이중의 국방비 증가 부담을 짊어지게 된다. 그래서 자칫 경제 운용을 잘못할 경우, 제2, 제3의 외환위기에 빠지는 나라들이 등장할 것이다.

8장

중국은 40년 안에
미국을 이길 수 없다

중국이 미국을
추월할 수 없는 이유

중국이 미국을 추월하는 것은 시간 문제라는 것이 상식(?)으로 통하고 있다. 과연 그럴까? 확신을 한 번쯤 비판적으로 검토해볼 필요가 있다. 수많은 위기와 기회는 상식적 판단을 넘어서는 지점에서 생기기 때문이다.

중국의 경제 규모가 2020년 이전에 미국을 추월할 수 있을까? 1992년 영국의 권위 있는 시사 주간지인 이코노미스트는 연평균 9~10%대의 성장률을 기반으로 2012년이면 중국이 세계 최대의 경제 대국으로 올라설 것으로 예측했다.[33] 이 예측은 이미 빗나갔다.

근래에는 IMF가 2016년경이면 전 세계 GDP 점유율에서 중국 경제가 미국을 추월할 것으로 예측했다.[7] 그 외에도 골드만삭스는 2027년, JP 모건은 2020~2025년, 도이체방크는 2020년, 크레디트스위스는 2019년경에 중국의 GDP가 미국을 추월할 것으로 예측했

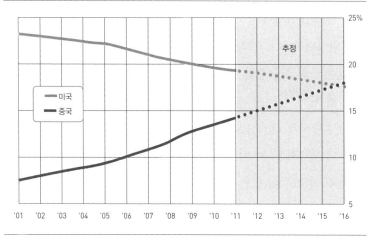

출처: International Monetary Fund, April 2011

다. 이런 주장이 마치 사실처럼 들릴 수 있는 상징적 사건도 발생했다. 2013년 1월에 중국은 상품 수출입액 기준으로 한 무역 규모에서 3조 8,200억 달러를 기록한 미국보다 500억 달러 더 많아서 마침내 세계 1위에 올라섰다.[34] 하지만 이런 결과에도 불구하고 몇 가지 의문점이 있다.

IMF의 예측은 아마도 미국의 경제성장률 저하가 계속된다는 것을 전제로 한 듯하다. 그리고 앞으로도 20년 간은 중국의 경제성장률이 연간 8~10%를 유지할 수 있다는 환상적 기대도 작용한 듯하다. 이처럼 미국의 전 세계 GDP 점유율은 계속 하락하고 중국의 점유율은 계속 증가하면서 두 나라의 GDP 점유율이 같아지는 시점을 계산하면 IMF가 예측한 시기가 된다.

하지만 몇 가지 조건들이 달라진다면 중국에 대한 환상은 깨질 수 있다. 예를 들어, 만약 중국의 경제성장률이 5% 이하로 하락한다면 어떻게 될까? 미국의 지난 40년간 평균 경제성장률은 2.9%였다. 지금의 글로벌 경제위기가 지난 후, 앞으로 미국이 이 정도의 성장률을 회복한다면 어떻게 될까? 미국은 회복하고 반대로 중국은 우리나라와 같은 중진국 수준인 연평균 4.5% 정도의 성장률로 떨어진다면 어떻게 될까?

만약 중국의 경제성장률이 4~5%대로 주저앉는다면 현재 미국의 GDP의 절반에도 못 미치는 중국이 미국을 추월하는 데는 산술적으로 40년 이상이 걸릴 수도 있다. 세계은행 자료에 의하면 2011년 미국의 GDP는 14조 5,867억 달러, 2위인 중국은 5조 9,266억 달러에 불과했다. 3위는 일본으로 5조 4,588억 달러, 4위 독일은 3조 2,805억 달러, 11위 러시아가 1조 4,798억 달러, 14위의 한국은 1조 144억 달러였다.

여기서 세계 1위의 국토 면적을 가지고 있고, 인구도 1억 4,250만 명이 넘는 러시아가 한국의 GDP를 추월했다고 해서 한국보다 뛰어난 경제국가라고 생각할 수 있을까? 중국이 미국의 GDP를 총액에서 추월한다고 해도 비슷한 의문이 들 수 있다. 하물며 중국이 미국의 경제를 규모에서도 당분간 추월하지 못한다면 어떻게 될까? 이 의문을 풀어 보기 위해, 필자는 다양한 시나리오를 세워서 시뮬레이션을 해 보았다. 먼저, 중국이 미국의 경제를 추월할 수 있는 미래의 조건을 예측해 보았다. 아래의 6가지 시나리오들을 살펴보자.

미중 경제 패권, 그 6가지 시나리오

시나리오 1.

중국이 계속해서 8% 성장률을 지속하고, 미국은 2.9%의 성장률을 지속한다는 가정 위에서는 중국이 미국을 추월하는 것이 2030년이 된다. 2044년이면 중국의 GDP가 미국의 2배가 된다.

시나리오 2.

중국이 계속해서 8%의 성장률을 지속하고, 미국은 1.5%의 성장률을 지속한다는 가정에서 중국이 미국을 추월하는 것은 2026년이 된다. 2037년이면 중국의 GDP가 미국의 2배가 된다.

시나리오 1.

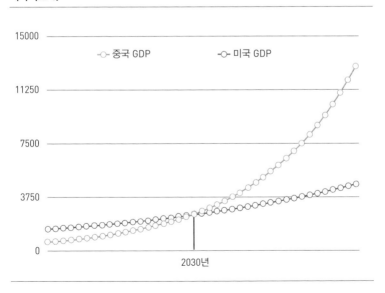

시나리오 2.

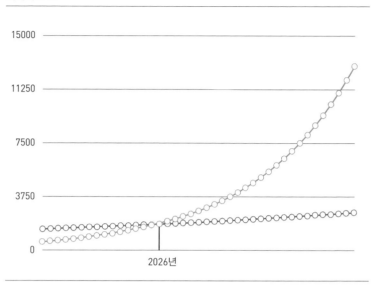

시나리오 3.

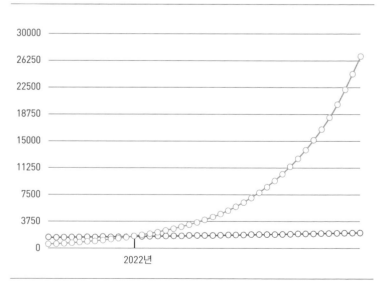

시나리오 3.

중국이 계속해서 10%의 성장률을 지속하고 미국은 1%의 성장률 지속한다는 가정에서 중국이 미국을 추월하는 것은 2022년이 된다. 2030년이면 중국의 GDP가 미국의 2배가 된다.

참고로, 미국이 앞으로 수십 년 동안 1%대의 경제성장률에 머문다는 것은 1995년 이후부터 현재까지의 일본처럼 미국 경제가 잃어버린 20년이라는 장기불황에 빠지는 경우를 가정한 것이다. 1995~2007년까지 일본의 연평균 경제성장률은 1.26%였다.

위의 3가지 시나리오를 검토해보면, 중국이 앞으로도 최소 연평균 8~10%의 성장률을 지속하고, 반대로 미국은 1~2%대 성장률을 지속할 때만 2030년 이전에 중국이 미국의 경제를 추월할 수 있게 된다.

그러나 중국의 성장률이 국내외의 여러 가지 이유로 지속해서 하락하면 일반적인 예측과는 전혀 다른 미래가 펼쳐진다. 중국이 미국을 추월하는 것이 빨라야 2045년 이후에나 가능해진다. 즉, 현재의 중국이 미국을 추월하는데 40년 가까이 걸릴 수 있다는 시나리오가 성립한다. 최악에는 중국이 미국을 절대로 추월할 수 없다는 (중국으로서는) '경악할' 미래가 펼쳐질 수도 있다. 참고로, IMF의 자료에 의하면, 세계 경제가 가장 호황 국면이었던 2004년 세계 경제 성장률이 5.1%였을 때, 미국은 4.2%의 성장률을 기록했고, 일본은 2.7%, 중국은 9.5%를 기록했다. 이 사실을 기억하면서 아래의 시나리오를 살펴보자.

시나리오 4.

중국의 성장률이 2020년까지 8%를 기록하고, 2021~2030년까지는

시나리오 4.

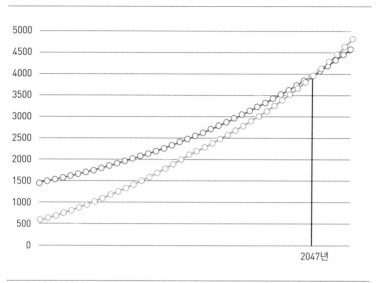

2047년

시나리오 5.

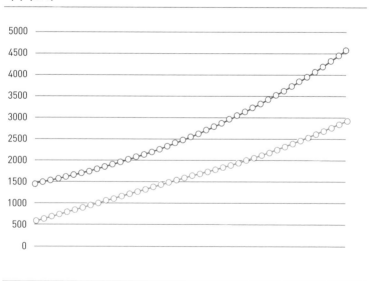

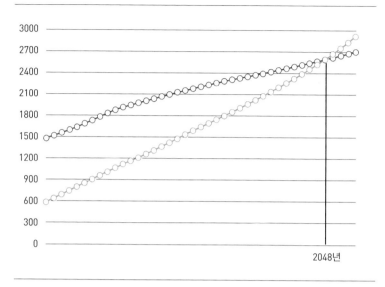

6%로 하락하고, 2031년부터는 4%대를 지속하는 것으로 가정했다. 이 조건에서 미국이 2.9%의 성장률을 지속하면 중국이 미국을 추월하는 것은 2047년에나 가능하다.

시나리오 5.

중국의 성장률이 2015년까지 8%를 기록하고, 2016~2020년에 6%로 하락하고, 2021~2030년에는 4%로 급락하고, 2031년부터는 2.9%대 성장을 지속한다고 가정했다. 이 조건에서 미국은 2.9%의 성장률을 지속하는 경우에는 2045년이 되어도 중국의 GDP는 미국의 절반에 불과하다. 이 시나리오에서는 중국이 미국을 추월하는 것은 절대로 불가능해진다.

시나리오 6.

중국의 성장률이 2015년까지 8%를 기록하고, 2016~2020년에 6%로 하락하고, 2021~2030년에는 4%로 급락하고, 2031년부터는 2.9%대 성장을 지속한다고 가정했다. 이 조건에서 미국은 2020년까지 2.9%의 성장률을 지속하다가 2021~2030년에 1.5%로 하락하고, 2031년부터는 1% 성장률을 지속하면 중국이 미국을 추월하는 것은 2048년에나 가능하다.

앞의 6가지 시나리오를 검토하고 필자가 내린 예측의 결론은 이렇다. 중국의 전략은 앞으로 10년 동안은 '무리해서라도' 연평균 성장률을 최소 8~10%로 유지해야 한다. 그리고 미국이 1.5% 수준의 저성장을 10년 이상 지속해야 한다. 이 두 가지 조건이 동시에 성립되어야만 중국이 10년 후에 경제적으로 미국을 추월할 기회를 잡게 된다.

많은 사람이 중국만은 역사상 예외적으로 한계가 없는 성장을 할 것이라고 착각한다. 심지어 전문가들조차도 중국은 영원히 성장하는 나라가 될 것이라고 확신하는 듯하다. 다음과 같은 막강한 중국의 면모를 보면 중국에 대한 환상은 당연한 듯 보인다.[35]

- 상하이나 베이징의 국제 중심지로의 부상
- 연안 지방의 역동적인 인프라 구축
- 세계 최대 규모의 외화보유액
- 2010년 4/4분기 기준으로 미국 재무부 채권의 24.3% 보유
- 세계 10대 은행 중 4개를 보유할 정도의 자본 역량
- 미국에서 가장 비싼 사무용 빌딩인 GM빌딩의 지분 40%를 인수하는 등 미국의 부동산을 마구 사들이는 막강한 재력

- 2010년 포춘 500대 기업에 46개 진입
- 세계 최대 수준의 고속도로 및 철도와 항만 건설을 진행하는 나라
- 세계 최대의 자동차 시장
- 2010년 기준으로 23%를 넘어선 중산층(2억 4,300만 명), 그리고 중산층이 매년 1%씩 늘어나면 2020년에 40%에 이르러 세계 최대의 중산층 시장이 될 것이라는 미래
- 세계 최대의 대학생 규모

그러나 이제부터 중국에게 중요한 것은 규모가 아니라 성장의 속도다. 성장률이 하락하면서 속도가 예전만 못하거나 급히 낮아지면 중국의 미래가 어떻게 될지 생각해 보아야 한다. 관건은 중국의 성장률이 선진국 직전 수준의 안정기 단계로 하락하는 시기가 언제일지의 문제이다. 성장률 하락에 큰 영향을 미치는 요인들은 인구 구조의 변화, 수출 둔화, 정부 부채의 증가, 금융위기의 반복적인 발생 등이다. 전문가들은 중국의 생산가능인구 하락이 장기화하면, 그 이유 하나만으로도 경제성장률이 1.5% 하락할 수 있다고 예측한다. 전문가들은 도시화율이 60%를 넘어서고 저축률이 15%대 밑으로 떨어지면 고도성장이 끝나고 안정기 단계에 접어들 것이라고 평가한다. 현재 중국의 도시화 추세와 소비 진작 정책을 감안하면 아무리 늦게 잡아도 2020년경이면 고도성장이 끝나고 4~6%대의 수준의 경제성장률을 기록할 것으로 예측된다. 물론 지금까지 중국 경제 발전을 이끌어온 핵심인 정부 주도의 강력한 정책 구사 능력에 혼란이 오면 이 시기는 더 빨라질 수 있다.

중국이 중진국의 함정에 빠질 수도 있다

지난 20년간 중국의 급성장에 가장 크게 이바지한 것은 수출이다. 연평균 18%씩 증가한 수출 경쟁력은 3%의 추가적인 경제성장률 증가를 이끌어냈다. 그러나 수출증가율이 10%로 하락하면 경제성장률 기여도는 1.5%로 하락한다. 인구구조의 변화와 수출증가율의 감소만으로도 대략 3%의 경제성장률 하락을 초래할 수 있다. 여기에 중국 중앙정부와 지방정부의 부채가 증가해서 부채를 축소해야 할 국면으로 전환하면 역시 최소 1% 이상의 경제성장률 하락을 초래할 수 있다.

2013년 6월, 중국에 들어간 핫머니의 통계 조작을 단속하고 나서자 곧바로 중국의 수출 증가율이 전년 동기 대비 전문가들의 전망치인 5.6%보다 훨씬 낮은 1.0%에 그쳤다는 분석이 나왔다. 즉, 지금까지 중국의 수출 규모를 부풀리는데 핫머니가 비정상적인 현금흐름을 통해 깊숙이 개입했다는 뜻이다. 핫머니는 중국과 홍콩의 무역거래선을 주로 사용했는데, 중국 기업이 홍콩으로의 수출 규모를 부풀려왔다. 그만큼 금융회사를 통해 중국 내 자산에 투자할 수 있는 달러를 추가로 들여올 수 있기 때문이다. 월스트리트저널은 이런 방식으로 2012년 12월부터 2013년 2월까지 단 3개월 동안 중국으로 흘러들어간 자금이 362억 달러에 이를 것으로 추정했다.[36]

중국의 경제성장률에 크게 이바지한 과잉생산도 어려워질 수 있다. 과잉생산의 핵심은 도시 건설과 연관되어 있다. 신도시를 건설하고, 도시와 도시를 연결하는 교통망을 깔고, 도시화가 진행될수록 소비가 늘어나는 선순환 구조가 작동해야 과잉생산이 탈이 나지 않고 유지될 수 있다. 도시화율이 1% 늘어날수록 1.2조 위안의 고정자산 투자가 일어나고, 농촌 인구의 도시 유입률도 커진다. 이 모든 것들이 GDP 성장에 이바지한다.

최근 30년 동안의 연평균 9.7% 성장 중에서 3~4% 포인트는 도시화 효과에 의해서 발생한 것이다. 그러니 내일이라도 도시화가 멈추면 중국의 경제성장률은 곧바로 3~5% 포인트 하락한다. 2012년 중국의 성장률이 8%를 달성하지 못했으므로, 도시화율이 멈추면 우리나라의 성장률과 비슷한 3~4%대로 곧바로 하락한다는 말이다.

위협 요인은 또 있다. 다시 부풀어 오를 기미가 보이는 부동산 버블이 저출산 고령화 문제와 맞물리면서 일본, 미국이나 유럽처럼 터지고 그 과정에서 금융 리스크가 크게 발생한다면 어떻게 될까? 1985년의 일본처럼 급격한 위안화 절상을 강요당하게 되어 중국의 수출경쟁력이 하락하고 대신 중국 내 자산 버블 효과가 크게 발생하여 물가가 지속해서 상승하고 빈부격차가 더욱 커지면 어떻게 될까? 부의 불균형 분배와 경제성장의 과도기에 자연스럽게 터져 나오는 부패 스캔들로 계층과 지역 간의 갈등이 사회적 혼란으로 전환된다면 어떻게 될까?

중국 외환관리국의 발표에 의하면 2012년 중국의 자본수지가 1,173억 달러 적자를 기록했다. 1999년부터 14년 연속 유지되었던 자본수지 흑자가 깨진 것이다. 2012년 중국의 무역수지 흑자는 2,138억 달러로 증가 추세를 이어가고 있다. 세계 최대 수출국의 위상도 유지하고 있다. 월스트리트저널은 자본수지 적자의 원인을 중국의 성장률이 낮아지자 외국자본 유출이 커지고, 인민은행의 외환시장 개입이 줄어들었으며, 중국이 교역으로 벌어들인 달러보다 중국인의 해외 투자가 많았기 때문으로 분석했다. 이를 통해 중국은 세계 경제 불균형의 주범이라는 원성을 조금이나마 누그러뜨릴 수 있었다. 위안화 절상 압박에서 벗어날 수 있는 좋은 핑곗거리도 얻었다. 하지만 이처럼 의도적인(?) 것으로 보이는 자본수지 적자지만, 실제로 중국의 성장률이 낮아지는 것은 아닌지, 중국의 미래에 대한 외국 자본의 생각이 전환되는 것은 아닌지 점검해봐야 한다. 최소한 중국의 성장 추세에서 예전과 다른 점이 나타나고 있음은 따져봐야 한다.

2012년 8%대 성장을 가까스로 맞춘 중국의 경제성장률이 5%대 이하로 추락할 수 있다는 미래 시나리오는 절대로 무협지에나 나올 만한 황당한 미래가 아니다. 유럽발 위기가 지속되던 2011년, 중국은 3분기에 전년 동기 대비 GDP 성장률 9.1%를 기록하며 세계를 놀라게 했다. 하지만 4분기에는 8.9%로 하락하더니 2012년 1월에는 8.1%까지 하락했다. 2012년 2분기에는 8%대 성장률이 무너지면서 7.6%라는 충격적(?)인 성장률을 기록했다. 3분기에는 7.4%로 더 하락했다. 4분기에는 7.9%로 완만한 회복세를 보이면서 중국의 성장률 하락에 대한 불안감을 잠시 지우는 듯했다. 하지만 2013년 1분기에 들어서면서 다시 7.7%로 하락하고 말았다.

그러자 외신들은 중국의 경제 회복세에 대해 우려를 표명했고, 굴지의 신용평가사들이 중국의 신용등급을 낮추거나 부정적 전망으로 바꾸었다. 곧 미국을 추월해서 G1의 자리에 등극할 것이라며 찬사를 보내던 기관들이 불과 1~2년 만에 견해를 뒤집은 것이다. 2013년 4월 헤지펀드 세계의 전설인 조지 소로스가 설립한 INET Institute for New Economic Thinking가 주최한 홍콩 콘퍼런스에서 마이클 스펜스 교수(미국 뉴욕대 스턴경영대학원)는 공공연하게 중국이 '중진국 함정'에 빠졌다고 평가했다.

심지어 중국의 GDP와 전력발전량 증가율과의 관계를 분석한 결과를 바탕으로 중국의 경제성장률이 이미 4~6%대로 하락했을 수 있다고 보는 전문가까지 나오고 있다.[37] 2000년 이후 중국의 GDP가 1% 성장할 때마다 전력발전량은 1.11 ~ 1.67% 정도 증가했다. 그런데 2008, 2009년에는 이 수치가 0.74%, 0.79%로 하락했다. 2008년과 2009년의 실제 GDP 성장률이 4.3 ~ 6.4%, 4.1 ~ 6.2%였을 수도 있다는 것이다. 전문가들은 GDP는 충분히 조작할 수 있지만, 전력발전량은 통계상의 오류가 상대적으로 적다고 평가한다. 이에 대해서 중국 정부는 금융위기 때문에 쌓인 재고 소진이 많았기 때문에 전력 사용량이 일시적으로 줄어든 것이라고 해명했다.

미국이나 유럽, 일본 등의 외부적인 견제가 없어도 중국의 경제는 스스로 성장의 한계에 직면할 가능성이 있는 것이다. 물론, 중국 정부가 이런 문제들을 완벽하게 제압할 수도 있다. 하지만 세상 일이 사람 마음대로 된다면 그 많은 위기가 발생했을까? 그러니 반대의 경우도 꼼꼼히 따져 봐야 한다. 중국 내부 전문가들도 미래의 위기 가능성을 제기하기 시작했다.

급격하게 성장하는 국가를 향한 지극히 이상적인 예측과 희망이 현실에 의해 배반당한 경우는 예전에도 있었다. 1957년 소련이 세계 최초로 스푸트니크 인공위성을 발사했다. 미국을 앞선 기술 발전의 성과였다. 1928~1960년대 소련의 경제성장률은 평균 5~6%를 기록했다.[38] 그러자 파우러 같은 미국 재무성의 최고위 관리는 소련이 성장률을 그대로 유지한다면 1980년에 가서는 미국을 추월할 것으로 전망했다.[39] 당시 앞선 기술과 높은 경제성장률을 근거로 소련이 미국을 추월하는 것은 시간 문제처럼 보였다. 하지만 1973년 오일쇼크가 발발하자 소련의 경제성장률은 1974~1978년 동안 3~4%대로 주저앉았다. 1980년에는 0.5%로 급락했고, 1981~1982년에는 마이너스 성장을 기록하더니 1991년 말에는 소비에트 연방 자체가 최후의 날을 맞았다.

1980년대 말에도 일본의 GDP가 미국의 2/3에 이르자, 머지않아 일본이 미국을 추월할 것이라는 예측이 어김없이 등장했다. 그러나 1990년대에 접어들면서 일본의 성장률은 급락하더니 오랫동안 2등의 자리에 머무르다 추락했다. 지금은 미국 GDP의 1/3밖에는 되지 않는다.

필자는 5~10년 이내에 중국이 미국을 추월해 세계 1위의 경제 대국이 된다는 '우리에게 잘 알려진 미래'보다는 중국에 대한 환상이 깨진 새로운 가능성의 미래에 대해서 예측해보고자 한다. 구체적으로 중국이 미국을 추월하는 데 40년 이상 걸릴지도 모르는 미래의 가능성에 대해서 예측해보려고 한다. 지금 이 시나리오에 대해서 관심을 두고 검토하는 것이 앞으로 10~20년의 미래를 준비하는 데 더 도움이 되기 때문이다. 기업 경영이나 투자하는 사람이라면 이제부터는 중국에 대한 기회 요소보다는 위기 요소에 대해서 촉각을 곤두세우는 것이 필요하다.

9장

미국의 대중 전략

미국이 무역전쟁을 시작했다

2008년 금융위기의 밑바탕에는 오랜 무역수지 적자로 경상수지 적자가 크게 쌓이면서 약화된 미국의 경제 펀더멘털 문제가 깔려 있다. 그래서 오바마의 대통령 취임 때부터 어떻게 해서든 중국 등 대미 무역 흑자국과의 무역 불균형을 해소하자는 목소리가 컸다. 미국의 의회도 무역전쟁을 위한 희생양이 필요해졌다.[40]

미국과 중국 간의 무역 불균형은 1990년 이후부터 꾸준히 증가해서 금융위기 직전인 2007년에 최고점에 이르렀다. 2010년 5월 미국의 대對 중국 무역수지 적자는 223억 달러까지 줄었지만, 2011년 들어 다시 증가 추세로 바뀌었다. 얼마 전까지는 중국이 대미 수출에서 벌어들인 돈을 다시 미국의 국채에 투자하는 선순환을 만들어 주었기 때문에 미국으로서는 큰 불만이 없었다. 하지만 최근 들어서 중국의 입장이 달라지고 있다.

만약 중국이 미국 국채 매입 규모를 줄이거나, 이를 빌미로 미국에 압력을 가한다면 어떻게 될까? 미국은 중국과의 무역수지 불균형 문제를 적극 해소하는 방법으로 대응할 가능성이 크다. 앞에서 말했듯이, 미국은 중국을 포함한 글로벌 무역 불균형 문제를 바로 잡겠다는 뜻을 분명히 했다. 미국을 추격해 오는 중국을 견제하고 미국의 새로운 번영을 위해서도 무역전쟁에서 이기는 것이 중요한 변수라는 미국의 판단은 확고하다. 미국은 이런 자신들의 믿음을 실천에 옮겼다. 기존산업에 대한 은근한 보호무역주의 공세를 강화하기 시작한 것이다.

미국은 '은근한 보호무역주의' 정책의 하나로 가장 먼저 일본의 도요타를 공격했다. 미국의 제조업을 살리기 위해서는 일본, 중국, 한국의 제품과 전쟁을 해야 한다. 미국인들에게 일본 제품은 자국 제품보다 품질이 좋다고 인식되어 있다. 중국 제품은 미국 제품보다 품질은 낮지만 가격이 싸며, 한국 제품은 일본과 중국 제품의 중간에서 득을 본다고 인식되어 있다. 이런 인식 때문에 고품질 제품은 일본 제품을 구매하고, 한두 번 쓰고 버릴 싼 제품은 중국 제품을 구매하며, 중간 수준에서는 한국 제품을 구매한다. 미국 제품이 팔리지 않는 이유다. 미국 제조업을 살리기 위해서는 먼저 일본, 중국, 한국 제품을 공격해야 한다.

이에 미국은 일본의 도요타를 가장 먼저 공격했다. 2009년 하반기 핫이슈는 도요타 자동차의 급발진 사고였다. 의회, 언론 등 미국 전체가 도요타를 집중공격하면서 도요타 자동차에 대한 미국인들의 분노는 극에 달했다. 결국 품질에서 최고라고 자부하던 도요타 자동차

2008년 말, 필자는 글로벌 위기의 주범으로 몰린 미국이 대반격의 첫 번째 전략으로 '수세 전략守勢 戰略'을 펼 것으로 예측했다. 수세 전략이란 세계화된 위험의 원인 제공자라는 부담과 빚(재정적자) 위기에서 벗어나기 위해 미국이 개인 소비 감소나 신규 투자 위축과 단기적 공황 등의 부작용에도 급격한 부채청산을 선택하는 것이다. 만약 미국의 위기탈출 전략이 이것뿐이었다면 위기의 골은 더 깊고 오래갔을 것이다.

그러나 미국은 곧바로 두 번째 전략을 구사했다. 미국의 두 번째 전략은 '공세 전략攻勢 戰略'이었다. 이는 세금 인상을 통해 재정 건전성을 확보하는 한편, 겉으로는 각국의 보호무역주의 움직임을 견제하는 발언을 하면서 속으로는 합법적인 방법으로 수입을 규제하는, 일명 '은근한 보호무역주의'를 시행하는 것이다. 또한 무역전쟁, 환율전쟁, 통상압력을 활용해 수출을 늘리고, 기축통화의 지위를 최대한 활용하여 금융전쟁을 벌이는 것이었다.

는 오너가 미국 의회 청문회에 불려 나가 성토를 당한 후 사과할 수밖에 없었다. 그리고 380만 대를 리콜했다. 도요타 자동차의 품질에 큰 흠집이 난 것이다. 세계 각국의 언론들은 도요타의 부도덕함을 앞다투어 보도했다. 도요타의 이런 문제는 마른 수건도 쥐어짜는 전근대적인 경영 방식, 문제를 감추려는 부도덕성, 무사안일주의, 1등의 오만함 등이 겹쳐서 나타난 예정된 결과였다는 식의 보도가 주를 이루었다. 2010년 1월 판매에서 도요타는 매출이 16% 하락했고, 포드 자동차는 매출이 25% 상승했다. 미국 자동차 회사들은 강력한 구조조정과 미국 정부의 대대적인 회생 지원, 그리고 은근한 보호무역정책에 힘입어 극적으로 회생했다.

하지만 정말 도요타 자동차의 품질이 나빠졌고, 도요타 자동차만 결함을 감추는 부도덕한 행동을 했을까? 전 세계에서 자동차 급발진

이 회사 책임이라는 것을 인정한 기업이 있는가? 2009년 하반기 6개월 동안 미국에서는 총 216건의 리콜이 발생했다. 그 중에서 도요타 자동차의 리콜 사태는 6건에 불과했다. 역사적으로 단일 리콜의 수량 부분에서 1등부터 5등까지는 전부 미국의 자동차 회사인 GM과 포드였다. 이슈의 중심이었던 운전석의 바닥 매트가 액셀러레이터 페달에 걸리는 문제는 도요타 자동차만의 문제가 아니었다. 미국 회사인 GM의 자동차에서는 더 심한 경우도 발견되었다. 하지만 언론에서는 도요타만 두들겼다.

미국의 은근한 보호무역 전략의 다음 타겟은 중국이었다. 미국인들에게 중국 제품이 생각만큼 싸지 않다는 인식을 주려면 어떻게 해야 할까? 중국 제품의 가격을 올리면 된다. 하지만 정부가 제품 가격을 마음대로 올릴 수는 없다. 그런데 미국 정부는 이것을 할 수 있다. 바로 위안화를 절상시키면 된다. 만약 중국이 위안화를 절상하지 않는다고 버티면 어떻게 될까? 그것도 미국에는 큰 문제가 되지 않는다. 중국을 환율 조작국으로 지정하고 슈퍼 301조를 발동하면 된다. 그러면 중국은 미국에 수출하는 모든 품목에 27.5%의 추가 관세를 물어야 한다. 자동적으로 중국의 모든 제품 가격이 27.5%가 오르게 되는 셈이다.

중국 제품 가격이 올라가면 미국의 물가도 상승할 것이라는 지적도 있다. 단기적으로는 그렇겠지만, 차츰 중국 제품 대신 베트남이나 태국 등의 나라에서 대체재를 수입하여 물가를 안정시키면 된다. 중국에 허락(?)했던 수출 경쟁력을 미국의 국익에 위협이 되지 않는 다른 나라에게 골고루 분산해서 나눠 주면 된다.

결국, 중국은 서서히 위안화를 절상할 수밖에 없었다. 달러 대비 위안화 환율은 2011년 1월 10일 달러당 6.6350에서 7월 21일에는 6.4506으로 절상되었다. 그러자 광둥성 등의 수출 전진기지에서 생산 원가 상승의 부담을 이기지 못해 도산하는 기업들이 속출했다. 당시에 이미 중국은 근로자의 임금이 크게 상승해서 최대 5% 정도밖에는 수출 제품 가격을 인하할 여력이 없었다. 위안화가 절상되면 중국 수출기업은 더 많이 도산하거나 수출 물량을 줄일 수밖에 없다. 2010년에 중국 수출기업들의 순이익률은 1.47%로 하락하면서 공업 평균 순이익률 평균치를 밑돌고 말았다. 여기에 더해 위안화가 계속 절상되자, 원자재 수입 가격은 올라가고 수출 경쟁력은 떨어지면서 2011년 2월에는 순이익률이 1.44%까지 떨어졌다.

그만큼 미국의 제조업은 회생의 시간과 매출 향상의 이득을 얻게 되었다. 당연히 일자리도 늘고, 중국의 사정이 안 좋아질수록 공장과 회사를 본국으로 되돌리려는 미국 기업들도 늘어났다. 2010년 9월 세계무역기구wto가 발표한 미국의 무역정책에 관한 심사 보고서는 보호무역주의 조치가 있었음을 분명하게 지적했다.

이제 미국의 은근한 보호무역 전략은 한국 제품을 향해 3번째 칼끝을 겨누기 시작했다.

여전히 세계 최강인 미국의 제조업

미국의 제조업 능력을 과소평가하는 경향이 있다. 선진국에서는 일본이나 독일 정도만이 제조업에서 강력한 경쟁력을 가지고 있다고 생각한다. 그러나 필자의 생각은 다르다. 선진국 중에서 제조업이 가장 강력한 나라는 독일이나 일본이 아니라 바로 미국이다.

미국 제조업의 역사는 아크라이트가 뉴잉글랜드에 미국 역사상

명목 GDP에서의 부문별 비중(2012년, 금액 단위, 100억 달러)

순위	나라	GDP	농업		산업		서비스업	
	전 세계	7,171	423	5.9%	2,187	30.5%	4,561	63.6%
1	미국	1,568	19	1.2%	300	19.1%	1,250	79.7%
2	중국	823	83	10.1%	373	45.3%	367	44.6%
3	일본	596	7	1.2%	164	27.5%	426	71.4%
4	독일	340	3	0.8%	96	28.1%	242	71.1%
5	프랑스	261	5	1.9%	48	18.3%	208	79.8%
6	영국	244	2	0.7%	51	21.1%	191	78.2%
7	브라질	240	13	5.4%	66	27.4%	161	67.2%
8	러시아	202	8	3.9%	73	36.0%	122	60.1%
9	이탈리아	201	4	2.0%	48	23.9%	149	74.1%
10	인도	182	31	17.0%	33	18.0%	119	65.0%
15	대한민국	115	3	2.7%	46	39.8%	66	57.5%

자료: GDP (nominal): International Monetary Fund, World Economic Outlook Database, April 2012)에서 재인용

최초의 방직공장을 세우면서 시작된다. 1812~1814년 미영전쟁이 끝 난 뒤 영국이 공업 제품의 대미수출을 제한하자 미국 내에서 공업 제품 생산이 본격화되었다. 1861~1865년 남북전쟁이 북부 산업자 본의 승리로 끝나면서 미국의 공업화는 가속 페달을 밟게 된다. 이 후 헨리 포드의 대량생산 체제를 거쳐, 2차 세계대전 동안 군수, 항 공, 선박, 자동차 등의 분야가 급성장하면서 미국은 세계 최대의 공업 국가가 되었다.

미국 제조업은 1968년에 GDP의 35%로 정점을 찍었다. 그 후 제 조업의 비중이 점차 줄기 시작하여 2012년에는 19% 수준으로 낮아 졌다. 위의 표를 보라. 2012년 IMF와 CIA가 발표한 전 세계 주요 국 가들의 GDP 규모 대비 농업, 제조업(에너지, 비료 포함한 상품 생산), 서

비스업의 점유율 표다.

표를 보면, 농업과 서비스업을 제외한 나머지 산업 규모에서 중국은 3조 7천억 달러가 조금 넘어 규모 면에서 1위를 차지한다. 미국은 비록 중국에 1위 자리를 내주었지만, 아직도 3조 달러 가까이에 이른다. 산업 규모 안에서 순수 제조업의 규모(2010년 준)만으로 보면, 중국 2조 4천억 달러, 미국은 1조 9천억 달러 정도를 차지하여 역시 중국이 미국을 앞선다.[41] 하지만 미국의 제조업 규모는 아직도 3위를 달리는 일본의 1조 달러보다 2배 가까이 되고, 4위의 독일보다는 3배나 크다. 이탈리아나 한국, 프랑스, 영국 등과 비교하면 10배 가까이 큰 규모다. 또한 중국이 미국 제조업의 생산 규모를 추월했지만, 제조업의 질과 미래 성장 가능성 면에서 미국을 따라가려면 수십 년이 걸릴 수 있다.

미국 산업의 큰 특징 중 하나는 풍부한 천연자원을 자체적으로 보유하고 있는 점이다. 예를 들어, 현재 미국은 세계 3위의 석유생산국이다. 하지만 타이트오일과 셰일오일의 규모를 합치면 세계 최대 석유생산국이 될 수 있다. 전기, 핵에너지, 천연가스, 황, 인지질, 소금 등의 생산도 세계 1위다.[42] 여기에 오랫동안 기반시설을 잘 닦았고, 선진화된 경영 능력과 세계 최고 수준의 노동 생산성과 지속적인 기술 혁신 능력을 갖추고 있으며, 풍부한 인적 물적 자원과 금융자본을 가지고 있다.

물론 미국은 이미 제조업 중심의 경제 발전 단계를 넘어서, 2008년 기준으로 서비스 부문이 GDP의 67.8%를 차지하고 2009년 기준 전체 노동인구 1억 5,440만 명 중에서 81%(미국 정부의 고용 규모 2,240만 명 포함)가 서비스 부분에 종사할 정도로 탈산업화 단계에 진입해 있다.[43] 하지만 미국은 여전히 제조업 강국이다. 세계 최고 수준의 첨단 과학과 기술력을 기반으로 군수 분야뿐만 아니라, 산업 영역에서도 혁신적 제품을 지속해서 생산해 내고 있는 기업들이 많다. 미국의 제조업은 이런 튼튼한 기반 위에 서 있다.

미국은 항공, 군수, 우주산업뿐만 아니라, IT 융복합, BT, 로봇, 사이보그, 나노 등의 미래형 산업에서도 여전히 최고 수준인 3단계에 굳건히 자리 잡고 있다. 기업의 수준도 만만치 않다. GM, 포드, 크라이슬러 등의 자동차 빅3를 필두로, 전기전자업계의 부동의 글로벌 강자인 GE, 혁신의 대명사 IBM, 애플, 아마존, 구글, 페이스북 등이 모두 미국 기업이다. 석유업계에서는 엑손모빌이 1위를 굳건히 지키고 있고, US스틸은 철강산업, 듀폰은 화학산업, 보잉사는 항공기산업에서 세계 1위를 지키고 있다. 전체 제조업에서 중화학 공업이 차지하는 비율도 51%로 일본보다 높다. 제조업 수출 규모도 매년 1조 3천억 달러를 기록 중이다. 제조업의 생산성 역시 여전히 세계 최고 수준이다.

미국 산업의 경쟁력을 단순하게 숫자로만 평가할 때 우리는 함정에 빠진다. 예를 들어, 미국의 농업은 전체 GDP의 1.2%에 불과하지만, 옥수수나 콩은 세계 최대 생산국이다. 또한, 옥수수, 콩, 석유, 천연가스, 철광석 등의 주요 자원들에 대한 가격이 미국과 미국의 우방들 손에서 결정될 정도로 영향력이 막강하다.

이처럼 미국의 제조업은 저임금을 기반으로 한 단순조립형 제품을 생산하여 수출하는 중국의 제조업과는 차원이 다르므로 숫자로 단순 비교하는 것은 무리가 있다. 더욱이 전문가들은 중국 근로자의 평균 임금이 2015년까지 매년 18%씩 상승하고, 위안화도 매년 3.5%

씩 평가절상될 것으로 예측하고 있다. 이렇게 되면 저임금을 기반으로 한 중국 제조업의 미래는 매우 불투명해질 수 있다.

지금 미국은 제조업체의 본국 회귀가 시작되고 있다. 일명 리쇼어 링Reshoring 현상이다. 리쇼어링은 기업이 경비 절감을 위해 생산, 용역, 일자리 등을 해외로 옮기는 오프쇼어링의 반대 현상을 말한다. 최근 들어 중국의 인건비가 상승하고, 중국 근로자들이 제조업은 피하고 서비스업을 선호하는 현상이 나타나면서 구인난이 심화되고 있다. 예를 들어, 중국의 대표적인 제조업 생산기지인 광둥성 주장 삼각주 일대의 대부분의 공장들이 지난 10년 동안 매년 두 자릿수 임금 인상을 하면서 인력 사정이 악화되고 있다. 이 때문에 외국계 회사들은 생산직 근로자의 숫자를 많게는 50%까지 구조조정을 했거나 할 예정이다. 아예 공장을 베트남이나 인도 등으로 옮기려는 계획을 세운 기업도 많다. 베트남 등의 인건비는 중국의 절반에 불과하다.

여기에 기술 유출의 위험이 커지고, 현지 협력업체들이 성장하면서 강력한 경쟁자로 돌아서고, 연구개발과 생산현장이 가까워야 혁신에 유리하다는 인식의 전환이 이루어지고, 자국의 일자리 창출 압력이 커지면서 미국 기업이 해외로 내보냈던 기업과 공장을 국내로 이전시키고 있다. 미국 정부도 국내로 돌아오는 기업을 위해 세제 혜택과 규제 완화 등의 지원 정책을 강화하고 있다. GE, 애플, 페이스북, 구글, GM, 포드, 오티스 등 100여 개가 넘는 미국 기업이 중국과 인도 등에서 자국으로 유턴했다. 미국은 제조업이 지금도 강력한 경쟁력을 가지고 있는 상황에서 유턴하는 기업과 미래산업의 독보적인 잠재력을 기반으로 더욱더 강력한 제조업 국가로 회생할 가능성이 크다.

일본을 주저앉힌 미국의 무기, 환율전쟁

미국이 중국과 벌이는 무역전쟁은 미국이 대중국 수출 증대보다도, 환율전쟁을 통해 중국 제품의 가격 경쟁력을 무너뜨리는 것이 핵심이다.

중국의 모든 힘은 '돈'에서 나온다. 1978년 개혁개방의 기치를 내건 후 중국은 2010년까지 평균 10%의 대단한 성장을 했다. 미국 경제가 1990년 이후 1.6배 성장할 동안, 중국은 17배 성장했다. 2011년에는 GDP에서 일본을 제치고 미국의 절반 수준까지 따라붙었다. 중국은 이런 막강한 경제력과 돈을 바탕으로 미국에 대항할 힘을 키우고 있다. 그대로 내버려두면 언젠가는 미국을 능가하는 경제 규모와 능력을 얻게 된다. 미국을 밀어내고 세계를 지배하겠다는 야심도 있다. 당신이 미국 대통령이라면 어떤 결정을 내릴 것인가?

아래의 내용은 세계 각국의 중국 환율에 대한 견제와 공격일지다.

- 1992.5~1994 미국이 중국을 환율조작국으로 지정해서 슈퍼 301조에 의해 27.5% 추가 관세 부담
- 2005. 환율 개혁 이후 달러화에 대해서 21% 절상
- 2009. 10. G7 연합성명을 통해 위안화 평가 절상 요구
- 2009. 10.4 IMF 위안화 평가 절상 요구
- 2009. 11.13 APEC(아시아태평양경제협력체) 21개 회원국들 위안화 평가 절상 요구
- 2009. 11.30. EU의 경기침체는 중국이 독일을 넘어서는 세계 최대의 수출국이 됨으로써 유럽에서 일자리가 감소했기 때문이라며 위안화 평가 절상 요구

이 그림은 중국과 미국이 환율전쟁을 벌이면 어떤 일들이 벌어지는지를 보여 준다. 미국이 중국을 환율조작국으로 지정하거나 중국이 급격히 위안화를 절상시키면 미국 내 중국 상품 가격이 인상되어 미국 물가가 상승하고 미국 내 소비가 하락한다. 미국 경제 회복에 찬물을 끼얹는 셈이다. 이런 이유 때문에 미중 환율전쟁의 심각성을 부정하는 이들이 있다. 하지만 이런 부작용에 대한 두려움은 미국과 중국의 관계가 좋을 때나 고려할 문제다. 미국 경제가 단기적으로 소비 부진에 빠지더라도, 중국의 도전이 미국을 위험에 빠뜨릴 수 있다는 판단이 확실하다면 사정이 다르다. 미국이 경상을 입더라도 중국을 중환자실에 보내는 길을 선택하게 된다. 머지않은 미래에 발생할 바로 이런 상황을 주목해야 한다.

미국 소비가 잠시 하락하더라도, 소비자들은 곧 대체 제품을 찾게 된다. 중국 산을 대신할 태국이나 베트남 등 제3국의 저렴한 제품을 찾거나, 일부는 미국 공산품에 대한 관심을 다시 갖게 될 것이다. 이는 미국 제조업체들의 매출을 상승시켜 새로운 일자리를 만들어낸다. 일자리가 늘어나면 물가가 상승해도 소비는 늘어난다. 장기적으로는 실보다 득이 큰 거래다. 이는 중국의 수출에 타격을 주기 때문에 중국의 실업률을 증가시키고 중국 내수 시장의 성장을 지연시킬 수 있는 방법이다.

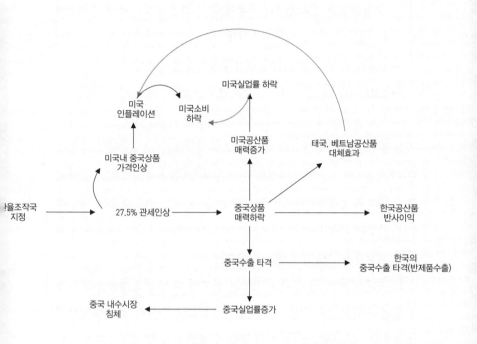

미국실업률 하락

미국
인플레이션

미국소비
하락

미국공산품
매력증가

태국, 베트남공산품
대체효과

미국내 중국상품
가격인상

율조작국
지정

27.5% 관세인상

중국상품
매력하락

한국공산품
반사이익

중국수출 타격

한국의
중국수출 타격(반제품수출)

중국 내수시장
침체

중국실업률증가

중국과 미국의 환율전쟁으로 인해 발생되는 파급 영향들

- 2010. 3. 중국 원자바오 총리, 중국의 실업률은 2억 명이라고 수정 발표
- 2010년 미국 의원들, 중국이 위안화를 40% 정도 평가 절하하여 불공정 무역을 한다고 성토하며 중국의 환율조작국 지정 강력하게 주장
- 2010. 6 중국, 미 달러화에 대한 고정환율제 폐지 결정
- 2010. 10 미국, 중국의 환율조작국 지정 연기

환율전쟁은 기축통화를 가진 나라가 전가의 보도寶刀처럼 사용하는 강력한 무기다. 1985년에도 미국은 하늘 높은 줄 모르고 솟아오르는 일본을 한방에 잠재울 무기로 환율카드를 꺼내 들었다. 당연히 1949년부터 1985년까지 미국과 일본의 관계는 지금의 미국과 중국의 관계보다 더 끈끈한 밀월 관계였다.

1945년 일본의 항복 이후 미국은 일본이 다시는 전쟁을 일으키지 못하게 경제를 몰락시킬 계획이었다. 미국은 일본에 전쟁 배상금의 명목으로 일본 내의 산업 설비와 발전 설비 50%와 공장 1,100여 개를 전승국으로 이전시켰다. 무기와 군사시설이나 중장비를 만들지 못하도록 철강 생산량도 250만 톤으로 제한했고, 자동차 생산도 금지했다." 미국과 일본의 관계는 이것으로 끝나는 것처럼 보였다.

그런데 1948년 한반도의 북쪽에 공산 정권이 들어서고, 결정적으로는 1949년 중국 내전에서 공산당이 승리하는 일이 벌어졌다. 미국은 아시아에서 공산주의 바람을 차단할 전략이 필요했다. 결국 미국은 일본을 이용해 아시아에서 공산주의의 세력 확대를 막는 쪽으로 정책을 급선회했다. 1949년부터 미국은 일본의 경제부흥을 본격적

으로 지원했다.

가장 먼저 미국은 엔화의 환율을 달러당 360엔으로 고정해 수출 경쟁력을 갖게 해주었다. 일본 내부적으로는 물가를 하락시키고 정부 재정과 금융 시스템을 안정시킬 수 있도록 지원했다. 일본 산업을 몰락시켰던 대부분의 규제를 해제해서 철강, 자동차 등의 제조업 부흥을 이끌어 주었다.

1950년 한국전쟁, 1965년 베트남 전쟁이 발발하자 미국은 공산주의의 확장을 막기 위해 본격적으로 아시아에서 벌어지는 전쟁에 직접 개입했다. 그 과정에서 미국은 일본을 군수기지로 삼아서 600억 달러 상당의 군수물자를 조달받았다. 일본은 이런 기회를 이용해 1949년부터 1975년까지 미국으로부터 25,000여 건의 각종 기술을 이전받으며 강력한 공업국가로 발돋움 했다.[45] 2차 세계대전 패전 이후, 파산 직전까지 몰렸던 마쓰시타, 도요타 등의 일본 기업들이 미군으로부터 군용트럭 및 다양한 군수물자를 주문받으면서 급성장했다.[46] 일본 경제는 1955년 이후 미국의 기술 이전, 저임금, 풍부한 노동력, 달러 당 360엔의 고정환율 등을 앞세워 무려 18년 동안 두 자릿수 성장을 기록했다.

이 과정에서 미국은 일본을 통해 아시아에서 공산주의의 확장을 견제하는 데는 성공했지만, 새로운 문제를 떠안게 되었다. 일본의 전자제품, 철강, 반도체, 자동차 등이 미국 시장을 빠르게 잠식하기 시작한 것이다. 일본의 방직 제품과 화학섬유 제품은 미국과 전 세계 시장의 60%를 잠식했다. 미국은 큰 규모의 대일 무역적자를 기록했으며, 방직과 자동차를 비롯한 상당수의 제조업체가 심각한 타격을 입었다. 그 결과 미국 내 실업률도 지속적으로 상승했다.

미국은 1974년 '슈퍼 301조' 카드를 꺼내 들어서, 강제로 일본의 고정환율제를 폐지하고 변동환율제로 바꾸어 엔-달러 환율을 266엔까지 낮추었다. 이런 조치에도 일본의 수출은 기세가 꺾일 줄 몰랐다. 엔화가 절상되어 약화된 가격 경쟁력을 일본 기업이 생산성 향상과 원가절감을 통해 빠르게 회복했기 때문이다.

시간이 지나자 일본은 자체적으로 미국과 견줄만한 첨단 기술 국가로 성장했다. 더는 싸구려 제품만 파는 국가가 아니었다. 1980년에 도요타, 혼다 등 일본의 자동차 회사들은 자동차 종주국이라고 자부하는 미국에서 24%의 시장점유율을 기록했다. 역으로 포드 자동차는 역사상 최악인 15억 달러의 적자를 기록했다. 자동차산업의 본거지인 디트로이트 시의 실업률이 20%를 넘어섰다.

일본과 대조적으로 미국 경제는 점점 악화되었다. 경제는 침체하는데 물가는 올랐다(스태그플레이션). 1970년대 후반부터 오르기 시작한 물가는 1980년 초에는 연간 물가상승률이 거의 15%에 이를 정도였다. 실업률도 8%를 넘어섰다. 결국, 1978년 미국 연방준비제도이사회FRB 폴 볼커 의장은 글로벌 인플레이션 해소와 미국의 스태그플레이션 위기를 극복하기 위해 전격적으로 금리 인상을 단행했다. 그 결과 1981년 13.5%에 이르던 살인적 물가가 1982년에는 3.2%까지 하락하는 성과를 얻었다. 훗날 폴 볼커의 강력한 금리 인상 정책은 물가 안정과 강도 높은 구조조정을 유도해 1990년대 미국의 경기 호황을 이끈 초석이었다는 평가를 받았다. 하지만 당시에는 장기간 이어진 고금리로 기업들이 도산하고 실업률이 10%를 넘는 고통을 겪어야 했다. 자고 일어나면 또 오르는 금리 때문에 부동산 가격은 폭락하고, 20%가 넘는 고금리에 농민들이 빚더미에 올라앉고, 자살하는 사람들이 속출하는 등 미국 경제가 급격하게 위축되었다. 일본은 미국의 혼란한 경제 상황을 이용해서 미국의 부동산과 부도 직전의 회사를 마구잡이로 사들였다.

이런 부작용에도 아랑곳하지 않고 인플레 파이터라는 별명이 붙은 폴 볼커는 고금리 정책을 오랫동안 지속했다. 미국의 고금리가 오랫동안 지속되자 미국으로의 자본 유입도 계속되면서 달러 강세 기조도 계속되었다. 고금리에 달러가 강세로 돌아서자 미국 제조업체의 글로벌 경쟁력은 더욱더 약화되었다. 레이건 정부가 경기 활성화를 위해 개인 소득세를 대폭 삭감하고 정부의 재정지출을 크게 늘렸지만, 대규모 재정적자만 지속적으로 발생했다. 재정적자는 1,000억 달러에 육박했고, 무역수지 적자도 1,090억 달러에 이르렀다. 무역수지 적자의 상당수는 대일무역 관계에서 발생했다. 1985년의 대일무역 적자는 429억 달러에 달했다.

일본의 경제 성장과 수출이 눈엣가시처럼 불편했던 시기에 일본이 미국을 향해 결정적인 실수를 하고 말았다. 1985년 일본은 GDP가 미국의 1/3까지 성장하자 세계 2위의 경제 대국이 되었다는 자신감이 넘쳤다. 이에 일본 외환심의회는 '엔의 국제화에 대해'라는 문건을 통해 엔화를 기축통화로 만들겠다는 의도를 공식화했다. 그리고 곧바로 아시아 국가들에 대규모 엔화 차관을 제공하고 수도인 도쿄에 역외 금융시장까지 설립했다.[47] (2012년 현재의 중국 모습과 놀랄 만큼 비슷하지 않은가)

일본 정부가 막강한 경제력을 기반으로 기축통화 역할을 감당하겠다는 의지를 표명하자, 곧바로 세계 각국은 외환 보유고에서 엔의 비중을 높이기 시작했다. 당연히 달러가 타격을 입기 시작했다. 미국

의 국익에 직접적인 큰 위협이 발생한 것이다. 예전에는 일본의 군함
과 비행기가 진주만을 공격했는데, 이제는 일본의 제품과 자본이 미
국 본토와 금융의 중심지인 맨해튼을 직접 공격하고 나섰다.

미국의 환율전쟁 필승 전략

이런 상황에서 미국이 일본을 제압하기 위해 꺼내 든 카드가 바로
'환율전쟁'이었다. 1985년 9월, 미국, 영국, 프랑스 재무장관이 일본
과 독일을 치기 위해 뉴욕의 플라자 호텔에 모였다. 미국의 주도로 모
인 이들은 공동의 적인 일본의 엔화와 독일의 마르크화를 견제하기
위한 초강수 카드를 꺼내 들었다. 일명, '외환시장 개입에 의한 달러
화 강세 시정'을 합의하는 조치였다. 명목상으로는 독일과 일본의 화
폐 가치를 평가절상하여 국제 무역수지의 불균형을 해소하자는 것
이었다. 미국, 영국, 프랑스, 독일, 일본의 재무장관들이 모여 '플라자
합의'에 서명했다. 일본과 독일은 속으로 피눈물을 흘렸다. 하지만 달
리 선택의 여지가 없었다. 합의문에 서명하지 않으면, 환율조작국으
로 지정돼서 무역 보복 등의 강제적 조치를 당할 것이 뻔했기 때문이
었다.

　환율이란 두 나라 돈의 교환비율이기 때문에 그 나라 경제의 대외
적인 가치를 보여주는 가장 확실한 척도다. 특히 한국이나 일본, 그리
고 중국처럼 원자재를 수입하고 수출을 많이 해야 하는 대외의존도
가 높은 나라는 환율이 경제에 사활적 요소다. 수출 경쟁력, 물가, 환
차익과 환차손을 관리하는 환 헷지, 주식 및 부동산과 채권 가격의
변화 등이 모두 환율과 밀접하게 연결되어 있기 때문이다. 한국의 경
우를 봐도 환율 상승이 유가 상승보다 물가에 미치는 영향이 4배나

높다.[48]

중국은 미국과 환율전쟁을 진행 중이다.[49] 중국은 미국과 환율전쟁에서 승리할 때 번영을 지속할 수 있었다. 하지만 일본처럼 환율전쟁에서 패하면 번영의 시대가 막을 내릴 가능성이 커진다. 글로벌 유동성이 커지면 커질수록 환율전쟁은 더욱 치열해진다.[50] 클릭 한 번으로 빛의 속도로 돈을 이동시키며 전 세계의 금융시장을 돌아다니는 단기투기성 자금인 핫머니들 때문이다. 현실적으로, 각국의 정부와 중앙은행, IMF는 이런 투기세력을 제대로 통제하기 어렵다. 그래서 지금의 환율전쟁은 정부, 핫머니, 기관, 기업, 개인들까지 서로 얽히고 설켜서 전 세계적 놀음판이자 국가의 명운을 걸고 벌이는 살벌한 전쟁이 되었다. 일부 학자와 전문가들은 한 나라의 경제를 움직이는 것은 환율이나 핫머니가 아니라, 기업 경쟁력이 핵심 요인이라고 한다. 일리가 있다. 하지만 한 나라의 수출 품목들이 원가 경쟁을 해야 하는 상황에 접어들었다면 환율과 유가의 움직임이 기업 경쟁력의 핵심 요인이 된다.

플라자 합의를 추진하기 전에 미국은 확실한 승기를 확실히 잡기 위해 한 가지 선제 조치를 취했다. 제임스 베이커 미국 재무장관이 달러 가치의 상승이 미국과 세계경제 전체에 부정적인 영향을 미친다는 명분을 만들었다. 그리고 여기에 저항하면 수출문을 닫아 버리겠다는 위협으로 일본과 독일을 압박했다.

플라자 합의가 채택되자 5개국은 공동으로 외환시장에 개입해서 달러를 투매했다. 일본의 엔화는 1주일만에 달러화에 대해서 약 8.3%, 독일의 마르크화는 7% 절상되었다. 이런 시도가 지속되어서 2년 동안 달러의 가치는 30% 이상 급락했다. 1달러에 242엔 하던 엔화가 1987년 4월경에는 달러당 130엔으로 평가절상되었다. 그 이후로도 엔화의 평가절상은 계속되어 1995년경에는 달러당 100엔 밑으로 하락했다. 미국 제품들의 수출경쟁력이 상대적으로 올라갔을 뿐만 아니라, 일본에 쌓인 달러 채무도 연기처럼 사라졌다.[51]

　미국은 여기에 만족하지 않았다. 1987년 10월, 뉴욕 증시가 폭락했다. 1986년부터 1995년까지 1,000개가 넘는 군소저축은행을 포함해서 총자산이 5,000억 달러에 이르는 3,000개 금융기관이 파산하는 등 위기가 긴급하게 전개되었다. 그러자 미국의 제임스 베이커 재무장관은 일본의 나카소네 야스히로 수상에게 금리 인하 압력을 가했다. 일본의 금리를 낮추면 투자자들이 금리가 낮은 일본 돈을 빌려 상대적으로 금리가 높은 미국의 주식과 부동산시장에 투자하는 순환고리를 만들 수 있기 때문이었다. 일본으로서는 손해가 뻔히 보이는 장사지만, 최대의 수출시장이자 기축통화국인 미국의 심기를 건드릴 수 없었다. 차라리 미국의 요구를 들어주고, 수출시장에 대한 지속적인 보장을 받는 것이 낫다고 판단했다. 대신, 환율과 금리 변동 때문에 발생하는 문제들은 기술 개발이나 원가 절감을 통해 충분히 해결할 수 있다고 믿었다. 결국, 나카소네 수상은 금리를 2.5%까지 인하했다. 엔화가 평가절상되고, 전격적으로 금리를 낮추자 수출경쟁력은 다소 떨어졌지만, 엔화 가치가 상승하면서 일본기업과 투자은행들은 막대한 보유 자금으로 미국의 국채나 부동산, 주식, 기업들을 더욱더 많이 사들일 수 있었다. 원자재의 수입 물가도 크게 하락했다.

　그러나 일본 경제가 치러야 할 부작용은 예상보다 컸다. 낮은 금리로 대규모로 풀린 자금의 상당량이 일본의 증시와 부동산으로 흘러들어 가면서 자산시장에 대형 거품을 만들어내기 시작했다. 일본의 기업들도 저금리로 대출받은 돈을 기술 개발이나 신사업에 투자하기보다는 자산시장에 투자해서 단기적인 투자 수익을 통해 수출 감소로 발생한 손해를 만회하려는 유혹에 빠졌다.

일본의 대출 규모는 1980년대 초에 GDP 대비 50%에서 1980년대 말에는 GDP와 거의 비슷한 수준까지 증가했다. 도쿄 증권시장도 3년 만에 300%나 폭등해서 세계에서 시가총액이 가장 큰 거래소가 되었다. 일본 부동산시장의 시가총액도 아메리카대륙을 몇 번 사고도 남을 정도로 폭등했다. 일본의 외화자산은 1985년 플라자 합의 이후 2년 만에 2배나 증가했다. 숫자놀음과 자산 버블 덕분에 일본의 1인당 GDP도 1986년 1만 6,704달러에서 1995년 4만 2,336달러로 급격히 상승했다.

당연히 일본 은행들의 수익은 점점 더 커졌다. 1988년에는 일본 단기 대출 시장이 세계에서 가장 규모가 큰 시장이 되고 세계 10위권 은행 순위를 일본 은행들이 독차지할 정도였다. 일본 은행과 기업의 미국 투자 열풍은 더욱더 가속화되었다. 1989년 소니는 컬럼비아 영화사를 34억 달러에 인수했고, 미쓰비시는 록펠러센터를 14억 달러에 매입하는 등 일본이 미국에서 매입한 부동산 자산만 5,589억 1,600만 달러에 달했다. LA 번화가 부동산의 절반을 일본인들이 사들였고, 하와이 투자의 96%를 일본이 휩쓸었다. 1980년대 말에는 미국 부동산의 10%를 일본인들이 구입했다.[52] 일본의 기업들에도 M&A 열풍이 불어서 1985~1990년에 21개의 외국 대기업을 인수합병 했다. 엔화 절상과 금리 인하, 정부의 막대한 유동성 공급 정책으로 만들어진 성과를 바탕으로 한 눈부신 경제 발전과 그런 일본에 쏟아지던 세계의 찬사는 현재의 중국과 무섭도록 흡사했다.

겉보기에는 플라자 합의 이후 일본은 수출경쟁력이 조금 떨어졌지만, 내수 시장이 더 커지고 국가와 국민 모두 더 잘살게 된 것처럼 보였다. 일본의 이런 성장 덕분에 미국도 경제 회복의 가닥을 잡아갔다. 플라자 합의는 미국이 일본을 죽이기 위한 환율전쟁이 아니라, 미국과 일본이 동시에 이득을 보는 묘수처럼 보였다. 미국은 오랫동안의 경제침체에서 벗어나고 제조업을 회복시킬 수 있는 활로를 열었고, 일본은 국제 언론들로부터 '전 세계의 경제 회복을 주도하는 나라'라는 평가를 받았기 때문이다.

미국이 중국에 보낸 트로이의 목마, 금융자본가들

하지만 위기는 모든 사람이 축배를 들이킬 때 어둠 속에서 서서히 자라는 법이다. 일본은 일본 경제를 한순간에 무너뜨릴 '트로이의 목마'를 성 안에 들이고 말았다. 바로 시장 경쟁의 완전 자율화와 금융시장 개방 흐름 속에 숨어 몰래 들어 온 '금융전쟁'의 용병들이다.

경제학자들은 이구동성으로 중국이 중진국의 함정에서 벗어나려면 재정, 환율, 금융시스템의 개방과 시장친화적 개혁을 해야 한다고 강조한다. 부패를 근절하고 공정사회를 이루고, 시장 경쟁을 확대해야 한다고도 주장한다. 그러나 이 모든 것은 중국 공산당의 지속 가능한 집권과 상충하거나 미래의 어느 시점에서 권력의 지층을 뒤흔들 요인으로 작용할 가능성이 크다.[53] 중국이 일본처럼 이런 주장을 순진하게 받아 들이면 중국보다 훨씬 더 선진화되고 기술이 뛰어난 차익 거래꾼들인 서구 금융자본의 공격에 그대로 노출될 것이 자명하다. 그렇다고 마냥 이런 식의 개방을 미룰 수도 없다. 미국의 압력도 압력이지만, 중국 내부적으로도 기존의 방식으로는 성장의 한계에 도달했기 때문이다.

지금까지 중국은 값싼 노동력을 기반으로 한 제조업 중심의 경제성장을 주도했다. 하지만 지난 10년 전과 비교해서 중국의 인건비는 4배 이상 올랐다. 이직률도 높아졌다. 중국 연안지역에서는 외국 기업에 대한 혜택도 줄이고 있다. 중국은 2011년에 앞으로 5년간 최저임금을 매년 13%씩 추가로 인상하겠다는 계획을 세웠다. 그 바람에 한국, 일본, 미국, 유럽의 기업이 자국으로 복귀하려는 움직임이 일기 시작했다. 각국 정부도 자국으로 되돌아오는 기업을 지원하는 정책을 늘리고 있다. 대표적으로 미국의 오바마 대통령은 본국으로 되돌아오는 기업의 법인세율을 현재 35%에서 25%까지 낮춰주고, 설비투자 세제 혜택 기간도 연장해 주며, 직접적인 현금 지원 정책과 환경규제 완화 등 전방위적인 지원책을 강화하고 있다.

당분간 중국에서 자국으로 되돌아가는 기업이 늘어날 추세다. 또한, 대 중국 직접 투자 금액이 예전처럼 급증하기 힘들어졌다. 예를 들어, 한국의 대 중국 직접 투자 금액은 2007년 53억 달러를 정점으로 계속해서 줄어 2012년에는 약 33억 달러로 낮아졌다. 중국은 선진국의 위상에 맞추어야 한다는 명분 때문에 곧 자의반 타의반으로 복수통화와 연계한 바스켓을 이용한 고정환율제를 포기하게 될 것이다. 그 결과로 환율 이점을 가지고 수출과 외국인 직접투자를 촉진하는 정책도 포기해야 한다.

미국의 압력이 아니라도 중국은 내수시장의 성장을 유도하고 최첨단 산업의 자체적인 경쟁력을 확보하는 전략으로 선회해야 한다. 그런데 최첨단 기술을 확보하는 데는 최소 10~20년이 걸린다. 따라서 당장은 내수시장의 '인위적' 진작밖에는 길이 없다. 신용창조에 의한 경제성장이 핵심인 현대 자본주의 시스템에서 내수시장이 커지려면 근로자의 임금도 올라야 하지만, 반드시 지금보다 더 많은 빚을 낼 수 있게 해 주식과 부동산시장을 키워야 한다. 또한, 자산시장의 성장을 위해서는 외국으로부터 거대한 핫머니를 들여와서 판을 키워야 한다. 외부의 돈이 들어와서 판돈을 키워주어야 전체 부가 늘어날 가능성이 생긴다. 예전처럼 높은 경제성장률을 지속하려면, 금융시장의 완전한 시장 경쟁을 보장해서 글로벌 헤지펀드들이 중국 안방에 들어와 마음껏 활개칠 수 있도록 해주어야 한다는 뜻이다. 이것이 금융서비스업의 확대와 시장 개방의 실제적인 내용이다. 자산시장의 거품을 바탕으로 각종 경제지표가 기대 이상으로 호전될 때 이런 미래에 대해 무모하리만큼 '자신감 넘치는(?)' 의사결정을 하게 된다. 1990년대의 일본이 그랬다.

도쿄에 3번째 핵폭탄을 투하한 금융자본가들의 전략

미국은 히로시마와 나가사키에 두 발의 핵폭탄을 투하한 뒤에도 일본이 항복하지 않는다면, 3번째는 도쿄에 투하하겠다는 전략을 선택했었다. 당시 태평양 사이판에 있는 티니언 섬에서 핵무기를 탑재할 B-29 폭격기를 미국 본토로 보냈었다. 일본의 무조건 항복으로 미국의 도쿄 핵폭탄 투하 작전은 취소되었다.

　그로부터 45년 뒤인 1990년 1월 12일 미국의 금융자본가들은 일본과 일본의 20년 뒤의 미래까지 송두리째 날려버릴 가공할 위력의 핵폭탄을 일본 도쿄에 전격적으로 투하했다. 그것은 우라늄이나 플루토늄이 아니라 주가지수선물Stock Market Index Futures로 만들어진 핵폭

주식이 현재의 주식 가격을 판단하여 투자하는 것이라면, 선물Futures 은 미래의 어느 시점의 주식 가격을 예측해서 투자하는 파생상품이다. 선물 투자의 대상은 금, 반도체, 곡물, 오일 등의 상품이 될 수도 있고, '주가지수' 같은 지수도 될 수 있다. 주가지수선물은 한 나라의 주가지수를 대표할 만한 종목들만을 모아서 하나의 상품으로 만들어 거래한다. 보통은 3~6개월 뒤의 미래 주식가격을 예측한 후 일정한 기준일을 정해 정산할 것을 정해 두고 거래를 한다.

선물투자는 그 특성상 예측이 맞아떨어지면 큰돈을 벌 수 있지만, 거꾸로 예측이 크게 빗나가게 되면 파멸적인 손실을 볼 수 있다. 겉보기에는 개별기업의 미래를 예측하는 것보다 거시경제에 영향을 받는 주가지수 예측이 쉬워 보인다. 그래서 주가지수선물 시장에서는 더욱더 확신에 찬 과감한 베팅이 자주 발생한다.

선물은 정상적인 주식 거래보다 투기적 성격이 강해서 통상적으로 증거금률이 주식시장보다 훨씬 낮다. 증거금이란 전체 거래 금액의 일부를 담보로 제시하는 제도다. 예를 들어 100억 원 규모의 선물을 거래할 때, 증거금률이 3% 라면 3억 원만 미리 맡겨 놓으면 된다. 100억 원을 선물에 베팅해서 30%의 수익이 나면 앉은 자리에서 30억 원을 벌게 된다. 실제로는 3억 원을 투자해서 10배에 해당하는 30억 원을 벌게 되는 것이다. 그러나 반대로 손실을 볼 경우는 한 번의 거래로 자기 증거금의 몇 배까지 잃게 된다. 이런 구조 때문에 선물 거래는 투자가 아닌 투기에 가깝다. 그래서 글로벌 금융 타짜들의 피튀기는 도박장이 되기도 한다.

탄이었다.

미국과 영국의 금융자본은 선물의 투기적 속성을 이용해서 일본 주식시장을 공격하기로 전략을 세웠다. 1987년부터 1989년 사이에 일본은 제조업의 수출이나 수익은 예전만 못했지만, 자산 버블과 환율 효과에 의해 부의 증식에 대해서는 최고의 자신감을 가지고 있었다. 저금리를 바탕으로 막대한 유동성이 주식과 부동산시장을 엄청난 기세로 밀어 올리고 있었기 때문이다. 당시에 일본인들은 주식과 부동산의 치솟는 가격은 버블이 아니라 탄탄한 일본 경제의 힘에 의한 견고한 성장세라고 확신하고 있었다. 이런 착각 때문에 자산시장의 급격한 추락이나 일본경제의 붕괴는 상상조차 할 수 없었다.[54]

일본의 자신감이 극에 달해 있을 때, 모건스탠리나 살로먼브라더스 같은 투자은행은 '주가지수 풋옵션Stock Index Put Option'이라는 신상품을 들고 일본 투자자를 찾아갔다.('옵션'이란 미래의 일정 시점에 미리 정한 가격으로 주식, 채권, 주가지수 등의 특정 상품을 매입하거나 매도할 수 있는 '권리'를 매매하는 거래다. '주가지수선물옵션'은, 주가지수선물을 사거나 팔 수 있는 권리를 다시 매매하는 상품으로서 선물투자의 위험 분산을 위해 주가지수선물을 기초자산으로 만든 2차 파생상품이다. 주가지수를 살 수 있는 권리를 콜옵션, 팔 수 있는 권리를 풋옵션이라고 한다.)

일본 투자자들은 미국의 투자은행들이 들고 온 신상품에 큰 관심을 보였다. 그들이 들고 온 파생상품은 전도유망한 일본 증시 전체가 폭락한다는 데 겁도 없이 거액을 배팅한 것이기 때문이다. 그들은 니케이 주가지수가 상승하면 상승하는 만큼 미국 투자자들이 일본 투자자들에게 수익을 주는 상품을 팔았다. 단, 반대로 주가지수가 하락하면 하락하는 만큼 일본 투자자들이 미국 투자자들에게 돈을 주어야 한다는 조건이 붙어 있었다. 일본 사람들에게 반대의 조건은 눈에 들어오지도 않았다. 미국의 투자자들이 미쳤다고만 생각했다. 일본경제의 탄탄한 펀더멘털과 자산시장의 견고한 상승세를 고려하면 땅 짚고 헤엄치기처럼 보였다.

미국 투자은행들이 파는 상품은 날개돋친 듯 팔려 나갔다. 1989년 12월 29일 닛케이지수가 38,915를 돌파하면서 미국 투자자들은 큰 손해를 보는 듯했다. 그러나 1990년 1월 12일 미국 투자은행들이 준비한 행동을 시작했다. 갑자기 미국 주식거래소에서 '닛케이지수 풋 워런트NPWs, Nikkei Put Warrants라는 새로운 금융상품이 등장했다. 일본에서 대량의 닛케이 주가지수 선물을 팔아 치운 모건스탠리, 골드만삭스 등 미국의 투자회사들은 일본 투자자들에게 산 옵션을 덴마크의 투자자들에게 팔았고, 덴마크에서는 닛케이 지수가 하락하면 그 수익을 양도하기로 약속하고 이 옵션을 NPWs의 구매자에게 팔았다.[55]

일본에서는 일본 주가지수가 상승하면 일본 투자자들이 큰돈을 버는 '주가지수 풋옵션'이 날개돋친 듯 팔려나갔고, 미국에서는 닛케이지수가 폭락하면 큰돈을 버는 '닛케이지수 풋 워런트'가 날개돋친 듯 팔려나갔다. 미국 투자자들은 양쪽에 전부 상품을 팔아서 막대한 수수료를 챙겼다. 그리고 NPWs가 인기를 끈 지 한 달 만에 일본증시는 완전히 붕괴되었다. 이쯤에서 조지 소로스의 말을 되짚어 볼 필요가 있다.

> "나는 금융 시장에서 통용되는 규칙에 따라 투기 행위를 했을 뿐이다…… 나는 금융 시장의 합법적인 참여자다. 도덕적인 기준으로 내 행동을 평가하지 말라. 이는 도덕과는 별개의 문제다."[56]

오랫동안 저금리를 바탕으로 대출된 엄청난 돈이 주식시장으로 유입되면서 닛케이 주가지수는 1985년 1만 포인트에서 1990년 1월에는 4만 포인트까지 폭등했다. 5년 동안 4배나 급등한 주식시장이 하루아침에 폭락하면서 1992년에는 1만 5천 포인트까지 내려갔다.

닛케이지수 및 닛케이지수 선물 추세도

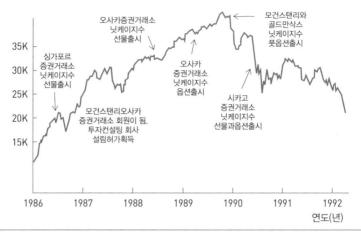

출처: 량셴핑, 중미전쟁, 홍순도 역, 서울: 비아북, 2010, 113

빌린 돈을 가지고 투자했던 개인과 세계 10위권을 휩쓸었던 일본의
대형은행을 포함한 기관 투자가들이 자본금의 몇 배에 달하는 손실
을 보면서 힘없이 무너졌다. 1995년 일본 정부는 은행업의 불량자산
이 50조 엔을 넘었다고 발표했다.

주식시장이 무너지자 부동산시장도 함께 붕괴하기 시작했다.
1985년 이후 51개월 연속 상승했던 부동산 가격은 1991년을 정점
으로 13년 동안 계속 하락했다. 주택은 60%, 상업용 부동산은 87%
나 폭락했다. 위기가 지속되면서 중앙은행이 기준금리를 계속 낮추
었지만, 시장금리는 반대로 폭등했다. 1997년에는 중앙은행이 기준
금리를 제로 근처까지 내렸지만, 콜금리는 20%를 넘어서기도 했다.
1996년까지 주식과 부동산시장에서 무려 6조 달러의 손실이 났고,
연평균 14,000개의 기업이 파산했다. 일본 전체로는 재산 손실의 규
모가 2차 세계대전 때 발생한 재산 손실과 맞먹는 수준에 이르렀다.[57]

세계 10대 은행을 싹쓸이했던 일본 은행들은 단 하나만 남기고 전부 퇴출당했다. 미국에서 사들인 부동산과 기업들도 거의 다 헐값으로 되팔아야 했다.

자산 폭락, 엔고, 수출경쟁력 하락 등으로 일본의 기업들이 생존을 위해 해외로 공장을 이전하면서 산업 공동화 현상이 발생했다. 1985년 3%에 불과했던 일본 기업의 해외 생산 비중은 1999년에는 14%까지 증가했다. 일본 정부는 무너지는 경제와 기업을 살리기 위해 필사적인 노력을 했다. 열 차례에 거쳐서 총 130조 엔(1조 4천억 달러)의 자금을 퍼붓고, 엔의 평가 절상을 막기 위해 2007년 한해에만 무려 7조 6천억 엔을 시장에 풀어 환율을 방어했다. 무너지는 건설업을 살리기 위해 사람이 살지도 않는 곳에 도로와 철도를 깔고, 바다를 매립해서 토지를 만들었다. 그러나 일본 경제는 잃어버린 10년이라는 깊은 수렁에 빠졌고 부채는 GDP 대비 198%까지 올라갔다. 미일 간의 금융전쟁은 이렇게 일본의 완패로 끝이 났다.

기축통화를 노리는 중국의 금융 전략

경제전쟁이 벌어지면 이런 연쇄적인 파급효과가 생기기 쉽다. 그래서 환율전쟁은 사실상 금융전쟁이라는 더 큰 공격을 하기 위한 전초전에 불과하다. 미국이 중국과 환율전쟁을 시작하는 순간, 상대적으로 불리한 상황에 있는 중국을 압박하여 최종적으로 완전한 금융개방을 얻어내겠다는 목표를 세웠을 것이다. 미국의 첨단 금융지식과 힘을 바탕으로 마치 일본에서 했던 것과 마찬가지로 중국의 주식과 부동산시장의 자산 거품을 극대화시킬 것이다. 그리고 자산 거품이 최고조에 달하고, 외형적인 부가 극대화되면서 중국 정부와 국민이 자만에 빠져 부자가 된 듯 샴페인을 터뜨릴 때, 트로이 목마 안에 숨어 있던 금융자본가 용병이 나서 화폐 시스템, 주식과 부동산시장의 거품을 터뜨리는 공격을 시작할 것이다.

착각하지 말자. 미국의 투자가들이 노리는 것은 중국의 돈이지만, 미국이 노리는 것은 중국의 돈이 아니다. 용병들이 바라는 것은 돈이지만, 용병을 고용한 미국은 적국의 굴복을 바란다. 환율전쟁과 금융전쟁을 시작한 미국 정부가 바라는 것은 자산시장과 금융시장의 붕괴로 말미암은 중국의 경제 정체와 경제적 굴복이다. 운이 좋다면 중국 공산당이 한순간에 자신의 돈을 잃어버린 국민의 거대한 저항 때문에 무너지는 것도 기대할 수 있을지 모른다.

미국의 이런 의도를 중국도 잘 알고 있다. 그래서 중국도 일본처럼 당하지 않기 위해 대비 중이다. 하지만 무턱대고 금융시장의 문을 걸어 잠그거나 자기들 마음에 맞는 쪽문만을 살짝 열어 놓을 수도 없다. 금융시장을 완전히 개방하지 않고는 역으로 금융 패권을 차지할 수도 없다.[58] 그렇다면, 중국은 어떤 대비를 하고 있을까?

최근 들어 중국 정부는 은행, 증권, 보험 등 금융당국 수장들을 모두 50대의 젊은 피로 일제히 교체했다. 그리고 예상외로 외국 금융회사 유치 노력도 가속화하고 있다. 2009년 5월부터 외국 금융사에 대한 2년간 법인세 면제, 이후 3년간 법인세 50% 감면, 푸둥 금융지구에 입주하는 외국은행에 위안화 소매 영업 허가 등 파격적인 인센티브를 제공하면서 외국 금융회사를 블랙홀처럼 빨아들이고 있다. 미국과 영국 등의 압력을 의식해서라기보다는, 중국 스스로 급변하는 세계 경제 판에서 살아남기 위해 공격적으로 금융산업을 육성하려는 의도가 더 크다. 밀리면서 금융시장을 개방하면 자신들에 불리하

2011년 2분기 기준 시가총액 12위 기업

순위	기업명	국적	업종
1	엑손모빌	미국	석유
2	애플	미국	IT
3	페트로차이나	중국	석유
4	중국공상은행	중국	금융
5	BHP빌리턴	호주&영국	광산
6	로열더치셸	영국	석유
7	마이크로소프트	미국	IT
8	네슬레	스위스	먹거리
9	페트로브라스	브라질	석유
10	IBM	미국	IT
12	중국건설은행	중국	금융

출처: 파이낸셜 타임즈

니 스스로 자국 금융시장의 변화를 주도하겠다는 심산이다.[59]

현재, 중국의 금융시장 규모는 급속도로 확대되고 있다. 상하이 증권거래소는 2010년 말 현재 거래량 기준으로 이미 세계 3위에 올랐고, 기업공개IPO 규모는 이미 세계 최대 수준이 되었다. 거래소의 시가총액이 중국 GDP의 50%를 넘어섰다. 2011년 3월말 기준 상장 회사 905개, 상장증권 1,537개, 상장주식 949개, 상장주식 총수 2조 2,000억 주, 시가 총액 19조 3,000억 위안 규모를 이루었다. 홍콩과 선전 거래소까지 포함하면 범 중국 주식시장 규모는 일본을 제치고 세계 2위가 된다. 시가총액 기준 전 세계 12위 안에 2개의 중국 은행이 포함된다. 금융업종 안에서는 시가총액 1위와 2위가 모두 중국 은행이다.

그러나 중국은 여기에 만족하지 않는다. 추가적인 투자 유치를 위해 규제 완화와 세제 혜택, 금융 인력 우대 정책을 더욱 강화하고 있다. 2011년 중국은 외국기업 전용 국제시장을 개설했다. 상하이 증권 거래소에 추가로 국유기업을 상장시켜 증권시장 규모도 계속해서 확대해 나가고 있다. 미국과 유럽의 재정 위기, 부동산 버블을 견제하기 위한 중국 정부의 정책으로 상장사들이 주식시장에서 자금을 조달하는 데 어려움이 생기자 채권 발행을 늘려서 채권 시장이 확대되고 있다. 중국 정부도 채권시장의 구조를 더욱 개선하겠다고 거들었다. 중국이 금융위기 직후부터 지속해서 금융산업의 규모를 확장해가고 있는 이유는 과연 무엇일까?

가장 기본적인 금융 능력은 적재적소에 적절하게 자금을 융통시켜주는 능력이다. 중국이 금융산업을 확장시키고 있는 이유는 단기적으로는 세계 경제가 불안하고 시간이 갈수록 자국의 제조업 경쟁력이 하락하는 상황에서, 자국 기업의 생존을 유지해 일자리를 보호하기 위함이다. 중장기적으로는 우주항공, 정보통신, 바이오-제약, 문화산업 등 신성장동력 산업을 금융의 힘을 매개로 급격히 확대하고자 함이다. 이 두 가지가 순조롭게 진행되어야 지속적인 일자리 창출과 임금 상승을 통한 내수시장 부양이 가능하다. 그렇지 않으면 비정상적으로 자산시장만 커지다가 버블이 붕괴하며 경제 전체가 한순간에 무너질 수 있다. 그 과정에서 외국 핫머니들의 금융 공격으로 지난 수십 년의 성장의 과실을 다 빼앗기고 일본의 전철을 밟게 된다.

최근 중국은 무인우주선 선저우 8호와 실험용 우주정거장 톈궁 1호의 도킹을 성공하면서 우주항공 산업에도 박차를 가하고 있다. 문화산업 투자에도 정부가 적극적이다. 중국은 문화산업을 새로운 성장 동력으로 육성하여 2015년까지는 GDP의 5%까지 비중을 끌

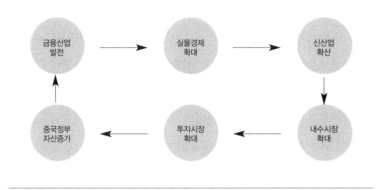

어올린다는 목표를 제시했다.

신산업 발전에는 금융자본의 투자 규모가 매우 중요하다. 신기술이 개발되면 이를 상용화하기 위해 막대한 투자가 필요하다. 이를 해결해 주는 것이 금융 능력이다. 역사적으로도 기술 혁신이 이루어지면 반드시 금융산업이 뒷받침되면서 새로운 산업을 창출해왔다. 물론 이 과정에서 심각한 기술 버블이 생기기도 했지만, 금융은 새로운 산업을 태동시킨 원동력이었다.

탄탄한 금융산업을 기반으로 실물경제와 신산업이 발전하면, 고용이 창출되고 소비가 늘어 내수시장이 확대된다. 내수시장의 확대는 중국 시장의 미래 성장성에 대한 기대치를 높여 투자 시장도 확대시킨다. 특히 기존 산업과 신규 산업이 안정적으로 성장하면서 이루어지는 주식시장의 확대는 중국 정부의 자산도 증식시켜준다. 중국 거래소에 상장된 기업의 상당수가 국유기업이다(중국의 500대 기업 중 60% 이상이 국유기업이다).

부동산 가격도 마찬가지다. 중국은 모든 토지가 국가 소유이므로 부동산 가격이 올라가면 국가의 자산이 증가한다. 결국, 주식시장과 부동산 가격이 안정적으로 오랫동안 상승할수록 중국 정부의 자산도 증가하게 된다. 참고로 중국 정부가 소유하고 활용 가능한 재산은 중국 전체 재산의 무려 76%를 차지할 정도다. 이것이 중국이 금융위기에서 한발 비켜갈 수 있었던 가장 중요한 이유다.

그러나 준비가 되지 않는 상태에서 일본처럼 환율전쟁과 금융전쟁에서 패하여 주식과 부동산시장이 갑작스럽게 붕괴하면 국유자산이 순식간에 증발하여 중국 공산당의 존립 자체가 위협받게 된다. 최근 중국의 부동산 버블 붕괴 이야기가 심심치 않게 나오고 있고, 중국 정부가 부동산시장을 연착륙시키려고 애를 쓰고 있는 것도 이러한 이유에서다. 부동산시장이 경착륙하면 단기적으로 중국 정부 자산에 큰 손실을 준다. 나아가 국유자산을 투자해서 기존 수출 제조업과 신산업을 육성하고 금융자본을 끌어들여 내수시장을 확대할 기회도 잃게 된다.

이런 모든 상황과 논리를 종합해볼 때 중국은 당분간 정부가 주도해서 금융산업을 전략적으로 육성할 가능성이 클 것이다. 하지만 중국이 금융산업을 본격적으로 확대하려는 데에는 더 큰 이유가 몇 가지 있다. 중국은 내수시장의 규모를 지렛대 삼아 위안화 국제화를 추진하려고 한다. 더 나아가, 조금 먼 미래에는 국제 금융을 주도하는 위치에 올라선 후, 달러를 제2기축통화로 밀어내고 위안화를 제1기축통화로 만들 속셈이다.

제1기축통화를 소유한 국가는 '세뇨리지 효과'를 누릴 수 있다. '세뇨리지 효과'란 화폐 발행을 통해 얻는 새로운 경제적 이익을 말한다. '세뇨리지'는 프랑스어로 군주를 뜻하는 '세뇨르'라는 말에서 비롯됐다. 세뇨리지 효과는 옛날 프랑스에서 군주가 재정적자를 메우려고 금화에 불순물을 넣는 화폐 사기를 치면서 이익을 얻었던 것을 비꼬는 말이다. 현대에 들어서도 제1기축통화를 가진 나라가 자국의 화폐를 국제적으로 통용시킬 때, 발행 비용을 훨씬 초과하는 교환가치를 획득해서 엄청난 경제적 이익을 얻는다.

기축통화처럼 국제적 무역거래에 널리 사용되는 화폐는 화폐 가치 하락을 통해 인플레이션 세금을 걷는 세뇨리지 효과를 글로벌 하게 누릴 수 있다. 현재 미국처럼 계속 무역적자와 재정적자가 나도 윤전기를 돌려 달러를 계속 찍어냄으로써 물건을 살 수 있는 능력을 갖추게 된다. 손바닥만한 종이 한 장에 잉크 몇 방울을 묻힌 후, 이 종이돈을 값비싼 노동을 통해 만들어낸 제품과 서비스와 간단히 바꾸어버린다. 마치 일은 안 하고 집에서 프린터로 5만원권을 마구 찍어 방안 가득 쌓아 놓고, 일 년 내내 백화점에서 쇼핑하고 고급 음식점에 가고, 해외 여행을 다닐 수 있는 특권을 쥐게 되는 것과 같다. 그러고도 남는 돈은 은행에 맡긴 후 이자 수익까지 꼬박꼬박 받아낼 수 있다. 개인이 이렇게 산다면 사기꾼이지만, 기축통화를 가진 나라의 비슷한 행동을 현대의 경제학에서는 세뇨리지 효과라는 멋진 말로 포장해주고 있다. 실제로 2010년 미국을 포함한 전 세계에 유통되는 달러 총액은 국채와 달러를 합쳐 28조 달러가 넘었다. 이 중에서 화폐 발행 이익이 99%에 달한다.

이처럼 기축통화 발행국은 다른 나라들이 자기 화폐를 많이 사용하면 할수록 앉은 자리에서 손쉽게 다른 국가가 가진 부의 일정 부분을 자국의 이익으로 빼앗아 올 수 있게 된다. 중국이 먼 미래에 제1기축통화국의 지위에 오르게 되면, 더 이상 달러에 의지하지 않고

이 그림은 필자가 지금까지 설명한 중국이 추구하고 있는 금융전쟁을 시작으로 기축통화국가로 가는 전략을 보여준다.

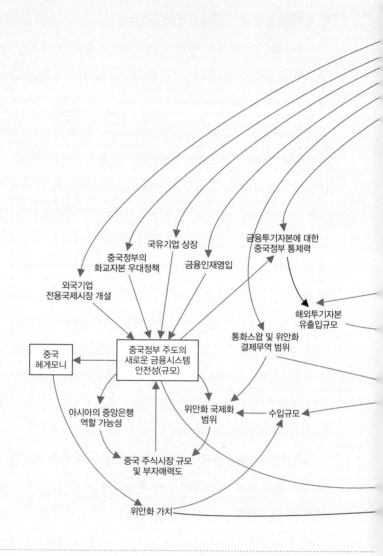

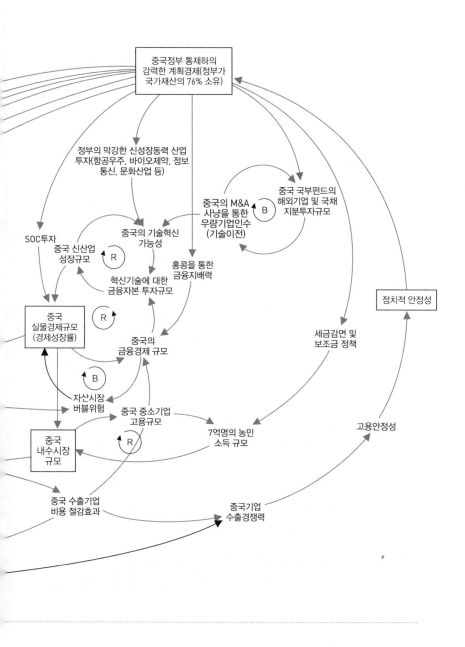

중국정부 통제하의 강력한 계획경제(정부가 국가재산의 76% 소유)

정부의 막강한 신성장동력 산업 투자(항공우주, 바이오제약, 정보통신, 문화산업 등)

중국의 M&A 사냥을 통한 우량기업인수 (기술이전)

중국 국부펀드의 해외기업 및 국채 지분투자규모

중국의 기술혁신 가능성

SOC투자

중국 신산업 성장규모

R

혁신기술에 대한 금융자본 투자규모

홍콩을 통한 금융지배력

정치적 안정성

중국 실물경제규모 (경제성장률)

R

중국의 금융경제 규모

세금감면 및 보조금 정책

B

자산시장 버블위험

중국 중소기업 고용규모

중국 내수시장 규모

R

7억명의 농민 소득 규모

고용안정성

중국 수출기업 비용 절감효과

중국기업 수출경쟁력

위안화만 가지고도 13억 중국인을 지배하는 공산당의 체제를 안정시키고 국민을 풍요롭게 만들 수 있다. 나아가 과거 명나라 시절 정화 장군이 대규모 함대를 이끌고 아시아는 물론 인도양을 건너 아프리카까지 30여 국가를 정복한 옛 영광을 재현할 수 있다. 자신들이 언제나 세계 중심이어야 한다는 생각은 수 천년 동안 중국인들의 가슴 깊은 곳에 강하게 남아있는 본능적인 욕구다. 이 욕구가 금융통화 패권에 대한 욕구로 변형되어 다시 나타나고 있다.

중국은 2009년부터 미국의 금융전쟁 능력에 틈이 생긴 때를 놓치지 않고 선제적으로 금융시장 확대 정책을 추진하고 있다. 3조 달러가 넘는 엄청난 외환 보유고를 가지고 중국은 해외 우량기업을 인수하여 기술 혁신을 촉진하고 있다. 3,000억 달러 규모의 국부펀드를 조성하여 헐값이 된 미국과 유럽 등지의 기업들을 쇼핑하듯이 사들이고, 지분투자를 통해 해당 기업의 기술과 인재를 순식간에 흡수하고 있다. 2010년 3월 중국의 지리 자동차가 정부의 재정적 지원을 등에 업고 스웨덴의 볼보 자동차를 13억 달러라는 헐값에 인수한 것이 대표적인 사례다. 이러한 전략을 통해 선진국의 핵심 기술을 순식간에 손에 넣으며 기술 혁신 및 신산업 확대의 밑거름을 만들고 있다. 그리고 경제 분야에서 대만과의 긴밀한 협력을 통해 약점으로 지적받아오던 ICT기술도 만회하고 있다.

중국은 사실 금융이 발달한 나라가 아니다. 중국에서는 가불, 부채, 빚 등은 모두 부정적인 뜻을 내포하는 단어다. 이렇게 돈을 빌리는 것 자체를 부정적인 일로 간주하는 문화적 전통이 있기 때문에 더욱더 금융이 발달하기 어려운 나라였다.[60] 2005년까지만 해도 중국 증권사들 대부분이 자본잠식 상태이거나 대규모 적자를 내고 있었다. WTO 가입 후에 금융시장을 조금씩 개방해오긴 했지만, 현재도 증권시장은 완전히 개방하지 않고 있다.

하지만 600조 달러가 넘는 파생상품 시장에서 발생한 미국발 금융위기를 지켜보며 금융시스템과 위험관리의 중요성에 대해 눈을 뜨기 시작했다. 그 후부터 본격적으로 안정적인 금융 인프라 구축 작업에 뛰어들고 있다. 예를 들어 홍콩을 통해 자국 금융회사가 선진 금융기법을 익히도록 하고, 유명 월가 출신의 금융 인재를(금융위기 직후에는 월가에서 받는 연봉보다 25% 높은 50만 달러의 연봉을 제시하면서까지) 스카우트하여 중국 금융시스템의 수준을 점차 높여가고 있다. 또한, 해외 투기 자본의 공격에도 쉽게 흔들리지 않도록 최대한 금융의 규모를 키우는 작업도 병행하고 있다. 5,400만 명에 달하는 화교자본을 중국 시장으로 끌어들이는 노력도 병행하고 있다. 중국 금융시장의 규모를 최대한 키워서 해외 투기자본의 공격에 대해서 완충작용을 할 수 있는 방어막도 치고 있다.

그러나 중국의 이런 전략이 성공을 거두려면 한 가지 조건이 갖추어져야 한다. 빠른 시일 내에 무역대금의 위안화 결제 규모를 최대한 늘리는 것이다. 수출이든 수입이든 위안화 무역거래의 확장은 중국의 금융시장 확대 정책에 필수적인 전제 사항이다. 내수시장의 확장이 중요한 이유 중의 하나도 바로 무역의 위안화 결제 확장과 연결되어 있다. 6,500만 명에 달하는 상위 5%의 최상위 부자들이 해외에 나가서 달러를 사용하지 않고, 자국 내에서 소비를 늘리게 해야 한다.

그러나 이것만으로는 부족하다. 중국 내수 시장이 확대되기 위해서는 중국 전체 인구의 54%에 해당하는 7억 명의 농민과 도시에 진출한 농민공 2억 명 등 총 9억 명의 소득을 높이고 소득분배

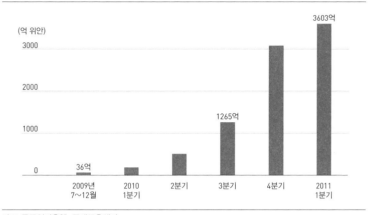

자료: 중국인민은행·국제금융센터

의 균형을 이루어야 한다. 이들 9억 명은 6,000만 개 이상의 중소기업에서 일하고 있다. 이들이 중국 GDP의 60%를 담당하며 중국 세수의 절반을 차지하고 있다. 이를 잘 알고 있는 정부는 2009년 수출이 감소하자 국내 소비를 보존하고 경기를 부양할 목적으로 각종 세제 혜택과 보조금 지급 정책을 펼쳤다. 새 차 구입을 위해 도입한 보조금과 세제 혜택 규모만도 148억 달러로 미국의 3배 수준이었다. 앞으로도 중국 정부는 이런 보조금 지급정책을 펼쳐서 소비 수요를 확장하고, 이를 기반으로 수입을 늘려 위안화 무역 결제액을 높이려고 할 것이다.

위안화 결제 범위를 확장하기 위한 또 다른 방법은 아시아 국가들이 위안화를 무역 결제 통화로 많이 사용하도록 유도하는 것이다. 대한무역진흥공사KOTRA가 2011년 4월 대對 중국 수출입 기업 104개 사, 중국 진출 법인 136개 사를 대상으로 설문 조사한 결과를 보면 설문 대상 기업의 77.5%가 위안화를 도입했거나 도입할 계획이라고 밝했다. 도입 검토 원인으로 응답 기업의 46%가 중국 바이어로부터 위안화 결제 요구를 받은 경험이 있다고 답했다. 중국기업의 결제 통화 변경 압력이 상당함을 알 수 있다.[61] 중국은 자국 기업들에게 위안화 결제를 확대할 것을 지시하고 있다. 2009년 7월, 5개 도시 365개 기업을 대상으로 위안화 무역 결제를 시범적으로 시행하기 시작했고 2010년 6월부터는 전국 20개 성시省市로 시범 지역을 확대하였다. 2013년 1월에는 위안화 해외 직접투자를 허용하였고 3월에는 위안화 무역 결제 지역을 중국 전역으로 확대하는 등 정책에 박차를 가하고 있다.

이처럼, 중국은 막대한 정부 자산을 활용하여 선진 기술을 빨아들이고 그 기술을 바탕으로 국내 실물 경제 규모를 키워 내수시장을 확대한 후, 막강한 시장 규모를 활용하여 금융시장의 덩치를 키워 미국 금융자본의 공격을 막겠다는 계산이다. 나아가 시장 매력도를 키워 미국의 달러 패권을 가져오겠다는 전략적 판단 하에 금융산업 발전에 온 힘을 쏟고 있다. 여기에 세계 최고의 외화보유액과 공산당 일당 독재 체제에서 오는 빠른 의사결정 속도라는 무기도 최대한 활용하고 있다.

미국의 중국 금융 공격 시나리오

미국은 이러한 중국의 전략에 어떤 방식으로 대응할까? 미국은 지금 금융위기를 수습하기 위해 막대한 자금을 쏟아 붓는 바람에 심각한 재정적자와 부채 문제에 허덕이고 있다. 미국의 부채는 2013년 3월 1일 기준으로 16조 6,100억 달러에 이르렀다. 이자를 3%로만 계산해도 매년 4,983억 달러의 이자를 물어야 한다. 이는 미국의 1년 무역이 그림은 미중 금융전쟁의 6개 전략적 포인트를 보여준다.

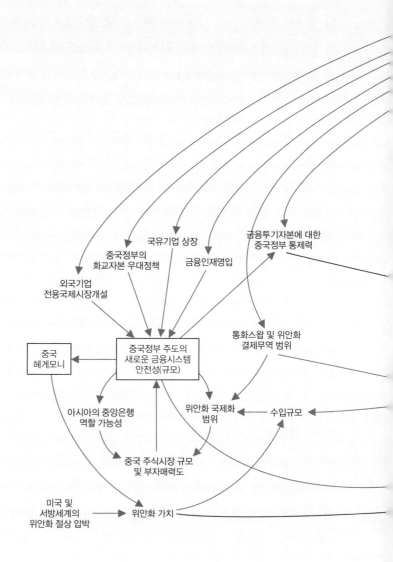

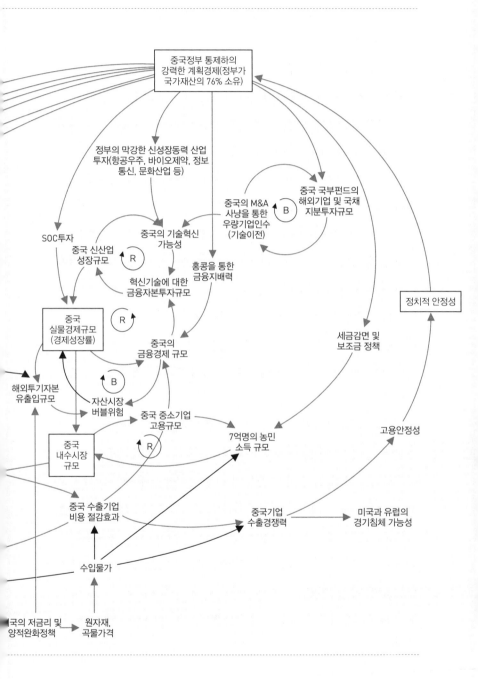

중국정부 통제하의 강력한 계획경제(정부가 국가재산의 76% 소유)

정부의 막강한 신성장동력 산업 투자(항공우주, 바이오제약, 정보통신, 문화산업 등)

중국의 M&A 사냥을 통한 우량기업인수 (기술이전)

중국 국부펀드의 해외기업 및 국채 지분투자규모

SOC투자

중국 신산업 성장규모

중국의 기술혁신 가능성

혁신기술에 대한 금융자본투자규모

홍콩을 통한 금융지배력

정치적 안정성

중국 실물경제규모 (경제성장률)

중국의 금융경제 규모

세금감면 및 보조금 정책

해외투기자본 유출입규모

자산시장 버블위험

중국 중소기업 고용규모

7억명의 농민 소득 규모

고용안정성

중국 내수시장 규모

중국 수출기업 비용 절감효과

중국기업 수출경쟁력

미국과 유럽의 경기침체 가능성

수입물가

국의 저금리 및 양적완화정책

원자재, 곡물가격

적자 규모와 엇비슷하다. 재정적자도 매년 1~2조 달러 수준에서 지속되고 있다.

이렇게 미국이 허약해진 틈을 타 금융시장을 확대해서 금융통화 패권을 차지하려는 중국이 미국으로서는 달가울 리 없다. 만약 중국과의 금융전쟁에서 패하여 제1기축통화의 혜택인 세뇨리지 효과마저도 잃게 되는 날이면 몰락을 피할 수 없다. 중국의 철저한 준비와 역공이 진행 중인 상황에서 미국의 전략적 포인트는 어디로 향하게 될까?

앞에서 살펴보았듯이 중국의 금융전쟁 전략은 아주 치밀하고 탄탄하다. 중국의 이같은 노력이 10년 이내에 성공할 경우, 해외 투기자본이 쉽게 중국의 금융시장을 흔들기는 어려워진다. 그러나 어떤 전략이든 아킬레스건이 있다. 중국의 전략에는 두 가지의 변수가 있다. 하나는 "중국이 금융시장을 얼마나 적절한 속도로 개방하느냐?"의 금융시장 개방 속도 조절 문제다. 다른 하나는 중국 내수시장의 성장 속도 조절 문제다.

미국의 금융공격에 일본이 어떻게 무너졌는지를 이미 알고 있는 중국을 상대하는 미국에게는 바로 이 두 가지의 '속도 조절' 변수가 공격의 포인트가 될 것이다. 중국이 너무 급하게 금융시장을 개방하고 내수시장을 늘리기를 급하게 추진하면 급격한 투기자본의 유출입으로 시장의 변동성이 커진다. 상대적으로 금융 능력이 뒤처지는 중국으로서는 자칫 경제가 심하게 흔들리면서 외환위기로 치명타를 입을 수 있다. 그렇다고 너무 속도를 느리게 가져가면 중국의 금융시장과 내수시장은 외국인들에 의해 변화를 강요당하여 주도권을 잃게 된다.

대체로 적정 외화보유액은 매월 평균 수입 금액의 3~6개월분이다. 2013년 초, 중국의 외화보유액은 3조 4,400억 달러를 넘었다. 중국의 월평균 수입액은 1,500억 달러 정도다. 그렇다면, 적정 외환보유액은 4,500억~9,000억 달러다. 그러니 최소 2조 5,400억 달러가 과도한 보유분이다. 중국은 과도한 외화보유액을 줄이기 위해 달러를 가지고 닥치는 대로 원자재와 금, 광물, 기업을 사재기하고 있다. 달러화의 가치가 언제 더 폭락할지 모르기 때문에 종이조각에 불과한 달러를 손에 쥐고 있기보다는 현물로 바꾸어 두는 것이 더 안전하기 때문이다. 그럼에도 중국의 달러와 미국 국채 보유량은 더 늘어가기만 한다.

미래의 달러 폭락도 문제지만, 당장에라도 중국 내 달러 자금 중 일부가 중국에서 빠져 나가면 중국은 금융위기에 빠질 수 있다. 중국의 엄청난 외화보유액 중에서 무역수지 흑자와 해외직접투자 금액을 뺀 나머지가 핫머니일 가능성이 크다. 그래서 전문가들은 적게는 20%, 많게는 60% 정도를 핫머니로 보고 있다. 중국은 현재 이 핫머니를 법과 제도, 금리, 환율로 단단히 통제하고 있다. 물론 은행과 보험시장 등을 개방하면서 중국 내로 핫머니가 들어 오는 것은 자유롭게 개방했다. 하지만 중국 내에서 합법적으로 운용되는지, 이익에 대해서 적법한 세금을 내는지, 자금 출처는 분명한지 등을 살피며 운용 과정과 국외로 다시 나가는 길은 철저하게 감시한다. 또한, 중국에서는 아직 외국의 헤지펀드가 마음대로 활동할 수 없다.

중국은 핫머니의 약점을 잘 알고 있는 듯하다. 핫머니는 몇 가지 약점을 가지고 있다. 첫째, 핫머니는 달러가 중심이다. 따라서 중국이 금 구매량을 늘리면 핫머니의 유동성에 영향을 줄 수 있다. 둘째, 핫머니는 투기가 주 수익원이기 때문에 불법인지 아닌지를 잘 감시하면 활동량을 조절할 수 있다. 만약, 중국에서 핫머니가 활동하다가 중국법 상 불법적인 수익을 취하면 정부는 원금과 수익을 모두 몰수할 수 있는 명분을 얻는다. 셋째, 핫머니는 늘 국경을 넘나들기 때문에 출입 비용을 조절하는 것을 못마땅해한다. 마지막으로 핫머니는 금융시장의 혼란이 클수록 고수익을 낼 기회가 커진다. 그러므로 중국 정부가 침착하게 움직이면서 금융시장의 혼란을 최소화하면 수익률이 떨어진다.[62] 이 약점들을 장악하는 것이 바로 중국 정부가 미국과 영국의 핫머니 세력들과 싸우는 전략이기도 하다.

핫머니의 최고의 수익원은 부동산과 주식, 그리고 환율이다. 부동산과 주식은 중국 정부가 철저히 통제하고 있고, 주식시장에 상장된 기업의 상당수가 국영기업이다.[63] 환율은 3~5%씩 천천히 절상하면서 위험을 최소화하는 선에서 환율을 관리하고 핫머니의 국외 유출을 조절하고 있다. 동시에 미래의 기대 수익에 대한 환상을 크게 만들어 주면서 핫머니들의 애간장을 태우고 있다. 중국은 이미 상당히 지능적으로 금융전쟁을 수행하고 있다.[64] 미국과의 싸움에서 승리하기 위해서 중국 정부는 속도 조절에 신중할 수밖에 없다. 미국은 이런 중국의 성공적인 속도 조절을 방해해야 한다. 미중 금융전쟁의 핵심은 이런 속도 조절의 싸움이다.

미국으로서는 중국의 내수시장이 미국이 수출 경쟁력을 회복할 수 있을 정도로만 성장하기를 원한다. 하지만 이보다 내수시장의 성장 속도가 더 빨라져 세계의 자본이 중국으로 급속히 이전되면 패권 국가 지위를 넘겨줄 가능성이 커지므로 그런 사태만은 어떤 수단을 쓰더라도 막으려 할 것이다.

반대로 중국은 자산시장을 포함한 내수 소비시장을 대규모 버블 붕괴가 발생하지 않는 범위 안에서 최대한 빠르게 확대하고 싶어 한다. 여기에 성공하면 중국은 안정적인 금융 인프라 구축에도 성공할 수 있다. 이런 맥락에서 앞으로 미국과 중국 간에 벌어질 금융통화전쟁 시나리오는 크게 네 가지로 나누어 볼 수 있다.

첫 번째 시나리오

첫째, 미국이 지속적인 저금리와 양적 완화 정책을 통해서 달러 유동성을 공급함으로써, 화폐 가치를 하락시킴으로써 중국의 물가 상승과 조절하기 힘든 수준의 자산 버블을 유도하는 시나리오다. 이 경우 중국 내수시장은 서서히 병들어 갈 것이다. 가능하다면 미국은 이 시나리오에 금융 공격과 원유 및 원자재 가격 등을 활용한 공격도 더하려고 할 것이다. 만약, 이런 상황에서 중국 자체적으로 가지고 있는 인구 변화, 엄청난 부채의 역습, 자산 시장의 잦은 붕괴, 환경 파괴 등의 위기 요소들이 연결된다면 미국에게는 최상의 시나리오가 된다.

　　시나리오를 설명하기 전에 잠깐 금리에 대해 알아보자. 은행의 기본적인 수익구조는 예금을 기반으로 대출을 통한 이자 수익과 채권 투자를 통한 수익으로 나눌 수 있다. 그런데 불황 때문에 정부가 저금리 정책을 장기간 유지하면 금리가 낮게 유지되어 은행은 채권 투자의 매력을 상실하게 된다. 이 경우 기업이나 가계 대출을 늘려 수익을 보충하려 한다. 대출이 많아져 시중에 풍부한 유동성이 공급되면 물가는 다시 오르므로 이제는 고금리 정책을 통해 통화를 흡수하는 균형 사이클을 만들어 내는 것이 정부의 '금리 경로를 통한 대표적

System Map

이 그림은 미국이 달러 유동성 공급을 통해 달러 가치를 하락시킴으로써 중국의 물가 상승과 자산버블을 유도하는 흐름을 보여준다.

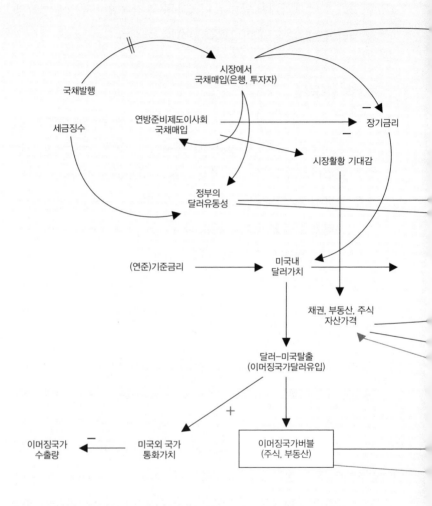

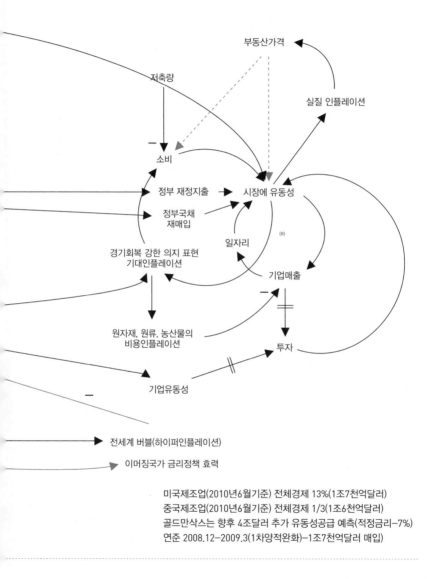

부동산가격

저축량

실질 인플레이션

소비

정부 재정지출 → 시장에 유동성

정부국채
재매입

(R)

경기회복 강한 의지 표현
기대인플레이션

일자리

기업매출

원자재, 원류, 농산물의
비용인플레이션

투자

기업유동성

전세계 버블(하이퍼인플레이션)

이머징국가 금리정책 효력

미국제조업(2010년6월기준) 전체경제 13%(1조7천억달러)
중국제조업(2010년6월기준) 전체경제 1/3(1조6천억달러)
골드만삭스는 향후 4조달러 추가 유동성공급 예측(적정금리-7%)
연준 2008.12-2009.3(1차양적완화)-1조7천억달러 매입)

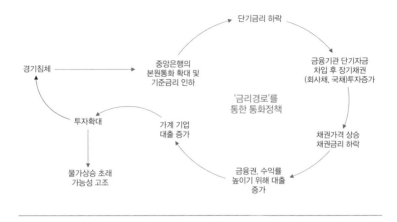

인 통화정책'이다. 금리 경로를 그림으로 표시하면 위와 같다.

지난 몇 년 동안 미국은 경기 침체를 막기 위해 0%에 가까운 저금리 정책을 유지하고 양적 완화 정책을 펼쳐서 미국 채권의 매력도가 예전과 비교하면 떨어졌다. 그리고 시중에 공급된 유동성도 미국 가계로 흘러들어 가지 못해 대출이 생각만큼 늘어나지 않고 있다. 그래서 은행 및 금융기관은 수익을 내지 못하고 구조조정을 통해 건전성을 유지하고 있다. 결국, 엄청난 규모의 달러 유동성이 금리가 높은 해외 자산시장으로 흘러갔다. 그 결과 중국 등 이머징 국가의 자산 버블이 만들어지고, 원자재와 곡물 가격에 투기적 수요가 몰려서 경기 불황에도 곡물 및 원자재 가격이 높은 수준에서 유지되면서 인플레이션 위험이 커지고 있다. 이런 위험은 경제 운용 능력이 상대적으로 떨어지는 나라들부터 차례로 문제를 만들어낸다. 아프리카 및 중동 지역의 민주화 시위는 물가 상승에 의한 먹을거리와 일거리 불안에 의해 촉발된 것이다.

중국도 이런 위협에서 예외는 아니다. 중국 정부가 물가 상승을 적절하게 통제하지 못하게 되면, 9억 농민들이 직격탄을 맞게 된다. 예를 들어, 중국 소비자 물가 지수의 30%를 차지하는 대두, 옥수수와 같은 곡물과 식품 원자재 그리고 에너지 가격의 상승은 이들의 생존에 심각한 위협이 된다. 9억 농민들의 삶의 위기는 곧바로 중국사회를 커다란 사회 혼란에 빠뜨리는 방아쇠 역할을 할 수 있다. 더불어 상대적으로 낮은 임금에 시달리고 있는 도시 농민공들의 소비에까지 영향을 준다면 사태는 걷잡을 수 없게 된다. 또한, 물가 조절의 실패는 기업의 운영비 상승으로 이어진다. 여기에 자산 버블을 활용한 외국자본의 금융공격까지 더해지면 중국 경제는 치명타를 입게 된다.

지금 금융자본가들은 중국에서 1990년대 동남아시아를 휩쓸었던 그런 기회가 다시 오기를 학수고대하고 있다. 많은 제조업체가 중국에서 큰 사업기회를 노리고 있듯이, 금융자본가들도 언젠가 중국에서 벌어질 자산버블 붕괴와 경제적 혼란 속에서 발생할 큰 기회를 노리고 있다.

중국에서 경제혼란은 잠재된 수많은 사회혼란이 분출되는 기폭제다. 중국사회과학원CASS의 발표에 의하면, 중국 내 시위 횟수는 2006년 6만 건, 2007년 8만 건에서 2008년에는 12만 7,000건으로 증가 추세다. 시위의 대부분은 도시에서 일하는 농촌 출신 노동자인 농민공이 주도하고 있다. 비록 대부분의 시위가 소규모지만 정부와 사회에 대한 항의가 늘어가고 있다는 점이 중요하다. 시위가 늘어날수록 중국 정부의 통제력은 한계에 도달할 것이고, 시위의 양상도 점점 반정부 성향, 폭력적인 양상을 띠게 된다.[65]

유럽의 스페인, 아시아의 대만과 한국, 아프리카의 이집트, 시리

1990년대 조지 소로스는 동남아시아를 공격했다. 유럽과 일본의 은행들은 1990년대 중반 태국, 말레이시아, 인도네시아 등이 저임금, 저비용 생산기지로 주목받으며 연간 성장률이 8~10%를 기록하자 대출을 급속히 늘렸다. 특히 일본 자금이 동남아시아의 은행, 주식시장, 직접투자 등으로 급격히 밀려들었다. 각국의 주식시장이 폭등했고, 부동산 가격도 크게 오르기 시작했다. 외화보유액 역시 동반 상승했다. 태국은 1984년 19억 달러에 불과했던 외화보유액이 1996년에 377억 달러로 1,884% 상승했다. 1993년에는 30억 달러의 외자 유치가 이루어졌고, 1995년에는 60억 달러로 늘어났다. 주가는 6배나 상승했고, 주택담보대출도 5배나 증가했다. 경제는 호황을 누렸고 국민은 부자가 되었다는 착각에 빠졌다.

그러나 1995~1997년 달러 대비 엔화 환율이 급속하게 하락하자, 환율이 달러에 고정되어 있던 아시아의 다른 국가들이 일본 제품과의 경쟁에서 밀리기 시작했다. 낮은 임금을 기반으로 한 노동집약적 산업의 생산기지로 발돋움하고 있던 동남아시아 국가의 수출은 치명타를 입기 시작했다.[66] 미래에 대한 기대감이 한순간에 사라지자, 무분별한 대출과 투기의 부작용이 곧바로 나타났다. "크레인이 태국을 대표하는 새"[67]라는 말이 나올 정도로 태국을 비롯한 동아시아는 과도한 건설 붐이 곳곳에서 일고 있었다. 상업용 부동산시장의 공급물량은 1986~1995년에만 400% 이상 증가했다. 거품은 언젠가는 꺼지기 마련이다. 1995년부터 태국의 바트화는 평가절상의 압력에 시달렸고, 1996년부터는 대규모 대출 손실이 발생하기 시작했다. 그러자 낌새를 알아챈 유럽과 일본의 투자자들은 태국의 주식을 서서히 내다 팔기 시작했다. 태국은행Bank of Thailand의 외화보유액도 점차 바닥이 보이기 시작했다. 1997년 3월 3일에 태국 중앙은행이 자국의 금융회사 9곳, 주택대출회사 1곳이 유동성 문제와 자산부실 문제가 있다고 실토했다. 그러자 한순간에 태국 바트화에 대한 위기가 수면 위로 급부상했다.

금융 전문가들의 눈에는 이런 상황이 돈을 크게 벌 수 있는 최고의 시기다. 이런 기회를 조지 소로스가 놓칠 리 없다. 그는 태국 은행과 금융회사의 주식을 대량으로 매도했다. 태국 자산에 대한 리스크를 줄이는 과정에서도 수익을 극대화하기 위해, 다른 헤지펀드와 힘을 합쳐서 태국의 바트화를 대량 매도했다. 당시, 태국의 바트화는 고정환율제에 묶여 있었다. 소로스는 이 점을 활용했다. 소로스를 중심으로 한 헤지펀드들은 태국 바트화를 연합 공격했다.[68] 1997년 5월 핫머니의 공격으로 태국의 바트화는 사상 최저치로 폭락했다.

태국 중앙은행이 싱가포르와 손을 잡고 120억 달러의 자금을 마련한 후, 필사적으로 소로스와 헤지펀드들에 맞섰다. 120억 달러를 풀어 바트화를 매입하고, 단기 대출을 중지하고, 금리를 대폭 인상했다. 5월 20일 소로스는 갑작스러운 금융경색과 금리 인상으로 3억 달러의 손실을 보았고 바트화는 정상 회복되었다. 그러자 6월 말 소로스는 더욱더 많은 자금을 끌어모아서 태국의 바트화에 대한 2차 공격을 감행했다.

당황한 태국 정부가 450억 달러를 긴급 투입하자, 소로스와 연합군들은 900억 달러를 퍼부었다. 태국 금융시장은 아수라장이 되었다. 그리고 태국의 위기는 곧바로 금융 쓰나미가 되어 인도네시아, 필리핀, 말레이시아, 한국 등 동남아 시장을 순차적으로 휩쓸었다. 하는 수 없이, 1997년 7월 2일 태국은 고정환율제를 포기했다. 바트화는 더 크게 폭락했다. 소로스와 헤지펀드 연합은 40억 달러의 이익을 남겼다. 이것이 바로, 금융투자회사들이 돈을 버는 전형적 방법의 하나다.

당하는 쪽은 금융 공격이지만, 돈을 버는 쪽은 정당한 금융사업이다. 전문가들은 이 당시 동남아 외환시장과 증권시장에서 발생한 손실이 대략 1,000억 달러를 넘을 것으로 추정했다.[69] 자산버블 붕괴를 틈탄 헤지펀드의 공격은 더 큰 금융위기를 만들면서 동남아시아를 휩쓸고 러시아로 번졌다. 1998년 여름 러시아의 금융시스템도 완전히 붕괴되었다.

아 등의 사례를 보면, 대개 1인당 GDP가 2,000~4,000달러 정도가 되면 민주화 요구가 커질 가능성이 크다. 1936년부터 40년 독재하에 있던 스페인은 1970년 1인당 GDP가 2,000달러, 한국과 대만도 2,000달러, 이집트와 시리아는 4,000달러가 넘어서면서 민주화 물결이 거세게 일어났다. 물론, 민주정부가 수립되기까지는 그 이후로도 상당 시간이 필요하다. 한국은 1993년에 이르러서야 진정한 민주정부가 출범했다. 이 당시의 한국의 1인당 GDP는 물가 기준으로 8,195달러였고, 구매력PPP기준으로는 10,361달러였다.[70] 현재의 경제 수준이라면 중국 국민 사이에서도 민주화의 욕구가 상당한 수준에 올라와 있을 것이다.

경제성장과 민주화 요구가 깊은 관계가 있는 이유는 무엇일까? 경제성장이 이루어지고 있다는 것은 소수의 특정 계급이나 권력 그룹에만 부가 집중되는 것이 아니라, (부의 불균형 분배가 심하더라도) 절대다수 시민의 생활 수준이 향상되고 있다는 말이다. 시장경제가 발전한다는 것은 시장의 주도적인 구성원인 절대다수의 시민에게 전보다 더 많은 기회, 다양성에 대한 포용성의 확장, 사회적 지위의 유동성 증가, 공정성의 확대, 민주적 선택권에 대한 확장, 더 높은 가치체계로의 성장 등을 기대하고 헌신케 한다는 말이다.[71] 이 모든 기대가 현실화되느냐 그렇지 않느냐는 민주화의 수준에 따라 결정된다.

중국인들도 한푼 더 손에 쥐여주는 정부를 원하는 것이 아니다. 전인적 생활 수준을 향상시켜 줄 정부를 원한다. 좀 더 개방적이고 관대하고 자유로운 선택과 권리가 허용되는 '향상의 시대'를 원한다. 정부가 이런 시대를 만들어 줄 수 있다는 국민의 '확신'은 다시 위대한 국가, 지속 가능한 경제성장을 하는 국가가 되는 근본적인 힘으로 전환되어 성장의 선순환을 만든다. 그래서 벤저민 프리드먼은 〈경제성장의 미래The Moral consequences of Economic Growth〉라는 책을 통해 "(도덕에 기반을 둔) 민주적 자유의 '부재'는 경제성장을 '방해하며' 그에 따른 장기침체는 다시 사회를 훨씬 더 편협하고 비민주적으로 만든다."[72]고 확신을 가지고 이야기한 것이다.

중국 공산당 정부도 미래에는 지금보다 더 확장된 민주주의 정치를 시행해야 함을 알고 있을 것이다. 그래서 민주화의 물결이 어쩔 수 없다면, 대만이나 싱가포르처럼 정부가 주도하는 민주주의 사회로의 전환을 꾀할 것이다. 단, 그 과정에서 통제 불가능한 사회혼란만은 막고 싶을 것이다. 그것을 막을 수 있는 유일한 도구는 총칼이 아닌 달콤한 경제적 성과라고 중국 정부는 믿고 있다. 이 때문에 경제위기는 중국 정부가 가장 무서워하는 상황이다.

급격한 사회혼란은 곧바로 정치적 혼란으로 이어지고 강력한 중앙통제 시스템을 무력화시켜 공산당 일당 체제의 근간을 뿌리째 흔들어버리는 가장 위협적인 요소가 된다. 중국 공산당이 무너지지 않더라도, 사회혼란의 위협이 커지면 커질수록 중국 공산당은 내부 불안 요소를 잠재우는데 에너지를 소비하게 되고 미국과의 경쟁에서 불리한 위치에 서게 된다. 이 경우 중국은 미국을 넘어서지 못한 채 2위에 만족하면서 미국에는 '좋은 시장'의 역할만 하게 된다. 미국으로서는 가장 이득이 되는 시나리오이며 가능성도 점점 높아지고 있는 시나리오다.

두 번째 시나리오

두 번째 시나리오는 미국 경제가 빠른 속도로 다시 침체로 접어들어 중국 내수시장이 급격히 위축되는 시나리오다. 이 시나리오는 미국과 중국의 의도나 전략과는 상관없이 벌어지는 시나리오다. 이 시나리오는 앞으로 2~3년간 미국과 유럽 경제가 어떻게 회복될지에 달려 있다. 만약 미국 경제가 예상 밖으로 부동산시장의 회복이 더뎌지고, 부채 위기와 재정적자 문제에 대한 해법을 내놓지 못하면, 미국뿐

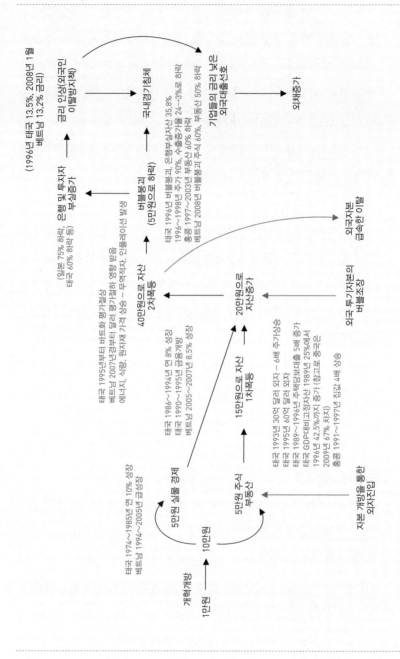

국내경기침체

(1996년 태국 13.5%, 2008년 1월
베트남 13.2% 금리)

금리 인상(외국인
이탈방지책) → 외채증가

기업들의 금리 낮은
외국대출선호 → 외채증가

은행 및 투자자
부실증가

(일본 75% 하락, 태국 60% 하락 등)

태국 1995년부터 바트화 평가절상
베트남 2007년경부터 달러 평가절하 영향 받음
에너지, 식량, 원자재 가격 상승 – 무역적자, 인플레이션 발생

버블붕괴
(5만원으로 하락)

태국 1996년 버블붕괴, 은행부실자산 35.8%
1996~1998년 주가 90%, 수출가를 24~3%로 하락
홍콩 1997~2003년 부동산 60% 하락
베트남 2008년 버블붕괴 주식 60%, 부동산 50% 하락

외국자본
급속한 이탈

40만원으로 자산
2차폭등

외국 투기자본의
버블조장

20만원으로
자산증가

태국 1986~1994년 연 8% 성장
태국 1990~1995년 금융개방
베트남 2005~2007년 8.5% 성장

15만원으로 자산
1차폭등

태국 1993년 30억 달러 외자 – 6배 주가상승
태국 1995년 60억 달러 외자
태국 1989~1996년 주택담보대출 5배 증가
태국 GDP대비고정자산 1989년 25%에서
1996년 42.5%까지 증가 (참고로 중국은
2009년 67% 차지)
홍콩 1991~1997년 집값 4배 상승

태국 1974~1985년 연 10% 성장
베트남 1994~2005년 금성장

5만원 실물 경제

5만원 주식
부동산

자본 개방을 통한
외자진입

개혁개방 → 10만원

1만원

354

이 그림은 후진국에서 시작해서 점점 경제가 발전하는 단계에 따라 외국자본들이 금융 공격을 할 수 있는 포인트들을 정리한 것이다.

농경 사회 수준에 머물러 있는 후진국의 1차 경제 발전기에는 차관이든 무상 원조든 외부 자본을 들여오고, 저렴한 노동력만을 가지고 할 수 있는 수준의 공장을 가동시킨다. 그리고 선진국들이 수출의 길도 열어 주어야 한다. 이런 조건을 갖추고 열심히 일하면 연간 10%가 넘는 성장률을 기록하면서 우리도 잘 살 수 있다는 희망이 싹튼다. 중국도 덩샤오핑 시절인 1978년 개혁 개방 정책을 채택한 후에 미소 군비 경쟁에서 미국 편을 들어 주면서 그 대가로 미국 기술과 자본의 유입과 미국 시장 개척에 성공했다.

이렇게 1단계의 경제발전이 성공적으로 진행되면 최초로 빌려 온 1만 원의 자본이 10만 원이 되는 성과를 얻게 된다. 그 다음으로 2단계 경제 발전기에는 불어난 10만 원의 자본 중 5만 원은 실물경제에 재투자 되고, 나머지 5만 원은 주식이나 부동산, 채권 등의 자산시장으로 흘러들어 간다. 이렇게 적게나마 자체적인 자본이 확충되어 실물경제와 금융경제가 본격적으로 성장할 수 있는 기반이 마련되면 정부도 이 추세를 가속화시키기 위해 자본 개방을 통한 외자유입을 한 단계 더 활성화한다. 그러면서 실물경제와 금융경제는 빠르게 확장된다.

하지만 신용을 창조하여 경제를 성장시키는 현대 자본주의의 속성상 돈이 늘어나고 경제발전이 가시화되면 많은 사람이 열심히 일하는 것보다 자산시장에 투자하는 것이 좀 더 유리하다는 것을 깨닫게 된다. 국가 경제가 발전한 만큼 사회적 비용이 증가하고 근로자들의 임금도 상승하면서 저렴한 노동력을 기반으로 한 산업들은 성장의 한계에 직면한다. 그래서 자산시장의 매력도가 상대적으로 더 크게 증가한다. 그러면서 2단계 경제 발전기부터 자산시장이 실물시장보다 빠른 속도로 성장한다. 그래서 자산시장의 1차 폭등이 나타난다.

3단계 경제 발전기는 자산시장이 주도한다. 그리고 외국 투기자본도 자산시장의 급속한 팽창을 예측하고 좀 더 과감한 투자를 단행한다. 그 결과 자산시장의 2차 폭등이 나타난다. 그러나 이런 성장은 큰 자산 버블 붕괴가 발생하면서 모래 위에 쌓은 집에 불과하다는 것이 곧바로 증명된다. 대규모 버블 붕괴가 발생하면 은행 및 기업의 부실이 커진다. 심한 경우 외환위기로 치달을 수도 있다.

이 단계에서 노동집약적 산업에서 벗어나 보편기술과 중간재 생산의 제조업 구조로 전환하는 데 성공한 나라는 그나마 자산 버블 붕괴로 인한 충격을 받더라도 다시 일어날 수 있다. 이를 위해서는 높은 교육 수준과 탁월한 벤치마킹 능력이 필수적이다. 하지만 그렇지 못한 나라는 추가적인 경제성장을 할 여력을 상실하고 '개발도상국' 혹은 '중진국'의 굴레를 벗어나지 못한 채 성장이 멈추게 된다. 태국, 말레이시아, 인도네시아, 베트남 등의 나라가 바로 이 단계에 있다. 한국은 이 단계를 1998년에 겪었고, 중국은 현재 이 단계로 진입하고 있다. 이 단계의 최대 수혜자는 국가도 국민도 아닌 글로벌 금융자본가들이다.

만 아니라 세계 경제가 '더블 딥'의 위기에 빠질 수 있다.

그렇게 되면, 중국을 포함한 전 세계는 공황 수준의 심각한 디플레이션 위험에 직면할 가능성이 크다. 아직은 빈약한 중국의 내수시장과 금융 인프라 조건에서 중국 정부의 자금지원도 한계를 드러낸다. 그 결과 중국 수출시장과 내수시장은 물론 금융시장까지 모두 급격히 위축될 수 있다.

이 시나리오가 현실이 되면, 다른 대체 통화가 없는 투자자본은 미 국채로 몰리면서 미 달러가 굳건하게 기축통화의 위상을 지킬 가능성이 크다. 이 경우 중국은 지속해서 일자리를 확보하기 위해 과잉투자를 해야 하므로 중국의 자산 손실 속도는 더욱 빨라지게 된다. 중국은 미국과의 기축통화 패권전쟁에서 불리한 위치에 놓이게 될 가능성이 크다. 현재 미국 부동산시장이 뚜렷한 전환점을 보여 주지 못하고 있고, 긴축재정 압박을 받고 있으며, 막대한 부채를 해결할 뚜렷한 대안을 마련하지 못하고 있는 점을 생각하면 가능성이 전혀 없는 시나리오는 아니다. 만약, 이 시나리오가 현실이 된다면, 중국이 미국을 따라잡는 데 수십 년이 걸리거나 아주 불가능해진다. 미국도 큰 타격을 보겠지만, 상대적으로 모든 나라가 동시에 위기에 빠지게 되어 미국으로서는 그다지 나쁜 시나리오가 아니다.

세 번째 시나리오

세 번째 시나리오는, 중국 정부의 지속적 지원과 성공적인 금융시장 확대, 그리고 위안화 절상 속도의 성공적 조절로 내수시장 규모가 적절한 규모까지 큰 부작용 없이 성장하는 경우다. 중국에게는 최선의 시나리오다. 물론, 이 과정에서도 중국은 내부적으로 2~3번의 작은 버블 붕괴를 겪을 것이다. 하지만 중국 정부가 선제적으로 잘 대응한다는 전제 하에서 가장 이상적인 상태로 중국 경제가 안착하는 시나리오다.

2011년 7월 IMF는 중국 위안화가 아직도 최저 3%에서 최고 23%까지 저평가되어 있다며 위안화 절상을 촉구했다. 2011년 11월의 G20 정상회담에서는 공동선언문과는 별도로 발표한 행동계획에서 중국의 환율 유연성 확대 노력을 명기함으로써 위안화 평가 절상을 기정사실로 했다. 중국을 제외한 모든 G20 국가가 자국의 수출 확대를 위해 중국에 위안화 절상을 요구하고 나선 것이다.

그러나 중국은 절대로 서방국가들이 원하는 속도로 위안화를 절상시키지 않을 것이다. 당시 후진타오 주석은 기조연설에서 위안화 절상 압박을 중단하라고 강하게 요구했다. 이미 중국 위안화는 2010년 '달러화 페그제'를 중단한 후 6% 가까이 절상된 상태라고 주장했다. 그리고 당시 중국의 중소 수출제조업의 이익률은 3~5%에 불과해 위안화가 또 다시 절상되면 줄도산을 피할 수 없을 것이라고 주장했다. 나아가 GDP의 60%를 점유하고 있고 세수의 절반을 차지하는 중국의 6,000만 개 중소기업이 무리하고 급격한 위안화 절상으로 무너지면 중국뿐만 아니라 세계 경제가 치명적인 타격을 받게 된다는 논리로 역공을 폈다.

하지만 미국은 중국이 실업 때문에 일어나는 혼란을 가장 두려워한다는 사실을 잘 알고 있다. 따라서 앞으로도 지속적인 위안화 절상 압력을 전가의 보도처럼 휘두를 것이다. 더불어 앞으로도 단기적으로는 저금리와 양적 완화 정책을 통해 달러 가치를 하락시켜 중국 정부의 자산을 계속 유실되게 하는 전략을 펼칠 것이다. 이를 통해

내수시장 성장 속도를 방해하고 금융 인프라 확장 속도도 저지해야
하기 때문이다. 위안화 절상은 미국 금융자본이 환차익을 얻고 빠져
나갈 수 있게끔 출구를 열어 주는 데도 도움이 된다. 뒤에서 설명하
겠지만, 미국은 조만간 급격한 금리 인상을 단행할 것이다. 그때 중국
의 위안화가 절상되는 만큼 미국으로 회귀하는 금융자본들은 최대
한의 환차익을 얻을 수 있게 된다.

이에 맞서 중국은 정부 보조금 지급 등을 통해 중소기업의 붕괴를
막으면서 재정위기에 빠진 유럽 국가들에게 금융 지원을 하는 대가
로 위안화 결제 규모를 확대하고 있다. 이를 통해 달러 결제로 발생하
는 수출 기업의 비용을 절감해서 수출 경쟁력을 유지하고 위안화 절
상 속도를 조절할 수 있는 여력을 만들어 방어하고 있다.

네번째 시나리오

마지막은 미국 달러화 가치 폭락으로 중국의 내수시장이 급격히 성
장하는 시나리오다. 미국에게는 최악의 시나리오이고, 중국에는 최
상의 시나리오다. 미국의 경제가 더블 딥에 빠지고, 소비가 감소하고,
실업률이 7~8%대를 상당기간 유지하고, 매년 1~2조 달러 규모의 재
정적자가 지속된다. 부채가 계속 증가함으로써 이자 부담이 늘어나
서 부채 한도의 증액을 둘러싸고 민주당과 공화당의 갈등이 반복되
어 신용평가사들로부터 또다시 신용등급을 강등당한다. 결국, 미국
을 제외한 국가들이 SDR을 초국가적 기축통화로 정하는 결단을 내
리는 등 달러화에 대한 집단행동을 취하게 된다. 이런 상황이 순차적
혹은 집중적으로 몰리면서 발생하는 시나리오다. 이럴 경우 투자자
들은 일시적으로 미 국채를 대량 매도하면서 미 국채 금리가 폭등하

고 달러화 가치는 폭락한다.

이때 중국이 착실하게 내수시장을 확대하고 금융 인프라를 갖춘 후 금융시장을 적극 개방하고, SDR 기축통화를 주도한다. 달러화 폭락으로 본 손해를 중국에서 만회하려는 투자자들이 중국으로 몰려든다. 일시에 중국은 뉴욕을 대체하는 글로벌 금융의 중심지로 부상하고, 이런 분위기에 힘입어 중국의 내수시장도 급격히 성장한다. 결국, SDR 기축통화라는 임시 체제를 거쳐, 중국 위안화가 달러 패권을 대체하거나 병존하는 것이 현실이 된다.

하지만 이 시나리오는 예상치 못한 결과를 발생시킬 수 있다.[73] 만약 미국의 달러화가 걷잡을 수 없을 정도로 폭락하게 되면, 미국은 생존을 위해 마지막 카드를 꺼내들 수도 있다. 바로 가장 강력한 보호주의 전략인 '채무불이행' 선언이다. 이는 중국이 가장 두려워하는 미래다. 2011년 6월 기준으로 4조 5천억 달러 정도의 미국 국채가 휴지가 된다. 주식시장은 붕괴하고, 달러는 휴지가 된다. 금리는 치솟으면서 각종 채권의 비용이 증가한다. 2011년 6월 기준으로 중국이 보유하고 있는 1조 1,655억 달러의 미국 국채도 휴지가 되면서 외화보유액이 급속히 줄어들면 중국 부도의 위험도가 급상승한다. 미국 경제는 대공황보다 더 큰 위기에 빠지게 된다.

하지만 미국이 유일한 패배자는 아니다. 미국과 엮여 있는 중국도 함께 나락으로 떨어진다. 미국은 신용이 급격히 하락하면서 국제 금융시장에서 퇴출당한다. 미국과 중국의 동반 추락으로 세계경제는 한순간에 신용경색 국면으로 진입한다. 이 때문에 미국의 신용 하락과 평판의 상실은 장기적으로 큰 문제가 되지 않는다. 2008년 미국발 금융위기에서도 보듯이, 미국의 위기가 세계의 위기로 전환되어 모두 위기에 빠지면, 상대적으로 미국이 더 믿을 만하다는 희한한 평가가 나오게 된다. 그래서 미국의 재기가 가능해진다. 1998년 채무불이행을 선언했던 러시아의 사례를 보더라도 불과 3년 후에 국제금융시장에서는 러시아에 너도나도 돈을 빌려 주겠다고 아우성을 쳤다. 전 세계가 위기에 빠지고, 미국이 부채를 강제적으로 탕감해 버리고 나면, 전 세계 투자자들은 다시 미국에 돈을 빌려 주겠다고 아우성을 칠 수도 있다. 이 와중에 미국에 가장 많은 돈을 빌려 준 중국 경제만 주저 앉게 된다.

미국이 지속해서 내부 정치 갈등과 재정적자 문제를 해결하지 못하는 모습을 보이게 되면 실현 가능성을 완전히 배제할 수 없는 시나리오다. 당분간은 극히 일어날 가능성이 적지만, 일어나면 파급력이 엄청나므로 한 번쯤은 반드시 고려해 보아야 할 시나리오다.

또 다른 미국의 공격무기, 원가전쟁

위안화 평가 절상이 중국에 그리 나쁘지만은 않다고 생각하는 사람들도 있다. 수입하는 상품과 원자재, 기계 설비 가격이 싸지므로 수입업체가 이득을 보고, 물가가 내리고, 원자재나 중간재를 수입해서 가공, 조립한 후 전 세계로 수출하는 중국 제조업체들에게도 유리한 점이 많다는 주장이다. 일리가 있는 말이다. 하지만 누군가가 광산물, 석유, 천연가스 등의 원자재와 에너지, 농수산물의 국제가격을 올려 버리면 어떻게 될까?

위안화가 절상되어 수입 가격이 내려도 수입품의 가격이 오르면 가격 인하 효과는 반감되거나 아예 없어진다. 예를 들어 2010년 3~4월에만 수입 철광석의 원가는 30~100%까지 급등했다. 이를 원가전쟁이라고 부른다.

미국이 환율전쟁과 원가전쟁을 동시에 벌이면 중국의 수출기업과 수입기업은 동시에 타격을 보게 된다. 〈차이나메리카〉를 쓴 헨델 존스는 '부의 구축을 위한 8가지 필요 조건'을 제시하며 그 중 하나로 필요한 원자재의 원활한 조달 능력을 중시했다.[74] 중국 기업이 세계시장에서 높은 시장점유율을 기록하여 수출경쟁력을 유지하려면 제품을 만들고 공장을 돌리는 데 결정적인 요소인 원자재와 에너지, 원료 등을 낮은 가격에 원활하게 구할 수 있어야 한다. 만약, 그렇지 못하면 기업 경쟁력이나 내수시장에 큰 타격이 온다. 그래서 미국은 또 다른 카드로 원가전쟁을 손에 쥐고 있다.

먼저 농수산물을 살펴보자. 중국은 13억이 넘는 인구 대국이지만 식량 부족 문제가 크게 대두한 적이 없었다. 2007년 중국의 식량 총 생산량은 5,000억kg을 돌파했다. 2008년에 전 세계가 식량대란을 겪는 중에도 중국은 큰 문제가 없었다. 중국은 전통적으로 쌀 수출 강국이다. 이런 사실을 기초로 중국의 농촌·농업·농민 문제 전문가인 리창핑은 2008년에 쌀, 옥수수, 밀 등이 앞으로 10~20년 동안은 절대로 부족하지 않으리라고 예측했다.[75]

하지만 2011년부터 상황이 크게 달라졌다. 지난 15년간 옥수수 순 수출국이었던 중국이 2010년에 발생한 극심한 가뭄으로 생산량이 대폭 줄어서 옥수수를 대량 수입하게 되는 일이 벌어졌다. 콩도 5,480만 톤이나 수입하면서 세계 최대의 콩 수입국으로 전환했다. 중국은 콩을 자급자족 목표 농작물에서 아예 제외해 버릴 정도가 되었다. 2011년의 밀 수입량은 300만 톤에 육박해서 전년도 120만 톤의 두 배가 넘었다. 이 역시 사상 최대 규모다.

중국의 식량자급 문제가 불거진 데는 몇 가지 이유가 있다. 첫째는 중국 내 인구 증가이고, 둘째는 가뭄 등 빈번한 자연재해다. 하지만 아주 중요한 또 다른 원인이 있다. 지구촌 총인구의 증가와 빈번한 자연재해, 도시화로 말미암은 농지 상실 등을 틈타 머니게임에 뛰어드는 투기세력이다. 국제금융센터의 발표로는 2010년 1월 25일 곡물의 비상업용 순매수 포지션은 3만 5,000건으로 집계돼 2007년 8월 이후 최고치를 기록했다. 이는 헤지 펀드 등 투기성 자금의 유입이 늘어났다는 것을 뜻한다. 또한, 중간 유통상 역할을 하는 전 세계 4대 곡물 메이저인 미국의 ADM, 벙기, 카길, 프랑스의 루이 드레퓌스 등의 사재기도 한몫을 했다.

중요한 것은 전 세계 주요 금융 투기 세력과 가격 결정권을 가진 메이저 곡물 중간상들의 국적이 미국, 영국과 이들의 동맹국들이라는 점이다. 이들이 마음만 먹으면 얼마든지 국제 곡물 가격을 쥐고 흔들 수 있다. 이것이 엄청난 인구를 보유하고, 도시화로 농사지을 토지가 줄어가고, 농사 인구가 줄어드는 중국의 또 다른 고민이다.

글로벌 투기 자금은 금융시장과 곡물시장, 원자재시장을 가리지 않고 투자한다. 금융시장이 침체하면 곡물시장과 원자재시장으로 옮겨 다니며 투기를 한다. 경기침체로 산업 회복이 더뎌지자 원유나 광물 시장에서 빠져나온 투기세력들은 대거 곡물시장으로 옮겨 갔다. 그 결과, 밀 선물 옵션에 대한 투기세력의 순매수 포지션은 2011년 5월 17일 6,212계약에서 5월 30일에 2만 8,020계약으로 351.1%나 급등했다. 대두 선물 옵션과 대두유 선물 옵션에 대한 투기세력 순매수 포지션도 같은 기간 각각 108.4%와 21.0% 상승했고, 옥수수 선물 옵션에 대한 투기세력 순매수 포지션도 17.6% 올랐다.[76] 이런 일들은 앞으로도 종종 일어날 것이다.

그런데 이런 곡물 가격의 급등이 단지 투기세력들이 사적 이익을 얻고자 하는 행동을 넘어서 더 큰 힘이 배후에서 작동하는 것이라면 문제가 달라진다. 만약 있다면 그 힘은 누구이고 어떠한 방향으로 움직이고 있는 것일까?

곡물의 국제 가격 변동성이 커지면서 중국의 소비자물가지수(CPI)에서 30% 정도로 높은 비중을 차지하는 식품 가격의 두 자릿수 상승이 흔한 일이 되었다. 특히 중국인이 가장 좋아해서 CPI의 20%를 차지하는 돼지고기 가격을 포함한 육류 가격의 상승은 큰 문제가 된다. 중국은 지금 경제가 발전할 때 나타나는 전형적인 현상 중 하나인 입맛의 서구화가 빠르게 진행되고 있다. 전통적으로 고기를 좋아하는 민족이지만, 주머니 사정이 좋아지고 서구 문화의 영향을 받아 고기 수요가 폭발적으로 증가 중이다.

1980년에 비해 2007년 기준 중국인의 우유와 소고기 소비량은 12배나 증가했고, 돼지고기는 4배, 수산물 소비량은 4.9배 증가했다. 이런 소비 패턴 변화는 중국 내 소와 돼지 사료용 곡물의 수요를 자연스럽게 자극한다. 옥수수 등 사료용 곡물은 1980년 6,779만 톤에서 2007년 1억 2,019만 톤으로 2배 가까이 증가했다.[77] 바로 이 점이 중국의 새로운 아킬레스건이다. 만약, 투기세력이 앞으로도 지속해서 곡물 가격을 올리면, 중국에서 돼지를 키우는 농가의 원가 상승 압력이 커지게 된다. 중국 농민들은 하는 수 없이 돼지고기 가격을 올릴 수밖에 없고, 이는 다시 물가 상승을 부추기는 악순환 구조를 만들게 된다.[78] 참고로, 각국의 인플레이션 지수에서 서민 경제에 직결된 식품의 비중을 비교해보면 유럽 15%, 미국 10%, 한국 10%인데 비해 중국은 30%나 된다.

이런 현상은 농수산물의 영역에서만 발생하지 않는다. 2011년 기준으로 중국 GDP의 40%가량을 차지하고 있는 공업 관련 제품 원가의 상당 부분은 국제 철광석 가격에 큰 영향을 받는다. 그러나 철광석의 국제 가격은 전체 공급량의 40%를 장악하고 있는 BHP 빌리턴이라는 회사가 좌지우지한다. 이 회사는 영국과 오스트레일리아의 합작기업이다. 2009년 말 중국 철강공업협회 자료에 의하면 국제 철광석 가격의 상승분을 제하면 68개 중대형 철강 기업의 그해 영업이익은 전년 대비 무려 31.43%나 하락했으며, 판매 이윤율은 고작 2.55%로 줄어들었다.[79]

중국은 곧 세계 최대 원유 수입국이 된다. 전 세계에서 거래되는 원유의 큰 부분이 중동과 미국, 영국의 손안에 있다. 앞으로 미국은 타이트오일, 셰일오일과 셰일가스를 등에 업고 세계 최대의 산유국이 될 것이다. 1980년대 중반 이후 국제유가의 급락과 함께 석유수출국기구OPEC는 실제적인 원유가격 통제력을 잃었다. 원유가격 통제력은 미국으로 넘어갔고, 뉴욕상품거래소에서 서부텍사스원유WTI를 기준으로 수요와 공급, 금융 상태, 기상조건 등의 정보를 취합하여 그날그날 전 세계 석유시장의 가격이 결정되는 것이 상식이 된 지 오래다. 여기서도 월가의 투기 세력이 핵심적인 역할을 한다. 천연가스와 원유, 더 나아가 석탄 가격 등의 상승은 중국의 중화학공업부터 생필품, 생활용 에너지 가격에 이르기까지 큰 영향을 미친다.

여기까지 살펴보는 것만으로도 중국의 물가상승은 일시적인 것이 아니라 미래에도 지속될 현상으로 예측할 수 있다. 미국의 원가전쟁 방식을 정리하면 위의 도표와 같다.

미국의 원가전쟁 방식

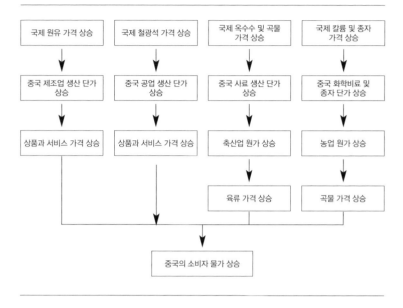

미국이 위안화 평가 절상과 보호무역주의로 중국의 수출 경쟁력은 낮추고, 동시에 중국의 수입물가와 소비자물가를 계속 높은 수준으로 묶어두면 고성장을 계속해온 중국의 실물경제는 큰 부담을 갖게 된다. 석유, 원자재, 곡물 가격을 올리는 것만으로도 중국의 실질구매력을 하락시킬 수 있다.

전 세계 4대 곡물 메이저 중 ADM, 벙기, 카길 3곳이 미국 기업이며, 곡물, 원자재, 유가의 선물시장이나 주요 투자 금융기관도 미국을 중심으로 활동한다. 미국과 호주가 철광석을 독점하고 있기 때문에 결국 철광석의 최종 가격 결정권자도 월스트리트다.[80]

인류 역사를 되돌아보면, 원자재를 사재기해 큰 부를 쌓거나 한 나라를 공격하는 무기로 삼는 일이 흔하다. 지금도 북한에 대한 제재로 국제사회가 하는 일이 바로 이런 품목들의 대북한 공급을 제한하는 일이다. 중국이 성장하면서 미국을 위협하면 할수록 미국의 자원전쟁을 통한 압박의 강도는 높아진다는 것이 이치에 잘 들어맞는 예측이다.

석유와 천연가스 가격 조작을 이용한 미국의 공격

뉴욕타임스의 명칼럼니스트이자 국제 문제 전문가인 토머스 L. 프리드먼은 〈코드 그린Code Green〉이라는 책에서 에너지를 국제 정치에서 전략적으로 활용하고 있는 미국에 대한 흥미로운 이야기를 소개했다. 결론부터 말하면 중국이나 테러 집단을 견제하는 미국의 강력한 무기는 '석유'가 될 것이라는 주장이다.

석유는 산업혁명 이후 인류 문명의 급속한 발달을 촉진한 심층원동력이었다. 지구온난화로 화석연료 사용에 대한 우려가 커지면서 석유와 석탄의 감축을 시도하고 있지만, 여전히 전 세계 에너지 사용의 82%가 석유와 석탄이다. 그 중에서 석유는 44%를 차지하고 있을 정도로 경제 성장과 생존을 위해 절대적이다. 2008년 기준으로 세계 원유시장의 규모는 무려 2,700조 원이 넘는다.

석유는 경쟁국을 총을 쏘지 않고도 견제할 수 있는 무기로 사용되기도 했다. 예를 들어 2006년 초 러시아의 푸틴 대통령은 우크라이나의 새 정부가 친미로 돌아서자 이를 위협하기 위해 중부유럽과 서유럽으로 통하는 송유관을 폐쇄하고 천연가스 공급을 중단하는 전략을 사용했다. 총이나 핵탄두를 사용하지 않고도 우크라이나를 침공한 것이다.

러시아는 사우디아라비아 다음으로 석유 매장량이 많은 나라다.

이 그림은 미중 패권전쟁에서 미국의 공격이 중국의 시스템에 어떻게 작용하는지를 보여준다.

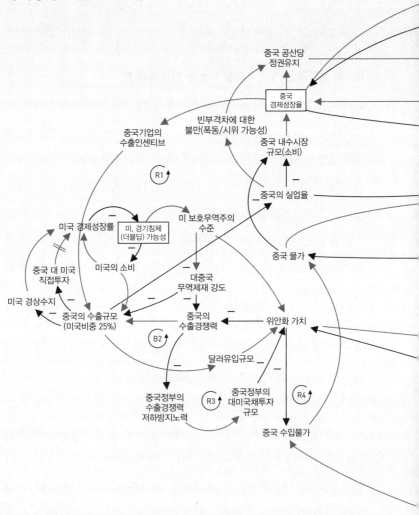

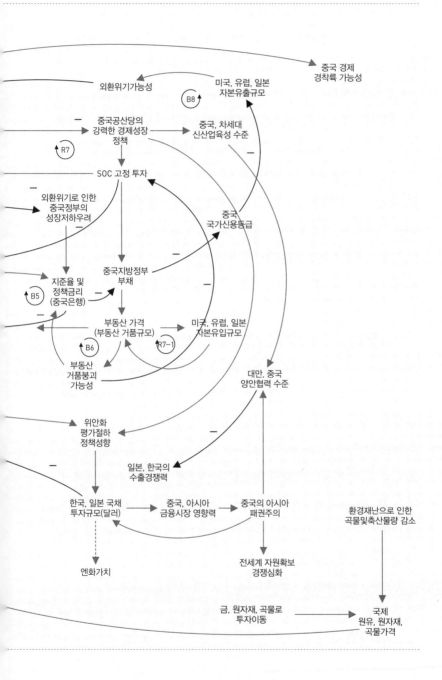

1970년대 초 러시아의 전신이었던 구소련은 극심한 경기 침체를 겪고 있었다. 그런데 1973년 10월 6일 욤키푸르 전쟁(제4차 중동전쟁)이라고 불리는 이스라엘과 아랍 연합군의 전쟁이 발발했다. 1967년 6일 전쟁 때 막대한 전력 우위에도 이집트와 시리아는 6일만에 시나이 반도와 골란 고원을 이스라엘에게 빼앗기고 말았다. 그 후 절치부심한 아랍 측은 1973년 10월, 하루 동안 어떤 일도 하지 않고 단식을 하는 것이 관습인 이스라엘의 대속죄일인 '욤키푸르' 날에 철저한 보안을 유지하며 우수한 소련제 무기를 앞세워 전략적인 기습작전을 감행했다. 이것이 제4차 중동전쟁이다. 초반에는 아랍연합군이 이스라엘군에게 치명적인 타격을 주며 선전했지만, 마지막에는 이스라엘의 극적인 반격과 미국과 소련 두 강대국의 중재로 1973년 10월 26일에 정전되었다.

하지만 이 전쟁은 제1차 오일쇼크를 불러왔다. 이미 아랍의 주요 산유국들은 1971년부터 1973년까지 석유자원을 국유화한 후, 1973년 10월 16일 석유수출국기구 회의에서 원유 고시가격을 17% 인상한다고 발표했다. 다음날에는 이스라엘이 아랍 점령 지역에서 철수하고 팔레스타인의 권리가 회복될 때까지 매월 원유생산량을 전월에 비해 5%씩 감산한다고 발표했다. 이로써 배럴당 10~20달러 미만을 유지하던 원유 가격이 3~4배 이상 폭등하였고, 아랍의 적대국이었던 미국과 이스라엘은 물론이고 전 세계 경제가 한순간에 심각한 쇼크에 빠져 버렸다.

그러나 이런 오일쇼크가 반가운 나라가 있었다. 바로 구소련이었다. 극심한 경제적 위기에 빠져있었던 구소련은 석유 가격 급등 덕에 경기침체에서 빠져나올 수 있었다. 더욱이 1970년대 후반과 1980년대 초반 이란 혁명과 이란-이라크 전쟁이 발발하면서 원유가격이 다시 2배 폭등했다. 불과 10년 사이에 7~8배 급등한 것이다.

구소련은 이때 엄청나게 벌어들인 부를 잘 관리하지 못했다. 넘쳐나는 돈을 가지고 소련 정부는 자국의 비효율적인 산업에 밑 빠진 독에 물 붓듯이 보조해 주거나, 아프가니스탄을 침공하는 등 잘못된 정책을 남발했다. 지속가능한 성장을 위한 경제 개혁 조치는 계속해서 미루어졌고, 관료들의 부패가 심해지면서 빈부 격차는 극심해졌다.

이때 미국의 레이건 정부는 1982년 11월 29일 미국의 강력한 도전자였던 구소련을 견제하기 위한 전략 문서인 'NSDD-66'에 서명했다. 그 문서는 유럽, 사우디아라비아, 캐나다 등 미국의 동맹국으로 하여금 구소련과의 천연가스 매입 계약, 첨단 기술과 장비 수출 등을 금지 및 제한하는 것을 포함하고 있었다. 또한, 구소련의 채권 금리를 대폭 올려서 상환부담을 크게 하고, 장기채권보다는 단기채권에 대한 의존도를 높이는 경제전쟁의 전략도 담고 있었다. 이 문서가 최근에 비밀 해제되면서 1980년대 초반에 시행된 소련에 대한 미국의 총성 없는 전쟁의 실체가 드러났다.(여기에 관한 논문들은 미국 헤리티지 재단 사이트 등에서 확인할 수 있다. 이 문서 외에도 NSC 68(국가안전보장회의 메모 68) 등에도 소련을 해체하기 위해 군비경쟁이 왜 필요한지가 잘 나타나 있다)[81]

미국의 레이건 정부는 당시 소련 경제의 최대 약점은 석유와 천연가스 수출에 대한 의존도가 너무 높은 데 있다고 분석했다. 만약 소련의 경제 붕괴하면 민심이 등을 돌리고 정치적 분쟁이 발발할 것이 분명했다. 이 점을 이용하면 핵전쟁을 하지 않고도 미국이 소련을 무너뜨릴 수 있었다. 1983년 미국은 국제에너지기구를 통해 유럽 국가들이 소련산 천연가스 구매를 줄이도록 압력을 행사했다. 미국은 소련이 첨단 기술을 발판으로 군수산업을 발전시키고 경제 성장을 견인하는 것을 막기 위해 우방 국가들에 압력을 가해 대 소련 기술 수출도 금지했다. 미국의 대 소련 첨단기술 제품의 수출은 1975년에 32.7%였는데 1983년에는 5.4%로 줄여 버렸다. 만반의 준비가 완료되자, 미국은 소련의 석유산업을 타격하기 시작했다.

당시 미국의 분석으로는 배럴당 1달러가 오를 때마다 소련은 연간 10억 달러의 추가적인 수입을 얻었다. 이는 유가가 1달러 하락하면 최소 연간 10억 달러 이상의 손실을 줄 수 있다는 말이다. 유가를 하락시키면 소련의 외화보유액이 급감한다. 여기에 미국과 동맹국의 언론들이 소련의 국가채무상환 위험 즉 소버린 리스크_{Sovereign Risk}가 증가할 수 있다는 경고로 지원사격을 해주면 소련 경제에 일시적인 신용경색을 유발할 수 있다. 그 결과로 소련 경제의 미래에 불안을 느낀 다른 나라들이 소련에 대한 여신 제공을 꺼리면 소련의 경제 전반이 큰 타격을 입을 것이다.

미국은 당시 OPEC 생산량의 40%를 차지하고 있던 사우디아라비아와 국제 유가에 대한 전략적 제휴를 했다. 만약, 사우디아라비아가 석유 가격을 하락시키는데 기여를 해준다면 미국은 첨단 무기 등의 군사적 지원을 한다는 내용이었다. 또한, 미국의 권유에 따라 석유 가격을 하락시키면 유럽의 국가들이 소련으로부터 수입하던 천연가스 대신 자국의 석유 수입을 늘릴 것이기 때문에 손해 보는 장사도 아니었다. 이런 밀약을 한 후, 사우디아라비아는 전격적으로 석유 생산량을 4배나 늘렸다. 효과를 극대화하기 위해 미국도 전략적 비축유의 구매량을 하루 22만 배럴에서 14만 5천 배럴로 35%가량 줄였다. 서유럽과 일본 등도 전략 비축유를 방출해서 유가 하락을 가속하도록 압력을 넣었다.[82] 원유 가격은 불과 4년 만에 1986년의 4분의 1수준인 배럴당 20달러대로 폭락했다. 심지어 미국 서부텍사스원유(WTI)는 1980년 배럴당 평균 37.96달러에서 1986년 7월에는 11달러 아래로 폭락했다.

그 결과 소련은 연간 200억 달러의 손해를 입었다. 연간 200억 달러의 손실은 미국이 금융 지원을 금지한 상태에서 소련을 몰락시키기에 충분한 금액이었다. 1991년 고르바초프가 사임한 크리스마스 무렵에는 17달러 선까지 떨어졌다. 소련 경제의 숨통을 틀어쥔 미국은 결정타를 날리기 위해 OECD에 소련에 차관을 제공하지 못하도록 압력을 가했다. 그리고 마지막 한방을 날렸다. 달러화의 가치를 평가절하함으로써 소련이 그나마 벌어들인 달러의 실질 구매력을 하락시켜 버렸다.

반대로 소련은 미국과의 군비경쟁 때문에 얼마 남지 않은 재원마저 국방비에 쏟아 넣어야 했다. 빠르게 달려가던 구소련의 경제는 갑작스럽게 멈춰설 수밖에 없었다. 구소련은 유가 하락으로 입은 손실분만큼의 차관을 미국에 빌려야만 생명을 유지할 수 있게 되었다. 소련은 금을 팔아 겨우 목숨을 연명하다가 더는 버티지 못하고, 1992년 1월 1일 해체되고 말았다.

구소련 체제가 국가를 운영할 돈, 국민의 생활을 안정시키는 데 필요한 최소한의 돈이 떨어지면서 파산하고 만 것이다. 경쟁자였던 미국과 서구 진영이 총 한방 쏘지 않고 피 한 방울 흘리지 않고 승리한 것이다. 물론 미국과 미국의 글로벌 석유회사들도 큰 상처를 입었다. 하지만 그들의 생존에는 문제가 전혀 없었다. 도리어 구소련과 극심한 냉전 상태를 유지하는 데 들어가는 비용과 비교하면 큰 손해가

원유 가격, 2010년

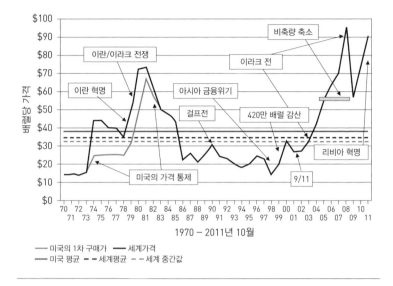

배럴당 가격

$100
$90   비축량 축소
$80   이란/이라크 전쟁
$70   이라크 전
$60   이란 혁명   아시아 금융위기
$50   420만 배럴 감산
$40   걸프전
$30   리비아 혁명
$20
$10   미국의 가격 통제   9/11
$0

70 72 74 76 78 80 82 84 86 88 90 92 94 96 98 00 02 04 06 08 10
  71 73 75 77 79 81 83 85 87 89 91 93 95 97 99 01 03 05 07 09 11
1970 - 2011년 10월

── 미국의 1차 구매가   ── 세계가격
── 미국 평균   - - 세계평균   ─ ─ 세계 중간값

없는 장사였다. 이것이 바로 현대의 전형적인 전쟁이다. 2001년 중국
국방대학의 쟝루밍도 "앞으로의 전쟁에서 주로 사용될 것은 경제적
인 무기"라고 했다. 다음 표적은 누가 될까?

구소련이 해체된 후 유가는 한동안 배럴당 20달러대의 가격을 유
지했다. 그런데 2000년대 초반 중국이 빠르게 성장하는 경제를 바
탕으로 이라크 등 중동국가들과 협력하며 자원 확보에 나서고, 미국
에 대항하여 국제적 영향력을 넓혀가기 시작하면서 다시 급등하기
시작했다. 원유가격 상승으로 세계에서 가장 큰 타격을 입을 나라
중의 하나가 바로 중국이다.

표면적으로는 2001년 '9.11사태'를 빌미로 한 2001년 11월 7일의
미국의 아프간 침공, 2003년 3월 20일의 이라크 침공 등이 원유 가

오일피크 이론은 어떤 유전 안에서 채굴 가능한 매장량의 50%를 채굴한 시점을 정점으로 그 후부터 산출 가능한 원유량이 감소할 수밖에 없다는 이론이다. 이 이론은 1956년 M. K. 허버트가 처음으로 주장했다. 허버트는 1970년경에 미국의 오일피크 현상이 발발하리라 예측했다. 이미 최초의 예측 시기는 훨씬 전에 지나갔다. 그러면 과연 언제쯤 지구 상에서 인류 문명을 지탱해줄 수 없을 정도로 석유가 부족한 상황이 발생할까?

아직도 아시아, 아프리카, 남극과 북극을 포함한 바다 등의 광대한 지역에서는 석유 탐사가 전혀 이루어지지 않은 상태이다. 또한, 석유가 발굴된 지역이라도 현재 공법으로 유전에서 채취할 수 있는 원유는 매장량의 평균 30%밖에 되지 않으며, 나머지 70%에 대해서 물 압입 공법이나 수평 시추 기술 등의 신기술을 적용하면 아직도 많은 석유를 추가로 채취할 수 있다. 또한 캐나다에만도 세계 최고의 석유매장지인 사우디아라비아 매장량의 3배나 되는 오일샌드가 있기 때문에 전문가들은 절대로 석유가 부족한 상황이 아니라고 본다. 오일샌드란 지표 가까이 분포하는 사암층에 있는 중질유를 품은 모래인데, 매장량은 약 2조 배럴이며, 그 중 44%가 캐나다에, 50%가 베네수엘라에 있다.

여기에 품질이 낮은 중질유를 잘 가공만 해도 몇조 배럴의 석유를 추가로 이용할 수 있다. 석유회사들은 이런 가능성을 제외하고 현재의 기술만 사용해서도 앞으로 추가로 발굴 가능한 매장량이 2조 2,000만 배럴에 달할 것으로 추정하고 있다. 여기에 이미 발굴 가능한 것으로 분석된 3조 배럴을 합하면 인류에게는 총 5조 2,000만 배럴의 가용 석유자원이 있다. 참고로 인류는 지난 150년 동안 약 1조 배럴의 석유를 소비했다.

격 상승의 시발점이 되었다. 하지만 2001년 이후 갑자기 '오일피크Oil Peak설' 등이 터져 나왔다.

국제 정세의 불안, 투기, 오일피크설 등이 결합하면서 불과 7~8년 만에 원유가격이 7배 이상 폭등했다. 2001년에서 2005년까지 전 세계의 실질적인 석유 소비량은 8%밖에 증가하지 않았다는 점을 고려하면 매우 비정상적인 변동이다. 가장 심한 타격을 입은 나라는 바로 중국이었다. 구소련은 오일 가격이 하락하면서 직격탄을 맞았지만, 중국은 오일 가격이 상승하면 직격탄을 맞는다.

물론 미국도 휘발유 가격이 3배 오르면서 피해를 보고 있지만, 중국보다는 견뎌낼 힘이 더 크다. 미국과 중국의 원유 수입 비중은 60%대로 비슷한 상황이지만 원유 수입 비용의 GDP 대비 비중은 2배 넘게 차이가 난다. 경제적 부담만 봐도 유가 상승에 따른 중국의 충격은 미국의 2배가 넘는다는 말이다.

그리고 미국은 수입 석유가 대부분 개인과 기업의 수송연료(산업용으로는 25%에 불과함)로 사용되기 때문에 연료비 상승의 충격을 국민에게 분산시킬 수 있다. 하지만 중국은 2005년 기준으로 물건을 생산하고 공장을 돌리는 데 필요한 산업용으로 석유의 71%(수송연료는 7%에 불과함)를 사용한다. 게다가 자국 정유사들의 낮은 석유정제 기술이 더해져 유가 인상의 충격이 국가 경제에 보다 직접적으로 가해진다. 이 때문에 중국 정부는 수출로 벌어들인 막대한 외화 자금을 정유사와 기업의 파산을 막고 자동차업체와 소비자에게 직접적인 피해가 가는 것을 차단하기 위해 막대한 보조금을 지급하는 데 쓰고 있다.

게다가 고유가의 효과는 사우디아라비아, 러시아, 캐나다, 멕시코 등 미국의 우방들에게는 강한 동맹을 지속시켜 줄 수 있는 아주 멋진 선물이 될 수 있다. 2007년 사우디아라비아가 석유 수출로 벌어들인 돈은 1,650억 달러(약 206조 원)에 달했다. 이는 사우디아라비아 정부 재정 수입의 75%에 이른다. 러시아도 2005년 1일 생산량 955만 1,000배럴로, 세계 생산량의 약 11.8%를 점하고 있다.

376

미국은 안과 밖에서 고유가의 피해를 얼마든지 상쇄할 수 있지만, 중국은 그럴 여지가 훨씬 적다. 중국의 자동차 판매량은 2010년 1,700만대였다. 2020년경이 되면 1억 3,000만 대의 자동차가 도로를 달리게 될 것으로 예측된다. 현재 중국 정부는 2000년부터 2030년까지 도시로 4억 명의 주민을 이주시키는 계획도 진행 중이다. 맥킨지글로벌연구소는 2003년부터 2020년까지 중국의 평균 주거 면적이 50% 증가하고 에너지 수요는 매년 4.4%씩 증가할 것으로 예측했다. 이런 과정에서 중국은 많은 수의 빌딩을 새로 짓고 있는데, 에너지 효율은 독일 같은 나라들과 비교할 때 40%에 불과한 실정이다. 세계의 공장 역할을 담당하며, 경제성장을 이끌고 있는 중국의 제조업은 매년 공장 유지를 위해 엄청난 양의 에너지를 소비해야 한다. 중국은 2020년이면 매년 1억 1,500만 명이 휴가를 해외로 떠날 것으로 예측된다. 이것도 항공 등의 분야에서 새로운 에너지 수요를 만들어낼 것이다.

결국, 원유 가격의 상승은 중국의 경제성장에 극심한 부담이 될 수밖에 없다. 예전에는 중국도 원유 수출국이었다. 하지만 늘어나는 원유 소비량 때문에 1993년부터 원유 수입국이 되었고, 2006년에는 중국의 하루 필요량인 730만 배럴의 거의 절반에 해당하는 320만 배럴을 수입해왔다.

앞으로가 더 문제다. 중국의 경제성장 속도가 너무 빨라서 GDP 대비 석유 소비 비율이 일본의 4배, 미국의 2배가 된다. 전문가들은 중국의 경제성장률이 지금 속도로 계속된다면 2020년에는 연간 5억 톤의 석유 소비가 예상되며 수입 의존율은 60%가 될 것으로 보고 있다. 이처럼 유가 상승은 중국 경제에 엄청난 압박이 될 것이 분명하므로 중국으로서는 앞으로 생존을 위해서 극심한 에너지 쟁탈전을 벌여야만 한다.

중국은 오래전부터 변방의 저개발국을 대상으로 석유탐사를 해왔고, 중국과 일본의 중간수역인 동중국해, 서사군도, 황암도, 남사군도 등의 남중국해 등을 분쟁지역으로 만들어서 집요하게 압력을 가하고 있다. 또한, 반미 국가인 수단, 예멘, 이란, 시리아 등과 손을 잡고 에너지를 확보하려 하고 있다. 과거 사담 후세인 시절에는 인민해방군을 유전 기술자들로 가장해서 이라크에 병력을 주둔하려는 시도까지 했을 정도이다. '포브스'와 '비즈니스위크'에서 활동했던 제임스 R. 노먼은 〈오일카드〉라는 자신의 저서에서 이렇게 평가했다.

부시 행정부의 이라크 침공은 중국이 이라크와 주종 관계를 수립하는 것을 봉쇄했을 뿐 아니라 하루 300만 배럴의 원유가 시장에 나오는 것을 가로막았다. 이는 세계 잠재 생산량의 4%에 해당하는 것으로, 자칫 느슨해졌을 석유의 수요 공급 균형을 꽉 죄는 역할을 했고 국제유가가 급상승하는 길을 열었다.

노먼은 유가 시장의 조작은 (노골적으로 하지 않더라도) 넉넉한 자금, 앞선 정보력, 지정학적 영향력을 가지고 있는 세력들을 통해 얼마든지 가능하다고 주장했다. 현재의 석유, 천연가스, 광물, 식량 등의 국제 가격은 실제적인 수요와 공급의 경제적 펀더멘털과는 상관없이 움직인다고 보아야 한다. 투기와 정치적 의도에 의해서 움직이는 것이 아니라면 현재의 가격 폭등과 폭락의 패턴을 설명할 수 없다.

고유가 전략은 중국을 견제하는 좋은 수단이긴 하지만 부작용도 있다. 원유 가격이 상승할수록 보수적인 이슬람 정부들의 부가 늘어난다. 이슬람 정부는 그 돈을 이슬람 자선단체와 사원, 신학교, 개인들에게 나누어준다. 이 자선단체와 사원 및 개인들은 그 돈의 일부를 다시 반미 테러리스트 단체에 기부한다. 유가 상승 덕에 이상한 고리가 만들어진 것이다.

이처럼 고유가의 혜택은 미국의 우군에게만 전달되는 것이 아니라, 적군에게도 전달된다. 알 카에다를 이끌었던 오사마 빈 라덴의 자금은 빈 라덴 가문이 운영하는 건설회사에서 나왔는데 이 회사는 오일머니를 자금원으로 하는 정부와의 계약을 통해 돈을 벌어들였다. 하지만 크게 보아 높은 고유가로 미국은 숨을 쉬는 데 조금 불편해지는 정도이지만, 중국은 호흡 곤란을 걱정해야 한다.

미래의 원가전쟁 무기, 탄소세

미국이 준비하고 있는 또 다른 원가전쟁 카드가 있다. 바로 탄소세다. 중국의 애널리스트인 거우훙양은 〈저탄소의 음모〉란 책을 통해 '지구 온난화와 저탄소'는 선진국의 이익을 대변하는 거대한 음모를 포장하는 가면일 뿐이라고 주장한다. 음모인지 아닌지, 혹은 지구 온도가 올라가는지 아닌지와 상관없이, 미국이 주도하고 있는 저탄소 이슈는 앞으로 계속해서 확산될 것이다. 그 가장 큰 수혜자는 미국과 유럽이다. 가장 불리한 나라는 최대 이산화탄소 배출국인 중국이며, 개발도상국들도 어려움을 겪을 것이다.

2009년 6월 26일 미국 하원은 왁스먼-마키Waxman-Markey 법안이라고 불리는 '미국 청정에너지 및 안보법American Clean Energy and Security'을 통과시켰다. 이 법안은 2020년부터 미국 정부가 자유롭게 탄소 관세를 징수할 수 있도록 했다. 미국에 상품을 수출하려면 상품을 만드는 전 과정에서 발생하는 이산화탄소 배출량에 따라 탄소 관세를 추가로 지불하라는 것이다. 이 법안은 1톤당 10~70달러 정도에서 탄소세를 규정하도록 했다. 물론, 이 법안이 상원을 통과하지 못했지만, 비슷한 법안들이 앞으로도 계속해서 제안될 것이다.

가까운 미래의 어느 날, 탄소세가 현실화된다면 철강, 건설, 조선, 화학 등 탄소 배출량이 큰 중화학공업 중심의 중국이 가장 큰 피해자가 된다. 철강 1톤을 생산할 때 1.8톤의 이산화탄소가 배출된다. 시멘트 1톤 생산에 1톤의 이산화탄소가 배출되고, 옷 한 벌 생산에는 5kg이 배출된다. 계속되는 도시화로 중국은 세계에서 철강과 시멘트 소비가 가장 많다.[83] 중국 가정당 매년 2.8톤의 이산화탄소가 배출되는데, 이를 13억으로 곱해 보라. 마돈나가 전 세계를 순회 공연을 할 때 배출되는 이산화탄소의 양이 1,635톤이라고 한다. 13억의 중국인들이 여행을 하면 얼마나 많은 이산화탄소가 배출될까?

이런 규모의 탄소세를 피하기 위해서는 지금부터 선진국들이 정해 놓은 탄소 관세 표준에 부합하는 기술과 시설을 도입해야 한다. 이러한 인프라와 절감 기술을 쥐고 있는 나라는 그 법을 제정한 미국이다. 2009년 WTO 산하 무역기술장벽위원회TBT를 통해 보고된 환경보호 및 에너지 절약 등 녹색 관련 기술 규제는 269건으로 10년 전보다 3배 이상 증가했다. 선진국들은 '녹색'이라는 가면 아래서 새로운 보호무역주의 장벽을 준비 중이다.

중국은 현재 막대한 돈을 들여 풍력, 태양력에 의한 발전사업을 추진 중이다. 하지만 태양력, 풍력, 친환경 자동차, 에너지 그리드 등의 다양한 이산화탄소 절감 기술 및 에너지 효율화 기술의 상당수가 미국, 유럽 등 선진국의 특허와 연결되어 있다. 실제로는 이미 탄소세 절감 비용을 물고 있는 셈이다. 기존 화석에너지는 이미 월스트리트의 금융 투기 세력 손안에 완전히 장악되어있고, 미래의 친환경 에너지도 선진국들이 선점하고 있는 형편이니 중국은 이러지도 저러지도 못하고 꼼짝없이 당하는 구조에 발목이 잡혀 있는 셈이다.

산업 스파이 전쟁

1991년 구소련의 붕괴 이후 '산업스파이와의 쫓고 쫓기는 전쟁'이 본격화되었다. 계속된 경제 위기 속에서 합법적 기업 인수 합병을 통한 산업 기밀 유출도 빈번해졌다. 인재를 스카우트하여 생산성을 높힌다는 전통적인 목적 외에도 합법적 혹은 불법적으로 산업 기밀과 노하우를 흡수하기 위한 인재전쟁이 치열해지고 있다. 세상의 변화와 기술 혁신의 속도가 빨라지면서 제품이나 회사의 수명은 점점 더 짧아졌다. 이런 시대에는 기술을 자체적으로 처음부터 개발하는 전략은 비효율적이다. 애플이나 구글처럼 기술을 개발한 다른 기업을 계속해서 인수 합병하여 기술 개발의 시간을 줄이거나, 다른 기업이 완성한 첨단 기술을 훔치는 방법이 가장 효과적이다.

2010년 한해에만 미국 기술을 훔친 중국 산업스파이 사건이 10건 발생했다. 2000년 이전 매년 1건에 불과했던 것에 비하면 10배 증가한 셈이다. 특히, 2010년에 발생한 중국 산업스파이 사건은 듀폰, 다우케미컬, 모토로라, GM, 포드, 마이크로소프트 등에서 암호 장비 불법 매입 사건, 모바일폰 핵심부품, 아날로그 디지털 컨버터, F-35전투기에 사용되는 마이크로 칩 유출 사건 등이었다. 전략적 미래예측 전문회사인 스트래트포Stratfor는 이런 스파이 사건이 주로 중국 정부의 지시를 받은 중국인이 미국 회사와 거래하거나 취업해서 핵심 기술을 빼낸 것으로 분석했다.[84] 2013년 5월 28일에도 중국 해커들이 미국 첨단무기 설계 정보를 대거 해킹했을 가능성이 크다는 기사가 워싱턴포스트에 보도되기도 했다. 이처럼 중국발 산업스파이 사건이나 해킹 사건이 급증한 이유는 중국이 미국의 선진기술, 특히 군사기술에 흥미를 느끼고 있기 때문이다. 그래서 수출금지품목을 판매하거나 기술을 훔치는 것을 수사하는 일이 근래 FBI의 중요한 임무가 되었다.

중국 정부는 일명 모자이크 어프로치라는 정보수집 방침에 따라 미국 정부 내 고위관리를 포섭하기보다는 하위직이나 해당 기관에 지원하려는 사람을 포섭한다. 또한, 미국의 학생들이나 중국 이민자들을 포섭, 지원하여 미 국무부와 CIA, 미국 기업들에 취직하도록 지원한다. 그래서 이들을 통해 얻은 작은 정보 조각들을 모아서 모자이크를 완성해나가듯 정보를 취합, 분석하는 전략을 사용한다. 중국의 이같은 전략이 가능한 것은 미국 내 중국 이민자들이 다양한 기관과 산업에 광범위하게 포진해 있기 때문이다.

2010년 주요 산업스파이 사건

용의자	피해기업	유출내용
맹훙	듀폰	화학공정
후앙켁슈	다우케미컬연구소	살충제제조법등
두산샨, 친위	GM	하이브리드자동차기술
판샤오웨이외 4명	모토롤라	휴대전화핵심부품
샨훙웨이, 리리	미상	항공우주관련마이크로칩
위상동	포드	자동차엔진과관련핵심기술
란양	마이크로소프트	위성에사용하는반도체기술

산업스파이 활동은 거의 첩보전쟁을 방불케 한다. 미국 역시 산업스파이 활동을 한다. 도요타 리콜 사태의 배후에는 미국에서 전략적으로 양성한 한 사람의 변호사가 있었던 것으로 드러났다.[85] 미국 정부는 디미트리오스 빌러라는 변호사를 포드의 법무팀으로 보내 법률과 자동차 제조 지식을 연결하는 특별 훈련을 시켰다. 준비가 완료되자, 1997년 포드자동차는 빌러를 해고했다. 로펌에 들어간 빌러는 6년 동안 단 한 번도 패소하지 않는 승률 100% 신화를 썼다. 빌러의 능력에 포드자동차의 물밑 작업이 더해져서, 2003년 도요타 자동차는 빌러와 수석 고문 변호사 계약을 했다. 그 후 4년 동안 빌러는 미국에서 발생한 12개의 소송에서 모두 승리하여 회사의 신임을 크게 얻었다. 잠복 임무를 성공적으로 수행한 후 빌러는 2007년 9월 도요타자동차를 떠났다. 2년 후 빌러는 미국 정부와 포드자동차의 편에서 도요타를 공격했다. 이 때는 미국이 서브프라임 모기지 사태로 경제적으로 큰 위기에 빠지고, 이 여파로 미국의 자동차 회사들도 부도 위기에 몰렸던 때이다. 2009년 7월 24일 도요타를 고발하는 75쪽에 이르는 고소장이 미국 캘리포니아의 로스앤젤러스 동부 지방법원에 전격적으로 제출되었다. 사태를 반전시켜 위기에 빠진 미국의 자동차 회사를 구하는 회심의 카드가 던져진 것이다. 도요타의 신뢰는 바닥에 떨어졌고, 구조조정과 반격을 준비할 시간을 번 미국의 자동차 회사들은 회생의 기회를 마련했다.

치열해지는 인재전쟁

창의적 문제 해결 능력을 갖춘 인재를 지구 끝까지라도 찾아가서 스카우트해오는 인재전쟁이 벌어지고 있다. 그래서 기업뿐만 아니라,

각국 정부는 핵심인재를 양성하는데 투자하고, 국적이 어떻든 최고의 인재를 스카우트하기 위한 레이더망을 바짝 세우고 있다.

대량생산 시대에 창의적인 인재는 소수로 충분했다. 창업주와 극소수의 엘리트 임원들이 상품을 개발하고 생산 시스템을 갖춰놓으면, 대다수 직원은 정해진 방침에 따라 열심히 일하면 됐다. 창의성보다는 근면성이 범용인재의 효용效用과 무용無用을 가르는 기준이었다. 그런데 제품의 변화 사이클이 짧아지고 소비자의 욕구도 다양해진 다품종 소량생산 시대로 접어들면서 상황이 달라졌다. 이젠 기업의 모든 단위에서 끊임없이 새로운 아이디어를 창출하지 않으면 경쟁 기업에 뒤처진다.

인재는 모든 가치 창출의 원동력이자 전쟁의 승패를 좌우하는 핵심 전력이다. 미국과 중국이 벌이는 패권전쟁, 무역전쟁, 환율전쟁, 금융전쟁, 산업전쟁에서 승리하기 위해 필수불가결한 조건도 인재에 있다. 다른 자원과 전력이 아무리 좋아도 이 모든 것을 운용하는 주체는 사람이기 때문이다. 인재를 잡기 위해 부도난 회사를 사기도 한다. 미국에서 금융위기가 발발하자, 중국은 월가에서 퇴출당한 인재들을 대거 스카우트하여 금융능력을 순식간에 향상시켰다. 2010년에도 중국기업들은 미국에 이어 두 번째로 많은 기업 인수 합병을 진행했다. 2,696억 달러(286조 1,804억 원)를 들여 2,556건의 M&A를 성공했다.

미국이 영국을 제치고, 세계 최고의 강국이 된 것도 유럽과 아시아에서 최고의 인재를 계속해서 받아들였기 때문이다. 구소련이 붕괴한 후에도 수많은 과학자와 기술자가 미국으로 망명했다. 미국은 이런 인재를 기반으로 학문에서부터 산업과 정치에 이르기까지 거의 모든 분야에서 세계 최고에 올라섰다. 각 분야에서 최고의 성과가 나오니 자연스럽게 경제력도 최강이 되었다. 2차 세계대전 중이던 1943년 가을, 윈스턴 처칠은 하버드대 졸업식에서 다음과 같은 연설을 했다.

"미래의 제국은 인재의 제국이 될 것이며 미래의 국가들은 부존자원이 아닌 인재를 놓고 치열한 전투를 벌일 것입니다."

처칠의 예언은 적중했다. 세계 최고의 인재를 가장 많이 확보한 미국은 세계 최고이자 역사상 최강의 제국이 되었다. 중국도 이를 잘 알고 있다. 그래서 중국은 자국 내에 최고의 인재를 양성하기 위한 시스템을 구축하고 폭넓은 투자를 시작했다. 1990년대 후반부터 꾸준히 해외 인재를 유치해온 중국은 2006년 9월에 '111계획'을 발표했다. 세계 100위권 내 대학과 연구소의 석학 1,000명을 초빙, 중국 내 상위 100위권 대학에 10명씩 배치해, 세계 최고의 연구네트워크를 만들겠다는 계획이다. 2011년 기준으로 혁신 인재는 880명, 창업 인재는 263명을 해외에서 유입하는 데 성공했다.[86]

이들을 통한 성과도 가시화되고 있다. 스이궁은 새클러 국제생물물리학상을 받았고, 야우싱퉁은 필즈상을 받았다. 2010년 중국 최대 갑부인 리옌훙은 베이징대 정보관리학과를 졸업하고 미국 뉴욕주립대에서 컴퓨터공학으로 석사를 취득한 후 실리콘밸리에서 근무하다 1999년 귀국하여 인터넷 포털 사이트인 바이두를 설립하였다. 중국 반도체기업 창업자인 덩중한은 중국과학기술대를 졸업하고 미국 버클리대에서 5년 만에 전자공학 박사, 경제학 석사, 물리학

석사 등 3개 학위를 취득한 후, IBM에서 수석 엔지니어로 근무하다 1999년 귀국하여 중싱웨이뎬쯔Vimicro를 설립했다. 유인 우주선 발사와 우주유영, 차세대 스텔스기인 '젠-20'의 두 차례 시험 비행의 성공도 이런 기반에서 이루어진 것이다.

전통적으로 인재에 큰 혜택을 주었던 미국 정부는 2011년 5월에는 외국인 이공계 학생이 석사 학위만 따도 영주권을 받을 수 있도록 이민법을 바꾸었다. 미국 학생들의 이공계 기피 현상을 해소하려는 정책이다. 미국은 미래 신산업의 성패가 과학, 기술, 공학, 수학분야의 실력에서 판가름난다는 것을 잘 알고 있기 때문이다. 중국도 1999년부터 과학기술발전을 위해 예산을 매년 20%씩 늘렸다. 2011년 기준으로 중국의 과학기술 예산은 1,000억 달러를 넘는다.[87] 과학 인력의 저변도 두텁다. 중국의 대학에서 과학과 기술공학을 전공한 학생 수는 이미 150만 명을 넘었다. 골드만삭스는 "중국은 높은 R&D 투자, 과학기술 인재의 글로벌화를 통해 글로벌 혁신에서 새로운 허브Hub가 될 것이다."라고 했다.[88] 스티븐 로치 예일대 교수도 중국이 선진국이 될 수밖에 없는 10가지 이유 중 하나로 중국 인적자원의 우수성을 지적했다.[89] 미래는 지금보다 더 많은 글로벌 인재 이동이 발생할 것이다. 더불어 미국과 중국의 인재전쟁도 한층 치열해질 것이다.

웃음 속에 칼을 감춘 미국의 계책, 소리장도笑裏藏刀
여전히 미국과 중국의 관계를 낭만적으로만 보려는 사람들이 많다. 이런 태도는 개인의 통찰력 부족 탓이 아니다. 중국과의 치열한 전쟁을 이미 시작했으면서도 전쟁이 전쟁처럼 보이지 않게 하는 미국의 전략이 탁월해서다. 미국이 20~21세기 세계 최고의 자리를 지킨 것은 미국에 대항하는 적이 없는 평화의 시대여서가 아니다. 미국은 자신의 적들을 '소리장도笑裏藏刀' 전략을 구사하면서 하나씩 섬멸해 나갔다. '소리장도'란 웃음 속에 칼을 감추고 있다는 뜻의 사자성어다. 겉으로는 적들을 웃는 낯으로 친절하고 상냥하게 대하지만 마음속으로는 한방에 제거할 계획을 품고 있다는 말로 36계의 10번째 계책이다.

미국의 '소리장도' 전략의 역사상 첫 번째 대상은 아이러니하게도 중국이었다. 사실 미국과 중국의 전쟁은 거의 100여 년 전으로 거슬러 올라간다. 1933년 미국은 대공황의 후유증으로 경제가 파탄이 날 정도로 흔들리고 있었다.

1933년 3월 4일 대공황의 한복판에서 차근차근 불황 극복의 가시적 성과를 보여 주었던 뉴욕 주지사 프랭클린 루스벨트가 미국의 제32대 대통령으로 당선되었다. 대통령에 당선된 루스벨트는 자국의 생존을 위해 기존에 우호적 관계에 있던 나라들을 돌볼 겨를이 없었다. 대신 그들을 희생시켜서라도 미국 경제를 다시 재건해야 하는 처지에 놓였다.

대통령에 당선된 루스벨트는 특별의회를 소집하여 100일 동안 중요법안들을 입법화했다. 100일 의회의 핵심 이슈는 유명한 '뉴딜' 정책이었다. 그런데 뉴딜 정책에는 중국에 치명상을 입힐 정책이 하나 포함돼 있었다. 금본위제의 포기와 은수매법 발효였다. 금본위제 포기는 금융자본의 급속한 미국 탈출을 막기 위한 정책이었다. 루스벨트는 자본의 미국 탈출을 막고 국내의 통화 유동성을 회복시키기 위해 황금태환을 금지하는 행정 명령을 발표했다. 루스벨트는 4월 5일 미국인들이 소유하고 있는 황금을 온스당 20.67달러에 수매하고, 그 후 약간의 장신구 정도 외의 황금을 소유한 사람은 10년 징역에 25만 달러의 벌금을 부과하는 비상조치를 전광석화처럼 시행했다. 다음으로 같은 해 5월에는 달러화를 41% 평가절하시켰다. 이런 정책들이 기대했던 효과를 거두지 못하자, 1934년에는 황금준비금 법안을 통과시켜서 황금 가격을 1온스당 35달러로 상향 고정하는 초강수를 두었다.

그뿐만 아니라, 은수매법Silver Purchase Act을 통과시켜서 은을 대량 매입하여 금 보유량의 1/3에 달하는 은을 빠르게 비축했다.[90] 이 정책의 목표는 표면적으로는 은을 구매하여 본원통화량을 늘려서 디플레이션 압력을 줄이고, 은 생산 주 및 농산물 생산 주 출신 의원들의 지지를 확보하여 뉴딜정책을 통과시키는 것이었다.[91] 하지만 이런 정책을 시행하는 데는 다른 숨은 의도가 더 있었다. 무역경쟁국가들의 화폐가치를 평가절상시켜 미국의 수출 제품의 경쟁력을 높이겠다는 목표도 내포하고 있었다. 그 대상국 중 하나가 바로 중국이었다.[92]

미국이 은을 대량으로 매입을 하면 글로벌 시장에서 은 공급량이 줄어들면서, 중국과 같은 은본위제 국가에서 대량의 은이 해외로 빠져나간다. 그 과정에서 중국은 '미국의 의도대로' 화폐가치가 평가절상(화폐 구매력 상승)한다. 내가 살기 위해서는 남을 죽이는 전형적인 무역전쟁의 특징을 보여주는 정책이다.

미국의 전략대로, 중국에서 1934년에 3개월 동안에만 무려 은화 2억 위안이 빠져나가고 런던에서 은 가격은 2배나 폭등했다.[93] 은 비축량은 부족하고 추가로 구매해야 할 은 가격은 천정부지로 치솟으면서 은본위제를 기반으로 하는 중국의 경제는 엄청난 타격을 입기 시작했다. 미국으로서는 은본위제나 금본위제를 무너뜨려야 달러를 중심으로 외환시장을 재편하기 쉬워진다. 금본위제에 묶여 있으면 통화량을 늘리는데 한계가 있어서 경제 회복이 더디게 이루어진다.

대공황이 발발하자, 은본위제를 시행했던 중국은 초기에는 큰 이득을 보았다. 중국의 교역대상국들이 대부분 금본위제를 채택하고 있었기 때문에, 상대적으로 은본위제의 중국은 내부적으로 안정적인 경제 운용을 할 수 있었다.[94] 그러나 미국의 은수매법이 발효되면서 은 가격이 폭등하자, 중국에 있는 백은이 외부로 대량 유출되면서 문제가 발생하기 시작했다.[95] 중국은 무역적자가 점점 커지고, 디플레이션이 발생하고, 금리가 상승했다. 중국의 많은 기업이 문을 닫고, 1934년 말에 상해에서는 부동산 가격이 90%까지 폭락했다.[96] 국민당 정부는 '은 수출세'를 부과해 은의 해외 유출을 막으려 했지만, 암시장만 활성화시킨 결과가 되었다. 결국, 1935년 11월 4일 중국의 국민당 정부는 은본위제를 포기하고 중앙은행, 중국은행 및 교통은행에서 발행하는 화폐를 '법폐'로 규정하고, 영국 파운드화와 법폐를 1위안에 1실링 2.5펜스로, 달러화에 대해서는 100위안에 30센트로 연계했다. 이후 중국은 법폐의 가치가 크게 하락하는 신용위기가 발생할 때마다 영국이나 미국으로부터 돈을 빌려서 외환시장에 풀고 법폐를 회수하는 방식으로 위안화의 가치를 안정시킬 수밖에 없게 되었다.[97]

의도했든 의도하지 않았든, 결과적으로 뉴딜 정책의 핵심 중 하나였던 금본위제 폐지와 은수매법으로 인해 중국 금융은 미국에 예속되었다. 훗날 그 여파는 심각했다. 국민당 정권이 붕괴하기 직전인 1949년 상하이에서는 손수레로 돈을 한가득 싣고 가야 겨우 성냥

한 갑을 살 수 있었고, 돈으로 벽지를 바르는 엄청난 하이퍼인플레이션이 발생했을 정도였다.[98]

　미국의 두 번째 소리장도 전략의 대상은 자신들의 뿌리이자 영원한 우방이었던 영국이었다. 2차 세계대전 종전 직전인 1944년 미국의 주도 하에 뉴햄프셔 주에서 미국과 영국을 포함한 44개국이 모였다. 전후 세계 화폐 시스템을 재건하기 위한 회의였다.[99] 이 회의에서 미국은 금 1온스당 35달러로 고정하고, 이를 기준으로 다른 나라의 통화를 달러에 고정하는 브레튼우즈협정을 이끌어내는 데 성공했다. 달러를 기축통화로 하는 금환본위제가 탄생하는 순간이었다. 완벽한 소리장도 전략이었다.

　명분도 좋았고, 전략도 좋았다. 전후 무너진 금융 시스템의 복구와 전쟁 후유증 극복이라는 희망적 명분을 내세워 모두를 웃게 하고, 테이블 밑에서 조용히 영국으로부터 기축통화를 넘겨받았다. 미국이 주도하는 이 체제에서는 외국의 중앙은행만 달러를 황금으로 바꿀 수 있는 권리를 가진다. 금본위제의 실제적이고 완벽한 폐지였다. 또한, 브레튼우즈협정을 통해 미국은 자신들이 실질적으로 통제하는 (미국이 가장 큰 지분을 가졌으며, 유일한 거부권을 보유한 나라) 국제부흥개발은행IBRD과 국제통화기금IMF을 설립했다.

　1947년 미국의 조지 마셜 국무장관은 일명 '마셜 플랜'을 통해 독일에만 총 36억 5천만 달러를 제공했고, 영국에 28억 2,600만 달러, 프랑스에 24억 4,480만 달러, 이탈리아에 13억 4,820만 달러, 네델란드에 9억 7,860만 달러 등 유럽 전체에 1948~1951에 걸쳐 123억 9,200만 달러를 지원했다.[100] 마셜 원조의 총 규모는 1948~1951년 미국의 국내총생산의 약 0.5%로서 현재의 화폐 가치로 환산하면 대략

2,010억 달러에 달했다. 미국의 원조는 서유럽에만 집중되었다. 마셜 플랜에 포함되지 않은 소련, 체코슬로바키아 등은 경제적 대재난에 준하는 상태에 빠졌다.[101] 미국은 이를 통해 달러 강세를 유지하고 달러 본위제에 대한 우려를 말끔히 씻어냈다. 유럽에 대한 미국의 영향력과 간섭도 점점 더 커져갔다.

1차 세계대전 이후 몇 차례에 걸쳐 미국은 소리장도 전략을 성공적으로 구사하며 자신들이 만든 대공황을 남의 힘을 빌려 극복해냈다. 그 결과로 1950년에는 세계 총무역량의 1/3을 점유하고, 1인당 GDP는 일본의 15배 서독의 4배에 이르고, 전 세계 황금의 3/4을 보유하는 절대 강자로 등극했다.

그 후로도 미국의 패권에 도전하는 적들이 등장할 때마다 미국의 소리장도 전략은 더욱더 빛을 발했다. 앞에서도 설명했듯이 냉전 시대 최대의 적이었던 소련도 미국의 소리장도 전략에 무릎을 꿇었다. 그리고 1985년의 플라자 합의를 통해 일본과 독일을 주저앉혔다.

미국은 이제 100년 만에 다시 중국을 상대로 조용히 칼을 겨누기 시작했다. 얼굴 가득 친절한 미소를 머금은 채로 말이다.

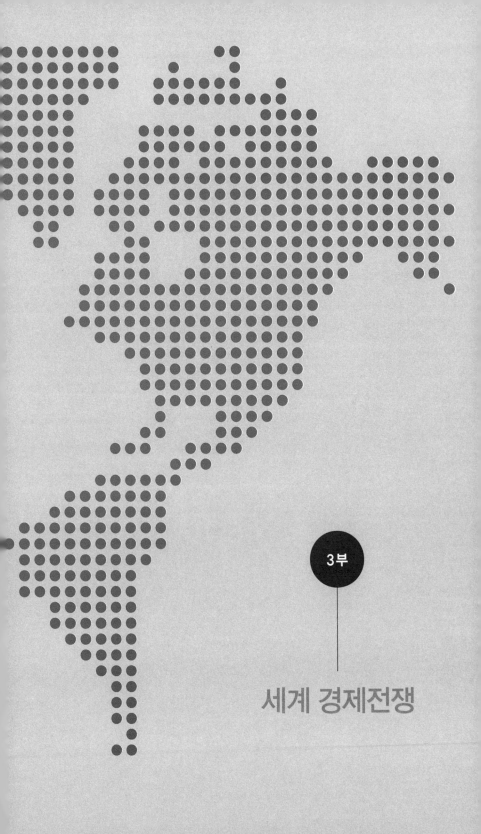

3부

세계 경제전쟁

10장

미국

미국의 미래,
2가지 시나리오

"금융위기 이후 미국 경제의 미래는 어떻게 될 것인가?" 무수히 많이 받은 질문이다. 미국이 앞으로도 계속 세계 경제의 중심이 될 수 있을지에 대한 의문에서 출발한 질문이다. 필자의 대답은 간단하다.

미국의 시대가 끝났다고 절대로 단정하지 말라.

유럽과 아시아 국가들은 지금부터 미국의 역습을 조심해야 한다.

미국은 2030년 이후까지도 'G1'의 지위를 유지할 가능성이 충분할 만큼 강한 저력을 가지고 있다. 미국의 몰락을 예단하는 논리는 무역수지와 재정수지가 동시에 적자 상황인 '쌍둥이 적자'가 오랫동안 누적된 데서 시작한다. 실제로 미국 정부의 GDP 대비 부채비율은 2007년까지는 60%대에 머물다가, 2008년 금융위기가 발생하면서 70%를 넘었고, 그 후 경제회복을 위해 재정지출을 확대하고 양적완화 정책을 펴면서 2012년에는 100%를 넘어섰다.

미국의 미래에 관한 위기감에 불을 붙인 결정적 사건은 2008년 서브프라임모기지 부실 사태였다. 2008년 150년 역사를 자랑하던 세계적인 투자은행 리먼브러더스가 서브프라임모기지 증권의 덫에 걸려 파산했다. 미국 역사상 최대 규모의 파산이었다. 이렇게 시작된 미국의 금융위기가 세계를 위기로 몰아넣으면서 미국의 미래와 기축통화인 달러의 신용도에 대한 의구심이 커졌다. 이 의심은 미국이라는 거대한 제국이 몰락하는 미래 시나리오로 확대재생산 되기 시작했다.

하지만 미국이 직면한 위기는 이번이 처음이 아니다. 20세기 초의 대공황을 시작으로, 20세기 중후반(1985년 달러 투기, 1987년 주식 투기)에도 미국은 비슷한 도전과 위기를 맞았다. 결과는 미국이 초강대국의 지위를 다시 회복하는 것으로 끝이 났다. 그렇다면, 이번 위기는 어떻게 결론이 날 것인가? 이에 대해 예측하려면, 위기의 원인이 무엇인지를 살펴보면 된다.

2008년 이후 미국이 겪는 위기의 원인은 크게 두 가지다. 하나는 막대한 부채를 기반으로 했던 부동산 버블의 붕괴로 발생한 개인과 금융기관의 위기다. 다른 하나는 정부와 미국인들의 방만한 지출과 제조업 경쟁력의 하락에서 비롯된 쌍둥이 적자다.

그래서 미국의 미래는 2가지 길로 간단하게 귀결된다. 금융위기 극복 후, 개인과 정부의 재정적자와 부채 문제를 해결하는 길을 찾지 못하면, 2030년 이후 제국의 몰락이 현실화되는 시나리오가 펼쳐질 것이다. 다른 하나는 미국이 이 문제를 느리지만, 근본적으로 해결할 실마리를 찾아 극복하고 2030년 이후에도 세계 1위의 지위를 견고히 유지하는 시나리오다. 필자는 2번째 시나리오가 좀 더 가능성이 높다고 예측한다.

먼저, 재정적자의 해소 가능성부터 살펴보자. 한 국가가 재정적자를 해결하는 데는 다양한 방법이 있다. 극단적 방법으로는 전쟁을 일으키는 것이나, 모라토리엄 내지는 디폴트를 선언하는 것이다. 모라토리엄은 '지체하다'는 뜻을 가진 라틴어 'Morari'에서 비롯된 말로 국가나 지방정부가 부채가 너무 많아서 부채의 만기 상환을 '일방적'으로 미루는 행위다. 1차 세계대전 이후 독일이 엄청난 전쟁배상금을 감당하지 못해 모라토리엄을 선언했고, 대공황 이후 1931년 미국의 후버 대통령도 1년의 지급유예를 선언했다. 1997년 우리나라도 IMF 구제금융을 받으면서 3개월간 채무 상환 유예를 신청했다. 21세기 초 한때 최고의 성공사례로 떠올랐던 두바이도 2009년 11월 모라토리엄을 선언했다.

모라토리엄은 지급유예를 선언하는 것으로 빚을 아예 갚지 않겠다는 것은 아니다. 채무상환을 연기하거나 부채의 일정 비율을 탕감하는 채무조정을 타협하자는 메시지다. 하지만 국가의 모라토리엄 선언은 심각한 후유증을 낳는다. 한 국가가 지급유예를 선언하게 되면 그 국가의 통화 가치는 급락한다. 신용경색이 발생하고, 그 나라의 기업들도 국제결제에서 무조건 현금결제를 해야 한다. 그래서 기업의 고통도 깊어진다. 당연히 실물경제도 침체한다. 더 나아가 상당기간 국제 금융시장에서 따돌림을 당한다. 누구도 모라토리엄을 선언한 나라의 국채나 회사채를 신뢰가 회복될 때까지는 사주지 않을 것이기 때문이다.

디폴트는 이자나 원리금에 대한 채무불이행 상태를 가리킨다. 국가가 디폴트를 선언했다면, 쉬운 말로 그 국가가 부도난 것이라고 보면 된다. 어느 나라나 이 두 가지 카드는 최후의 카드로 남겨 놓는다. 거꾸로 어떤 나라가 모라토리엄이나 디폴트를 선언했다면, 현재 상황이 최악의 상황이라는 뜻이다.

아직 미국은 이 두 가지 카드를 쓸 가능성은 매우 낮다. 그것 말고도 현재 위기를 탈출할 방법이 있기 때문이다. 첫 번째 방법은 돈을 더 벌거나 허리띠를 졸라매며 긴축하지 않고도, 인플레이션(혹은 달러 가치 하락)을 잘 활용하여 부채의 실질적 가치를 줄여 버리는 화폐 사기를 치는 것이다. 실제로 미국은 2001~2007년까지 엄청난 양의 달러를 전 세계에 풀어 달러 가치 하락을 주도했다. 이를 통해 명목상 부채 규모는 늘었지만, 부채의 실질적 부담은 낮추는 마법을 부렸다.[1] 일반인은 이런 사실을 잘 알지 못한다. 노벨 경제학상을 받은 밀턴 프리드먼이 이런 말을 했다고 한다.

사람들은 화폐제도나 화폐정책의 미세한 변동이 사회와 국가의 운명에 중대한 영향력을 미친다는 점을 인식하지 못한다. 그것은 사람들의 눈에 화폐가 지나치게 신비하게 비치기 때문이다.[2]

인플레이션은 화폐의 마법이 낳은 사생아와 같다. 우리는 돈의 마법에 취해 10년 전보다 좀 더 부자가 된 줄 착각하고 산다. 중앙은행이 발행한 1만 원을 가지고 상업은행들은 10만 원을 개인과 기업에 빌려준다. 이 돈이 최첨단 파생상품을 만나면 30만 원(실제로 파산 직전의 리먼브러더스의 레버리지 비율이 거의 30:1이었다)으로 뻥튀기된다. 이 과정은 엄밀히 말하면 화폐 사기와 다름없다.

희대의 폭군으로 조롱을 받았던 로마의 황제 네로는 정치보다는 욕망대로 즐기며 사는 것을 좋아한 황제였다. 평생 스스로 천재적 예술가라 착각하며 살았던 네로는 원로원이나 시민 앞에서 환한 웃음을 지으며 시를 읊고 노래를 부르면서 화폐를 마구 뿌리기 일쑤였다. 대중의 열광과 거짓 환호에 심취했던 네로는 올림픽에 준하는 '네로니아' 축제를 매년 열어 각종 경기, 축제, 오락, 연극공연, 환각파티를 벌이면서 로마의 국고를 탕진해 갔다. 새로 신도시를 건설한다는 핑계로 로마를 죄다 불태워 버리기도 했다. 재정이 부족해지자, 네로는 반역이 의심된다는 핑계로 귀족들의 재산을 몰수했고, 몇 차례에 걸쳐 액면에 찍힌 무게보다 적은 금이나 은을 넣어 화폐가치를 하락시키는 사기를 감행했다. 중세나 근대에도 이런 일이 쥐도 새도 모르게 일어났다.

물론 현대에 들어와서는 이런 방식을 쓰지 않는다. 중앙은행들은 철저하게 자산에 비례해서 화폐를 찍어 낸다. 그래서 화폐 사기는 절대로 불가능하다고 항변한다. 그러나 아무리 중앙은행이 제 가치를 지닌 화폐(본원통화)를 발행하더라도, 이 돈이 상업은행의 이자수익, 투자은행들의 파생상품 수익 등을 거치면 화폐 사기에 준하는 현상이 자연스럽게 발생한다. 즉 통화의 최초 단계에서 화폐 사기가 발생하지 않더라도 방법은 많다. 국가는 미래의 세금을 미리 당겨쓰는 국채를 발행해서 현금화하고, 중앙은행에서 대출을 받은 상업은행들은 '부분지급준비금 Fractional Reserve' 제도를 활용해서 통화 승수를 과도하게 늘려서 이자 수익을 극대화한다. 투자은행들은 파생상품으로 뺑튀기하고, 이 돈이 주식과 부동산시장에서 다시 부풀려진다. 여기에 각종 회사채와 사금융, 고리대금업 등이 가세하면, 최초 통화의 수십 배가 넘는 돈으로 뺑 튀겨진다. 우리나라는 2008년 11월 말 기준으로 본원통화(M0)는 58조 원이었지만, 협의 통화(M1)은 322조 원, 광의통화(M2)는 1,427조 원, 총유동성(Lf)은 1,856조 원, 광의 유동성(L)은 2,271조 원에 달했다. 최초 본원통화의 39배로 뺑튀기된 돈이 시중에서 돌아다닌 것이다.

그러나 정부나 학자들은 이것을 화폐 사기가 아니라 '신용창조'와 '위험자산이 포함된 광의의 유동성'이라는 아름다운 이름으로 부른다. 광의의 유동성은 사실 빚과 위험자산일 뿐이다. 그러나 과도한 신용창조 때문에 사생아처럼 발생하는 부채를 '신용'이라는 멋진 말로 포장해준 덕분에 우리는 '위험'이라고 전혀 생각하지 못한다.[3] 학자나 정부 관계자들은 또한 내 돈의 실질가치가 하락하는 현상을 '물가상승' 혹은 '인플레이션'이라는 모호한 말로 포장해 주었다.

지난 30년간, 인플레이션을 감안하면 미국인의 임금은 명목 숫자만 올랐을 뿐 실질 임금은 제자리를 맴돌았다. 그런데도 사람들은 숫자 장난에 현혹되어 돈을 더 잘 벌게 되었다고 착각한다. 과도한 통화 승수는 분명 현대판 화폐 사기 행각이다. 이 말에 여전히 동의하기 어려운 사람도 있을 것이다. 그렇다면 '과도하고 과도한' 통화 승수의 결과가 어떤지 역사적 사실을 통해 살펴보자. 프랑스에서는 시민혁명 시기인 1790~1796년에 최악의 인플레이션이 발생했다. 인플레이션은 정부가 수도원과 귀족에게서 몰수한 토지를 담보로 '아시냐assignat'라는 화폐를 발행하는 과정에서 발생했다. 정부는 담보로 삼은 토지가 다 팔리고 난 뒤에도 '계속해서' 화폐를 찍어냈다. 결국,

1794년 5월에는 상거래를 하기 전에 물건값을 흥정하면 사형에 처한다는 법을 발효할 정도로 엄청난 인플레이션이 발생했다.

1차 세계대전의 패전국이었던 독일에서도 비슷한 일이 발생했다. 현재의 가치로 2조 8천억 달러에 달하는 천문학적인 전쟁 배상 비용을 갚기 위해 독일 정부는 수천조 마르크를 마구잡이로 찍어냈다. 엄청난 규모의 빚을 건전한 경제활동을 통해 벌어들인 돈으로 갚는 대신, 그냥 종이에 잉크를 발라서 갚기로 한 것이다. 1923년 11월에는 시중에 유통되는 화폐의 총량이 51만 8천 경 마르크였다. 여기에 미친 투기까지 벌어지면서 기본적인 생필품의 가격이 수천억 마르크에 이를 정도의 하이퍼인플레이션이 발생했다.[4] 전쟁 전에 만들어진 외채는 전쟁 전 통화로 고정되어서 청산할 수 없었지만, 전쟁 전후에 누적되었던 국내의 채무는 하이퍼인플레이션 덕분에 순식간에 없앨 수 있었다. 인플레이션을 지속시키는 것은 정부가 자국 시민의 주요 재산의 상당 부분을 몰래 압수하는 셈이라는 케인즈의 말이 사실로 나타난 것이다.[5] 하지만 이런 상황이 오랫동안 지속되자 독일 금융시스템에 대한 신뢰가 붕괴하면서 경제가 한순간에 물물교환 형태의 원시 수준으로 돌아가 버렸다. 결국, 독일은 전쟁을 다시 일으켜야만 했다.[6] 이 외에도 1980년 후반에 아르헨티나는 3,500%, 브라질은 1,200%, 페루는 2,500%의 하이퍼인플레이션을 경험했다.[7]

물론 비정상적인 하이퍼인플레이션을 제외하고, 평상시에 발생하는 장기적인 인플레이션의 실질적인 원인은 다양하다고 학자들은 말한다. 그러나 필자가 보기에는 인플레이션의 원인이 통화량의 증가라고 말하는 고전학파의 주장이나, 유효수요가 주원인이라고 말하는 케인즈 학파는 주장은 같은 구조에 대한 다른 해석일 뿐이다. 즉 닭이 먼저냐, 달걀이 먼저냐의 토론일 뿐이다. 통화량이 증가하지 않으면 유효수요도 증가하지 않고, 유효수요가 증가해야 통화량도 증가한다. 그리고 이 둘의 관계는 신용창조 시스템이 있어야만 작동하는 관계다.

'중앙은행의 화폐 사기', '과다한 국채 발행', '과도한 통화 승수' 이 3가지를 잘 활용하여 달러 가치를 하락시키면 미국은 앉은 자리에서 아무것도 하지 않고 빚을 줄이는 효과를 본다. 물론 이런 정책은 부작용도 크다. 국민의 저축성 자산 가치가 하락하고, 실질 임금이 하락하며 부의 불균형 분배가 심화된다. 심하면 금융위기를 겪거나 경제 시스템이 붕괴할 수도 있다. 하지만 부작용을 통제할 수 있는 범위에서 잘 활용하면 효과는 만점이다. 실질 부채의 감소, 명목 GDP의 상승, 내수경기 호황, 부동산 및 주식시장의 상승, 세금징수 증가 등의 효과를 만들어 낼 수 있다.

인플레이션을 이용하는 것 외에, 미국이 현재의 위기를 극복하는 또 다른 방법은 씀씀이를 줄이고 세금을 더 많이 걷는 것이다. 그러나 이런 소극적 방법 외에 더 근본적이고 매력적인 대안이 있다. 경제를 회복시킴으로써 제조업, 금융과 서비스업, 미래산업 등의 경쟁력을 강화해서 예전보다 더 많이 벌면 된다. GDP가 올라가면 빚을 갚을 여력도 늘어나고, GDP 대비 부채 비율도 자연스럽게 내려간다. 필자의 예측대로 미국은 막대한 유동성 공급을 통해 인플레이션 효과를 먼저 사용하고, 이어서 곧바로 보호무역주의 정책을 통해 기존 산업을 보호하고, 부채를 추가로 늘려서라도 미래형 산업에 적극 투자하는 쪽으로 방향을 잡았다. 현재 미국은 IT, 바이오, 뇌공학, 양자역학을 중심으로 하는 나노기술, 우주기술, 로봇기술 등의 미래산업

신용 창조 시스템을 잘 활용하면, 현재 안고 있는 부채를 줄이는 효과만 있는 것이 아니다. 계속 순환하는 신용창조의 과정에서 남들보다 먼저 신용 대출을 받으면 앉은 자리에서 추가적인 돈을 벌 수 있다. '선진 금융 기법'이나 '부자 되는 지혜'의 핵심적 내용이 바로 여기에 있다. 부자들은 저축도 많이 하지만, 돈도 많이 빌린다. 그들은 일반인과는 돈을 빌리는 시점이 다르다. 부자들은 주로 협의 통화(M1), 광의 통화(M2)의 단계에서 신용 대출을 받는다. 즉, 남보다 먼저 돈을 빌릴수록 돈의 가치가 달라진다는 것을 잘 안다. 시간이 갈수록 돈의 가치가 하락하는 신용창조 시스템하에서는 돈을 일찍 빌릴수록 그 가치가 크다. 이것을 잘 모르거나, 돈을 빌리는 순서를 늦게 배정받는 일반인들은 총유동성(M3/Lf), 광의 유동성(L) 단계 혹은 그다음 단계인 파생상품의 단계 혹은 제3금융권이나 사채에서 돈을 예치하고 빌리는 등의 금융거래를 한다. 당연히 늦게 신용 대출을 받을수록 가치가 더 떨어진 돈을 대출받아 화폐 사기의 더 큰 피해자가 된다.

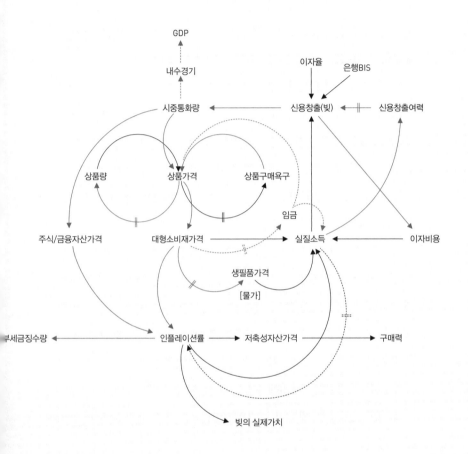

에서도 최고의 기술을 보유하고 있다.

오랫동안 지속된 쌍둥이 적자로 발생한 막대한 부채의 위기가 당장은 미국을 몰락시키지 않는다. 미국에게는 최소한 한 번 정도는 수비와 공격을 번갈아 하면서 엄청난 부를 새롭게 만들어내서 미국의 영향력과 지위를 다시 회복할 수 있는 여력이 있다.

물론 2차 세계대전 이후 형성된 미국 중심의 세상은 2030년 이후에는 이제까지와는 다를 것이다. 이번 위기는 극복할 수 있지만, 미국의 철옹성에 생긴 균열까지 감쪽같이 없앨 수는 없다. 그 틈을 비집고 중국이 지금보다 좀 더 강력한 적이자 경쟁자로 부상할 것이다. 이머징 국가들도 좀 더 치고 올라올 것이다. 그만큼 미국의 영향력은 줄어들 것이다.

패권을 수호하기 위해 미국은 과거보다 더 큰 에너지를 쏟아야 할 것이다. 빠르게 성장하는 기술을 받아들이고, 풍부한 노동력과 자원을 활용하여 성장하는 후발 국가들이 나름대로 미국 이후를 준비하기 위해 새로운 카르텔 형성을 시도할 것이다.[8] 그렇다면 소련 붕괴 이후 유일한 강대국 미국이 이끌던 단극 체제였던 세계의 권력과 부에 어떤 변화가 생길까? 미래예측기법 중의 하나인 '사회변동Social Change 분석기법'을 사용해 예측한 2030년 이후의 기본 미래의 모습을 살펴볼 차례이다.

2030년에도 미국은 여전히 G1

2030년 이후에는 "G1 + 춘추전국시대"가 될 가능성이 크다. 인류의 역사에는 변하는 것이 있고, 변하지 않는 것이 있다. 그 중 하나가 천하대세의 흐름이다. 천하의 대세는 합쳐진 지가 오래되면 반드시 다시 나누어지고, 나누어진 지가 오래되면 반드시 다시 합쳐진다. 중국의 역사를 보면, 일곱 개의 나라로 갈라져 치열하게 싸우던 대륙이 진시황제에 의해서 기원전 221년 통일되었다. 중국을 최초로 통일했던 막강한 진나라도 다시 갈라져 제후들이 난립하는 세상으로 바뀌었다. 결국, 항우의 초나라와 유방의 한나라가 맹주가 되어 싸우다가 기원전 202년 한나라로 통일되었다.

한나라도 184년 후한 왕조의 붕괴를 알리는 황건적의 난이 일어나면서 천하는 다시 나뉜다. 천하는 엄청난 혼란을 거쳐 손권의 오나라, 조조의 위나라, 유비의 촉나라의 삼국으로 재편되었다가 결국 위나라로 통일된다. 이런 패턴이 바로 시간이 흘러도 변하지 않는 천하 대세의 흐름이다. 즉, 절대적 힘을 가진 나라가 정치적 혼란, 경제적 파탄, 국력 소모 등으로 힘을 잃어가면, 이런 힘의 공백을 틈타 군웅할거의 시대가 나타난다. 그리고 천하의 주인 자리를 놓고 군웅들 간의 치열한 권력투쟁이 벌어지면서 보통은 2~3개의 맞수로 압축되고, 그들 간의 마지막 힘겨루기를 통해 천하는 다시 하나의 힘 아래 재편된다. 이런 천하의 힘의 이동과 재편은 역사를 통해 반복된다.

절대적인 힘을 가지고 천하를 지배했던 한나라와 같은 위치를 차지했던 미국이 힘의 공백을 드러내기 시작했다. 세계는 이런 미국의 힘의 공백을 틈타 경련적 변화의 길로 들어섰다. 이 가운데 중국, 일본, 러시아, EU, 미국이 천하의 패권을 다투는 새로운 군웅할거의 시대로 들어가고 있다. 앞으로 20년 정도는 천하의 주인 자리를 놓고 국가들 간의 힘겨루기가 진행될 것이다. 미국도 그런 국가 중의 한 나라가 될 것이다. 하지만 미국은 여전히 가장 강하다. 즉, 예전에는 경쟁자가 없는 G1이었지만, 앞으로는 경쟁자가 있는 G1이 된다는 말이다.

하지만 이런 춘추전국시대와 같은 다극체제라는 불안정한 상황도 그리 오래가지는 않을 것이다. 역사적으로 보면 다극체제는 삼극체제나 양극체제보다 불안정한 경향이 있기 때문이다. 그래서 다극체제는 오랜 기간을 지속하지 못하고 빠르게 좀 더 안정적인 삼극체제나 양극체제로 전환되어 갈 것이다. 현재의 힘의 판도를 감안해서 예상해 본다면, 상처 입은 사자인 미국을 중심으로 한 축, 중국과 인도, 일본과 한국 등을 중심으로 하는 아시아권 축, 그리고 유럽연합인 EU 축, 하나를 더 추가한다면 러시아 정도가 마치 한나라 이후의 삼국시대와 같은 시대를 만들 것으로 예측된다. 즉, 현대판 글로벌 삼국시대가 아마도 앞으로 20년 정도 국제질서의 기본미래가 될 것이다.

그러나 세계는 점점 하나로 통합되어가고 있기 때문에 20년이 지난 이후에는 다양한 문제들을 빠르고 강력하게 해결할 힘을 가진 강력한 주체가 등장하는 단극체제를 은근히 갈망하게 될 것이다. 이때 미국을 대신하는 단극체제의 가장 유력한 후보는 중국이 아니라 '아시아'다. 아마도 미래는 단일 국가의 헤게모니보다는 특정권역의 연합적 단극체제가 좀 더 현실적일 것으로 본다. 특히 앞으로 50년 이내에는 말이다.

여기서 주의할 점이 하나 있다. 단일 국가로만 평가하자면 미국은 2030년 이후에도 G1일 가능성이 크다. 어쩌면 미국이 팍스 아시아나를 주도하는 전략을 사용하여 단극체제에 편입되는 전략을 구사할 가능성도 크다. 그렇게 되면 '팍스 태평양-아시아나Pax Pacific Asiana'가 될 것이다. '미국-아시아'의 강력한 경쟁자가 될 유럽연합은 강대국의 면모를 갖출 것은 분명하지만, 세계적인 헤게모니를 갖기에는 몇 가지 해결해야 할 문제가 있다. 먼저, 지금의 금융위기를 극복하는 데 앞으로도 최소 5~7년 이상의 시간이 필요하다. 그만큼 경쟁에서 뒤처진다는 말이다. 금융위기를 극복한 다음에도, 급격한 초고령화 현상 때문에 실질 노동력의 저하가 뚜렷해질 것이다. 이는 '미국-아시아'를 추월할만한 탁월한 경제성장을 성취하는 데 큰 한계로 작용할 것이다.

EU가 회원국을 15개에서 27개로 늘리면서 전체 인구를 5억 명 이상으로 증가시키고 95조 유로의 경제 효과를 창출했지만, 역으로 이것도 부담이다. 새롭게 가입한 12개국을 EU의 평균 수준으로 끌어올리기 위해서 EU는 전체 예산의 45%를 쏟아 부어 지원해왔다. 이런 상황은 앞으로도 달라지지 않을 것이다. 폴란드가 현재 영국의 경제 수준을 따라잡으려면 적어도 40년이 걸릴 것이라고 평가할 만큼 국가 간의 격차가 너무 크다. 이처럼 유럽은 통합으로 덩치를 키웠지만, 질적으로는 하향 평준화되는 부담을 미래에도 계속 안고 갈 수밖에 없다.

떠오르는 대륙인 아프리카는 상당히 많은 천연자원을 보유하고 있어 주목받고 있지만, 정치 불안, 낮은 시민의식으로 말미암은 부정부패, 기후문제, 인구급증, 종족 분쟁과 크고 작은 전쟁의 위협 때문에 앞으로 20년 후에도 (물론 지금보다는 잘 살겠지만) 자기 앞가림하기에도 버거운 상황일 것이다.

러시아도 풍부한 자원과 넓은 영토를 보유하고 있지만, 정치적 불안과 부정부패의 요소들이 걸림돌로 남아 있다. 또한, 낙후된 공공보건 시스템, 세계적 수준에 크게 뒤처진 금융시스템, 범죄의 증가, 인구 감소와 고령화도 고민거리다. 특히 지구 온난화가 심각해지면서 석유, 천연가스, 석탄 등의 화석연료 사용이 줄어들거나 제재를 받게 되면, 이를 중요한 전략적 무기로 사용하는 러시아의 입지와 경제 성장은 크게 위축될 것이다.

브릭스의 한 축으로 인정받고 있는 브라질은 다른 남미국가보다는 나은 형편이지만 에너지를 축으로 하는 브라질의 경제성장 시스템이 문제다. 또한, 얼마나 지속해서 정치적 안정을 이루고 개혁의 성과를 낼 수 있느냐가 최고의 변수가 될 것이다.

2014~15년 시작될 미국의 반격을 조심하라

2014~2015년이 되면 세계경제는 중요한 분기점을 맞을 것이다. 특히 2014~2015년에 이루어질 미국의 첫 역습을 조심해야 한다. 세계경제의 가까운 미래를 예측하기 위해서는 위기 해법의 레버리지 포인트_{Leverage Point} 파악이 중요하다. 현재로서는 세계경제의 미래를 좌우할 중요한 포인트가 두 가지다.

- 유로지역이 근본적인 해법을 꺼내 드는 시점이 언제인가?
- 세계경제의 기초를 떠받치고 있는 미국 경제가 자생적으로 회복되는 시점이 언제인가?

필자가 예측하기에 2014~2015년이 되면 이 두 가지 포인트에 관련한 굉장히 중요한 미래징후_{Future Signal}가 발생할 가능성이 크다. 우선 유로지역이 금융위기에 대응하는 근본적인 해법을 꺼내 들어야 하는 시기가 될 것이다. 현재 유로지역 위기의 핵심은 미국처럼 단기적 유동성의 문제가 아니라, 각 국가의 누적된 재정적자와 개인의 방만한 소비 증가, 부동산 버블에 편승한 부채의 지속적인 증가다. 그래

410

서 근본적 해법도 미국과 같다. 그러나 유로지역에 속한 몇몇 나라들은 미국과 같은 해법을 사용할 수 없다. 기축통화 국가도 아니고 미국처럼 제조업이 견실하지도 않고 미래산업 경쟁력도 없다. 결국, 모라토리엄이나 디폴트 선언을 하는 과정에서 부채 원금의 일정량을 탕감해서 부채의 상당 부분을 없애야 근본적 해결이 가능하다. 추가적인 부채 탕감과 지급유예가 확정되면, 그것이 위기의 바닥을 확인할 핵심적인 레버리지 포인트가 된다.

2012년에는 이런 근본적 해결책이 나올 가능성은 적었다. 2013년 미국 대선 때문이었다. 2012년은 세계 경제 문제에 정치적 상황이 가장 크게 개입되는 해였다. 미국의 오바마 대통령은 2008년 미국의 금융위기 이후 엄청난 재정을 투입하여 실업률을 10%대에서 8%로 떨어뜨리는 데 성공했다. 하지만 계속 그런 식으로 재정을 투입할 수는 없었다. 그래서 오바마 대통령의 재선 전략은 8%대로 떨어뜨린 실업률을 그대로 유지하면서 대통령 선거를 치르는 것이었다. 앞의 그림은 미국의 실업률을 보여 주는 지표다. 10%까지 치솟았던 실업률이 3번의 막대한 양적 완화정책 덕분에 재선을 앞둔 상황에서 8%대로 서서히 내려왔다.

이것이 미국의 공세 전환 조건

이런 상황에서 유럽의 위기가 재발했다면, 미국 역시 다시 침체 국면으로 빠져들었을 것이다. 유럽 위기로 국제금융 시장의 위험이 가중되면 미국 상업은행의 신용 문제가 다시 불거질 수도 있다. 오바마로서는 유로지역의 위기가 확산되는 것을 최소한 선거 이후로 지연시켜야 했다. 당시 필자가 모니터링한 바로는 이 문제에 대해서 오바마

미국의 실업률

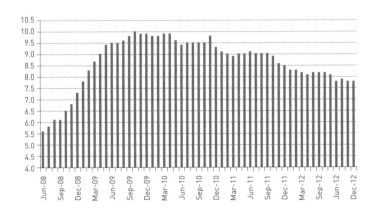

자료: Econoday

대통령은 독일과 프랑스 정상들과 일정 부분 교감을 이룬 것으로 보였다. 그래서 2012년은 큰 실수가 없는 한 유럽 재정위기가 잠시 안정기에 접어들 가능성이 크다고 예측했던 것이다. 유럽의 정상들도 2013~2014년까지는 최후의 카드를 꺼내지 않고, 해볼 수 있는 모든 방법을 동원할 것으로 예측했다. 이를 바탕으로 오바마 대통령은 유럽의 위기를 진정시키고 미국의 실업률을 8%로 낮췄다는 점을 내세워 재선에 성공했다. 문제는 그 이후다.

유럽과 IMF로서도 그리스에 대한 구제금융만도 부담이 큰 상황에서 규모가 몇 배나 더 큰 스페인, 이탈리아에 구제금융을 제공하는 것은 사실 만만치 않다. 만일 스페인과 이탈리아가 구제금융을 받고서도 결국은 무너져 내려서 그리스처럼 부채의 상당 부분을 탕감해주어야 할 상황이 발생하면 어떻게 될까? 두 나라에 엄청난 규모의 돈을 빌려 준 프랑스, 독일, 미국 등의 정부와 금융권이 큰 손해를 보게 된다. 그래서 위기 국가에 돈을 더 빌려 주어서라도 일단 급한 불을 끄고, 구조조정을 유도해서 장기적으로라도 원금을 회수하고 싶어 한다. 이런 이유로 당장 부채를 탕감해주기보다는 이탈리아와 스페인에 구조조정과 재정적자 감축 압력을 가하는 한편 대규모 유동성을 공급해 주면서 어떻게든 생명을 유지하는 노력을 필사적으로 할 것이다.

그러나 현재 상황을 분석해 볼 때 그리 낙관적이지 않다. 지금과 같은 강도 높은 구조조정이 1~2년 정도 지속되는 상황에서 정부와 금융권의 빚이 계속 늘어가고, 시민과 노동자들의 강력한 반발이 지속되어 정치적 불안정성이 증가하면, 이탈리아와 스페인, 다른 부실한 유로지역 국가들 부채를 일정 부분 탕감해줄 수밖에 없다. 필자는 그 시기가 대략 2014~2015년이 될 것으로 예측한다. 금융시장에 다소 충격이 가해지더라도 위기 국가들의 빚의 원금 일부를 없애준 다음에 구조조정을 하고, 경기부양책을 시행해서 위기를 탈출하는 것이 근본적인 해법이다.

만약 이런 근본적 해법을 실행해서 유럽의 위기가 해결되는 가닥이 보인다면, 그때부터 금융자본이나 기업이 자발적으로 투자하게 될 것이다. 언제 기업의 자발적 투자가 시작될지는 매우 중요한 문제다. 왜냐하면 미국 정부는 더는 실업률을 떨어뜨릴 여력이 없기 때문이다. 앞으로 미국의 실업률을 6~7%대로 떨어뜨리는 것은 기업의 몫이다.

미국의 실업률이 6~7%대로 하락하는 것은 세계경제의 회복을 판단하는 아주 중요한 지표다. 이는 미국 기업이 미래 리스크가 거의 다 드러났고 이제는 움직일 때라고 판단했다는 것을 보여주는 미래

징후다. 미국 경제는 GDP 대비 75%가 소비에 의존한다. 미국 경제가 살려면 반드시 소비가 살아나야 한다.

미국의 소비가 살아나려면 미국의 중산층이 살아나야 한다. 중산층이 소비를 늘리는 힘의 원천은 소득효과(근로소득)와 자산효과(투자수익)다. 자산효과는 당분간 크게 기대할 수 없다. 따라서 미국 중산층의 소비가 살아나는 유일한 통로는 소득효과뿐이다. 그런데 소득효과가 발생하기 위해서는 취업률이 올라가야 한다. 현재로서는 회복 국면으로 전환되는 또 하나의 가장 중요한 레버리지 포인트가 미국 중산층의 실업률 하락이다.

앞의 그래프에서 본 것처럼, 미국은 2008년 금융위기가 발생하자 실업률이 10%로 치솟았다. 2009년 당시, 전문가들은 미국이 4~5%대의 정상적인 수준의 실업률로 되돌아가는데 대략 10년 정도의 시간이 걸릴 것으로 예상했다. 2011년 2월에도 벤 버냉키 연방준비제도이사회 의장이 청문회에서 미국의 고용회복은 길면 10년이 걸릴 수도 있다고 증언했다.[9]

그런데 실업률이 4~5%로 수준으로 내려가야만 시장이 회복되는 것은 아니다. 실업률이 6~7%대로만 떨어져도 투자자들은 미래의 기회를 보고 행동을 취한다. 미국의 정책과 미래 전망을 예측해 봤을 때, 8%대의 실업률을 추가로 하락시키는 방법은 두 가지다. 하나는 정부가 계속 재정을 투여하며 공공적 수단을 활용해서 일자리를 만들어 내는 것이다. 2008년 당시 10%로 치솟았던 미국의 실업률이 2012년에 그나마 8%대로 떨어진 것은 기업의 노력이 아니라 미국 정부가 지난 4년 동안 신용등급 하락을 감수하면서까지 추가적인 국채를 발행하고 재정적자 정책을 유지하면서 공공근로, 임시직 고용 확대, SOC 투자 등을 늘리면서 거둔 결과다. 미국 기업들은 이 기간 구조 조정하면서 실업률을 올리는 역할만 했다.

실업률을 2% 정도 떨어뜨리는 것이 미국 정부가 할 수 있는 최대치이다. 미국 정부는 막대한 부채와 엄청난 재정적자, 그리고 부채의 증가를 제한하도록 한 의회와의 협약 때문에 더는 부채를 늘릴 수 없는 상황이다. 따라서 실업률을 8%대에서 6%대까지 추가로 낮추는 것은 기업이 자발적인 판단으로 고용을 늘리는 방법밖에 없다. 그러기 위해서는 유럽 위기가 해소될 수 있는 실마리가 잡히고, 실물 경제 침체가 바닥에 도달해서 이제는 투자해도 된다는 미래징후를 기업이 읽어야 한다. 필자는 현재의 유럽과 미국의 정책 추이를 봤을 때, 2014~2015년이 되면 고용률이 6~7%로 낮아질 가능성이 클 것으로 예측한다.

2014~2015년이 되면, 미국은 2008년 금융위기 이후 6~7년이 지난 상황이다. 보통 부동산 버블이 붕괴하면 금융 충격이 발생하고 7~8년은 실물경제 침체가 지속하는 패턴이 발생한다. 이런 패턴을 미국 경제에 적용해 보면 2014~15년은 미국 실물경제 침체기의 끝부분이다. 그런데 이 시점은 유럽 재정위기가 모두 드러나는 시점과 맞물린다. 이런 종합적인 이유 때문에 필자는 2014~2015년을 세계 경제가 위기에서 탈출하는 데 매우 중요한 전환점이 될 것으로 예측한다.

미국발 금리인상의 충격에 대비하라

물가를 2%대에서 잡고, 실업률을 6%대로 떨어뜨리면 미국은 본격적으로 출구전략을 펼칠 것이다. 가장 먼저 추가적인 유동성 공급을 중지하고, 그 다음 금리를 인상하여 인플레이션을 억제하기 위한 작업에 들어갈 것이다. 유동성의 함정에 빠져 금융권에서만 맴돌던 엄청난 유동성이 미국 경제가 회복할 것이라는 확신이 들면 쓰나미처럼 시장으로 밀려들 것이다. 그러면 원자재와 원유 가격도 상승하고, 시장은 냄비처럼 금방 달아올라 물가가 급격하게 상승할 것이다. 이를 억제하는 가장 강력하고 확실한 방법은 '금리 인상'이다.

미국발 금리 인상 시나리오는 아주 분명하다. 미국의 기준금리는 제로 금리 수준으로 떨어져 있어서 언젠가는 정상적인 금리 수준인 3~4%대로 올라갈 것이 확실하다. 유일하게 남은 불확실성은 '언제' '어느 정도'로 금리가 오를 것인가 뿐이다. 이 점을 예측해 보자. 이를 위해서는 먼저 '역사적 자료에 대한 정보 필터링과 비즈니스 프로파일링'을 통해 금리 인상에 대한 전형적인 패턴을 복원해야 한다.

영국의 예를 살펴보면 많은 통찰을 얻을 수 있다. 영국은 기축통화국의 지위를 가졌던 나라였다. 또한, 제1기축통화를 잃고 난 후도 경험했다. 그래서 기축통화를 가지고 있을 때와 아닐 때 중앙은행의 기준 금리 인상 요인이 어떻게 달라지는지를 보여 주는 유일한 나라다.

1880년 이후 영국은 35년간 금본위제를 유지하면서 제1기축통화국의 지위를 가지고 있었다. 하지만 1914년 1차 세계대전이 발발하자 영국을 중심으로 작동되던 금본위제는 중지될 수밖에 없었다. 1차 세계대전이 끝난 직후인 1920년대 초, 경제가 침체되자 영국 정부는 실업률을 이유로 기준 금리를 올리지 못하게 영란은행(영국의 중앙은행)에 강력한 압력을 행사했다. 이 때문에 영란은행의 독립성이 훼손되면서 정상적인 금본위제로의 복귀가 미루어졌다. 1925년 4월 영란은행은 우여곡절을 딛고 금본위제로의 복귀에 성공한다.

한편 1925년 8~10월에 월스트리트에서 투기 붐이 일어나서 미국의 콜 금리가 상승하자 투자자금이 뉴욕으로 몰려들었다. 하지만 금본위제 복귀로 자신감을 되찾은 영란은행은 자기 포지션이 충분히 강하다고 착각해서 기준금리(할인율)를 4.0%까지 인하했다. 그러나 영란은행의 판단과는 반대로 런던시장에서 유출되는 금의 양이 점점 커지자 같은 해 12월 3일 기준금리를 5%로 인상한다.

1928~1929년 월스트리트의 투기 붐이 더욱 과열되었다. 미국 FRB는 투기 붐으로 말미암은 인플레이션을 억제하기 위해 기준금리를 계속해서 인상했다. 그러자 더욱더 많은 자본이 런던시장에서 뉴욕시장으로 이동하면서 영란은행의 준비금이 급속히 줄어들었다. 영란은행은 자본 이탈과 준비금 부족 위기를 막기 위해 1929년 2월부터 9월까지 약 7개월 동안 기준금리를 2% 포인트 인상하는 조치를 단행했다. 1929년 10월 말 뉴욕 증권시장이 대공황이 시작되면서 붕괴하자 글로벌 투자자본이 다시 런던으로 되돌아왔다. 이로써 영란은행은 가까스로 위기를 넘겼다. 위기가 마무리되자 영란은행은 1929년 10월 31일부터 1931년 5월 14일까지 총 8차례에 걸쳐 2.5%까지 기준금리를 인하하여 영국시장을 안정시켰다.[10]

그런데 유럽 대륙에서 문제가 생기기 시작했다. 1930년 5월, 오스트리아 최대 은행인 크레디트안슈탈트Kredit-Anstalt가 파산하면서 오스트리아 은행산업 전체가 위기에 빠지더니, 7월에는 헝가리와 독일로 위기가 빠르게 전염되었다. 이에 오스트리아와 독일 정부는 전격적으로 외환 통제를 시행하고 금태환을 중지시켜 버렸다. 유럽에 초대형 금융위기의 전조가 나타나자 영란은행은 자본(금)의 급속한 이탈을 막기 위해 금리를 1930년 7월 23일 3.5%, 7월 30일 4.5%로 인

역사적으로 볼 때 중앙은행이 기준 금리를 인상하는 이유는 다양
하다.

- 경제가 정상적인 국면에서는 투자자금 유입이 늘고, 전 세계 화폐
  유동성이 증가하고, 레버리지를 통한 투자 버블로 자산가격이 상승
  하고, 소비가 증가하면 자연스럽게 물가가 상승하여 인플레이션이
  발생한다.
- 전쟁이나 기후변화 등의 비상사태가 발생하여 원자재, 원유, 곡물 등
  의 가격이 폭등하면 수입물가가 상승해서 역시 인플레이션을 유발
  한다.
- 한 나라가 IMF 구제금융을 받을 정도로 경제가 악화되면 투자자금
  의 이탈을 막기 위해 기준 금리를 부득이하게 인상해야 한다.
- 미국과 같은 제1 기축통화 국가가 자국의 화폐가치를 회복시키기
  위한 특단의 조치로 취할 경우에도 각국에서 기준 금리의 인상이
  일어날 수 있다.

한 나라의 중앙은행이 기준 금리를 인상하게 하는 요인은 이처럼
다양한 경로를 통해 발생한다. 이런 경로를 종합적으로 맵핑한 것이
이 그림이다.

중앙은행의 금리인상 패턴 통찰

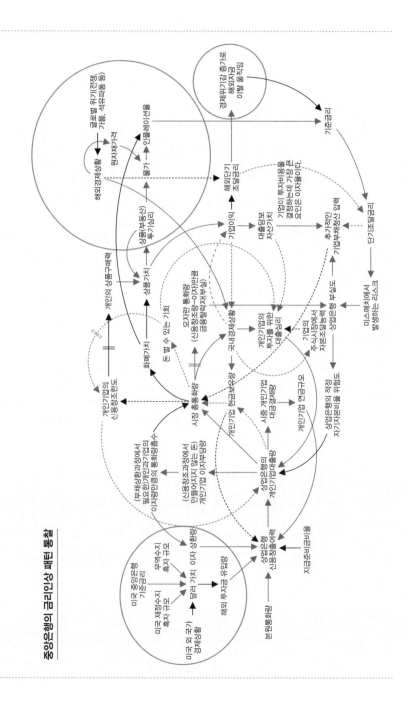

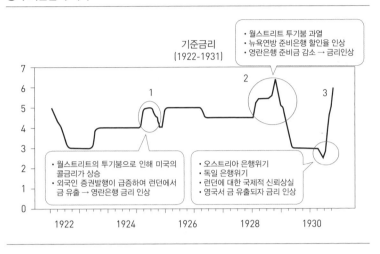

기준금리
(1922-1931)

- 월스트리트 투기붐 과열
- 뉴욕연방 준비은행 할인율 인상
- 영란은행 준비금 감소 → 금리인상

1

2

3

- 월스트리트의 투기붐으로 인해 미국의 콜금리가 상승
- 외국인 증권발행이 급증하여 런던에서 금 유출 → 영란은행 금리 인상

- 오스트리아 은행위기
- 독일 은행위기
- 런던에 대한 국제적 신뢰상실
- 영국서 금 유출되자 금리 인상

상했다. 유럽 전역에서 금융위기의 전운이 감돌고, 기준 금리가 전격적으로 인상되자 영국에서 디플레이션이 발생했다. 기업이 도산하고 구조조정의 압박이 강해지면서 경기 침체가 가속화되고 실업률이 상승했다. 유럽의 금융위기에 1929년 말 미국에서 발생한 대공황의 여파가 더해지자 영국의 실업률은 1931년 7월 21.9%까지 치솟았다.

그러자 통화정책에 대한 정치권의 압력이 다시 증가하기 시작했다. 영란은행은 정치권에 이리저리 끌려다니면서 금태환의 엄격한 유지보다도 재정적자와 부채 문제의 해결, 임금과 고용을 위한 정책을 우선으로 통화정책을 사용했다. 그 결과 통화 남발로 엄격한 금태환의 기준이 무너지면서 영국의 돈 가치가 하락했다. 두려움에 휩싸인 사람들은 시장에서 금을 모조리 사들였다. 투자자들도 영국의 화폐를 금으로 바꿔가기 시작했다. 영란은행의 금 보유량은 더욱더 줄어들었다. 결국, 영국은 금태환을 포기하고 말았다. 그러자 영국 화폐

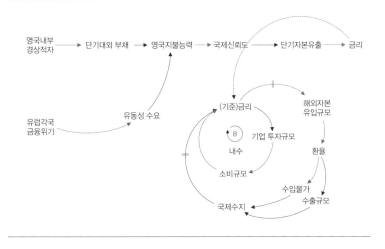

에 대한 투매가 발생하면서 화폐 가치는 더욱더 하락했다. 미국을 비롯한 해외자본들은 런던을 빠져나와 뉴욕시장으로 탈출하기 시작했다. 자본의 대규모 이탈을 막기 위해 영란은행은 기준금리를 전격적으로 인상했다.

그러나 금리 인상에도 런던에서 뉴욕시장으로의 자본 이탈은 멈출 기미가 보이지 않았다. 영국의 대외 포지션이 이미 달라졌기 때문이다. 당시 영국은 장기 자본 수출을 보전할만한 경상수지 흑자 구조가 와해되었고, 단기 대외부채의 질이 낮아지고 규모도 계속 늘고 있었다. 설상가상으로 5월부터 발생한 유럽의 금융위기로 통화 유동성이 영란은행으로 집중되어 지급준비금이 단 2주 동안 20%나 급격하게 감소하는 일들이 연거푸 발생했다. 그 결과 영란은행의 기축통화 운용 능력에 대한 시장의 불신이 피어났다.

영란은행은 이 위기를 해결하기 위해 미국은행을 대표하는 J.P.모건에 도움의 손길을 요청했다. 하지만 영국 정치의 불안정성 때문에 시간이 지연되었다. 그래서 자금 지원을 받았지만, 오랫동안 누적되어 온 기축통화 운용 능력에 대한 불신을 해소하는 데 실패했다. 결정적으로는 1880년대부터 크고 작은 전쟁을 겪으면서 팍스브리태니카도 해체의 길로 접어들었고, 영국 정책 당국의 금본위제를 유지해야 하겠다는 의지도 약화되어 있었다.[11] 결국, 1925년 4월에 금본위제로 가까스로 복귀한 이후 불과 6년 5개월 후인 1931년 9월 21일 영국은 경기 안정화, 실업 문제 완화라는 영국 정부의 정치적 명분과 욕구 때문에 다시 금본위제를 포기하고 만다.

당시, 영국과 같은 제1기축통화국의 중앙은행 총재는 4가지의 책임을 가지고 있었다. 첫째는 은행권의 금태환을 유지해야 하는 법률적Statutory 책임이다. 둘째는 정부의 재정상의 필요를 감안해야 하는 정치적Political 책임이다. 셋째는 영란은행 주주의 수익을 지켜 주어야 하는 경영적Commercial 책임이다. 마지막으로 국내 경기 안정에 관한 경제적Economical 책임을 가지고 있었다.[12] 평상시에 중앙은행 총재는 둘째부터 넷째까지의 책임을 정상적으로 수행한다. 그러나 금태환의 유지라는 목표와 나머지 목표들이 서로 상충되는 비상시국이 되면 중앙은행 총재는 금태환을 유지하는 법률적 책임을 우선으로 한다. 금태환을 유지하기 위해서는 경기 안정화와 실업문제 완화를 추구할 여지가 거의 없다. 그래서 위기 상황이 발생하면 금태환의 유지가 최우선 책임인 중앙은행과 경기 안정화와 실업문제의 완화가 최우선인 중앙정부가 서로 극단적으로 대립한다.

금본위제가 잘 유지되려면 두 가지 중요한 축이 필요하다. 하나는 금본위제를 시행하는 나라에 대한 '신뢰성'이다. 둘째는 이 시스템에 대한 '국제적 협약'이다.[13] 신뢰성에는 두 가지가 있다. 하나는 해당 국가의 능력에 대한 신뢰도이고 다른 하나는 금본위제를 유지하려는 도덕적 의지에 대한 신뢰다.

영국이 기축통화국의 지위를 유지할 수 있었던 것은 산업혁명의 주도 국가였고, 금과 같은 품목의 국제시장 기능을 담당했으며, 강한 신뢰성과 전 세계에 식민지를 건설할 정도로 강한 국력을 가지고 있었기 때문이다. 나아가 1870년부터 1920년대 말까지 지속한 경상수지 흑자와 막대한 규모의 장기해외투자액을 근거로 영국의 금융기관들은 외국인을 위해 장기증권을 발행하고, 무역금융을 지원하고, 환어음을 할인하는 등 국제 단기금융시장에서 탄탄한 입지를 가졌다.

그러나 이런 요소가 무너지면서 영국의 통화와 런던의 단기자산은 더는 믿을 수 없는 자본이 되었다. 영국의 지급 능력에 대한 불신이 생기며 최종대부자로서의 역할 수행에 실패했다는 인식이 팽배해지자, 외국의 자본이 런던을 탈출했다. 결국, 보유하고 있는 금이 줄어들자 최악의 금융시스템 붕괴를 막기 위해 금태환을 포기할 수밖에 없었다. 이제 투자자들로서는 런던보다 뉴욕의 금융시장이 '상대적으로' 더 믿을만한 시장이 되었다.

경제 위기를 맞아 중앙은행 총재보다 정치권의 힘이 더 세지면서, 어떤 정치적 경제적 압력에도 굴복하지 않고 오로지 제1기축통화국이 발행하는 은행권의 금태환을 철저히 유지한다는 신뢰성도 무너졌다. 19세기 최강의 국가였던 영국은 1856~1857년 러시아와 영토 획득을 위해 벌인 '영국-페르시아 전쟁', 1899~1902년에 남아프리카공화국을 식민지화하기 위해 벌인 '보어 전쟁', 그리고 1914~1918년까지의 1차 세계대전을 거치며 국제적 협력관계도 붕괴하고 말았다. 그런 상태에서 2차 세계대전이 발발하자 세계의 패권과 제1기축통화국의 지위는 미국으로 넘어가고 말았다. 1950년 이후부터 영국의 기준 금리는 미국의 기준 금리 변동에 거의 동기화 되었다.

종합해보면 영국 중앙은행의 기준 금리 인상은 제1기축통화국의 지위를 가졌을 때에는 자본 이탈을 방지하고 기축통화의 가치를 지키는 것이 가장 큰 목적이었다. 하지만 이 목적 달성에 실패하고 제1기축통화국의 지위를 상실한 후로는 독자적인 금리 정책을 구사하기보다는 새로운 제1기축통화국인 미국 중앙은행의 기준 금리 변동에 철저히 연동되는 처지가 되었다.

미국 FRB가 기준금리를 올리는 조건

미국의 사례는 어떨까? 미국 중앙은행의 대표적인 기준 금리 인상 시기를 살펴보면, 1979~1980년 달러 가치 하락을 막기 위한 폴 볼커의 금리 인상, 1986~1989년 내수경기가 호전되자 자산 가격 버블을 억제하기 위해 단행한 금리 인상, 1994~2000년의 IT 버블 억제를 위한 금리 인상, 2006~2007년의 부동산 버블 억제를 위한 금리 인상 등을 들 수 있다.

1973년 1차 오일쇼크 때 오일 가격이 134% 급등한 이후로, 1970년대 중반부터 1980년대 초까지 미국을 비롯한 주요 국가들은 스테크플레이션에 빠졌다. 이 기간에 달러의 가치가 계속해서 하락하자 병약한 통화라는 비아냥을 듣게 되었다. 2차 세계대전이 끝나고 1950년 이후부터 영국을 대신해서 제1기축통화국의 자리를 차지한 미국에 불과 20년 만에 위기기 찾아온 것이다.

1950~1960년대 큰 무역수지 흑자를 기록하던 미국은 1971년부

터 일본과 독일 등 경쟁자들의 추격에 밀리기 시작했다. 1957년 미국의 자동차 회사 빅3의 생산량은 일본이나 유럽의 국가들보다 11.6배나 많았지만, 1972년에는 4.2배로 줄었다. 철강도 같은 기간 동안 4.7배에서 0.9배로 줄면서 절대적 강자의 위치가 크게 흔들렸다.

수출이 흔들리자 미국 기업들은 가격 경쟁력을 확보하기 위해 60년대 중반부터 해외투자를 늘렸다. 1972년에는 미국 기업의 해외 생산 비중이 총생산의 22.5%까지 올라갔다. 이런 상황에서 베트남 전쟁이 발발하자 달러의 해외 유출이 가속화되었다. 미국은 금태환의 책임을 감당하기 어려운 상황으로 몰렸고, 1971년 닉슨 대통령은 전격적으로 금태환 포기를 선언했다. 그 선언이 나오자마자 달러 가치가 다시 폭락하고 미국의 대외신인도도 크게 하락했다.

설상가상으로 1965~1973년까지 막대한 군비를 쏟아 부으면서 치른 베트남 전쟁에서도 패배했다. 무역적자와 막대한 전쟁 비용으로 미국은 전 세계에 엄청난 규모의 달러를 뿌렸다. 그런데도 베트남 전쟁에서 패배하고, 곧바로 1, 2차 오일쇼크가 세계를 강타하면서 오일

미국 국채 금리의 변화

1950년대 이후 금 대비 달러 가치 변동

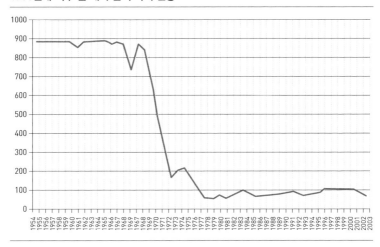

가격이 168%나 폭등하자, 투자자들과 달러 보유국들은 미국의 기축
통화 지위에 대한 신뢰성을 의심하기 시작했다.

그 와중에 일부 투기세력이 달러 투매를 본격적으로 시도하자 시
장의 불안감은 갑자기 극단으로 치솟기 시작했다. 불안에 휩싸인 사
람들은 달러보다는 귀금속이나 금에 투자했다. 시장에서 달러 가치
하락에 대한 우려가 좀처럼 진정되지 않으면서, 10년 동안 금에 대한
달러의 가치는 90%나 하락했다.

1980년 3월 미국의 인플레이션율은 15%로 치솟았다(현재 미국의
버냉키가 인플레이션율 목표를 2%로 잡은 것과 비교해보라). 여기서 그치지
않고 인플레이션율이 더 치솟을 것이라는 우려가 팽배했다. 1973년
오일쇼크 이후 헨리 키신저가 중동으로 급파되어 원유와 달러를 연
동시키는 일명 오일 달러 체계를 만들었지만, 제1기축통화로서 달러
의 역할은 다시 한번 심각한 위기에 처하게 되었다.[14] 결국, 미국 FRB
의 에드워드 번스 총재는 기준 금리를 10%까지 올리는 극약 처방을

1970~84년 미국의 정책 시기별 인플레이션율과 연방기금 금리

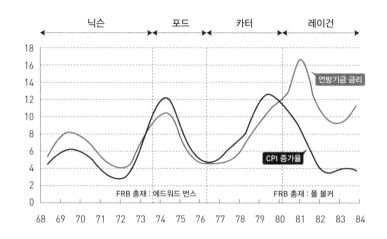

출처: 상용이, 비얼리, 달러 쇼크, 차혜정 역(서울: 프롬북스, 2010)

시행했다.

이미 1950년대 미국 정부의 재정적자가 계속되자 예일대의 로버트 트래핀 교수는 미래의 달러 위기를 경고했었다. 그는 의회연설에서 미국의 달러화가 국제 시장에 많이 공급되면 될수록 미국의 수입이 수출보다 많아지거나, 미국으로부터의 자본 유출이 커져야 한다는 점을 지적했다.

여기서 유명한 '트래핀의 딜레마'가 발생한다. 만약 미국 정부가 경상수지 적자 문제를 해결하려면 수입을 줄이거나 자본 유출을 통제해야 한다. 그러면 달러의 국제유동성 공급이 축소되어 세계 경제가 위축된다. 반면 적자 상태를 지속하면 달러화는 과잉 공급이 되고, 달러 가치는 계속 하락해서 기축통화로서의 신뢰도가 동반 추락하게 된다. 이런 상황을 오래 방치하면 고정환율제 자체가 붕괴한다. 미국은 이러지도 저러지도 못하는 딜레마의 상황에 빠질 운명이라는 것이다.

1979년, 이런 상황에서 폴 볼커가 FRB 의장으로 취임했다. 폴 볼커는 중앙은행 총재의 4가지의 책임인 법률적 책임, 정치적 책임, 경영적 책임, 경제적 책임 중에서 무엇을 가장 우선으로 해야 하는지를 두고 깊은 고민에 빠졌다. 마침내 폴 볼커는 백악관의 극심한 반대와 압력에도 달러화의 기축통화로서의 신뢰성을 유지하는 법률적 책임에 충실하기로 했다. 그리고 1979~1980년까지 15%대로 금리를 인상했다. 신뢰를 잃고 기축통화 무용론까지 나오던 달러의 가치가 상승했고, 금 가격은 하락하기 시작했다. 취임 당시 12~13%까지 치솟던 물가도 하락하기 시작했다.

그러나 부작용도 컸다. 폴 볼커가 금리를 급하게 인상하자 기업들은 투자를 철회했다. 시장 거래가 뚝 떨어졌다. 기업의 파산이 줄을 이었다. 수많은 실업자가 양산되었다. 엄청난 부채에 시달리던 농민들의 타격은 극심했다. 미국의 농업이 거의 고사 위기에 몰렸다. 미국 경제 전체가 큰 침체에 빠졌다. 백악관과 의회가 강한 정치적 압력을 가하고, 성난 농부들은 FRB 앞으로 트랙터를 몰고 와서 격렬한 시위를 했지만 폴 볼커는 물러서지 않았다. 기적적으로 3년 만에 물가가 5% 아래로 하락했다. 심각한 위기에 몰렸던 달러는 다시 세계에서 가장 믿을만한 통화가 되었다.

이밖에도 FRB가 금리를 인상하는 신용압박 정책의 목표는 다양하다. 미국에서 금이 빠져나가는 것을 막거나, 인플레이션을 통제하고 주식시장에 만연한 투기를 공격하기 위한 전형적인 방법으로도 금리 인상이 사용된다. 예를 들어 FRB는 일반은행에 대한 대출금리

미국의 정책금리와 달러화 지수 추이

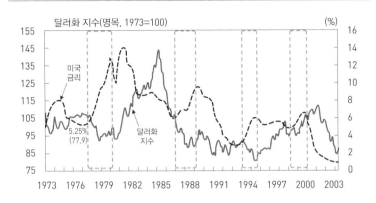

주: 달러화 지수는 유로지역 11개국, 캐나다, 일본, 영국, 스위스, 호주, 스웨덴 통화 대비 달러화 환율을
각국의 교역량 비중으로 가중 평균한 지수
자료: www.economy.com/freelunch, 통계청 DB
출처: 정영식, 미국의 금리인상과 달러화 향방, (서울: 삼성경제연구소, 2004.6.15), 2에서 재인용)

를 1928년 1월 3.5%에서 1929년 8월에 6%까지 인상하면서 신용을
단단하게 조였다. 이 때문에 대략 10%의 디플레이션이 발생했고, 채
무 불이행과 파산이 줄을 이었다.[15] 이 당시에는 경제 상황을 조절하
기 위해 시행한 긴축 정책에서 파생되는 다양한 문제들을 예측하지
못했었다. 그러나 이 때의 경험이 교훈이 되어 2008년 금융위기를
극복하는 과정에서 대공황 때와는 전혀 다른 금융정책을 펴게 되었
다. 현재 FRB 의장인 버냉키는 대공황을 연구한 전문가이기에 이 사
실을 아주 잘 알고 있다.

　하지만 버냉키에게도 피할 수 없는 숙제가 있다. 바로 때가 되면 금
리를 인상해야 한다는 것이다. 그 때는 바로 인플레이션이 발생하고,
금리 인상으로 초래되는 중요한 부작용들에 대비하는 정책이 완료되
었을 때다. 필자가 예측하기 그때는 빠르면 2014년이 될 것이다.

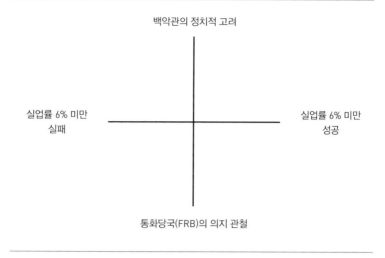

백악관의 정치적 고려

실업률 6% 미만
실패

실업률 6% 미만
성공

통화당국(FRB)의 의지 관철

지금까지의 기준 금리 인상과 관련된 패턴들을 비교 분석해 본 결과 금리 인상의 시기는 위의 도표와 같은 두 가지 불확실성의 향방에 의해서 결정된다.

현재 FRB 의장인 버냉키가 가장 중요하게 여기는 것은 '인플레이션 목표치'를 설정하고 이 목표를 달성하기 위해 노력하는 것이다.[16] 버냉키는 물가 안정이 고용과 경제성장을 극대화하는 길이라고 확신하는 사람이다. 이런 그가 머릿속에 그리고 있는 가장 이상적인 인플레이션 목표가 바로 2%다. 따라서 2% 아래이면 2%로 올리기 위해 양적 완화 정책을 사용하고, 2%를 넘으면 2%대로 끌어내리기 위해 출구 정책을 강력하게 시행할 것임을 뜻한다. 버냉키는 이 기준에 하나를 더 했다. 바로 6%대의 실업률이다. 즉, 미국이 기준 금리를 인상하는 시기와 관련된 첫 번째 불확실성은 언제 실업률이 6%대로 하락하느냐이다.

또 다른 불확실성이 하나 있다. 6%대로 실업률이 떨어지고, 물가가 2%대를 넘어서려는 조짐이 보일 때 백악관이 어떤 태도를 보일지의 문제다. 백악관이 정치적 고려로 FRB의 기준금리 인상 의지에 압력을 가할 수 있기 때문이다. 2016년에는 미국에서 대선이 치러진다. 만약, 2014년 전후로 FRB가 금리를 인상하면 어떤 일이 벌어질까?

은행 사이에 거래되는 자금에 적용되는 단기 금리인 '연방기금 금리'를 조절하는 것은 FRB가 사용하는 가장 기본적이면서도 강력한 도구다. 연방기금 금리의 변화가 기준점이 되어 다른 여러 금리가 변하고, 이것이 경제 전반에 영향을 미친다.[17] 폴 볼커 시절이나, 2006~2007년의 금리 인상 시기에서 보듯, 금리가 인상되면서 버블이 붕괴되거나, 부채가 많은 기업과 개인의 파산이 급증하고, 은행권의 도산이 속출한다. 미국의 경제상황이 이렇게 악화되면 현재의 집권당인 민주당은 정권을 재창출하기 어렵다. 따라서 민주당은 금리 인상이 늦어질수록 유리하고, 반대로 공화당은 금리 인상이 선거에 유리하다.

물론 민주당은 미국발 금리 인상이 주는 파장을 최소화하기 위해 '오퍼레이션 트위스트'를 2013년까지 완료할 예정이다. 고금리의 단기 부채를 저금리의 장기 부채로 전환해 주어서 금리가 인상되더라도 부채를 가진 개인이 큰 손해를 보지 않도록 하는 작업이다. 미국의 기업도 역사상 최고 수준의 현금을 보유하여 미래의 불확실성에 대비하고 있다. 그럼에도 금리 인상은 미국의 차기 대선에 중요한 변수로 작용할 가능성이 크다.

이 두 가지의 불확실성을 모두 고려하면 미국발 금리 인상의 시점은 빠르면 2014년, 늦어도 차기 대선이 끝난 후인 2017년 이내가 될 가능성이 크다. 패권 전략이란 관점에서 금리 인상을 고려하면 미국에게는 2014년이나 2017년 모두 좋은 카드다. 2014년이면 유럽과 중국이 경제위기에서 벗어나지 못한 상황일 것이므로 이들에게 추격의 속도를 늦추는 한방을 날릴 수 있다. 2017년이면 유럽과 중국의 경제가 어느 정도 위기에서 탈출한 시기이기 때문에 미국 내의 금리 인상 충격을 호전된 외부의 여건으로 만회할 수 있다.

금융위기 전후 주요국의 정책금리는 어떻게 변했을까? 인도는 금융위기 전에 9%였지만, 리먼 사태가 발생한 이후 4.75%까지 하락했다. 그러나 2011년 8월 다시 8%로 인상했다. 브라질도 금융위기 전에 13%에서 위기 후 8.75%까지 하락했으나 다시 12%로 인상했다. 미국은 금융위기 전에 2%였는데 현재는 0.25%이다. 영국은 금융위기 전에 5%였지만 현재 0.5%까지 하락했다. 이처럼 이미 몇몇 나라들은 금리를 선제적으로 인상해 놓았고, 영국과 미국도 금리를 최소 수준만 인상하면 금융위기 전으로 돌아간다.

문제는 한국처럼 금리 인상에 대해서 전혀 준비가 되어 있지 않는 나라들이다. 미국이 금리를 인상하면 영국은 이에 동조할 것이다. 아니, 어쩌면 영국이 미국보다 선제적으로 금리를 인상할 수도 있다. 그러면 한국 같은 나라는 자본이 미국과 영국으로 이탈하는 것을 막아야 한다. 수입 물가의 상승으로 인한 부작용도 대비해야 한다. 때문에 미국이나 영국보다 더 큰 폭으로 금리를 인상해야 한다. 그런데 이런 상황에서 한국은행은 금리를 추가로 낮췄다. 우리나라의 가계부채는 점점 더 증가하고 있다. 개인들의 부채의 80~90% 가량은 금리 인상에 취약한 변동금리 대출이다. 부동산 버블은 처리하지 못한 채로 붕괴의 시간을 연장만 하고 있다. 엔저 현상으로 수출 경쟁력도 주춤한

채 1~2%대의 저성장 국면에 빠질 가능성이 점점 커지고 있다.

일본, 미국, 독일 등의 주식시장이 완연한 회복 흐름을 보이는 상황에서도 한국의 주식시장이 정체를 벗어나지 못하는 이유가 여기에 있다. 이런 상황에서 미국발 금리 인상이 전격적으로 단행되면 한국 경제는 자중지란에 빠질 가능성이 크다. 실물경제는 더 침체할 것이며, 금융시장도 충격을 받고, 기업의 수익과 투자에도 부정적인 영향을 미칠 것이다. 대한상공회의소의 분석에 의하면 미국의 기준 금리가 3%로만 올라도 우리나라는 -0.92%의 경제성장률을 기록하고, 수입은 49억 달러가 줄고, 수출도 16.2억 달러가 준다고 한다. 환율은 2.6% 하락하고, 주가도 4.6% 하락한다.[18] 지금이라도 미국의 본격적인 반격의 신호탄이 될 '미국발 금리 인상'에 철저한 대비를 개인, 기업, 국가 차원에서 해야 한다.

세계 최대의 산유국이 될 미국

현재의 글로벌 위기로 모든 나라가 경제적 타격을 입었기 때문에 미국의 경제 문제도 상대적으로 희석되었다. 여기에는 아이러니하게도 미국이 가장 먼저 경제위기를 맞았기 때문에 가장 먼저 회복하는 사이클로 진입할 수 있다는 점도 한몫을 한다.

미국은 가장 먼저 기존 산업의 경쟁력 회복을 위해 무역전쟁, 금융전쟁, 환율전쟁을 하며 큰 이득을 보고 있다. 또한 앞으로 IT, BT 등에서 의도적으로 신산업 버블(기술 버블)을 일으켜 부의 효과가 발생하도록 할 것이다. 막대한 유동성이 시장을 견인하면 유가 및 원자재 가격이 상승하면서 달러를 기반으로 한 투기자본들의 활동이 활발해진다. 이 과정을 통해 금융산업의 선두 주자인 미국의 영향력이 재이 그림은 금리 인상과 연관된 요소들을 보여준다.

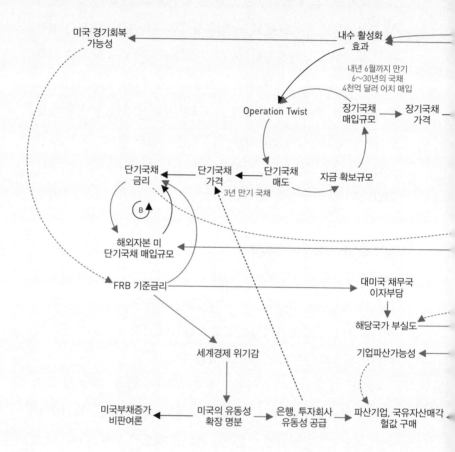

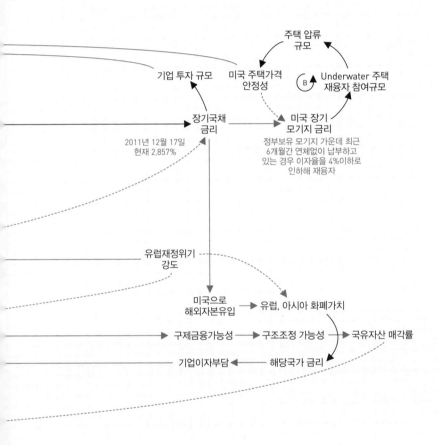

주택 압류
규모

기업 투자 규모   미국 주택가격   Underwater 주택
                안정성   B   재융자 참여규모

장기국채   미국 장기
금리   모기지 금리

2011년 12월 17일   정부보유 모기지 가운데 최근
현재 2.857%   6개월간 연체없이 납부하고
                   있는 경우 이자율을 4%이하로
                   인하해 재융자

유럽재정위기
강도

미국으로
해외자본유입   → 유럽, 아시아 화폐가치

구제금융가능성 → 구조조정 가능성 → 국유자산 매각률

기업이자부담 ← 해당국가 금리

가동된다.

그러면 세계는 고유가 고금리 고물가의 3고 시대로 진입하게 된다. 상대적으로 금리 인상과 인플레이션에 취약한 미국 이외의 나라들에 새로운 위기가 발생한다. 미국의 내수시장도 3고 현상에 시달리겠지만, 국가적으로는 달러가 많이 풀리는데도 상대적으로 달러가 강세를 보이는 기축통화 효과를 재가동시킬 수 있게 된다. 이런 여세를 몰아 동맹국들과 연합 전선을 구축하여 아시아와 유럽에서 패권전쟁을 다시 시작할 것이다.

세계적인 제국의 위엄을 유지하기 위해서는 에너지와 원자재 등의 확보가 필수적이다. 에너지와 원자재는 제국의 내부 운영은 물론 동맹국이나 적국을 다루는데 아주 핵심적인 전략 무기다. 미국은 이 점에서도 강력한 힘을 가지고 있다. 현재 알래스카에 매장된 석유의 가치만 해도 수조 달러가 넘는다. 게다가 미국이 엄청난 전쟁 비용과 희생을 치러가며 얻어낸 이라크의 석유개발권은 전쟁 비용으로 늘어난 부채의 위기를 극복하고도 남을 만큼의 경제성이 있다. 만약 미국의 경쟁국가들이 여전히 재정위기와 부채위기에 빠져있는 상태에서 미국의 경제 상황이 호전되는 2014~2015년경에 국제 유가가 고공행진을 시작한다면, 미국은 막대한 수익을 취하고, 중국 등 경쟁국은 큰 비용을 지출해야 한다.

2013년 1월 기준으로 하루 700만 배럴의 원유를 생산하고 있는 미국은 타이트오일, 셰일오일 등을 앞세워 2017년이면 사우디아라비아를 넘어 세계 1위의 원유 생산 국가가 된다.

인류는 곧 셰일가스, 셰일오일의 시대로 진입한다. 미국에 묻혀 있는 셰일오일은 사우디아라비아 원유 매장량의 최소 3배가 넘는다. 그뿐만 아니라, 앞으로 미국에서는 땅속 깊은 퇴적층의 미세한 틈새에 존재하는, 탄소 함유량은 많고 황 함량이 적은 경질유인 타이트오일이 대규모로 채굴될 것이다. 2012년 미국은 이미 타이트오일의 생산량을 200만 배럴로 늘렸다. 타이트오일의 전 세계 매장량은 2,400억 배럴이다. 이 정도의 양이면 인류가 330년을 사용할 수 있다.

현재까지 조사된 채굴 가능한 셰일오일의 양은 3,450억 배럴이다. 이는 전 세계 석유 비축량의 10%에 달하는 규모로서 이것만 가지고도 전 세계 국가들이 10년 정도 사용할 수 있다. 이 중에서 러시아가 750억 배럴로 가장 많고, 그 다음으로 미국이 580억 배럴을 보유하고 있다. 이 규모는 불과 2년 전보다 80% 늘어난 규모다. 앞으로 채굴 기술이 발달함에 따라 채굴 가능한 셰일오일의 규모는 더 커질 것이다.

미국의 셰일가스의 매장량도 대단하다. 전 세계에 매장된 셰일가스의 총량은 약 207조m³ 정도다. 이 중에서 미국의 보유량은 19조m³로 세계 4위에 해당한다. 참고로 중국은 미국보다 80%정도 더 많은 32조m³를 보유하고 있다. 채굴 기술이 발달하면서 채굴 가능한 셰일가스의 양이 계속 늘어나는 추세이다. 중동과 카스피해 지역, 동아시아 해역 등에서 추가로 발굴되면 전 세계 셰일 가스 총량은 더욱 늘어날 것이다.

미국은 밀, 대두, 옥수수 등의 농업 생산에서도 전 세계 생산량의 40~50%를 장악하고 있다. 노동생산성은 농업을 포함해서 모든 분야에서 중국의 3배가 넘는다. 미국 부동산의 펀더멘털도 아직 건재하다. 은퇴를 시작한 7,000만 명의 베이비붐 세대도 자산의 40% 정도만 부동산에 묶여 있다. 따라서 일본이나 한국보다는 여유가 있어서 급격하게 부동산을 팔지는 않을 것이다. 미국 제조업은 앞에서 보았듯이 여전히 세계 최고의 수준이다.

미국의 정신적 파워

미국은 물질문명뿐 아니라 정신문명에서도 최고 수준의 나라다(최고라는 말이 거슬린다면, 물질에서 시작해서 정신, 문화와 종교에 이르기까지 객관적으로 상당한 수준을 유지하고 있다고 해도 좋다). 특히 미국의 문화는 다양한 것을 흡수하여 하나의 새로운 것으로 재탄생시키는 용광로의 특성이 있다. 이것은 미국의 강력한 무기다.

　정신과 관련해서 에이미 추아는 통찰력 있는 분석을 내놓았다. 그는 최초의 패권국가인 페르시아, 세계제국을 건설한 로마, 중국 최고의 황금기를 연 당나라, 유럽을 삼킨 초원의 지배자 칭기즈 칸의 원나라, 자본주의 경제를 제패한 최초의 제국인 네덜란드, 세계 최대의 해상제국을 이루었던 영국, 최첨단 과학 기술의 제국인 미국 등 세계적인 패권국가로 성장한 나라들의 공통점은 '(전략적) 관용'이었고, 이를 잃어버린 순간부터 몰락은 시작된다고 주장했다.

　　한 사회가 세계적인 차원에서 경쟁자들을 물리치기 위해서는 인종, 종교, 배경을 따지지 않고 세계에서 손꼽는 능력과 지혜를 갖춘 인재를 끌어들이고 그들에게 동기를 부여해야만 한다. 이것은 아케메니스 왕조의 페르시아 제국으로부터 대몽골 제국, 그리고 대영 제국에 이르기까지 역사에 존재했던 모든 초강대국이 해온 일들이다. 그들이 이런 일을 하는 과정에서 의지해온 것이 바로 관용이었다. (중략)
　　내가 말하는 관용은 인권과 관련된 현대적인 의미의 관용이 아니다.

내가 이야기하는 관용은 정치적으로, 혹은 문화적으로 동등한 대우를 의미한다…… 아주 이질적인 사람들이 특정한 사회에서 생활하고 일을 하고 번영할 수 있도록 허용하는 것을 의미한다…… 인종, 종교, 민족, 언어 등 여러 면에서 이질적인 개인이나 집단이 그 사회에 참여하고 공존하면서 번영할 수 있도록 허용하는 자유를 일컫는다.[19]

'관용'을 다른 각도에서 보면 벤저민 프리드먼의 '권리와 자유'와도 통한다. 이 기준을 적용한다면, 중국은 누구도 넘볼 수 없는 초강대국의 지위에 올라서기에는 관용이 현저히 부족한 나라다. 중국은 경제적으로는 덩치가 예전보다 몇십 배 커졌지만, 그 외의 다른 영역에서는 에이미 추아가 말하는 관용의 모습이 아직은 많이 부족하다. 에이미 추아는 부의 창출도 약탈과 몰수가 아닌 전략적 관용을 기반으로 한 교역과 혁신에 있다고 주장한다. 미국의 교역과 혁신의 능력은 중국보다 몇 배 더 우위에 있다. 또한, 미국은 경제에서 결정적 요인으로 작용하는 정보기술 및 과학기술력이 탁월하며 그 지배력과 생산성의 우위가 쉽게 사라지지 않을 것이다.[20]

에이미 추아는 미국이라는 제국 안에서 '민주적인 패권'이 불관용의 위기를 만들어내는 강력한 요인으로 작용하고 있다고 평가한다.[21] 즉, 이 문제가 부채의 과다와 달러화 가치의 하락보다 미국을 더 곤경으로 몰아넣을 수 있다는 것이다. 이 문제를 해결하지 못하면 미국은 몰락하는 제국이 될 것이지만, 이를 해결할 대안을 찾는다면 최소한 몇 십 년 이상은 미국의 번영이 더 지속할 수 있다는 뜻이다. 미국은 지금이라도 정치 경제 체계가 제대로 작동하면 위기를 충분히 극복할 수 있는 저력을 가지고 있다. 〈코드 그린〉, 〈렉서스와 올리브나무〉

의 저자인 토머스 프리드먼은 이 점을 다음과 같이 말하고 있다.

미국은 자유롭고 창의적인 정신과 사고력, 다양한 생각과 재능, 상대적으로 전 세계에서 가장 유연한 경제 시스템과 직업윤리, 혁신과 기업가 정신 등이 뛰어나다. 그래서 아직도 전 세계 사람들이 미국을 도전의 기회가 있는 나라로 생각한다.

미국은 더 많은 미국인에게 공교육을 제공하고, 사회기반시설을 지속적으로 현대화하고, 이민자들에게 개방의 문을 계속해서 열고, 기초 연구와 개발에 대한 정부의 지원을 강화하고, 민간 경제활동을 더욱더 활성화시킬 제도들을 추가로 정비하면 세계화의 부작용, 막대한 부채 위기, 미래의 기후위기를 충분히 극복할 수 있다.[22]

미국의 지역 균형 전략

미국이 계속 초강대국의 지위를 유지하려면 세계 곳곳에서 지역적인 힘의 균형 상태를 유지하는 정책을 잘 구사하는 것도 중요하다. 힘의 균형이 깨지면, 그만큼 외교적으로나 군사적, 경제적으로 미국의 부담이 커지기 때문이다. 지난 50년 동안 미국이 가장 중요하게 여겼던 지역적 힘의 균형지는 '아랍 vs. 이스라엘', '인도 vs. 파키스탄', '이란 vs. 이라크'였다. 조지 프리드먼은 이들 지역에서 미국 정부의 잘못된 정책 때문에 균형이 불안정해지거나 깨져 버렸다고 평가했다.

아랍은 이스라엘을 더는 제어하기 어려워졌고, 파키스탄은 아프가니스탄 전쟁으로 심각한 피해를 당했고, 이라크의 몰락으로 이란이 페르시아만과 중동에서 당분간 절대적 군사력을 보유하게 되었다. 이 모든 결과는 고스란히 미국의 부담으로 오게 되었으며, 현재 미국의 부채나 영향력 약화 및 신뢰와 불관용의 문제들의 근본적인 원인으로 작용했다.[23]

이런 상황에서 앞으로 미국이 해야 할 일은 무엇일까? 중동에서는 당분간 견제할 세력이 없는 이란을 견제할 수 있는 새로운 힘의 주체를 세워야 한다. 예를 들어, 중동의 3대 석유 생산국이자 미국의 동맹국인 사우디아라비아, 카타르, 바레인을 활용할 수 있다. 이를 위해서는 이스라엘의 돌발 행동을 통제해야 하고, 오일 머니가 테러집단에 들어가는 것을 차단해야 한다.

만약 이 전략이 효과적이지 못하거나 성과가 지지부진하다면 새로운 전략을 모색해야 한다. 예전에 전략적, 도덕적으로 위협이 되었던 국가와 전격적으로 동맹을 맺는 것이다. 그 대상이 이란이 될 수도 있다. 루스벨트 대통령이 스탈린과 손을 잡고, 닉슨 대통령이 마오쩌둥과 동맹을 맺은 것처럼 말이다.

조지 프리드먼은 시아파 이란인의 적인 수니파를 미국과 이란의 공동의 적으로 삼고, 호르무즈 해협을 장악한 이란에 대가를 지급하면 된다고 분석했다. 이란은 지정학적으로 외부와 차단되어 나라를 지키기에는 유리하지만, 거꾸로 고립의 가능성도 크다. 이런 지정학적 조건을 활용해서 미국이 이란을 돕게 되면 이란은 중동에서 지금보다 더 확고한 위치에 서게 된다.[24] 즉 미국의 전략적 선택에 따라서는 이란과 충분히 손을 잡을 수 있다는 것이다. 그러면서 프리드먼은 미국이 급부상하는 터키를 이란에 대한 새로운 힘의 균형 세력으로 키울 것을 주장했다. 터키는 경제규모가 세계 17위이고, 강력한 군대를 보유하고 있으며, 러시아산 원유에 대한 의존도를 줄이고 싶어한다. 또한, 터키는 이란에 대한 경쟁심리가 있다. 미국은 터키의 부상을 막아야 하므로 '이란 vs. 터키'의 새로운 지역적 힘의 균형 상태는 아주 바람직한 전략이 되는 셈이다.[25]

파키스탄의 약화로 힘의 우위를 얻은 인도에 새로운 경쟁상대인 중국을 붙여 주어 지역적 힘의 균형 상태를 만들어야 한다. 또한, 재기를 꿈꾸는 러시아의 천연자원과 저렴한 노동력을 유럽의 고도화된 기술과 자본에서 분리해야 한다. 러시아는 영토는 넓지만, 기후와 지형적 한계 때문에 천연가스와 광물 등의 수출 이외에는 단기적으로 특별한 경제적 카드가 부족하다. 러시아가 자원 수출을 통한 경제성장 방식에서 벗어나기 위해서는 독일의 기술이 매우 필요하다. 최악에는 러시아와 유럽이 통합되면 미국에게 중국보다 더 강력한 대항 세력이 될 수 있다.

그래서 미국은 독일과 러시아의 연합을 차단하고, 유로지역과 러시아 연합의 새로운 지역적 힘의 균형상태를 만들어야 한다. 이를 위해서는 독일과 러시아를 가로막고 있는 폴란드의 전략적 중요도가 높아진다.[26] 폴란드는 역사적으로 독일과 러시아와 관계가 좋지 않고, 지정학적으로도 외세의 침략에 늘 노출되어 있어서 미국과 같은 나라의 도움이 절실하다. 또한, 러시아가 바다를 통해 남진하는 것을 막기 위해서는 아직 유로지역에 가입하지 않은 노르웨이와 아이슬란드의 도움도 필요하다.[27] 미국에게 독일과 프랑스의 경쟁 관계도 큰 도움이 될 것이다. 유럽에서 미국의 전략은 유로지역 내부의 힘의 결속을 견제하기 위해 프랑스와 독일의 긴장관계를 활용하고, 배후에서는 영국을 통해 유로지역을 압박하는 것이다. 그리고 폴란드와 노르웨이, 덴마크, 아이슬란드, 터키 등을 지원하여 러시아와 독일 혹은 러시아와 중동의 연합을 방해하여 유럽 전체가 힘의 균형 상태에 있도록 하는 것이다.

동아시아에서 미국은 최대의 해군력을 보유하고 있는 일본을 자극하여 중국과 지역적 힘의 균형 상태를 만들려고 할 것이다. 이미 오래전부터 미군의 제7함대, 오키나와 주둔 미 해병대 등은 일본 방위보다는 지역 안정을 꾀하는 것이 중요한 전략적 목표였다. 이 전략이 앞으로도 계속 성공한다면, 미국의 최대 경쟁자인 중국을 인도와 일본이 양쪽에서 견제하여 동아시아의 힘의 균형 상태를 만들 수 있다.[28] 이를 위해 앞으로 10년 동안 미국은 일본과 인도의 경제 부흥과 회복을 적극 지원할 것으로 예측된다. 그리고 일본은 한국으로 견제하고, 인도는 파키스탄을 재건하여 견제케 하는 전략을 사용할 것이다.

중국도 미국의 이런 전략을 지켜보고 있지만은 않을 것이다. 인도와 일본을 내세운 대 중국 견제는 석유 운송 선박이 인도양을 거쳐말라카 해협을 통과하는 중국의 전략적 루트에도 매우 중대한 문제가 된다. 이 지역은 중국과 미국 모두에게 중요한 요충지다. 그래서 중국은 말레이시아, 싱가포르, 인도네시아와의 우호적 관계에 집중하고 있다.[29] 2011년 중국의 주도로 '중국-아세안 자유무역지대'가 설립되었다. 중국은 아프리카에서도 힘의 균형자 역할을 선점하기 위해 움직이고 있다. 남미에서는 브라질 vs. 아르헨티나의 힘의 균형 전략점을 파악하고 쿠바, 베네수엘라, 브라질 등 좌파 세력이 집권하고 있는 나라와의 관계 개선에 힘을 기울이고 있다. 특히 브라질은 철광석, 사탕수수, 대두, 에탄올, 닭고기, 쇠고기 등의 농산물과 광물자원의 부국이어서 중국에 큰 도움이 된다. 또한, 중국은 말라카 해협의 봉쇄에 대비해서 내륙을 통해 러시아를 포함한 유럽과 직접 연결하는 라인을 구축 중이다.[30]

미국도 중국의 전략을 와해시키기 위해 동아시아의 영토 분쟁 지역에 적극 개입하고, 남미 좌파 정권들과도 외교적 관계를 개선하고 있다. 이런 전략은 전성기가 지난 미국이 전 세계적 영향력을 좀 더 오랫동안 유지할 수 있는 최고의 방법이다. 이 방법은 미국의 힘에 대해서 조금씩 의구심을 갖기 시작한 다수의 국가를 상대하는 최고의 전략이다. 동맹국을 통해 적을 상대하게 하고, 미래의 적을 통해 현재의 적을 상대하게 하는 전략은 인류의 오랜 전쟁 역사에서 검증된 탁월한 전략이다. 지정학적 조건을 활용해 힘의 균형을 성취할수록 미국의 실제적인 비용 부담은 줄어들고, 명실상부한 세계 경찰 혹은 세계 조정자의 역할을 확대할 수 있다. 그렇게 비축한 힘을 미국 내의 경제와 사회 문제 해결에 돌릴 수도 있다.

필자는 앞으로 10~20년 동안 미국의 전략이 한 손에는 '미중전쟁 전략', 다른 한 손에는 '지정학적 힘의 균형 회복 전략'이 될 가능성이 크다고 본다. 군사적 개입은 마지막 카드일 뿐이다. 현재처럼 막대한 부채와 심각한 재정적자 상태에서는 더욱더 군사 개입을 자제할 것이다. 이런 미국의 전략을 파악하면, 앞으로 10~20년 이내에 경제적으로 급부상할 나라와 산업이 무엇인지도 예측할 수 있다.

미국은 아직도 젊은 제국이다

미국을 대체할 나라가 나오려면 가장 낙관적으로 보아도 최소한 10~20년은 더 기다려야 한다. 2차 세계대전 이후 브레튼우즈 체제를 기점으로 세계의 패권이 영국에서 미국으로 넘어갔다. 하지만 영국은 이미 19세기 말부터 쇠퇴기에 들어섰다.[31] 보어전쟁과 1차 세계대전을 치르면서 막대한 군비 지출과 재정적자가 발생하면서 1920년 초에는 파운드화의 가치도 크게 하락했다. 전쟁을 치르면서 영국의 부채는 GDP 대비 136%까지 증가해서 이자 지급액만도 정부 예산의 절반에 이를 정도였다. 1차 세계대전 이후 독일이 매물로 내놓은 함대를 헐값에 매입하여 가까스로 해군력을 유지할 수 있었다.[32] 그러나 독일의 심한 인플레이션과 1925년 금본위제의 입법으로 가까스로 통화 위기는 넘길 수 있었다.[33]

이런 상황임에도 당시 영국을 대체할 나라가 등장하지 못했다. 점차 무너져가는 대영제국이었지만, 그래도 19세기 초중반까지는 전 세계 인구의 단 2%를 가지고 지구표면의 25%, 세계인구의 25%를 지배했다. GDP의 30%를 생산했고, 세계 무역의 25%, 제조업의 40%, 철강 생산의 53%를 차지했다. 찬란하고 압도적인 문화력을 통해 세계를 지배하면서 소프트파워라는 말을 처음 사용한 것도 영국이었다.[34] 당시 미국의 힘이 점점 강해지고 있었지만, 대영제국의 파워를 대체할 정도로까지는 성장하지 못했다. 그래서 영국의 패권은 생명을 연장할 수 있었다.

미국의 산업이 영국과 동등한 수준에 올라선 것은 1870년이었고, 1차 세계대전 때에는 미국의 경제력이 영국의 2배에 이르렀다. 하지만 미국이 영국으로부터 1위의 지배력을 물려받은 것은 또 한 번의 세계전쟁을 치르면서 영국의 국력이 더 쇠퇴하고, 미국의 GDP가 영국의 10배를 넘어선 후인 1949년이었다.[35] 이처럼 중국이 아무리 미국의 경제력을 넘어서고 산업생산량을 추월하는 등의 성과를 보이고, 미국의 경쟁력이 서서히 줄어들더라도 중국이 1위의 지배력을 쟁취하는 시기는 생각보다 훨씬 뒤일 것이다. 미국의 경제사학자 킨들버거가 〈경제강대국 흥망사 1500-1990'에서〉 "쇠퇴는 절대적인 것이 아니라 상대적이었다."라고 말한 이유가 여기에 있다.[36]

2015년 이후, 아시아에서 위기가 10년 동안에 반복적으로 발생하면 달러화는 강세가 될 것이다. 그러면 대규모의 세계 통화가 다시 미국 자산으로 회귀한다. 또한, 17조 달러에 달하는 미국의 퇴직연금의 상당수가 미국의 부동산과 주식, 채권 등의 자산시장으로 계속 유입된다면 미국의 명목상 부채와 실질 부채는 내림세로 전환될 수 있다. 미국의 부채가 줄어들고, 달러가 강세로 전환되고, 대규모 자금이 미국의 자산에 투자되는 현상이 지속되면 미국의 신용은 더 좋아진다. 그러면 미국은 낮은 비용으로 아시아와 유럽의 제조업체들을 되사들일 수 있다. 아시아가 스스로 위기에 빠지는 것만으로도 미국의 경제력과 패권이 다시 강화되는 일이 얼마든지 '아주 쉽게' 일어날 수 있다.

미국이 G20 국가의 고령화 추세를 기회로 삼아 세계 최고 수준의 자연과 도시환경, 의료시설과 최첨단 기술을 기반으로 한 바이오 생명산업의 메카로 떠오르면, 전 세계에서 10~20조 달러의 돈을 불러모으는 것은 그리 어렵지 않게 된다. 미국은 제조업에서 벗어나 바이오 생명산업, 나노산업, 사이보그 및 로봇산업, 창조적 서비스산업, 금융산업 등으로 산업의 중심축을 바꾸어서 전 세계의 부유한 노인들을 불러들일 준비를 하고 있다.

미국은 미래에도 아시아의 성장에 필요한 자본과 기술의 지원자 역할을 계속할 가능성이 크다. 지난 날 일본, 한국, 중국, 인도 등 아시

446

아의 주요국의 경제성장과 사회발전에는 미국의 영향력과 지원이 중요한 역할을 했다. 미국은 아시아의 성장을 막을 수는 없지만, 속도에 영향을 미치거나 아시아 국가 중에서 성장하는 나라와 그렇지 않은 나라를 선택할 힘은 여전히 가지고 있다.

다른 관점에서 미국 패권의 지속 가능성을 생각해볼 수 있다. 1,500년 이후 9개 국가가 대략 100년 정도씩 세계의 패권을 차지했다. 가장 길었던 나라는 200여 년을 지배한 영국이고, 가장 짧은 나라는 51년의 일본이었다.[37] 미국은 2차 세계대전 이후 1949년 브레튼우즈 체제가 성립하면서 명실상부한 세계 패권국의 자리에 올랐다.[38] 이는 영국이 지배하는 세계 질서를 해체하거나 제거하고 미국 중심의 새로운 체제를 설정하고 확장하려는 오랜 준비의 결실이었다.[39]

2050년이 되면, 미국의 패권 지배 역사가 100년이 된다. 미국의 대외정책 변화에 영향을 준 책 중의 하나로 평가를 받는 〈제국의 미래〉의 저자인 에이미 추아는 1980년대까지 미국은 단순히 초강국이었고, 구소련이 붕괴한 1990년대부터 비로소 누구도 넘볼 수 없는 세계적인 초강대국의 지위에 올라섰다고 평가했다.[40] 이런 평가라면 미국의 패권은 아직 초기에 불과하다. 그리고 이 평가를 기준으로 삼으면 미국의 패권은 2050년 이후로 연장된다.

11장

일본과 아시아

2020년,
일본이 부도날
확률 70%

　　　　　　　　　　　　　　　필자는 일본이 결국 IMF에 구
제의 손을 내밀게 될 것이라는 5년 전의 예측을 여전히 유지한다.
2012년 4/4분기부터 일본의 아베 정권이 엔저 카드라는 마지막 승
부수를 던졌지만, 일본을 근본적으로 회생시키는 해법은 아니다. 필
자는 아베노믹스가 시작될 무렵, 아베가 2013년 7월의 참의원 선거
에서 승리할 경우 엔저 정책은 더 지속되면서 최악의 경우 달러당 엔
화가 110~120엔까지 하락할 것이라고 예측했다(참고로, 당시는 전세계
61개 투자회사들이 달러당 엔화 가격을 85~90엔으로 예측했을 때다). 그러나
이런 강력한 엔저 정책도 현재의 위기를 미래로 미루어 아베 정권에
잠시나마 시간을 벌어주는 정도에 불과하다.
　5년 전의 예측과 다른 점이 하나 있다면, 엔저 정책이 2~3년 동안
효과를 본다면 아시아에서 위기를 겪는 순서에서 일본이 한국보다

뒤로 미루어지는 효과밖에는 없을 것이다. 현재의 추세라면 2020년 경에 일본이 부도날 확률은 70%다. 만약, 전 세계적인 금리 인상이 단행되어 일본도 하는 수없이 금리를 인상해야 할 상황으로 빠져든다면 국가 부도는 2~3년 정도 앞당겨질 수도 있다.

전후 두 자릿수 성장률을 기록하던 일본은 1973년과 1979년의 1, 2차 오일쇼크를 거치며 성장세가 둔화됐다. 1985년 플라자 합의 이후 버블 경제기로 접어들고, 1990년대 버블 경제가 붕괴하자 엄청난 양의 불량 채권이 발생하면서 '잃어버린 10년'으로 빠져들었다. 국민 간의 희망의 격차는 점점 더 크게 벌어졌고, 일본은 목표 부재의 사회로 접어 들었다.[41]

천신만고 끝에 '잃어버린 10년'이란 어둡고 긴 터널을 힘겹게 빠져나온 듯했던 순간 다시 2008년 미국발 금융위기를 맞았다. 그러자 위기의 진원지였던 미국보다 더 크게 요동치면서 다시 '잃어버린 20년'의 긴 터널 속으로 빠져들 조짐을 보이고 있다.

일본의 생산가능인구(15~64세)는 1995년 이후 계속해서 감소하고 있다. 2000년 6,766만 명으로 정점을 찍은 후, 2015년에는 6,237만 명, 2035년에는 5,597만 명으로 1,000만 명 이상 줄어들 것이다.[42] 일본 성장의 핵심 주체였던 680만명의 단카이 세대(1947~1949년생, 전체 인구의 5%)가 60세에 이르기 시작했다. 이들의 은퇴를 시작으로 일본의 내수시장은 큰 충격을 받기 시작했다. 총인구도 2004년 1억 2,778만 명으로 정점에 이른 후 계속해서 줄고 있다. 2015년경이 되면 인구는 1억 2,543만 명으로 줄어든다. 일본의 버블 붕괴 직전인 1990년, 미국의 인구가 약 2억 4,870만 명일 때, 일본은 1억 2천만 명으로 미국의 절반에 육박했었다. 그러나 2025년이 되면 고점 대비

19%가 줄어 미국의 1/3로 줄어든다.

이런 추세라면 2060년에는 8,600만 명 수준으로 줄어든다. 전체 가구 수도 2015년부터 줄어든다. 일본은 저출산과 경기 침체와 1인 가구의 증가로 4인 가구가 살만한 집은 해마다 20만 채 정도가 빈집이 된다. 이는 분당의 2배 규모다. 도쿄에는 이미 전체 가구 수의 11%에 해당하는 75만 채가 빈집이다. 일본 전체로는 13%가 빈집이다. 이런 추세라면 2050년에는 무려 1,500만 가구가 빈집이 될 것으로 예측된다.

이런 인구 변화는 내수시장의 변화를 촉진한다. 가계지출에서 주택이나 내구소비재의 판매는 줄어들고, 의료나 복지 서비스의 수요는 증가한다. 일본 제조업체들의 국내 수요가 부족해지면서 경제의 활력이 저하된다. 일본은 2015년부터 내수시장의 제2차 타격이 시작될 것이다.[43] 1980년대 2,800만 명에 이르렀던 14세 이하의 인구는 2012년에 1,700만 명으로 40%가 줄었다. 이런 젊은 인구의 감소로 현재 사립대의 40%가 정원을 채우지 못하고, 명문대학조차도 정원을 겨우 채우는 형편이며, 단기대학은 지난 15년 동안 200개가 없어졌다. 도쿄 동물원과 놀이동산 등은 입장객이 절반으로 줄었고, 수영장, 볼링장, 스키장 등도 직격탄을 맞았다.

인구구조의 변화, 저출산 고령화 추세가 가속되면 복지 비용의 증가뿐만 아니라, 이미 구축된 사회기반 시설을 유지하는 것도 상당한 부담이 된다. 현재도 재정 부담의 증가로 사회기반 시설 총투자액이 매년 3%씩 감소하고 있다. 이 추세라면 2034년 이후로는 현존하는 인프라를 갱신하거나 유지할 비용마저 없어지게 된다. 그렇게 되면 사고와 범죄 발생률이 높아지고 일본 전역에서 황폐해지는 지역이 많이 늘어나면서 경제와 사회 전반에 심각한 영향을 주게 된다. 이미 일본 지자체의 절반 이상은 고령화 비율이 50%를 돌파해서 세금이 부족하고 지방채 발행에도 어려움을 겪고 있다. 이들 지자체는 부족한 사회기반 시설과 노후화된 공공시설 등을 유지 보수할 비용을 충당할 근본적인 대책이 없는 상황이다.[44] 그렇게 되면 주민이 도시로 이주하는 비율이 높아지면서 지자체는 더욱더 어려운 상황으로 전락하게 된다.

산업 면에서는 건설업의 성장이 멈추어 제조업 의존이 커졌지만, 한국, 중국의 추격과 미국의 공세로 경쟁이 심화되면서 일본 경제의 핵심인 제조업 경쟁력마저 큰 타격을 받고 있다. 이런 모든 문제로 일본 내부에서도 세계를 상대로 적극적인 공세를 펴지 않으면 일본은 더 이상 성장할 수 없다는 평가가 나왔다.[45] 한편 일본은 2013년 부랴부랴 정년을 65세로 늦추는 법안을 통과시켰다. 위기를 조금이나마 더 지체시켜 보려는 것이다.

2013년 5월 기준으로 일본의 부채는 991조 6천억 엔, GDP 대비 245%를 넘어설 것으로 예상된다. 이것도 150조 엔이 넘는 재투채(재정융자자금특별회계국채)와 200조 엔이 넘을 것으로 추정되는 지방자치단체의 부채를 뺀 금액이다.[46] 세계 1위의 부채 규모이자, 일본이 2차 세계대전에서 패한 해의 국가 부채 규모(GDP의 2배)보다 더 많다. 발행된 국채의 이자만 매년 10조 엔이 넘는다. 실업률도 5.7%로 잃어버린 10년의 기간을 포함해서 반세기 만에 최악을 기록했다.

2009년 일본 정부의 지출은 102조 엔으로 사상 최고를 기록했지만, 세금 수입은 37조 엔 밑으로 곤두박질쳤다. 결국, 1946년 이후 처음으로 세수를 넘는 규모인 53조 엔의 국채를 발행했다.[47] 2013년에도 이런 상황은 크게 변하지 않고 있다. 2013년에 일본 정부가 예상하는 세입 총액은 93조엔 정도다. 하지만 조세 수입으로는 이 돈의 46.5%밖에 충당할 수 없어, 나머지는 국채를 또 발행해야 한다.

일본은 정부 예산의 24.1%를 빚 갚는 데 사용한다.[48] 현재 정부가 부담하고 있는 국채 이자가 연간 10조 엔(이자가 1% 수준인 현재의 이자 부담액)인데, 일본의 국채 금리가 1% 포인트 추가 상승하면 이자 부담이 1.5조 엔 증가한다. 2%로 금리가 상승하면 3조 엔 정도 상승한다. 문제는 정부 부담이 늘어나는 데 그치지 않는다. 국채 금리가 상승하면 국채의 가격이 내려가므로, 대량의 국채를 보유하고 있는 일본 시중은행들의 자산이 줄어든다. 그러면 은행들은 대출 규모를 줄이게 되어 시중의 유동성에도 큰 영향을 준다. 그래서 이제까지 무한한(?) 신뢰를 보냈던 세계적인 신용평가기관들도 일본에 의심의 눈초리를 보내기 시작했다.

여전히 혁신에 게으른 일본

일본은 지난 40년간 유지해 온 세계 2위의 경제 대국이라는 타이틀을 중국에 넘겨 주었다. 하지만 일본은 추락하고 있지만 여전히 강하다. 유럽 최고의 경제 대국인 독일보다 앞서 있고, 우리나라와 비교해서는 GDP가 5배가 넘는다. 기술 특허도 2007년 기준으로 16만 4,954건을 기록해 미국을 능가하는 잠재력이 있다. 그럼에도 일본의 본질적인 문제는 새로운 성장 시스템을 완성하지 못하고 있다는 점이다. 여전히 기존 산업이 돌파구를 찾지 못하면서 2009년 일본 최고의 자존심인 도요타가 적자를 내고 JAL항공이 부도를 내고 일본 쇼핑의 상징인 긴자 세이부백화점이 폐업했다. 소니는 IT의 흘러간

전설이 되었다.

오랫동안 계속된 침체와 저성장으로 중산층이 지속해서 타격을 받으면서 워킹 푸어 계층이 1,000만 명을 넘어섰다. 일을 해도 소득이 연 200만 엔밖에 되지 않아 저축할 여력이 없고 워킹 푸어의 숫자는 계속 늘어만 가고 있다. 특히 남성 워킹 푸어가 더 빨리 증가하고 있다.[49] 잃어버린 10년과 금융위기 등을 거치면서 일본에서는 일명 '미니멈 라이프Minimum Life' '다운사이징 라이프Downsizing Life'가 유행이라고 한다. 이는 미래에 어떤 일이 일어날지 모르니 스스로 자신을 지키지 않으면 안 된다는 의식이 커지면서 생긴 것으로, 저축이나 보험을 외면하고, 돈을 많이 쓰지 않으며, 자동차도 필요 없고, 만나는 사람도 최소한으로 줄여서 생활 규모를 축소하는 라이프스타일이다.

삼성경제연구소가 2008년 일본 국세청 민간 급여 통계 실태조사 자료를 바탕으로 일본의 계층별 급여소득 추이를 분석 발표했다. 그 결과 연 수입이 300만 엔 이하인 사람(하류층)이 전체 급여소득자 중에서 39.7%, 300만 엔에서 600만 엔 사이인 사람(중하류층)이 40.1%로 총 80%가 중하류층 이하인 것으로 나타났다. 600만 엔~1,000만 엔 사이의 중상류층은 1997년 19.3%에서 2008년 15.2%로 줄었다. 반면 하류층은 32.1%에서 39.7%로 증가했다. 잃어버린 10년을 거치면서 중산층의 몰락이 뚜렷했고, 특히 일본 내부에서는 젊은 층의 하류화가 심각한 것으로 분석하고 있다.[50]

저출산 고령화 문제는 15년 전보다 더 심각해졌다. OECD 자료에 의하면 2010년 현재 일본은 65세 이상의 노인 비율이 이미 1위이고, 2020년과 2030년에도 OECD 1위를 유지할 전망이다. 일본의 베이비붐 세대인 단카이 세대가 은퇴한 후 자신들이 보유한 자산을 현금으로 바꾸기 시작하면서 폭락한 부동산 가격과 고점 대비 1/4로 떨어진 주식시장은 회복될 기미를 보이지 않고 있다.

한편 무려 130조 엔의 금융자산을 가지고 은퇴한 단카이 세대를 대상으로 하는 새로운 산업이 블루오션으로 부각되면서 일본 경제에 대한 기대감이 높아진 적이 있었다. 그러나 이 기대는 오래가지 않았고 기대보다 큰 시장을 형성하지도 않았다. 오히려 단카이 세대가 65세를 넘어서는 2015년부터 중장기적으로 일본 경제에 더 큰 부담으로 작용할 가능성만 커졌다. 2005년부터 이미 일본의 고령자 비율이 20%에 육박하면서 가계 소비에 큰 부담을 주었다. 그런데 단카이 세대의 고령화가 겹치면 가계의 소비 지출은 더욱 크게 줄 것이다. 이미 고령화는 일본의 산간 지역을 해체 위기로 몰아넣고 있으며, 대도시 외곽에 건설되었던 타마 시나 센리 시 등의 뉴타운을 실버타운으로 만들어 버렸다. 그리고 지방자치단체들의 재정 압박 수위도 높이고 있다. 2050년이 되면 일본의 고령화율은 40%에 육박한다. 자연히 연금과 복지 관련 비용도 가파르게 증가하고 있다. 1970년 3조 5천억 엔이던 것이, 1990년대 47조 2천억 엔, 2011년 105조 5천억 엔으로 급증했으며, 2015년이면 141조 엔까지 증가할 것으로 추정된다.[51] 2050년에는 얼마가 될지 가늠하기조차 쉽지 않다.

가계 소비의 급격한 침체와 대책 없는 고령화 현상은 곳곳에서 일본 경제의 목을 조여오고 있다. 주택이나 자동차 등 내구재의 신규 취득 수요가 점점 주는 대신 중고품으로 그 수요가 이동하고 있다. 이 때문에 신제품의 가격까지 하락하는 디플레이션 현상이 벌어지고 있다. 8,000엔짜리 청바지가 880엔에 팔리고, 긴자 번화가에는 빈 택시들만 줄지어 서 있다. 고급 백화점은 줄줄이 문을 닫고 대신

100엔 숍이 성황을 이루고 있다(여기에 현재의 엔저가 엔고로 전환되면 일본의 소비는 더욱더 위축될 것이다). 2005~2007년에 잠깐 경기가 살아나면서 일본 경제에 대한 새로운 희망이 움트기도 했지만, 그 후 다시 하락해서 2009년에는 일본의 실질 GDP가 5.3% 하락하는 등 2년 연속 감소하고 있다.

시스템 혁신을 이끌어갈 정치가 다시 포퓰리즘으로 회귀하면서 개혁은 뒷전으로 밀리고 있다. 그나마 시도했던 금융 개혁도 후퇴하고 있다. 우편 예금과 우체국 보험에 대해서 다시 정부가 보증을 해주는 등 시장원리에 역행하는 관치 금융이 부활하고 있으며, 이런 흐름은 앞으로도 계속될 것으로 보인다. 일본 경제를 잃어버린 10년의 수렁으로 빠뜨린 이유가 개혁과 구조조정을 늦추었기 때문임을 잊은 듯하다.

세계 경제에 미치는 일본 경제의 영향력도 계속 감소하고 있어서 2015년 이후 일본 경제는 존재감을 잃을 가능성이 크다. 삼성경제연구소는 일본 경제가 1990년 버블 붕괴 이후 사실상 성장이 중단되었다고 분석했다. 일본 경제가 1992~2008년 16년간 연평균 1.1% 성장한 것으로 나타났지만, 이는 물가 하락에 의한 착시효과일 뿐이라는 것이다. 이 기간 명목 GDP도 483조 엔에서 479조 엔으로 오히려 줄었고, 일본 정부의 재정수지 적자는 GDP 대비 평균 6~10%를 계속해서 기록했다.

일본의 '모노즈쿠리(혼이 담긴 고도의 기술 능력)'라고 불리는 기술 중시의 풍토는 그 동안 기계산업, 자동차산업, 우주산업, 전기전자산업, 신재생에너지산업, 반도체산업 등 거의 전 분야에서 독일과 쌍벽을 이루면서 세계 최고의 경쟁력을 일궈냈다. 하지만 장기 저성장을 거치며 거꾸로 세계 시장의 요구와는 다른 고비용 제품만을 출시해 휴대전화, 디지털 방송, 건설업, 에너지 환경산업, 회계제도 등에서 세계 시장과 동떨어져 스스로 고립되는 '갈라파고스 효과'에 빠지는 원인으로 작용하고 있다. 그 결과 세계 시장점유율이 높은 산업조차도 높은 부가가치를 만들어내지 못하고 있다.

이런 문제가 있지만 지금까지는 2005년 기준 1인당 GDP가 3만 9,075달러 수준인 1억 2,700만 명의 튼튼한 내수시장이 있었기 때문에 안정적 경제 유지가 가능했다. 하지만 저출산으로 인구가 빠른 속도로 줄고 고령화로 소비 여력과 노동의 질이 떨어지면서 상황은 달라지고 있다. 국내외의 상황이 이렇게 불리하게 전환되고 있음에도 일본은 고도의 기술력만 믿고 변화에 신속하게 대응할 수 있는 글로벌 마인드와 '미래전략'을 만들지 못하고 있다. 산업 전반에 걸쳐서 좋은 기술 경쟁력을 가지고서도 전진하지 못하는 이유가 여기에 있다. 게다가 일본이 최고로 자랑하고 있는 기술력의 차이마저 중국, 한국 등의 후발주자들과 비교해서 점점 줄어들고 있다.

예를 들어 일본이 최고의 기술을 보유하고 있는 병렬 하이브리드 자동차는 매우 복잡한 구조이기 때문에 일본식의 기술력이 돋보이는 분야다. 하지만 앞으로 전개될 직렬 하이브리드 방식의 플러그인 하이브리드자동차PHV나 전기자동차EV는 부품이 1만 개 정도로 줄기 때문에 휘발유 엔진과 비교하면 구조 자체가 간단해진다. 이렇게 되면 일본보다 기술력이 떨어지는 중국, 인도, 한국 등의 나라들도 충분히 세계 무대에서 일본과 경쟁할 수 있게 된다. 여기에 마케팅 능력과 글로벌 마인드의 차이 때문에 이들이 더 앞설 수도 있다. 마치 한때 세계 최고를 자랑했던 가전산업에서 일본이 경쟁력을 상실하는 상황의 재판_{再版}이 자동차산업에서도 벌어질 수 있다.

일본에 진출했던 외국 기업들의 일본 탈출도 시작되고 있다. 2009년에는 타이어를 제조하는 프랑스의 미쉐린과 대형 유통업체인 까르푸가 공장을 폐쇄하거나 일본 회사의 명칭을 더는 사용하지 않기로 했다. 앞으로 성장이 유망한 연료전지를 만드는 캐나다의 발라드 파워 시스템스도 일본 합병회사를 없앴고, 미국의 사무용품 회사인 오피스데포는 주식을 매각하고 철수했다. 영국의 생명보험회사인 푸르덴셜도 신규상품의 판매를 중지했고, 우리나라의 현대자동차도 일본 내에서의 승용차 판매를 중지했다. 이들 기업은 일본 내수시장이 더 이상 사업성이 없다고 판단하고 신흥국가로 이전했다.

외국 기업의 대일 직접투자도 2010년에는 전년과 비교하면 무려 55.7%로 줄었다. 도쿄 증권거래소에 상장된 외국기업도 1991년 최대 127개사였던 것이 2010년에는 13개사로 급격히 줄었다. 미국 경영컨설팅업체인 A.T. 커니가 글로벌기업 1,000개 사의 경영자를 대상으로 시행한 '투자 매력이 큰 나라' 설문조사 결과도 참담하다. 세계 경영자의 국가별 투자 매력도 조사에서 2007년 15위를 기록했던 일본이 2010년에 25위권 밖으로 밀려났다. 일부에서는 중국과 인도의 고성장과 맞물려 일본이 중국 경제권에 흡수되어 버리는 것은 아닌지 우려하는 목소리까지 나오고 있다.

일본 내부에서도 위기와 자성의 목소리가 커지고 있다. 일본의 대표적인 개혁가인 미쓰비스 총연구소 이사장(전 도쿄대 총장) 고미야마 히로시_{小宮山宏}(64)는 새 시대를 선도할 용기와 창의적이고 통합적인 능력의 부족을 비판하고 나섰다. 일본의 실패를 허용치 않는 문화 때문에 새로운 것을 선도하기가 어렵고 현실 안주적인 성향만 강해지고 있다는 것이다. 그는 일본이 지금이라도 지식의 통합과 이종異種 간의 융합을 통해 금융위기 이후의 새로운 산업 기반을 만들어가야 한다고 주장한다. 이를 통해 화석연료 중심적인 산업구조에서 벗어나 환경, 에너지 등의 분야에서 주도권을 잡고 리더십을 발휘해야 새로운 부를 창출할 수 있고 동시에 지속적인 미래를 보장받을 수 있다고 강조한다.

아시아 진출을 서두르는 일본

일본의 미래를 만드는 중요한 동력은 다음과 같은 것들이다.

- 경제위기
- 부채증가
- 재정적자
- 아베노믹스 여파
- 저출산 고령화
- 우경화 움직임
- 자원전쟁
- 미국의 경제위기로 인한 일본의 역할 확대 기대
- 미중전쟁의 본격화

이들 동력을 고려할 때 다음과 같은 3가지 시나리오가 가능하다. 필자는 현재로서는 1, 2번의 시나리오가 복합적으로 일어날 가능성이 가장 크다고 본다.

첫째, 아베노믹스의 실패로 경제위기를 극복하지 못하고 곧바로 파산하고 정치적 혼란으로 자멸하는 시나리오다.

둘째, 아베노믹스의 성패와 상관없이 경제 위기가 지속되면서 우경화가 더욱 득세한다. 그래서 자원전쟁 등을 둘러싸고 국제분쟁이 격렬해지고, 국내에서는 자위권 확대와 핵 무장을 바라는 우경화 여론이 고조된다. 이런 상황에서 미국이 경제위기에서 탈출하기 위해, 그리고 (미중전쟁이 심화되면서) 중국을 견제할 목적으로 일본의 재무장을 방조하는 시나리오다.

셋째, 늦게나마 뼈를 깎는 개혁을 단행하고, 일본의 잠재력을 극대화해서 재기에 성공하는 시나리오다. 일본인들의 민족성이나 현재 정치인들의 성향과 태도를 볼 때 일어날 가능성이 가장 낮은 시나리오다. 하지만 주변국들은 일본이 이 시나리오대로 움직여 주기를 바라고 있다.

사실 일본의 잠재력은 아직도 뛰어나다. 문제는 해법이다. 산업 전반에 걸친 능력도 세계 최고 수준이다. 100년 이상 존속하고 있는 기업이 5만 개가 넘는다. 글로벌 금융위기 가운데 노무라증권은 리먼브라더스를 인수했고, 불황 속에서도 패션계에서 기적을 일으킨 유니클로 같은 기업들도 계속 나온다. 금융 시스템도 아시아의 주변국이나 유럽과 비교해서 상대적으로 안정적이다. 자동차산업이 아직도 건재하고, 치킨게임이 벌어지고 있는 반도체산업에서도 살아남은 기업들을 중심으로 재도약을 준비 중이다. 한 분야에 열정을 쏟는 '오타쿠' 문화는 창조성이 중요시되는 미래사회의 중요한 저력으로 전환될 힘을 가지고 있다. 전통적인 세계 강자의 자리를 지켜온 일본 만화산업과 문화가 소프트파워의 중추를 이루고 있다.[52] 미래형 신성장산업인 에너지, 로봇, 사이보그, BT, NT, 우주산업 등에서도 세계적인 기술과 노하우를 가지고 있다. 비록 부채가 많기는 하지만, 아직도 미국 다음 가는 막대한 국부를 가지고 있어서 신성장 산업에 뛰어들 여력이 남아 있다. 교육 수준도 높아서 수준 높고 근면한 인재가 많다.

일본도 늦은 발걸음이지만 서서히 변화를 시작했다. 일본은 1990년대 중반까지 일본의 GDP 대비 수출이 7%에 불과할 정도로 전통적으로 폐쇄적인 경제정책을 사용했다. 그러나 2005년 말 일본은 수출을 12%까지 늘리면서 방향을 전환 중이다. 현재 당면하고 있는 상황을 타개하기 위해, 일본은 시간이 갈수록 좀 더 적극적으로 우리나라, 중국, 동남아 국가들에 과거사에 대해서 유화적 행동을 취할 것이다(물론 그것이 진심일지는 의문이지만).

일본은 점점 더 본격적으로 일본 밖으로 나오려고 시도할 것이다. 메이지 유신의 1차 개국과 세계대전 후의 2차 개국에 이어 국경의 경계를 허무는 제3의 개국을 준비할 것이다. 일본의 계몽가로서 실학과 부국강병을 주장하면서 일본 자본주의의 정신적 기초를 마련한 인물로서 일본인들이 가장 존경하는 인물 중의 한 사람인 후쿠자와 유키치는 2가지를 주창했다.

탈아입구脫亞入歐, 아시아를 벗어나 서구 사회로 들어간다.
화혼양재和魂洋才, 서양문물을 일본정신으로 재창조한다.

이토 히로부미가 이끈 메이지 정부에도 큰 영향을 미친 사상가였던 후쿠자와는 일본의 혼을 유지하며 서구의 제도와 기술을 이용해야 동양의 우두머리가 되고, 더 나아가 동양을 벗어나 서구의 일원이

462

될 수 있다고 가르쳤다.[53] 이는 섬나라 일본의 전 시대에 걸친 공통의 생존전략을 현대에 맞게 해석한 주장이기도 하다. 지난 100년 동안 일본은 이 두 가지 정신을 통해 세계 2위의 나라로 성장했다. 아시아 것을 다 버리고 서양 것을 가져다가 일본의 것으로 재창조하는 데도 성공했다. 하지만 실제로는 아시아를 벗어나는 적극적인 삶을 살지 못했다. 그런 일본이 세계를 무대로 한, 생존을 건 전쟁에 참전하겠다고 선언하고 나섰다.

그런데 생존의 방법, 탈출의 방법이 그리 좋지 않다. 주변국과의 화해를 통해 미래를 모색하는 것이 아니라, 군국주의 정신을 앞세운 강한 일본의 기치를 내세우고 있다. 그러나 이 전략은 2차 세계대전의 피해자인 미국과 아시아 주변국들의 강한 반발을 일으켜 경제적 위기를 근본적으로 극복할 수 있는 시기를 늦추게 될 것이다. 일본 내에서는 두 가지 입장이 팽팽하다. 하나는 자위대의 해외 파병을 시작으로 군국주의적 방향을 선호하는 입장이고, 다른 하나는 자위대의 해외 파병을 반대하면서 평화헌법 제9조를 철저하게 지켜야 한다는 입장이다.

2차 세계대전이 끝나고 미소 냉전이 시작되기 전, 일본은 1946년 11월 미국의 압력으로 평화주의를 천명하는 헌법을 공포했다. 헌법의 전문에는 평화주의가 천명되어 있고, 제2장 9조에는 전쟁 포기, 전력 불소유, 교전권 부인을 명확하게 규정한 내용이 실려 있다. 국제분쟁이 발생하더라도 국권을 발동하여 전쟁, 무력을 앞세운 위협 등을 분쟁해결의 수단으로 사용하는 것을 영구히 포기한다는 것을 확실히 하기 위해 육해공군 및 그 외의 전력을 보유하지 않는다는 것도 9조에 명시되어 있다. 이 조항에 따르면 현재 운용하고 있는 일본의 자위대조차도 위헌이 될 수 있다. 실제로 21세기 일본 외교의 대표적인 인물인 게이오 대학교 법학부의 소에야 요시히데 교수도 비슷한 주장을 했고, 도쿄 대학교 법학부에서는 자위대가 헌법 9조 위반이라고 가르쳤다.[54]

미소 냉전체제가 성립하자, 일본과 미국은 1951년 9월 8일 샌프란시스코강화조약을 통해 미일안보조약을 체결했다. 미군이 일본에 주둔하면서 상호협력하고 미국이 일본의 안전을 보장해준다는 내용이었다. 일본의 극우세력은 이 조약을 "안전보장이 미국에 의존하고 있으니, 미일동맹의 틀 안에서는 얼마든지 미국을 돕는 측면에서 해외 군사행동을 할 수 있다."고 해석하고 있다.[55] 하지만 아베 총리 같은 극우파 정치인들은 이 정도에 만족하지 않고 아예 평화헌법을 개정하여 군사적 자립을 이루자는 요구를 적극 펼치고 있다.

제3의 개국과 강한 일본을 추구하는 극우적 성향은 불행하게도 서로 모순되는 것이어서 일본은 앞으로도 끊임없이 국제적 갈등을 불러일으킬 가능성이 크다. 특히, 일본의 기본전략이 군사적 행동을 하지 않되, 대신 세계 곳곳에서 벌어지는 민생 문제, 인류의 문제에 대해서는 깊이 관여한다는 것이기에 더욱 그렇다.[56] 또한 동아시아 주변에서 계속 영토분쟁이 발생하고 있는 것도 일본이 국제적 갈등의 중심에 설 수밖에 없는 이유가 된다.

일본의 지도자들은 일본의 영향력이 빠르게 줄어들 것을 크게 우려하고 있다. 이 점에서는 정치적 입장과 상관없이 일본의 경제, 정치, 군사 지도자들이 같다. 일본 내의 온건한 군부세력도 미래의 어느 시점에 중국이 무력을 앞세워 남중국해의 해상교통로를 일방적으로 차단하여 미국과 일본을 견제하면 일본의 국익과 산업에 심각한 문제가 발생할 것을 염려하고 있다.[57] 일본을 '글로벌한 일본'으로 재탄생시키려는 목표는 같지만, 방법론이 다른 두 세력 중 누가 권력을 잡고, 여론을 이끌어 갈 것인지가 중요하다. 그러나 우려스러운 것은 인류의 역사를 되돌아보건대, 한 나라가 점점 허약해져 갈수록 거의 언제나 평화보다는 군국주의와 우파의 목소리가 국민에게 영향을 미칠 가능성이 컸다는 점이다.

미국이 '독도'문제에서 일본의 손을 들어 줄 수 있다

일본에는 아직은 평화헌법을 지켜야 한다는 주장이 더 큰 세력을 형성하고 있다. 그래서 독도를 두고 한일 간 군사적 충돌이 일어나지는 않을 것이라고 말한다.[58] 과연 그럴까? 한국과 일본이 첨예하게 대립하고 있는 독도의 미래는 어떻게 될까?

먼저 일본은 평화주의자든 군국주의자든 상관없이 스스로 독도에 대한 영유권 주장을 철회하지 않을 것이다. 일본 내에서는 한국이 독도(일본명 다케시마) 문제를 영토 문제가 아니라 역사 문제로 생각하고 있기 때문에 일본인들이 대범하게 역사적으로 그 점을 인정해주어 한국인들의 마음을 다독여 주면 모든 문제가 끝난다고 생각하는 사람들도 있다. 심지어 한반도 연구에서 균형 있는 시각을 가지고 있다고 평가받는 게이오 대학교의 오코노기 마사오 교수 같은 사람조차도 물 한 방울 나오지 않는 무인도를 왜 서로 신성한 고유영토라고 주장하는지 모르겠다고 말한다. 그리고 한국이 민감하게 반응하지 않으면 일본도 온건하고 조용한 외교로 독도 문제를 처리할 것이라고 말한다.[59] 오코노기 교수는 한국에 유학을 와서 연세대학교에서 정치외교학을 공부하여 한국인들의 정서를 잘 알고 있는 사람이다.

그럼에도 다음과 같이 말할 정도로 위안부에 대한 입장이 극우주의
자들이나 일본 정부의 입장과 근본적으로는 다르지 않다.

정신대는 전시에 공장 등지에서 근로 동원된 여학생들을 말한다. 당
시 일본에서도 근로 동원이 시행됐다. 우리 어머니도 정신대에 소속
돼 있었다. 근로 동원된 정신대가 위안부라면 일본인이건 한국인이건
그 세대 여성은 모두 위안부였다는 말이 된다. 위안부는 불행한 여성
들의 이야기이며 동정할 수밖에 없는 일이지만, 일반 여성들이 전장에
서 성적으로 봉사하기 위해 강제적 계획적으로 동원된 일은 없었다.
만약 그런 일이 조직적으로 이루어졌다면 분명히 제2의 3.1운동이 발
생했을 것이다. 일본 정부는 바로 그 점을 인정할 수 없는 것이다.[60]

자신은 균형 잡힌 시각을 가지고 있다고 자평하며, 미래의 한일
관계는 낙관적일 것이라고 주장하는 일본 내 온건파 지식인들의 머
릿속 생각이 이런 식이다. 수많은 국제회담을 담당했던 도고 가즈히
코 교수 같은 지식인들은 아직도 일본이 만주사변을 일으키고 동아
시아에서 전쟁을 벌인 것이, 1929년 발생한 대공황으로 세계 각국이
자급자족적 보호무역주의를 취하자 일본도 같은 맥락에서 동아시아
자급자족권을 만들려는 목적에서 시작한 것이라고 주장한다.[61] 이런
생각이 여전히 주류인 일본이 말하는 평화를 누가 믿겠는가?
　도쿄 대학교의 와다 하루키 교수는 일본의 강력한 군국주의가 러
시아의 표토르 대제의 부국강병책을 철저하게 학습한 세력들이 오
키나와, 타이완을 병합한 후, 러시아의 조선 진출을 막아 조선을 지
켜주고 동아시아의 결속과 연대를 도모한다는 사고방식에서 기인했

다고 평가했다(그는 김대중 전 대통령의 구명운동에 적극 참여하고 재일 한국인의 사회적 지위 개선에 활발하게 참여한 사람이다).[62] 미래라고 이런 태도가 달라질까? 패권전쟁의 가장 중요한 동력은 평화로운 민족 유지, 일명 '국익과 평화'를 명분으로 한 권력 추구 욕망이다.

특히 현재의 일본은 대공황 이후 최대의 경제적 위기를 겪고 있다. 장기 불황으로 어려운 상황에서 2011년 3월에 발생한 대지진은 또 다른 전환점이 되었다. 일본인들은 방사능 확산에 의한 먹거리 공포로 생존의 위협을 느끼고 있으며, 대지진 때 파괴된 전력시설을 복구하기까지는 상당한 시간이 걸린다. 일본으로서는 생존과 권력을 유지하기 위해서라도 풍부한 에너지 자원이 있는 영토로 확장하려는 유혹을 결코 뿌리칠 수 없을 것이다. 독도의 근해 해저 퇴적층에는 미래의 청정에너지로 여겨지는 메탄하이드레이트[63]가 6억 톤이나 매장되어 있는 것으로 추정된다. 이는 천연가스 국내 소비량 30년분이며 돈으로 환산할 때 150조 원의 가치를 가진다.[64] 일본이 독도를 포기할 수 없는 이유다. 일본과 러시아가 영토 분쟁으로 갈등을 빚고 있는 쿠릴열도, 일본과 중국이 분쟁 중인 센카쿠 열도 역시 모두 해당 지역에 있는 막대한 해양 천연자원이 분쟁의 원인이다. 이런 맥락에서 보면 앞으로 독도를 사이에 두고 펼쳐질 시나리오는 크게 세 가지로 생각해 볼 수 있다. 공통으로 미국이 어떤 태도를 보이는지에 따라 시나리오가 달라진다.

첫 번째 시나리오는 일본이 우리를 끊임없이 자극하고 이에 흥분한 국내 여론에 밀려 결국 독도 문제가 국제 사법재판소로 넘어가는 경우다. 이 경우 미국은 어느 한편의 손을 들어줄 수 없다. 결국, 독도가 어느 나라 영토인지 밝혀줄 객관적인 증거가 어느 나라가 더 많은 지에 따라 결과가 달라질 수 있다. 독도는 한국이 실효지배를 하고 있지만, 실제 세계 각국 지도에는 일본의 영토로 표기된 곳이 더 많고, 국제사법재판소의 현 소장이 일본인이기 때문에 일본에 유리한 결과가 나올 가능성이 크다.

두 번째 시나리오는 한국과 일본이 지금처럼 감정싸움을 이어가다 제국주의 성향이 강한 일본 우익 세력의 압력으로 일본이 국지적인 무력을 사용해서 독도를 강제 점거하는 경우다. 미국이 표면적으로는 개입하여 사태가 확대되지 않도록 막는 역할은 하겠지만, 일본의 독도 무력 점거를 최소한 모른 척할 가능성도 충분히 있다.

세 번째 시나리오는 미국이 일본과 모종의 주고받기를 하고 독도가 일본에 넘어가는 것을 방조할 경우다. 미국이 한국의 거센 항의와 도움 요청을 무시할 가능성도 있다. 현재 일본과 중국, 러시아는 여러 영토 분쟁 지역에서 다투고 있다. 그래서 미국이 일본에 독도를 내주는 대신 다른 지역의 분쟁을 미국의 이익이 되는 방향으로 해결하는 거래의 가능성도 존재하기 때문이다. 이런 가능성은 역사적 사실을 살펴봐도 충분히 예측해 볼 수 있는 시나리오다. 1905년 치욕적인 을사늑약이 체결되기 이틀 전 대한제국의 고종 황제는 선교사 헐버트를 통해 미국 루스벨트 대통령에게 밀서를 전달했다. 조미수호통상조약의 규정과 정신에 따라 도와달라는 내용이었으나 문전박대당하고 말았다. 그 이유는 미국 정부가 필리핀에 대한 미국의 이권을 보장받는 대신 일본의 한국에 대한 야망을 묵인, 방조하는 소위 태프트-가쓰라 비밀조약을 체결했기 때문이었다.

마지막 승부수, 아베의 엔저 드라이브

미국이 한국보다는 일본에 더 큰 전략적 가치를 두고 있다는 사실은 엔저 사태를 통해서도 다시 확인할 수 있다. 엔화의 가치를 정부가 개입해서 하락시키는 엔저 정책은 일본 제품의 달러 표시 가격을 낮추어서 일본의 수출을 확대하려는 목적에서 나왔다. 하지만 이는 일본의 수입물가를 급상승시켜 수입의존형 기업들과 서민들의 생활을 더 곤란하게 만드는 양날의 칼이다. 특히 일본 청년과 서민들의 생활이 점점 더 궁핍해지는 상황에서 시작된 아베 정부의 엔저 전략은 많은 이들의 의구심을 샀다. 일본이 스스로 무덤을 파는 것이며 심각한 후폭풍을 맞을 것을 우려하는 목소리가 컸다. 가뜩이나 높은 국가부채를 더욱 더 증가시켜 국가 부도 시기를 앞당길 것이라는 경고의 목소리도 거셌다. 그렇다면, 아베는 과연 심각한 후유증을 모르고 헬리콥터로 일본 전역에 돈을 살포하는 것일까?

일본의 엔저 정책이 계속되면 한국과 중국 등 주변국의 관광산업과 수출산업에 타격을 준다. 실제로 2013년 초, 엔화가 달러당 100엔까지 이르자 한국의 수산업이 거의 고사 직전까지 몰렸다. 연간 수만 톤에 달하는 참치 수출 길이 완전히 막혔고, 광어 등 수산물과 장미 등 화훼작물의 수출도 끝났다. 엔저로 일본 관광객의 한국 방문도 줄어들었다.

철강산업에서부터 IT산업까지 한국은 일본과 경쟁하는 수출 품목이 많다. 한국 제품의 경우, 기술력은 일본보다 약간 앞서거나 거의 비슷한 수준이다. 지난 몇 년 동안 엔고 현상이 이어지면서 한국 원화의 화폐 가치가 상대적으로 약해지자, 한국의 제품과 서비스는 글로벌 시장에서 강한 경쟁력을 얻었다. 그러나 이제는 상황이 거꾸로 돌아가기 시작했다. 엔고 시절 한국과 중국으로 일본인들이 구름처럼 왔지만, 이제는 일본이 더 매력적인 관광지로 부상하고 있다. 이미 디플레이션으로 음식이나 생필품 등의 가격이 하락한 상황에서 엔저가 겹치자 일본 제품, 음식, 생필품 등의 체감 가격은 더 싸게 느껴진다. 일본을 찾는 외국인 관광객들에게는 호재가 아닐 수 없다.

만약 달러당 100엔의 환율이 계속되면 주력 수출품목에서 일본과 48개가 겹치는 한국은 4.3%의 수출 감소가 발생한다. 만약 110엔에 이르면 11.3%가 감소한다. 엔저 현상이 길어지면 주변국 증시에 큰 영향을 미친다. 일본의 기업 실적이 좋아지기 때문에 주변국에 들어와 있던 외국자금이 일본으로 옮겨간다. 이런 이유 때문에 환율전쟁은 주변국을 궁핍화해 상대적 이익을 얻는 전쟁이라고 말한다.

엔저 상황이 일시적이라면 기업이 얼마든지 대응할 수 있다. 하지만 1년, 2년 혹은 그 이상 장기화되면 한국, 중국 등 주변국에는 심각한 문제가 발생한다. 그렇다면 엔저 상황은 앞으로 어떻게 될까? 아베 정부의 엔저 정책은 어느 정도 지속할지, 어느 수준까지 지속할지, 최악의 상황에서는 무슨 일이 벌어질지에 대해서 예측해보자.

아베 총리가 엔저 정책을 쓰는 이유는 무엇일까?

무엇보다 일본 경제 회복이다. 조금 더 구체적으로 말하면 엔저 정책을 통해 물가상승률을 2%까지 끌어올려 디플레이션을 탈출하려는 것이다. 그 다음으로 중국과 한국을 견제해서 동아시아에서 일본의 영향력을 확대하려고 한다. 일본의 힘은 최근 상대적으로 중국과 한국에 계속 밀리고 있다. 경제력에서 중국에 밀려 2위에서 3위로 쳐졌고, 기술은 한국에 계속 밀리고 있으며, 동아시아에서의 영향력도 점점 잃어가고 있다.

일본의 영향력을 되찾기 위한 핵심은 경제 회복이다. 일본은 경제를 회복시켜 동아시아의 영향력을 계속 확대해야 한다. 동아시아에서 얻어야 할 게 굉장히 많기 때문이다. 예를 들어 자원을 차지하기 위한 영토전쟁을 생각해 보라. 일본이 영토전쟁에서 승리하기 위해서는 강력한 일본의 부상이 필수적이다.

그런데 현재 일본은 내수가 줄어들고 국력이 약해지고 있고, 저출산으로 인구가 줄어드는 등 다양한 리스크로 몸살을 앓고 있다. 이런 문제 말고도 일본이 경제 회복을 기반으로 동아시아에서 영향력을 확대하기 위해 해결해야 할 몇 가지 문제가 있다. 첫째, 일본 정부의 재정 건전성이다. 국가부채가 계속 늘어나며 신용등급이 하락하고 있다. 이는 IMF 구제금융 위기의 신호일 수 있다. 둘째, 원전 문제로 에너지 수입량이 급증하고 있다. 이는 가뜩이나 어려운 국가 살림은 물론이고 경상수지에서도 적자 규모를 더 키우고 있다. 또한 기업의 생산성 하락에도 큰 영향을 준다. 셋째, 한국과 중국의 거센 추격으로 제조업이 붕괴하고 있다. 수출 경쟁력을 회복하기 위해 일본 기업들은 어쩔 수 없이 해외로 공장을 이전하고 있다. 이는 일본 내의 일자리를 없애고, 내수시장의 규모를 줄이는 직격탄이다. 당연히 세금도 준다. 궁여지책으로 재정 지출 확대로 대응해보지만, 아무런 효과도 보지 못하고 국가부채비율만 계속해서 증가하고 있다. 외화보유액의 감소도 부작용으로 나타나고 있다.

1990년대에 최고 4만 포인트까지 갔던 닛케이지수는 75%나 하락한 상태를 못 벗어나고 있다. 주가 하락은 생각보다 훨씬 심각한 문제를 낳는다. 2012년 기준으로 일본 정부 부채의 91%는 일본 안의 금융기관들이 떠안고 있다. 대개의 나라가 국가부채에서 대략

30~50% 정도를 외국에서 빌려 온 것에 비하면 일본의 대외 채무 비율 9%는 상당히 안전해 보인다. 과연 그럴까?

일본은 은퇴자들이 은퇴연금을 금융회사, 투자회사에 맡겨놓는다. 그 돈을 맡은 일본의 투자회사들은 국채와 주식 등에 투자해서 수익을 올려야 한다. 그러나 거의 20년 가까이 바닥을 치고 있는 주식시장에서는 은퇴자들이 만족할 만한 수익을 낼 수가 없다. 일본은 은퇴자가 점점 많아지면서 국가와 금융기관들이 연금으로 지급해야 할 금액도 기하급수적으로 늘어난다. 그런데 국가와 금융회사들의 연금 지급 능력이 부족하니 문제가 심각해질 것이다. 연금을 많이 받아야 고령사회인 일본의 소비가 늘 텐데, 연금이 부족하면 거꾸로 소비가 줄면서 내수시장은 점점 더 침체에 빠질 것이다.

한마디로 경제가 살아나지 않으면 이 모든 문제를 해결할 방법이 전혀 없다. 그런데 일본의 경제 회복은 내수로는 불가능하다. 수출과 자산시장에 인위적인 버블을 일으키는 것이 유일한 해법이다. 전체적인 상황을 개관하는 것만으로도 일본이 지금 얼마나 다급한 상황에 직면해 있는지 알 수 있다. 다급한 상황에서 아베 총리가 꺼낸 카드가 바로 엔저 정책이다. 경제가 성장하려면 빚을 줄이든지 또는 돈을 더 벌어야 한다. 그런데 기술경쟁력을 높여 돈을 더 버는 데는 시간이 걸린다. 그러니 가격경쟁을 통해 단기간에 성과를 내야 한다. 가격을 내릴 수 있는 유일한 방법이 바로 엔저 정책이다.

앞에서도 설명했듯이, 엔저 정책은 부작용도 크다. 자칫 고환율 때문에 수입물가가 높아지고, 유동성이 크게 증가하여 인플레이션이 일어나고, 국가부채가 크게 증가해서 오히려 자충수가 될 수도 있다. 이미 아베 정부는 20조 엔이 넘는 엄청난 규모의 돈을 풀었고, 추가로 일본 경제가 중환자실에서 퇴원할 때까지 무제한으로 엔화 유동성을 공급하겠다고 선언했다. 이 모든 추가적 통화 공급은 고스란히 국가부채로 쌓인다.

아베가 이런 점을 잘 알면서도 엔저 카드를 꺼냈다는 게 중요하다. 따라서 이번 엔저 정책은 예전에 엔화 가치가 떨어졌던 때와는 상황이 다르다. 죽기 살기로 끝까지 밀어붙이려고 꺼낸 마지막 카드이기 때문이다. 늙은 사무라이가 마지막 힘을 모아 목숨 걸고 칼을 빼든 것이다.

엔저를 둘러싼 미국과 일본의 밀약

아베는 엔저 정책을 부작용이 나타나지 않는 한 최소한 6개월에서 1년, 그 이상까지도 지속할 것이다. 아베는 철저한 사전준비를 했다. 엔저 정책을 실행할 때 예상되는 주변국의 반발을 잠재우기 위해서 미리 미국과 IMF의 지지를 얻어냈다. 아베 총리가 엔저 정책을 끌고 가는 데서 가장 중요한 전략적 포인트는 미국의 지지를 얻는 것이다. 일본은 미국이 엔저를 용인해 주는 조건으로 큰 선물을 주었다. 환태평양경제동반자협정TPPA 협상에 참가하여 미국의 수출 길을 확장시켜 주었고, 미군의 후텐마普天間 기지 이전과 관련해서 미국의 편의를 우선 수용했으며, 민주당이 시행한 2030년 원전가동 제로 안을 재검토하고, 미국 국채를 계속 매입하기로 했다. 미국이 일본을 지지하자, 미국이 최대 주주로 있는 IMF도 곧바로 일본의 엔저 정책은 환율전쟁이 아니라 디플레이션에 빠진 일본 경제를 회복시키려는 조치라며 지지를 선언했다. 그리고 2013년 4월에 달러당 100엔에 육박하는 상황에서 개최된 G20 재무장관 회의에서도 엔저를 용인해주었다.

System Map

이 그림은 엔저의 예상 부작용을 보여 주는 그림이다.

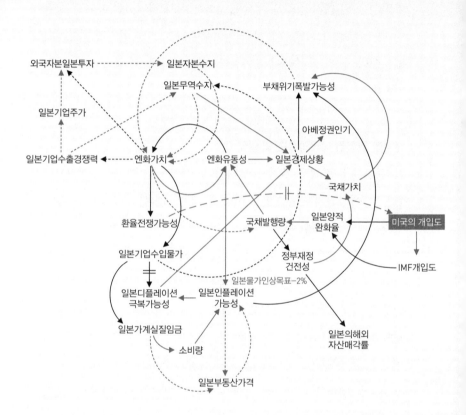

미국 국가부채 증가 현황

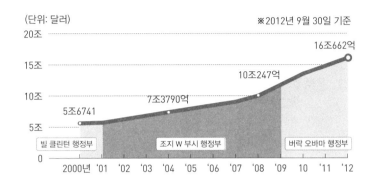

(단위: 달러)　　　　　　　　　　　　　　　※2012년 9월 30일 기준

16조662억

10조247억

7조3790억

5조6741

빌 클린턴 행정부　　　　　조지 W 부시 행정부　　　　버락 오바마 행정부

2000년 '01 '02 '03 '04 '05 '06 '07 '08 '09 '10 '11 '12

자료: 미 재무부

　미국에게도 일본과 이런 거래를 한 속내가 있었다. 미국의 목적은 동아시아에서 영향력을 확대하고, 미국의 경제 회복에 일본이 기여하도록 만드는 것이다. 예를 들어 일본 상품이 경쟁력을 얻으면 미국 내에 있는 일본 기업의 경쟁력도 동시에 상승하게 되어 미국의 국채 매입이 가능해진다. 또한, 미국의 국가부채가 커지고 달러 가치가 하락하면서 미국 국채의 인기가 떨어지고 중국의 미국 국채 매입에 제동이 걸린 상황에서 일본의 지원이 필요하다.

　그리고 무섭게 부상하는 중국을 견제하기 위해서는 일본이 좀 더 강력해질 필요가 있다. 재정절벽 위기에 빠진 미국 정부로서는 국방비를 증액하지 못하거나 삭감당할 경우 부족분을 일본에 전가할 수도 있다. 2012년 회계연도 기준으로 미국의 재정적자는 1조 893억 달러이고 국채 이자만 연 2,000억 달러를 지급해야 한다. 미국으로서는 그 어느 때보다 일본의 경제력이 필요할 때다. 마치, 2차 세계대전 직후 일본을 고사시키려던 미국이 아시아에서의 공산주의 세력 확

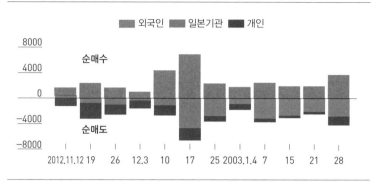

외국인 투자자 '바이재팬' 추이

순매수

순매도

외국인 | 일본기관 | 개인

2012.11.12 19 26 12.3 10 17 25 2003.1.4 7 15 21 28

자료: WSJ

대를 막기 위해 일본을 다시 재건시켰던 것과 비슷한 상황이 전개되고 있다.

이런 계산을 한 미국은 엔저를 용인하고, 집단적 자위권의 가능성에 대해서도 크게 반발하지 않으며 미일 동맹을 강화하고 동아시아 영토분쟁에서 일본에 우호적 입장을 취한다는 선물을 일본에 주었다. 또한, 아베의 요청에 따라 미국산 셰일가스를 조기에 일본에 수출한다는 약속도 해주었다. 미국과 일본의 밀약을 기반으로 한 엔저 정책은 즉시 효과를 발생시켰다. 작년 말부터 20조 엔이 넘는 재정 확대 정책을 시행하자 곧바로 일본의 국채 가치와 주식시장이 상승했다. 외국인 투자자들이 일본 주식을 매입하면서 주가가 상승하자 민간 금융기관들이 주식을 판 차익으로 채권을 구매하며 채권과 주식가격이 동시에 상승했다. 본래 주식과 채권은 서로 시소처럼 움직이는데, 동시에 상승하는 기이한 일이 벌어졌다. 주식시장에 외국인 자본이 몰리면서 신용도가 좋아지고 자금 조달도 수월해지면서 기업들의 투자 심리가 호전되고 일자리도 늘었다. 일본의 자동차 수출

476

도 6개월 만에 24%가 증가했다.

그러자 아베의 지지도가 2013년 3월에 72%까지 수직 상승했다. 2013년 7월에 참의원 선거가 있다. 아베의 지지도, 정당 지지도, 내각 지지율이 최소한 6월까지 계속해서 이 상태를 유지하거나 더 좋은 상태가 되면 참의원 선거에서 자민당이 압승할 수 있다. 그러면 다음 선거까지 3년 동안 정권 유지가 가능하다. 따라서 아베 총리는 최소한 선거 전까지는 엔저 정책을 강력하게 밀고 나갈 가능성이 크다.(필자의 예측대로 아베가 이끄는 연립 여당인 자민당과 공명당은 2013년 7월 21일 참의원 선거에서도 안정 과반 의석을 확보했다)

엔저에 대한 독일과 프랑스 등 유로지역 국가들의 입장은 어떨까? 극심한 금융위기를 겪고 있는 유로지역에서는 현재 유일하게 독일만 경제지표가 긍정적이다. 독일은 유로당 1.3~1.4달러가 적정한 수준이라고 보고 있기에 현재의 환율에 대해서 큰 불만이 없다. 때문에 엔저 정책에 대해 우려를 표명하기는 하지만, 강하게 반발하지는 않은 채 유보적 태도를 취하고 있다. 물론, 독일과 일본은 수출 품목 중 몇 가지가 겹치는데 그 중 하나가 자동차다. 엔저가 독일의 자동차 수출에도 타격을 줄 수 있는데도 독일이 유보적 태도를 취하는 데는 이유가 있다. 독일 자동차와 일본 자동차는 경쟁하는 지점이 다르기 때문이다. 독일 자동차는 이미 자체적으로 엔저와 상관없이 구조조정, 원가절감, 생산성 향상을 통해서 가격경쟁력을 갖추고 있다. 따라서 직접적 피해가 없으므로 유보적 태도를 취하는 것이다. 또한, 한 때 4.1%에 달했던 독일정부의 재정적자는 앙겔라 메르켈 정부의 노련한 관리 덕택으로 2012년 10월 기준으로 0.8%까지 크게 감소했다. 경상수지도 2012년 상반기에 GDP 대비 6.3% 흑자를 기록했다.

독일을 제외한 프랑스 등 기타 유로지역 회원국들은 강한 반대 입장을 취하고 있다. 현재 수출경쟁력이 하락하고, 수입물가가 상승하고 있기 때문이다. 모건스탠리는 이탈리아가 경쟁력을 회복하기 위해서는 2013년 2월 현재 1.345달러인 유로화의 가치가 유로당 1.19달러까지 내려야 하고, 그리스가 회복되기 위해서는 1.07달러가 되어야 한다고 진단했다. 엔저가 지속되면 유로화의 가치가 강세로 돌아서게 되어 이탈리아와 그리스 등의 나라는 타격을 입게 된다. 프랑스 역시 2012년 재정적자가 872억 유로(약 123조 원)에 달했다. 경기 후퇴로 부가가치세 수입이 줄어들고 경상수지 적자도 확대되었기 때문이다. 프랑스의 국가부채도 2008년 GDP 대비 63%에 불과했던 것이 2013년 97%까지 치솟았다. 유로지역에서 금융위기가 확대되면 그 다음 차례는 프랑스라는 말이 공공연하게 돌고 있다.

현재 유럽에서 가장 영향력이 강한 나라는 독일이다. 따라서 독일의 입장이 바뀌지 않는 한 유로지역의 전체 입장이 일본의 엔저에 대해서 반대하는 쪽으로 가기는 쉽지 않다. 미국의 지지는 이미 얻은 상황이고 유럽은 독일이 유보적 태도를 취하고 있기 때문에 아베 총리가 엔저 정책을 당분간 지속하는 데는 큰 문제가 없다.

세계경제의 약한 고리, 동남아가 위험하다

현재 아시아는 새롭게 G2로 떠오른 중국, 중국에 2위 자리를 빼앗겼지만 여전히 강국인 일본, 연평균 10%의 경제성장률을 기록하면서 2050년 정도면 미국의 경제 규모를 추월할 잠재력을 가지고 달리는 인도라는 3대 강대국이 서로 경쟁하고 있다. 이는 역사적으로 유례가 없는 일이다.

여기에 아시아의 성공 모델인 한국, 중국과 손을 잡고 차이완 효과를 발휘하고 있는 대만, 아시아의 4마리 호랑이에 속하는 홍콩과 싱가포르, 막대한 내수시장을 기반으로 새로운 신흥 시장으로 떠오르고 있는 인도네시아, 한창 달아오르고 있는 베트남과 필리핀 시장, 인도와 끊임없는 국경 분쟁을 하며 핵 개발 경쟁을 하고 있는 파키스탄 등이 한데 어우러져 아시아의 새로운 정치, 경제, 군사적 주도권 쟁탈전을 준비하고 있다.

그러나 앞으로 10년, 아시아 국가의 경제순위 변화라는 양적인 것보다 더 중요한 것이 있다. 그것은 바로 고속 성장을 지속하고 있는 아시아 국가들이 과연 어떤 과정을 밟으면서 변화될 것인가 하는 질적인 문제다. 과연 아시아 국가들이 아무런 문제 없이 고속성장을 거듭하면 세계 경제의 구세주가 될까? 아니면 세계 경제의 또 다른 시한폭탄이 될까?

무엇보다 확실한 것이 있다. 2008년 미국에서 시작하여, 두바이를 거쳐, 포르투갈-이탈리아-아일랜드-그리스-스페인 등 남유럽 5개국(PIIGS)을 뒤흔든 금융위기는 시간이 지나면서 아시아로 확장될 것이다. 현재의 금융위기는 폭탄 돌리기처럼 진행되고 있다. 금융 부실의 근본 원인은 해결하지 않은 채, 유동성을 풀어서 표면적인 증상만 치료하고 다른 나라나 지역으로 폭탄을 전가하는 상황이 이어지고 있다. 결국 '어디선가' '언젠가는' 반드시 터지게 되어 있다. 과연 그곳이 어디일까? 필자는 2015년 이후 10년 동안 한국, 일본, 중국이 아시아 금융위기의 진원지가 될 것으로 예측했다.

그런데 문제는 이들 세 나라뿐만이 아니다. 풍선이 부풀어 오를 때 가장 약한 부분이 먼저 터지듯, 세 나라의 위기가 연속적으로 일어나이 그림은 아베의 노림수를 보여 준다.

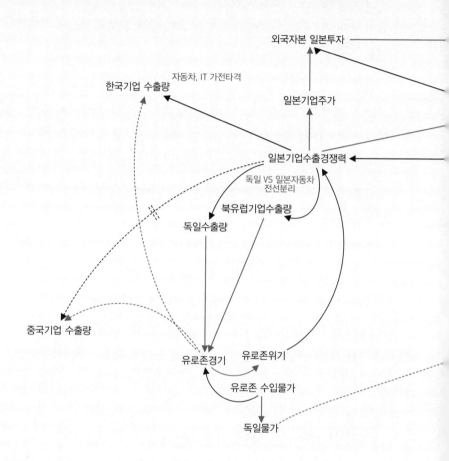

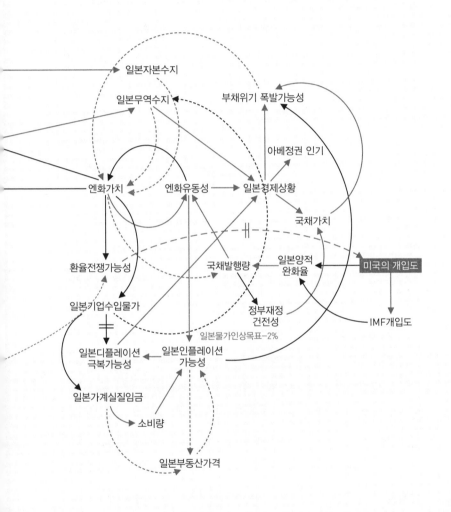

일본자본수지

일본무역수지
부채위기 폭발가능성

아베정권 인기

엔화가치
엔화유동성
일본 경제상황

국채가치

환율전쟁가능성
국채발행량
일본양적
완화율
미국의 개입도

일본기업수입물가
정부재정
건전성
IMF개입도

일본물가인상목표-2%

일본디플레이션
극복가능성
일본인플레이션
가능성

일본가계실질임금

소비량

일본부동산가격

는 과정에서 금융 불안정성, 유동성 제약이 계속 증대하고 경제적 충격과 변화에 가장 대응력이 약한 나라와 지역에서 부가적인 위기가 발발하게 될 것이다. 그럴 가능성이 가장 큰 곳은 글로벌 금융 충격을 흡수하는 능력이 제한적인 동남아 국가들이다. 즉, 전 세계는 지금 남유럽의 위기냐, 혹은 미국의 추락이냐, 중국의 붕괴냐, 일본의 부도 위기냐에 집중해 있다. 하지만 아무도 관심을 두지 않는 동남아 지역에서 문제가 시작될 가능성이 크다는 말이다. 동남아 국가들은 그리스와 같은 막대한 재정적자나 정부의 부채규모에 의한 문제가 발생하지 않아도 위기에 취약할 수 있다. 왜냐하면 현재 문제의 중심부에 있는 미국, 유럽 그리고 앞으로 문제의 핵심이 될 중국 등으로부터 수출입과 자본 유입의 수혜를 누리고 있는 곳이기 때문이다.

그래서 미국, 유럽, 중국발 금융위기에 순식간에 전염될 수 있다. 미국, 유럽, 중국이 자신의 생존을 위해 보호무역주의나 금융규제, 구조조정, 지출 억제, 부채 상각, 자산 하락, 거래 위축 등을 시행하면 자의반 타의반으로 급격한 위험 상황으로 반전될 수 있다. 이들 동남아 국가들은 현재도 위기 국면을 탈출하기 위한 재원 마련에 큰 부담을 느끼고 있다. 이런 상황에서 재정 건전성에 대한 추가적인 과도한 요구가 발생하면 경제 시스템 자체가 작동 불능이 되면서 국가 부도 위기를 맞거나 중장기적인 성장잠재력을 크게 상실할 가능성이 크다. 일명 '싱가포르 쇼크'가 발생한다는 뜻이다. 싱가포르 쇼크란 수출 비중이 높아 세계 경제가 위기를 겪거나 침체되면 경제성장률이 급락하여 경제적 독립성과 안정성이 떨어지는 현상을 말한다. 그러면 위기의 폭탄을 다른 나라로 전가하기 바빴던 미국, 유럽, 중국으로 다시 폭탄이 되돌아가면서 세계적 충격으로 비화할 수도 있다.

12장

중국

2040년, 중국이 몽골과 미얀마를 공격한다

세계의 석학들은 중국의 미래를 어떻게 보고 있을까? 제임스 마틴James Martin[65]은 미국과 유럽의 100년 정책 설계에 관여했던 미래학자다. 영국 옥스퍼드 대학교에서 '제임스 마틴 과학 및 문명 연구소'를 운영하는 그는 2040년 미국과 중국의 대립에 대한 시나리오를 이렇게 제시했다.

시기는 2040년이다. 미국과 중국이 거의 비슷한 수의 핵무기를 보유하고 있다. 중국은 부유하지만, 인구 폭발 직전이다. 중국의 인구 밀도는 러시아의 20배, 캐나다의 50배다. 세계가 자원 부족에 시달리는 상황이고 중국도 예외는 아니다. 석유, 우라늄, 구리, 물 부족에 시달릴 뿐 아니라 국민이 먹을 식량도 충분하지 않다. 중국은 그렇게 어려운 상황을 어떻게 벗어날 수 있을까? 중국이 그에 대한 타개책으로 우선

몽골을 평화적으로 합병하고, 티베트를 무력으로 침공했던 것처럼 미얀마를 침략한다고 가정하자. 많은 나라가 중국의 무력 사용을 비난하지만, 누구도 선뜻 나서서 군사 행동을 취하지는 않는다. 만일 핵전쟁이라도 일어난다면 미얀마를 도움으로써 얻을 수 있는 이익보다 훨씬 큰 피해가 생길 수 있기 때문이다. 그렇다면 미얀마를 구할 방법은 없을까? 미얀마를 점령한 중국은 상하이를 재창조한 건축가들을 동원해 미얀마의 양곤 근처 해안에 미래형 첨단 도시를 건립한다. 중국은 이에 그치지 않고 카자흐스탄과 타지키스탄의 대표적 회교 도시들, 우즈베키스탄과 아름다운 키르기스스탄을 침략할 준비를 한다. 그 국가들은 중국이 침공을 감행한 직후 힘없이 무너질 것이다. 미국은 중국의 무력 침공에 경고를 보낸다. 중국이 다른 국가들을 침공하면 미국은 군사 행동을 취할 것이다. 그러나 중국은 미국에게 남의 일에 간섭하지 말라고 한다.[66]

1969년에 이미 8억 명을 돌파한 중국 인구는 2012년 기준으로 13억 5,404만 명이다. 앞으로 중국 인구는 어느 정도까지 증가할까? 중국 사회과학원은 2021년 13억 8,000만 명을 정점으로 인구가 감소할 것으로 본다. UN은 중국의 인구가 2020년에 14억 5,000만 명에 이를 것으로 전망한다. 이런 자료들을 검토하면, 중국의 인구는 14억 명 이내에서 정점을 찍고 감소할 것으로 예측된다. 중국 역사상 가장 큰 영토를 보유하고 있는 현재 상황을 고려할 때 이 정도의 인구는 충분히 감당할 만하다.

따라서 중국이 주변국을 침공한다면 인구 폭발 때문은 아닐 것이다. 14억 명에 이르는 중국의 인구가 더욱더 편리한 자본주의의 혜택을 맛보기 위해 도시로 밀려드는 것이 모든 문제의 출발점이 될 가능성이 크다. 중국과학원이 발표한 '2012 중국 신형도시보고서'에 의하면, 2011년 중국의 도시화율은 51.3%에 이르렀다. 중국과학원은 중국의 신중국 도시화 발전 과정을 6단계로 분류했다.

1949~1957년 도시화 초보 발전 단계
1958~1965년 도시화 굴곡 발전 단계
1966~1978년 도시화 정체 발전 단계
1979~1984년 도시화 회복 발전 단계
1985~1991년 도시화 안정 발전 단계
1992~2011년 도시화 고속 발전 단계

이런 추세라면 2020년경 중국의 도시화율은 60%를 넘어설 것으로 예측된다. 이 정도가 되면 중국에는 인구 1,000만 명 이상의 대도시가 8개, 100만 명 이상의 도시는 약 220개가 될 것이다.

하지만 중국 정부도 급격한 도시화율이 가져올 심각한 사회 변혁의 위험을 걱정하고 있다. 도시화율의 상승은 내수 촉진과 중산층 증가의 주도적인 동력이 된다. 그러나 다른 한편에서는 산업의 구조가

중국 도시화 현황 및 전망

	2001년	2006년	2011년	2015년	2020년	2025년	2030년
도시인구 (억 명)	4.80	5.82	6.9	7.4	8.1	8.6	9.2
도시화율(%)	37.66	44.34	51.3	54.2	58.7	61.2	63.7

자료: 중국통계연감(2011), 국무원발전연구센터(2009)

빠르게 혁신 산업으로 재편되면서 농업이 약화되고, 신주류로 부상하는 중산층이 사회의 전면으로 등장하면서 더 많은 자유와 부의 축적을 원하게 된다. 도시와 농촌의 격차가 심해지고 부의 불균형 분배는 가속화된다.

또한, 도시화는 공업화를 촉진해 환경오염을 증가시키고, 부동산 가격의 급격한 상승, 물가 상승 및 인플레이션 위기, 자원의 급격한 소비를 촉진한다. 자원 부족, 물 부족으로 말미암은 식량 생산량 감소 문제도 계속해서 제기될 것이다. 제임스 마틴의 시나리오처럼 자연스럽게 무력으로 주변국에 대해서 압박을 가할 수 있다는 의심을 살 상황으로 내몰릴 수 있다.

이런 부작용과 의심에도 중국 정부는 사활을 걸고 도시화를 촉진하고 있다. 중국 정부는 앞으로 10년 동안 도시화 촉진 정책에 40조 위안(한화 7,200조 원)에 이르는 대규모 투자를 하겠다고 발표했다. 2020년까지의 도시화 촉진 정책을 통해 내수시장을 키우겠다는 것이다. 정부는 이를 통해 높은 수출 의존도에서 벗어나 중국 경제의 지속적인 성장을 이끌어갈 가장 핵심적인 동력으로 활용할 생각이다. 이처럼 중국이 도시화를 촉진하면서 무리하게 경제 성장에 전력투구하는 이유는 무엇일까?

중국 정부의 3가지 아킬레스건

물론 선진국의 도시화율은 중국의 목표보다 높다. 우리나라는 2011년에 도시화율이 90%를 넘어섰다. 독일은 88.5%, 미국은 81%, 일본은 66%이고, 영국은 90.1%에 다다랐다. 이와 비교해볼 때 중국의 도시화 촉진 정책은 큰 문제가 없는 상식적인 조치로 볼 수 있다.

하지만 필자의 분석으로는 중국만의 특수한 문제가 있다.

도시화율이 급격하게 증가한 나라들은 도시화 과정에서 필연적으로 나타나는 다양한 부작용을 해소하는 출구가 있었다. 바로 민주주의다. 급격한 도시화에서 발생하는 도시와 농촌 사이의 심각한 격차, 환경오염에 대한 책임 문제, 부동산 가격 폭등과 물가 상승으로 말미암은 인플레이션 스트레스, 부의 불균형 분배 등에 대한 국민적 불만을 선거를 통한 정권 교체라는 출구를 통해 다스려온 것이다. 하지만 중국은 이런 출구가 없다.

중국은 자신들의 정치 시스템이 서구식 민주주의 정치 제도가 아니지만 충분히 민주적이고 국민의 의견에 귀를 기울이는 방식이라고 주장한다.[67] 그래서 중국 내부는 물론이고 주위에서도 경제 문제나 잦은 시위로 말미암은 정치 불안에 대해 우려할 필요도 없고 소련식의 정권붕괴도 없을 것으로 자신한다.[68] 과연 그럴까? 민주적 선거를 통한 정권 교체라는 출구가 없으면 국민적 불만을 억누르는 유일한 수단은 경제적 성장이라는 환상뿐이다. 중국은 지난 수십 년 전과 비교하면 몇십 배 이상 잘사는 나라가 되었다. 중국 국민도 절대적인 부의 상승을 맛보고 있다. 하지만 인간의 탐욕은 끝이 없다. 절대적

중·미·일의 도시화율 및 서비스업 비중

	중국			미국			일본		
	1970	1990	2010	1970	1990	2010	1970	1990	2010
도시화율	17.4	27.4	44.9	73.6	75.3	82.3	53.2	63.1	66.8
서비스업 비중	24.3	31.5	43.1	66.4	73.4	80.0	–	60.2	72.0
1인당 GNI	–	341	4,382	5,060	22,987	47,394	1,982	24,894	40,554

* 2009년 기준
자료: CEIC, World Bank, 한국은행 금융통계시스템

빈곤에서 벗어나면 부에 대해 상대적 평가를 한다. 상대적 부의 격차에서 오는 상실감과 좌절감은 심각한 불만이 되어 솟아오르게 된다. 이것은 자본주의 시스템의 태생적 한계다. 민주주의적 자본주의 체제는 이 문제를 세금, 노블레스 오블리주, 그리고 선거를 통한 정권 심판이라는 탈출구를 통해 해결한다. 그러나 중국은 이 3가지 면에서 매우 취약하다.

중국의 지배층이자 주요 민족은 한족漢族이다. 그러나 중국은 55개에 이르는 소수민족들이 공존하는 다민족, 다언어 국가다. 중국의 소수민족은 대략 1억 명을 조금 넘는다. 그런데 전체 인구의 8.5%에 불과한 그들은 영토의 64%를 넘게 차지하고, 14개 국가와 국경을 접하며 살고 있다. 이는 기회만 되면 언제든지 분리독립 운동이 일어날 수 있는 위험성을 내포하고 있는 조건이 된다. 실제로 2008년 3월에 장족壯族이 중심인 티베트에서 유혈사태가 발생했다. 티베트는 1949년 중국 정부가 수립되는 과정에서 자치구로 편입된 지역이다. 그러나 1959년 분리독립을 요구하는 반중反中 운동이 일어나면서 달라이 라마가 인도로 망명하여 망명정부를 수립했다. 그들은 지금까지 국제사회에서 중국을 압박하고 있다.

이외에도 기회가 되면 독립할 가능성이 있는 대표적인 소수민족들로 내몽골 자치구의 몽골족, 신장위그루 자치구의 위그루족, 연변 자치구의 조선족 등이 있다. 2007년에는 신장위그루 자치구에서 중국 정부가 분리독립주의자들의 군사훈련기지를 급습하여 '동東투르키스탄 이슬람 해방조직(ETIM)'을 궤멸시키기도 했다. 이처럼 상당수의 독립운동 단체들이 이슬람 해방조직이나 알카에다 같은 이슬람 테러조직과 연계되어 있다. 앞으로 중국의 힘이 약화되면 이슬람 세력들과의 충돌 사태가 일어날 수도 있다.

중국은 미래에 있을지도 모르는 분리독립운동을 제어하기 위해 경제 성장이라는 당근과 동시에 무력 진압, 소수민족들끼리만 집단을 이루어 거주하지 못하도록 이주 정책을 펴거나 한족과 더불어 사는 잡거 형태를 유지하고 있다. 예를 들어 옌벤延邊 조선족 자치주 약 200만 명의 인구 구성을 보면 조선족이 80여만 명으로 전체의 40%, 한족이 115만여 명으로 57%, 기타 민족이 3%로 되어 있다.

벌써 늙어가는 미완의 제국, 중국

2012년 기준 시골에서 도시로 올라온 인구는 총 7억 1,200만 명에 달한다. 2012년 한 해에만 2,100만 명 증가했다. 하지만 글로벌 금융 위기 속에서도 7.8%라는 경이적인 성장률을 기록하며 284만 개의 신규 일자리를 만들었다. 여기까지는 중국의 지난 성장기와 다를 바가 없다. 하지만 한 가지 달라진 점이 2012년에 발생했다. 중국 국가통계국의 발표에 의하면, 2012년 15~59세까지의 생산가능인구는 9억 3,700만 명으로 2011년보다 345만 명(0.6%) 줄었다. 이런 현상은 중국의 근대화 이후 처음으로 나타난 현상이다.

중국의 인구는 1950~1957년의 8년 동안 성장률이 22%에 이르면서 6억 4,653만 명을 기록했다. 그 후 1958~1961년에는 성장률이 5%로 낮아지면서 안정적인 상태에 도달하는 듯했다. 하지만 1962~1973년의 12년 동안 다시 26%라는 경이로운 성장률을 보이면서 8억 9,143만 명으로 폭발적으로 늘었다. 이 시기에 늘어난 인구만 2억 3,293만 명으로 그 당시의 소련이나 미국의 전체 인구와 맞먹는다. 1971년에도 5.4명이라는 엄청난 출산율을 보였다. 이렇게 인구가 증가하자 교통, 주택, 교육, 의료, 식생활 등의 문제가 심각해졌다.

이에 중국은 1978년 덩샤오핑의 주도로 1가정 1자녀의 산아제한 정책을 시행했다. 그 결과 인구 증가율은 1990년 1.07%를 기록한 후 2000년대에 들어서서 0.57%로 낮아졌다. 총 아동 인구수도 1980년부터 빠르게 줄고 있다. 1982년의 아동 인구가 3억 4,156만 명이었는데 2005년에는 2억 6,543만 명으로 22.3%가 줄었다. 2009년에는 2억 2,517만 명으로 더욱 줄었다.[69]

더 큰 문제는 전문가들의 예측보다 3년 정도 더 빠르게 나타난 생산가능인구의 감소 현상이 2012년 한해의 일시적 사건이 아니라 2030년까지 계속될 추세라는 점이다. 2010년에 74.5%로 정점에 이른 뒤 서서히 감소하여 2020년에는 72%까지 하락하고, 2030년에는 지금보다 7,700만 명가량 줄어들게 된다.

만약 이 문제에 대해서 중국 정부가 심각성을 인식하고 지금부터 출산장려정책을 시행해서 앞으로 10년 동안 가족정책에 대대적인 투자를 해서 출산율을 2.1명까지 끌어 올리는 기적(?)을 일으킨다면 상황은 어떻게 될까? (출산율 2.1명은 현 인구 수준을 유지하는 데 필요한 수준이다) 그렇게 되어도 이미 가임 여성의 숫자가 현저히 줄었기 때문에 2030년의 생산가능인구 비율은 지금과 비교해서 10% 이상 감소하는 것을 막을 수는 없다.

전체 인구가 어마어마하게 많아서 중국 인구에 대한 착시 현상이 있다. 사실 중국의 저출산 문제는 한국과 일본처럼 심각한 수준에 도달했다. 2011년 중국 국가통계국의 발표에 의하면 합계출산율[70]이 1.18명까지 떨어진 것으로 나타나 충격을 주고 있다. 그 전까지 중국 정부는 출산율이 1.8명이라고 우겨왔다. 중국 정부의 이런 억지를 믿지 않았던 전문가들도 중국의 출산율이 1.4~1.8명은 될 것으로 예측했다. 선진국 중에서 가장 먼저 저출산 고령화의 덫에 빠져 20년 간의 디플레이션에 시달리고 있는 일본도 2011년 출산율이 1.39명이었다.

지역별로 보면 더 심각하다. 2011년 대한민국에서 합계출산율이 최하위를 기록한 부산시는 1,078명이다. 중국은 이보다 더 심하다. 강력하게 산아제한정책을 시행하고 있는 베이징, 상하이의 합계출산율은 0.7명에 불과하다. 합계출산율이 현 인구 수준을 유지하는 데 필요한 2.1명을 넘는 곳은 중국 정부가 시행하는 한 자녀 정책의 규제를 받지 않는 소수민족 거주 지역뿐이다.

저출산으로 생산가능인구가 감소하면 자동화와 기술 진보를 활용한 생산성 향상으로 경제성장 방식을 전환하면 성장 추세를 지속할 수 있다. 하지만 값싼 노동력이라는 강점이 사라지고, 임금 상승이라는 부담이 기업과 경영 전반에 작용하게 된다. 그리고 자본가들과 근로자들 간의 부의 불균형 분배는 더욱 커지게 된다. 지금도 중국의 부의 불균형 분배 문제는 상당히 빠른 속도로 악화되는 중이다. 중국은 빈부격차가 점점 심해지고 있는 상황을 숨기고 싶어서 2002년 이후로 소득분배의 불균형 정도를 나타내는 '지니계수'[71] 조차 발표하지 않았다. 그러던 중국이 시진핑 정부가 들어서고 나서 2013년 1월에 지난 10년간의 지니계수 변화 추이를 선뜻 발표했다. 왜일까?

중국 정부의 지니계수 발표에 의하면 2003년 0.479에서 2008년 0.491까지 점점 악화되었다.(1에 가까울수록 불균형이 심하다) 그러나 2009년에 0.490으로 낮아지기 시작하고 2012년에는 0.474까지 호전되었다. 지표로만 봐서는 빈부격차의 문제에 대한 해결의 실마리를 찾은 듯 보인다. 현실적으로 해안 지역과 내륙 지역 간의 부의 불균형 분배가 심해지고, 관료들의 부패가 극에 달해서 민심이 흉흉해지자 호전된 지니계수를 발표해서 국면 전환을 꾀하려는 의도였던 것이다.

하지만 일부 전문가들은 중국 정부의 발표 자료를 신뢰하지 않는다. 2012년 말 중국 시난차이징 대학 중국가정금융조사센터가 발표한 지니계수는 태평천국의 난이 일어난 때와 비슷한 수준인 0.61에 이르렀기 때문이다. 실제로 지니계수가 0.6을 넘는다는 것은 빈부 격차가 매우 심각한 수준에 이르렀다는 것을 의미한다. 중국의 경제학자들도 중국의 경제 특성 중의 하나인 소수에게 엄청나게 집중된 부의 상당 부분이 '보이지 않는 수입'이라는 점을 거론했다. 정부가 발표한 지니계수는 이런 특성을 고려하지 않은 분석이라는 지적이다. 중국 정부는 부의 불균형을 해결하기 위해 내륙 지방 개발로 정책 방향을 전환하고 있다. 그런데 과연 내륙 지방의 경제발전이 얼마나 될까? 역사적으로 볼 때, 중국의 경제발전은 수도와 해안지역을 따라서 집중되었다. 중국의 유명한 4대 상방인 진상晉商, 절상浙商, 월상粤商, 휘상徽商의 활동 지역도 수도권과 해안지역이었다. 그만큼 옛날부터 중국의 내륙지방은 지형적 특성 때문에 경제발전에 한계가 있었다.

이런 상황에서 생산가능인구가 줄어드는 시기를 맞은 중국은 고민이 크다. 이미 부의 불균형 분배가 통제하지 않으면 민란이 일어날 수준에 근접했는데, 생산가능인구 감소 국면에서 자연스럽게 발생하는 추가적인 부의 불균형 분배가 기다리고 있기 때문이다.

구체적으로 생산가능인구의 감소는 어떤 문제를 유발할까? 먼저 전체 인구에서 생산가능인구 비율이 증가하면서 자연스럽게 경제성 장률이 높아지는 '인구배당 효과_{Demographic Dividend} [72]가 사라진다. 자 본주의 사회에서는 일반적으로 인구배당 효과가 사라지는 시점부터 경제성장률이 단계적으로 둔화하기 시작한다. 중국도 이제부터 인구 보너스_{Demographic Bonus}는 사라지고 '인구 오너스_{Demographic Onus} [73] 함정 에 빠질 가능성에 직면한 셈이다. 한 나라의 성장 잠재력은 노동력, 자본의 투입, 노동생산성의 향상에 따라 결정된다. 그러나 인구배당 효과가 사라지면 이 3가지 요소도 심각한 영향을 받게 되어 '인구 오 너스' 함정에 빠지게 된다. 노동력이 감소하면 저축률이 줄어들면서 자본 투입 증가 추세도 둔화한다. 시간이 지남에 따라 고령화 현상으 로 이어진다. 고령화 사회에 진입하게 되면 자본시장의 성장세가 하 락을 면키 어렵다. 생산인력의 양적 감소와 더불어 노동인력의 고령 화가 시작되면서 노동의 질도 떨어지게 된다. 이렇게 하락한 만큼의 생산성을 자동화나 기술력의 향상으로 상쇄시킬 수는 있지만, 추가 적인 생산성 향상은 기대할 수 없게 된다.

중국은 인구 보너스에 힘입어 제11차 5개년 계획 기간이었던 2005~2010년에 전 세계적인 경제위기에도 성장률 10.5%를 기록했 다. 2011~2015년의 제 12차 5개년 계획 기간에는 7.19%를 예상하 고 있다. 그러나 '인구 오너스' 함정이 두드러지는 2016~2020년의 제 13차 5개년 계획 기간에는 6.09%로 하락할 것으로 예측하고 있다. 2020년이 되면 생산가능인구가 2010년에 비해 2,900만 명이 감소할 것이기 때문이다.

그런데 노인 부양의 부담은 커져서 사회 각 분야에 심각한 변화

아시아국가의 생산연령인구 비율

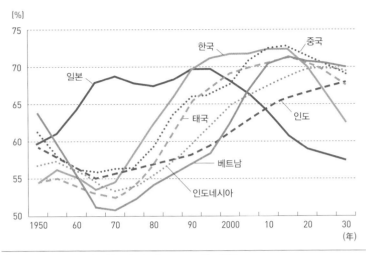

자료: United Nations, World Population Prospects : The 2010

가 예상된다. 일본은 1955~1970년까지 연평균 9.6%의 급속한 경제 성장률을 보이다가, 1980년대에 들어서면서 3~5%대로 주저앉았고, 1996년부터 생산가능인구가 감소하기 시작하자 0.85%로 급락했다. 일본도 중국이나 한국과 마찬가지로 1979년부터 한 자녀 낳기 저출산 정책을 펼쳤다. 일본의 GDP도 1995년 5조 2,442만 달러로 정점을 찍고 하락하여 1998년에 3조 8,422만 달러까지 추락하였다가, 2011년에 가까스로 5조 4,588만 달러로 올라섰다. 전체적으로 보면 거의 15년 이상 제자리걸음한 것이다. 그 동안의 화폐가치 하락을 감안하면 아직도 1995년 당시의 최전성기에 크게 못 미치는 셈이다.

저출산 현상이 빨라지고 심해질수록 고령화 문제도 같은 속도와 강도로 나타난다. 고령화 사회란 65세 이상 인구가 총인구의 7% 이상을 차지하는 사회다. 중국은 이미 고령화 사회에 들어섰다. 중국

사회과학원은 2027년이면 65세 이상 인구가 14%를 차지하는 고령사회Aged Society로 진입할 것으로 예측한다. 유엔 세계인구전망에서는 이 시기가 1년 정도 빨리 올 것으로 본다. 고령사회에 도달하는 기간은 프랑스가 115년, 미국 75년 걸렸다. 앞의 예측대로라면 중국은 불과 25년 만에 고령사회로 진입하게 된다. 2028년이면 고령인구가 미성년자보다 많아진다. 이런 정도의 고령화 추세라면 중국은 빠르면 2028년에 경제성장률이 1~2%대로 떨어지는 저성장 국면으로 접어들 수도 있다.

그로부터 불과 10년 뒤인 2036년이면, 65세 이상이 20%를 차지하는 후기고령사회Post-aged Society 혹은 초고령 사회가 된다. 이 시기에 65세 이상의 노인 인구는 3억 명이 넘을 것이다. 은퇴 후 세대까지를 다 합친 55세 이상 인구는 5억 명이 넘게 된다. 이 속도와 규모는 현재 세계 최고령국가인 일본을 압도하는 수준이다.

2013년 2월 기준으로 중국의 60세 이상 노인인구는 2억 200만 명으로 전체 인구의 14.8%가 되었다. 2035년이면 인구가 감소하기 시작하여 2100년에는 5억 6천만 명으로 준다. 2035년에는 생산가능인구도 2010년에 비해 1억 8천만 명이나 감소한다. 2040년이면 인구의 절반이 50세 이상이 된다. 지금부터 30년이 채 안 남은 중국의 무서운 미래다.

선진국은 1인당 GDP가 1만 달러를 넘어선 후에 인구 고령화 문제가 발생했다. 그런데 중국은 3,000달러 시기부터 이 문제가 시작되었다. 그래서 아직도 사회보장제도가 후진국 수준인 중국에서 노인 빈곤 문제는 시간이 갈수록 큰 사회적 문제로 비화할 가능성이 크다. 중국국제학술원의 조사로는 현재 중국 노인들의 20%는 월평균

516위안(약 4만 8천원) 이하의 돈으로 생활한다. 그리고 38.1%는 일상적인 생활이 어려운 질병을 앓고 있으며, 40%는 심한 우울증을 겪고 있다고 한다.[74]

저출산과 고령화 문제는 선진국형 문제다. 그래서 당연한 현상으로 취급할 수도 있다. 하지만 문제의 핵심은 그것이 아니다. 경제가 발전하는 과정에서 나타나는 저출산 고령화 현상에서 문제가 되는 것은 바로 그 '속도'다. 저출산 고령화가 본격적으로 사회와 경제에 영향을 미치기 전에 GDP를 최대한 높여두어야 한다. 생산가능인구가 계속해서 증가하는 시기에 GDP를 극대화한 후에 저성장 국면에 진입해야 대비책을 마련할 수 있기 때문이다.

일본에서 이 문제가 본격적으로 불거진 때가 GDP가 4만 달러에 이르렀을 즈음이다. 물론 저출산 고령화 사회에서도 경제 성장은 지속된다. 일본은 4만 달러에서 5만 달러까지 성장했다. 그러나 이후로는 4만 달러 대로 다시 추락해서, 그 언저리를 맴돌 뿐이다.

한국은 1인당 GDP가 1만 5천~ 2만 달러에 이르렀을 때 저출산 고령화의 타격을 받기 시작했다. 따라서 한국의 GDP는 2.5만 달러에서 3만 달러가 최고치가 될 가능성이 크다. 그 이후로는 일본처럼 역GDP 성장을 할 가능성이 크다. 이처럼 저출산 고령화 현상이 일본과 한국에서 동일하게 일어났지만, 일본보다 한국이 속도가 더 빨라서 경제성장도 빨리 멈추고, 해결책도 더 제한되며, 개인이 받는 경제적 충격은 더 크다.

2012년 중국의 1인당 GDP는 5,400달러로 세계 90위 권이다. 일본과 한국의 경험을 단순하게 중국에 대입해 보면, 1인당 GDP가 1만 달러에서 멈출 가능성도 있다. 저출산 고령화 문제는 강력한 중국 정부라도 막을 수 없다. 강제로 노인들의 수명을 단축하고 하늘에서 아이들이 내려오지 않는 이상 해결할 방법이 없다.

여기에 더해, 필자가 분석하기에 중국에서는 이미 '루이스 전환점 Lewisian Turning point'이 시작된 듯하다. 루이스 전환점이란 경제가 급성장함에 따라 농촌의 잉여노동력을 도시에서 빠르게 흡수하여 저임금 노동자의 고갈이 일어나는 현상을 말하는 용어이다. 그 결과 몇 년 동안 도시 근로자들의 임금이 급상승하면서 일정한 시점에 이르면 '고비용-저효율' 구조가 정착되고, 그에 따라 경제 성장이 둔화하는 국면에 이른다는 이론이다. 이 이론은 1979년 노벨경제학상을 받은 루이스가 주장한 이후 경제성장 국면의 전환을 예측하는 중요한 척도로 사용되고 있다.

루이스 전환점을 통과하면 임금이 급상승하게 되어 소비재 시장의 발전이 촉진되는 좋은 점도 있다. 하지만 저임금을 기반으로 한 조립형 제품을 수출하는 경제성장은 둔화한다. 만약 소비시장이 이 간극을 빠르게 상쇄하지 못하고, 첨단 기술과 선진 경영기법을 도입하여 생산성과 효율성을 개선하는 단계로 빠르게 나아가지 못하면 국가 전체의 성장률이 크게 둔화될 위험이 있다. 이런 상황에 빠져서 더 이상 성장을 하지 못한 대표적인 나라들이 1970년대 이후의 아르헨티나, 브라질, 멕시코 등과 같은 중남미 국가들이었다. 특히 아르헨티나는 1960년대만 해도 세계 6대 부국富國에 들었었다. 이 나라들은 루이스 전환점 이후 경제성장률 하락과 수출 경쟁력 저하, 높은 인플레이션과 부의 불균형 분배라는 성장의 부작용, 정부 부채의 증가 등의 문제 때문에 다시 후진국으로 밀려 나고 말았다.

필자는 '인구구조와 경제구조의 동류Co-flow 현상'을 발견했다. 이는 한 나라의 인구 피라미드 안에는 현재 경제 상황이나 미래의 경제 발전 가능성과 수준을 가늠할 수 있는 힌트가 들어있다는 말이다. 먼저, 아래의 그림을 보자.

우간다의 인구 피라미드

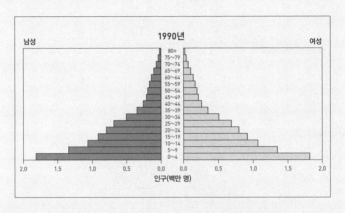

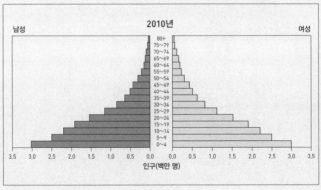

자료: U.S. Census Bureau, International Data Base.

우간다의 인구 피라미드

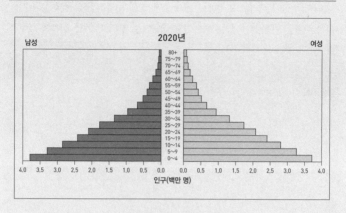

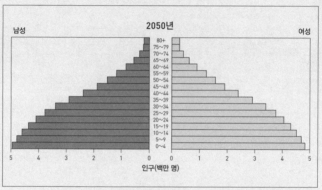

자료: U.S. Census Bureau, International Data Base.

위 그림은 2005년 기준으로 전 세계 203개국 중 경제력에서 99위 수준의 우간다의 1990년, 2010년의 인구 구성과 2020년, 2050년의 인구 구성 예측치이다. 우간다와 같이 미개발국가less developed countries로 분류되는 나라들은 빈곤과 기아, 저축의 부재, 높은 출산율과 사망률, 원시 농경 사회, 높은 실업률과 문맹률, 극심한 계급적 차별과 부의 불균형 분배 등의 특징을 가지고 있다.

아래의 그림은 우간다와 비슷한 토고의 인구구조 피라미드다.

토고의 인구 피라미드

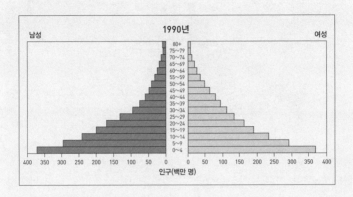

자료: U.S. Census Bureau, International Data Base.

다음은 53위의 경제 수준에 있는 개발도상국 중의 하나로 분류되는 베트남의 인구 피라미드 그림이다.

베트남의 인구 피라미드

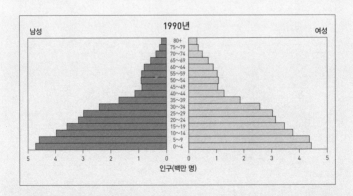

자료: U.S. Census Bureau, International Data Base.

베트남의 인구 피라미드

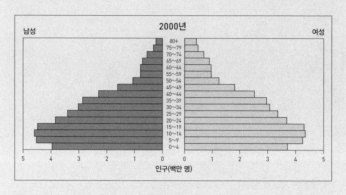

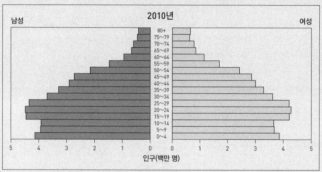

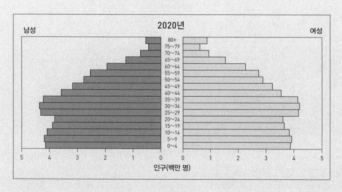

자료: U.S. Census Bureau, International Data Base.

베트남과 같은 개발도상국Developing country들은 1인당 국민소득이 낮고, 사회제도는 아직 경직되어 있고, 실업률도 높다. 그리고 소득분배의 절대적 불평등이 아직 해소되지 않고, 선진국에서 공중보건 수단을 도입하기는 했지만, 의사 1인의 담당 주민 수가 선진국(600~800명)에 비해 크게 낮은 2,500~4,000명 수준이다. 농업국가에서 벗어나지 못했고, 주력 수출품목은 1차 산업에 머무르며, 철도나 도로 등의 경제 기반시설이 완성되지 못한 나라다.

하지만 이들 나라는 의료나 사회시설이 미개발국가보다 나아졌기 때문에 유아 사망률이 낮아짐으로써 1차 베이비붐 세대층이 형성되기 시작한다. 아직 농업과 같은 1차 산업 위주의 경제체제이지만 대량 생산이나 낮은 임금을 기반으로 한 노동집약적 상품생산이 시작되어 경제발전이라고 불릴만한 변화가 시작된다. 그래서 개인들이 다소나마 돈을 저축하기도 하고, 자본주의 시장경제가 틀을 갖추기 시작한다. 다음 그림은 베트남과 비슷한 브라질의 인구구조 피라미드다.

브라질의 인구 피라미드

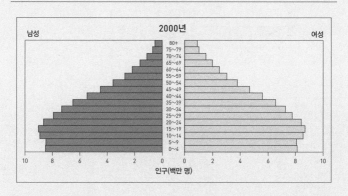

자료: U.S. Census Bureau, International Data Base.

다음의 그림은 1990~2000년대 중진국NICs으로 분류되었던 한국의 인구 피라미드 그림이다.

한국의 인구 피라미드

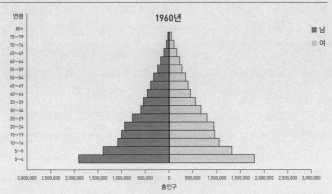

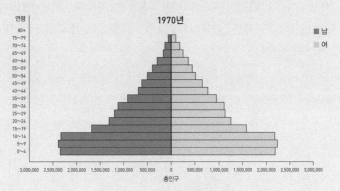

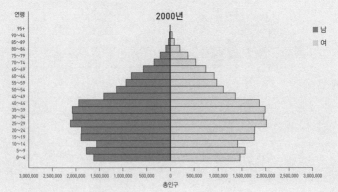

한국의 인구 피라미드

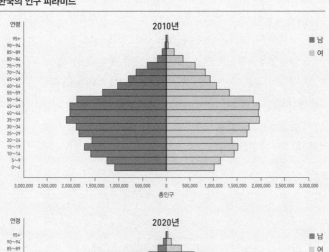

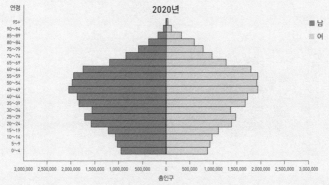

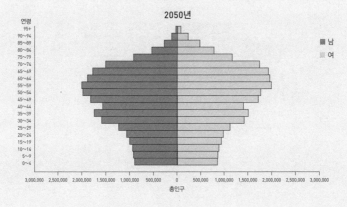

중진국은 경제발전의 수준이 후진국과 선진국의 중간에 있으면서 급속한 공업화를 성공적으로 추진하고 있는 나라다. 한국, 홍콩, 대만, 싱가포르, 브라질, 중국 등이 여기에 속한다. 신흥공업국가라고도 불린다.

　　이 나라들의 공통점은 인구 구조에서 1, 2차 베이비붐 세대가 나타나면서 튼튼한 내수시장을 형성할 기반이 갖추어져 있다는 점이다. 또 다른 공통점은 대부분 저출산 고령화의 징후가 나타나고, 시간이 지날수록 인구구조가 '거꾸로 선 종형'으로 변화된다는 것이다.

　　다음 그림은 선진국 중에서 가장 빠르게 초고령 사회로 진입한 일본이다.

일본의 인구 피라미드

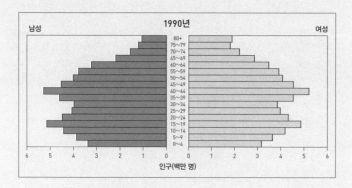

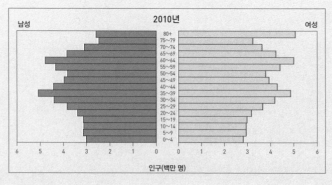

자료: U.S. Census Bureau, International Data Base.

일본의 인구 피라미드

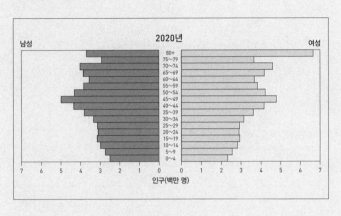

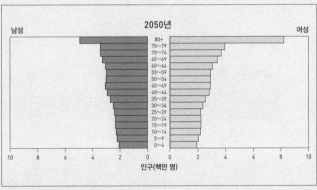

자료: U.S. Census Bureau, International Data Base.

선진국이라는 단어는 해석하기에 따라 크게 달라진다. 어떻게 정의하건 이들 선진국은 저출산 고령사회의 인구구조로 되어 있다. 그리고 인구구조가 점점 시간이 갈수록 일본처럼 '역 마름모꼴'이나 '거꾸로 선 종형'을 닮아 가면서 노동의 질이 하락하고, 잠재적 경제성장률도 1~2%대로 줄어드는 공통점이 있다. 미국을 한번 살펴보자.

미국의 인구 피라미드

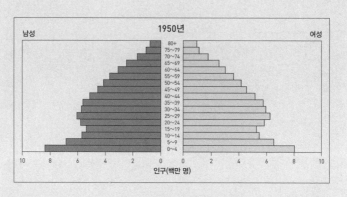

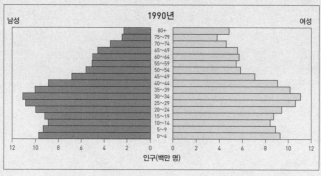

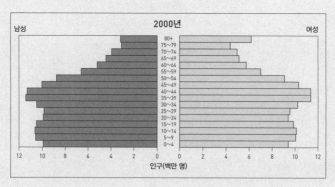

자료: U.S. Census Bureau, International Data Base.

미국의 인구 피라미드

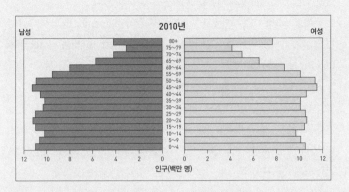

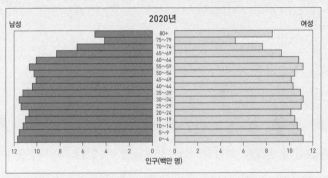

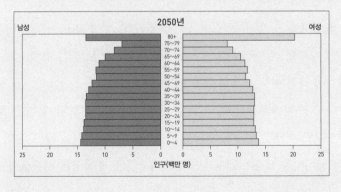

자료: U.S. Census Bureau, International Data Base.

미국도 옆으로 퍼진 크기가 좀 더 크다는 것만을 제외하면 역시 일본과 비슷한 모양으로 인구구조가 점점 변해가는 것을 알 수 있다.

단계별로 보면 선진국은 인구 피라미드 모양이 후진국, 중진국에서 나타나는 모양을 거치면서 변화된 것을 알 수 있다. 또한 1, 2차 베이비붐 세대들의 은퇴가 시작된 공통점도 보인다.

중진국들의 인구 피라미드를 보면, 역시 미개발국, 후진국의 인구 피라미드 모양을 거쳐서, 1, 2차 베이비붐 세대가 형성되었다. 따라서 미래에는 선진국의 인구구조를 비슷하게 따라갈 것으로 예측할 수 있다. 필자는 이런 공통점을 분석하면서, 인구 피라미드와 경제 발전의 수준 및 그 미래가 연결되어 있음을 발견했다. 즉, 인구구조와 경제구조의 동류 현상이 나타난다는 뜻이다.

필자가 발견한 '인구구조와 경제구조의 동류 현상' 이론은 확실한 강점이 있다.(박스 참고) 경제 현상을 예측하기는 어렵지만, 인구구조는 현재의 출산율과 인구수, 사망률과 평균수명을 가지고 최소 20~30년의 미래를 거의 확실하게 예측할 수 있다. 따라서 좀 더 확실한 인구구조 예측을 기준으로 불확실한 미래의 경제 발전과 그 수준을 예측할 수 있는 근거를 가질 수 있게 되는 것이다.

이 이론에 근거해서 인구구조 변화를 기준으로 중국 경제의 미래를 예측하면 매우 유용한 통찰을 얻을 수 있다.

다시 1990년과 2020년의 일본 인구 피라미드를 보자. 일본은 2차 세계대전 이후인 1947~1949년 사이에 '단카이 세대'라고 불리는 1차 베이비붐 세대가 형성되면서 본격적인 경제 성장을 시작했다. 그리고 1970년대 중반 2차 베이비붐 세대가 형성되면서 경제성장이 최고조에 달했다. 하지만 1990년부터 1차 베이비붐 세대가 본격적으

일본의 인구 피라미드

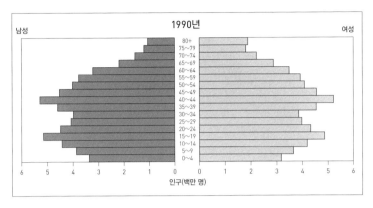

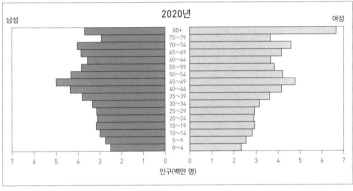

자료: U.S. Census Bureau, International Data Base.

로 은퇴하기 하면서 경제가 저성장 국면으로 들어갔고, 부동산 버블
이 터지고 정부의 재정 지출 부담이 증가하기 시작했다.

미국은 어떨까?

다음의 3개 그림은 미국의 1950년과 2010, 2020년의 인구구조다.
미국은 2차 세계대전 이후 1차 베이비붐 세대가 등장했고, 그 후 2차
베이비붐 세대가 탄생하면서 이들 두 세대의 힘으로 수십 년간 급속

미국의 인구 피라미드

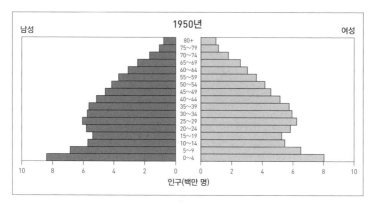

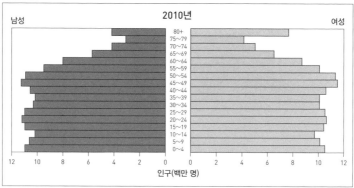

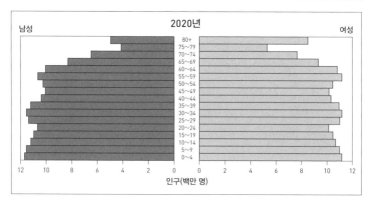

자료: U.S. Census Bureau, International Data Base.

한 경제성장을 달성했다. 이후 2008~2010년 1차 베이비붐 세대가 본격적으로 은퇴를 시작하는 시기에 부동산 버블이 붕괴하였다. 일본의 사례에 비추어 본다면, 앞으로 미국 경제가 금융위기를 벗어나 정상화되더라도 머지않아 1~2%대의 저성장기에 다시 들어설 가능성이 높다.

이제 중국의 미래를 분석해보자. 먼저 중국의 인구 피라미드를 보자. 1990년과 2020년, 2050년의 중국의 인구 구조를 나타내는 그림을 보면 중국 경제의 미래가 그려지지 않는가? 중국 역시 1990년 이후 1, 2차 베이비붐 세대를 기반으로 본격적인 성장을 시작했다. 그런데 2020년이 되면 반대로 1, 2차 베이비붐 세대가 은퇴를 시작한다. 2050년이 되면 일본처럼 '역 마름모꼴'이나 혹은 '거꾸로 선 종형'을 닮아 간다.

두 번째 그림은 중국의 80세 이상 인구를 좀 더 세분화하여 나누어서, 2100년까지 중국의 인구감소를 예측한 것이다.

이상의 결과를 종합할 때 중국도 '루이스 전환점' 이론이나 필자의 '인구구조와 경제구조의 동류 현상' 이론에서 벗어나지 않는다. 중국 같은 개발도상국이 본격적인 경제 성장 국면으로 접어들면 농촌의 방대한 잉여노동력이 큰 산업 발전의 동력으로 작용한다. 그래서 경제가 빠른 속도로 성장하면서 중진국으로 도약한다. 그런데 특정 시점에 이르면 농촌의 잉여노동력을 확보하는 데 한계에 도달하여 더 이상 값싼 노동력을 활용하여 기업을 운영할 수 없게 된다. 그 결과 자연스럽게 임금이 오르기 시작하면서 개발도상국 시절의 8~10%가 넘는 초고속 성장은 멈추게 된다. 이 단계를 거치면서 대략 6%대로 성장률이 하락하게 된다.

중국의 인구 피라미드

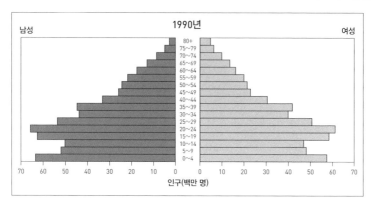

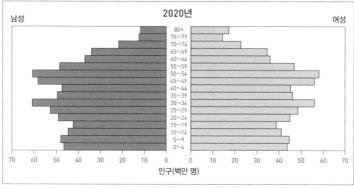

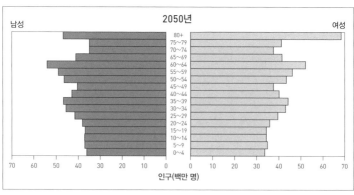

중국의 연령별, 성별 인구 분포

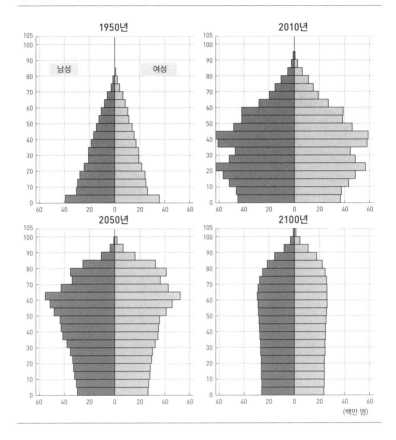

한국은 1987년에 루이스 전환점에 따른 위기를 경고하는 분석들이 나왔다.[75] 결국 8~10%를 자랑하던 경제성장률이 1990년대에는 6.1%로 하락했다. 그로부터 10년이 지난 2000년대부터는 4.5% 수준으로 더욱더 하락했다. 한국의 수출은 값싼 노동력을 기반으로 1970~1986년에 연평균 15% 이상씩 성장했다. 하지만 1987~1996년에는 10% 수준으로 낮아졌다. 루이스 전환점을 통과하면서 수출경쟁력도 하락한 것이다.

한국은 지금 세계에서 가장 빠른 속도로 생산가능인구가 감소할 것으로 예측된다. 한국의 생산가능인구는 2016년에 전체 인구의 72%로 정점을 찍은 뒤 가파르게 하락해서 52%까지 떨어질 것으로 예측된다. 그래서 구조적인 개혁이 뒷받침되지 않으면 '성장의 덫'에 빠져서 벗어나기 어려울 수도 있다. 일본은 1996년부터 생산가능인구가 감소하면서 잃어버린 20년이 시작되었다.

중국은 우리나라보다 더 심각한 상황이 될 수 있다. 보통은 루이스 전환점에 이른 뒤 대략 20~30년 후가 되면 저출산 고령화 문제와 생산가능인구 감소가 나타난다. 하지만 중국은 루이스 전환점에 이르기 무섭게 바로 저출산 고령화 문제와 생산가능인구 감소가 시작되었다. 지금 상황대로 간다면 2025~2030년경에 전체 노동력이 공급 부족 상태에까지 빠지게 될 것이다. 따라서 중국의 경제 성장은 당분간 지속하겠지만, 적어도 성장률 하락은 생각보다 빠르게 나타날 가능성이 크다. 이런 상황에서 중국 내부에 숨어 있는 아주 중요한 몇 가지 시스템적 문제들이 발목을 잡으면 어떻게 될까?

중국, 그 성장의 그늘

이제부터 중국의 내부사정으로 한발 더 들어가 보자. 1440년대에 중국의 1인당 소득은 지금의 달러 기준으로[76] 500달러 수준으로 당시 서유럽 평균인 430달러보다 높았다. 하지만 1978년에는 381위안(60달러)으로 추락했다.[77] 그로부터 덩샤오핑이 '흑묘백묘론黑猫白描論'[78]을 앞세워 개혁개방을 시작하면서 연평균 10% 이상의 고속성장을 30년 이상 지속했다. 그 결과 2003년에 1인당 GDP가 1,000달러를 돌파한 후 2012년에는 5,400달러를 넘어섰다. 베이징이나 상하이, 텐진 등의 일부 도시는 1만 달러가 넘은 상황이다. 그리고 국민총생산(GNP)이 6조 달러에 이르면서 전 세계 2위 경제 대국에 올라섰다. 외화보유액도 지난 10년 동안 10배 이상 늘어나서 2012년 말 기준으로 3조 3,100억 달러에 이른다.

13억 5천만 명이 넘는 방대한 시장, 추가로 20% 이상 더 집중화될 도시화율 등을 고려하면 중국의 내수시장이 지금보다 훨씬 더 커질 것을 쉽게 예측할 수 있다. 이처럼 중국 국민은 10~20년 전보다 몇십 배 더 잘살게 되었다.

그러나 이것이 중국의 전부일까? 2011년 기준으로 1인당 GDP는 세계 평균 9,998달러에도 못 미치는 5,148달러로 세계 90위에 불과하다. 2011년 기준으로 중국 도시별 GDP 순위에서 30위에 오른 운남성은 2,935달러에 불과하다. 이는 같은 해 1위인 텐진의 13,058달러와 큰 차이를 보인다. 내륙의 변방지역은 1,000달러 아래에 머물러 있는 곳도 아직 있다(2011년 북한의 1인당 GDP가 720달러였으니 중국 내에서 아직도 북한과 비슷한 수준으로 사는 지역이 있다는 말이다).

이처럼 중국은 국민총생산GNP 규모를 제외하면 아직도 개발도상국 수준의 경제상황을 벗어나지 못하고 있다. 1995년 이후 중국 경제는 7배 이상 성장했지만, 세금 공제 후의 가처분소득으로만 본다면 도시 지역은 4배, 농촌지역은 3배 성장했을 뿐이다. 개혁개방이 가져다주는 수혜의 상당 부분을 정부가 가져갔기 때문이다. 따라서 중국 국민 전체가 중진국 수준의 삶을 누리기 위해서는 양적인 성장뿐만 아니라 질적인 성장도 최소 30년 이상은 지속해야 한다. 하지만 벌써 중진국이나 선진국 시스템에서 발생하는 문제들이 나타나고 있다. 질적 성장 단계로 진입하기 전에 양적 성장에 의지해온 기존의 성장

모델조차도 붕괴할 위험에 처해 있는 것이다.

중국도 우리나라처럼 '한 자녀 정책'이나 급속한 경쟁 사회 진입으로 도시 젊은이들이 결혼과 출산을 늦추면서 가파른 고령화의 위기를 맞고 있다. 중국은 할아버지-아버지-손자로 이어지는 3세대 만에 출산율이 6분의 1 정도로 줄었다. 이런 중국의 저출산 고령화 추세는 현재 일고 있는 부동산 버블이나 과도한 수출의존형 구조, 지방정부와 중앙정부의 갈등, 높은 실업률 등의 문제보다 더 해결하기 어려운 근원적 문제가 될 수 있다.

인구 고령화가 주요 사회문제로 부각되기 시작하자 중국 정부는 1999년에 '전국고령업무위원회'를 만들어 고령화 진행상황을 관찰하면서 지원정책을 시행하고 있다. 하지만 워낙 인구가 많다 보니 혜택을 받는 노인들은 극소수에 불과하다. 앞으로 중국은 이 거대한 인구구조의 변화에 대응하기 위해 막대한 시간과 노력을 쏟아 부어야 할 형편에 놓여 있다.

국가는 부유하지만 개인은 상대적으로 가난해진 중국의 현실은 개인 부채의 증가에서도 나타난다. 중국에서는 1990년대 말부터 소득 증가율이 소비 증가율을 따라가지 못하는 상황이 발생하기 시작했다. 그러자 중국 국민은 높아져만 가는 소비 수준을 맞추기 위해 빚을 계속 늘려가고 있다. 수억 명의 잠재적 은퇴자들과 노인들은 100세 시대의 노후 대책은 엄두도 내지 못하고 있다. 중국은 노후연금을 적립하지 않는 국민의 비율이 우리나라보다 더 높다.

설상가상으로 퇴직연령은 빨라지고 평균 수명은 늘어나고 있다. 중국인의 평균 수명은 2002년에 72세였다. 한국과 별로 다르지 않다. 중국 역시 2036년이 되면 평균 수명이 100세에 이르게 될 것으로 예측된다. 중국의 근로자 대비 퇴직자의 인구 비율이 현재는 6:1이지만 2040년이 되면 2:1로 하락할 것이다. 그때가 되면 근로자 2명이 1명의 퇴직자와 노인을 부양해야 한다. 이들 모두에게 국가가 기초노령연금을 지급한다고 해보자. 2036년에 65세 이상의 노인들만 3억 명이라고 가정하자. 이들에게 4만 원씩을 매달 지급하려면[79] 매년 144조 원이 필요하다(달러로 환산하면 1,460억 달러). 2012년 현재 약 3조 3,100억 달러에 달하는 외화보유액을 기초노령연금 지원정책 하나에만 투입해도 22년이면 바닥이 나는 규모이다.

중국 베이비붐 세대(1978년~1985년에 태어난 인구)의 은퇴는 2023년부터 시작된다. 미국도 베이비붐 세대의 은퇴가 완료되면 젊은이 2명이 노인 1명을 부양해야 한다. 그 결과 사회보장제도와 의료보험제도의 적자가 곧 40조 달러에 이르게 될 것으로 예측된다. 이 규모는 세계 최고의 부자 나라인 미국조차도 통제할 수 없다. 중국이 20년 후 가난한 노인들에 대한 대책을 마련하지 않으면 국가적 소요에 빠질 위험이 크다. 현재 중국의 경제력이 엄청나게 커졌지만, 미래에 들어가야 할 사회적 비용은 지금의 경제 성장 추세보다 더 빨리 증가하고 있다.

경제성장률이 하락하고, 급속한 도시화로 저임금 노동력의 고갈이 일어나는 루이스 전환점에 들어서고, 고령자들의 일자리 수요가 커지면, 청년들의 일자리 문제도 미래 위기 요소로 부상할 것이다. 중국은 선진국보다 훨씬 더 짧은 기간에 평생고용이 붕괴했다. 매년 일자리를 200~300만 개씩 만들어 내고 있지만, 청년실업 문제는 점점 더 커지고 있다. 중국에서 2007년에 413만 명이 대학을 졸업했는데 그 중 30%가 실업자가 되었다. 2006년 의무교육법이 개정된 이후 중학교 진학률은 100%를 기록했고, 대학 진학률도 80%를 넘어섰다. 그 결과 2012년에는 686만 명이 대학에 입학했고, 약 680만 명이 졸업했다. 이 중에서 20~30%만 실업률로 잡더라도 170~200만 명가량이 직장을 갖지 못하게 된다. 2012년에 중국 정부가 이룬 7.8%라는 경이적인 성장률을 토대로 만들어낸 신규 일자리 284만 개와 비교해 보라. 중국의 일자리 문제가 얼마나 심각한 수준인지를 알 수 있다. 영국이나 프랑스 등에서는 청년실업률이 20~25%가 넘으면서 대규모 반정부 시위가 일어났다. 중국 정부의 발표에 의하면 2009년 기준으로 전체 노동가능인구의 20%에 해당하는 2억 명 정도가 실업자다.

자원은 풍부하지만, 경제적으로 낙후되어 있고 종교의 영향을 크게 받는 이슬람 인구가 많은 지역과 한족이 아닌 55개의 소수민족(대략 2,000여 개의 방언이 있다)이 주로 거주하는 지역에서는 잦은 봉기와 반란이 일어나고 있다. 2008년과 2010년의 티베트 지역 봉기가 대표적이다.

관료의 부패와 빈부격차에 대한 주민 불만도 증가하고 있다. 1980년대 중반까지만 해도 2:1을 밑돌았던 도시와 농촌의 소득 격차는 2008년에 5대 1로 크게 대폭 벌어지면서 농민들의 상대적 박탈감이 갈수록 커지고 있다. 중국 정부는 앞으로 2020년까지 농민들의 현재 1인당 소득을 2배로 높이는 농촌 육성안을 발표했다. 하지만 앞으로 10년 동안 도시 지역의 소득 역시 최소 2배가 늘 것으로 예상되기 때문에 농민들의 상대적 박탈감은 지금보다 더 커질 것이다. 실업자가 늘어나고, 관료들의 부패와 빈부격차가 커질수록 시위는 더 늘어나고 과격해질 것이다.

중국정부의 공식적인 발표에 의하면 2005년 한해에만 8만 7,000건의 크고 작은 치안방해 사건이 있었다고 한다. 중국은 노동 착취가 다반사로 벌어지고 있다. 중국은 역사적으로도 늘 지방정부와 중앙정부의 갈등이 심했다. 이런 상황은 지금도 마찬가지다. 무리한 경제성장 때문에 환경오염으로 쑥대밭이 된 농촌마을도 수두룩하다. 중국은 전체 인구의 43%가 농업에 종사하고 있지만, 이들의 GDP 기여 비중은 11%에 불과하다. 그만큼 농촌 인구의 상대적 박탈감은 크다. 도시에서는 기업의 불법과 비리가 기승을 부리고 있다. 이처럼 중국 내부는 언제 폭발할지 모르는 문제를 안고 있지만, 경제적 성과가 현 정권의 정통성과 정당성을 뒷받침하고 있다.

　2009년 12월에 시행된 북한의 화폐개혁 실패 사례를 보라. 먹을 것을 살 수 없을 정도로 북한 원화의 시장 환율이 요동치고 사회경제 전반에 불안이 급등했다. 이에 세계에서 가장 독재적인 북한 정부조차도 체제 유지에 대한 불안감을 느끼고 주민 불만을 누그러뜨리기 위해 화폐개혁을 진두지휘한 박남기 노동당 계획재정부장을 총살하기까지 했다. 무소불위의 독재정권도 경제가 파탄 나면 정권을 내주어야 한다.

　만약 중국이 유가 상승이나 미국과의 경제전쟁으로 살기가 힘들어지게 되면 어떤 일이 벌어질까? 1989년 중국에서 비슷한 일이 일어났었다. 당시 경제성장률은 1978년 이후 최저치로 하락했다. 정부의 재정은 바닥이 났고 소비도 줄었다. 민간 대기업의 숫자가 절반으로 줄 정도로 수많은 기업과 공장이 문을 닫았고 실업자가 쏟아져 나왔다. 높은 인플레이션 때문에 화폐의 기능이 중단되었고 시민의 불만은 하늘을 찔렀다. 서구식 민주주의가 없어도 얼마든지 자기 재능을 발휘해 돈을 벌 수 있다는 희망이 순식간에 사라지자, 경제적 상실감이 중국 전역을 휘몰아쳤다. 결국, 책임의 화살이 공산당에게 돌아갔다. 민주주의를 요구하는 국민의 요구가 천안문 사태로 터져 나왔다. 중국은 역사적으로 못 먹고 못 살 때는 예외 없이 혁명이 일어났다.

중국을 불안하게 만드는 거품 경제의 징후들

이제까지 성장을 거듭해온 중국 경제의 내용도 몇 가지 따져 볼 사항이 있다. 첫째, 과잉투자의 부작용이다. 2013년 1월 국제신용평가사 스탠더드앤드푸어스S&P 는 GDP 대비 과잉투자 위험이 세계에서 가장 높은 나라로 중국을 꼽았다. 2008년 기준으로 중국의 지방정부가 설립한 도시건설투자회사는 3,800여 개였다. 당시 중국은 철재 2억 톤, 시멘트 11억 톤을 생산하는 과잉투자를 밀어붙여 도로, 주택, 도시 건설에 투자하여 일자리를 만들고 GDP를 끌어 올렸다. 결국, 2010년 3월 국무원 상무회의에서 원자바오 총리는 "철강, 시멘트, 판유리, 석탄화학공업, 폴리실리콘, 풍력, 전력, 코크스, 합금 주철, 탄화 칼슘, 비철금속, 경공업, 방직 등에서 과잉생산이 이루어지고 있다."고 발표했다.

IMF의 분석에 의하면 중국 GDP에서 투자가 차지하는 비중이 2002년 37%였던 것이 글로벌 금융위기가 발발한 이후 높아져서 2011년에는 48%를 넘어섰다. 만약 이 정도의 과잉투자가 이루어진 상황에서 생산성이 계속 낮아지면서 투자 손실이 누적되거나 투자 회수가 생각보다 오래 걸리게 되면 거품이 일시에 터질 위험이 커진다. 중국의 과잉투자 거품이 붕괴되거나 이를 두려워한 중국 정부가 추가적인 투자를 줄이면 어떤 일이 벌어지게 될까? 당장 중국 수요에 크게 의존하고 있는 기업과 글로벌 상품 가격이 큰 영향을 받게 된다. 중국 내부에서도 거품 경제가 일시적으로 붕괴하면서 금융시장에 충격이 올 수 있다.

중국은 단기간에 급속한 경제 발전을 하는 과정에서 산업의 성장 속도보다 자산 가격의 상승과 물가의 상승이 더 빨랐다. 이런 상황이 오랫동안 지속되면서, 중국 근로자들 역시 노동만을 통해서는 만족할만한 소득 향상을 이루지 못했다. 물론 수치만 보면 중국 근로자의 임금이 가파르게 상승했다. 하지만 각국의 GDP 대비 임금 수준을 비교하면 사정이 다르다. 2009년 기준으로 미국과 유럽 선진국은 근로자의 임금이 GDP에서 55%를 차지했다. 한국은 44%, 중남미는 33%, 필리핀이나 태국 등의 동남아시아는 28%, 중동은 25%를 차지했다. 그러나 중국은 8%밖에 되지 않았다. 심지어 아프리카의 개발도상국도 GDP 대비 20%를 차지하는 것과 비교해보라. 시간당 평균 임금은 독일이 30달러로 최고이고, 미국은 22달러이다. 그러나 중국은 0.8달러였다.[80] 이는 태국의 2달러보다도 낮다. 그러나 근로시간은 1년에 2,200시간이다. 이런 데이터는 경제 성장의 열매가 상위 1%에게 집중되고 있는 현실을 방증한다.

미국이 대공황을 맞았을 때 상위 1%가 전체 부의 23%를 차지했었다. 2008년 미국의 금융위기 발생 시에도 상위 1%가 23.5%의 부를 가지고 있었다. 과연 중국의 상위 1% 부자들은 어느 정도의 부를 가지고 있을까? 중국의 일부 전문가들의 주장으로는 상위 0.4%가 전체 자산의 70%를 소유하고 있다고 한다.[81] 더욱이 극소수에게 자산이 집중되는 현상은 세계 평균의 2배가 넘는 속도인 매년 12.3%씩 심화되고 있다고 추정했다. 일본이나 호주 등의 선진국에서는 5% 정도의 부유한 가구가 국가 전체 자산의 50~60%를 보유한다. 미국은 금융위기 발발 전인 2004년에 상위 10%가 전체 자산의 69.5%를 소유하고 있었다.[82]

근로자의 임금 수준이 GDP 대비 10% 미만이라는 것은 중국 경제가 외부 충격을 이겨낼만큼 튼튼한 내수시장의 지원을 받으려면 생각보다 오랜 시간이 걸린다는 뜻이다. 중산층의 부가 늘어야 내수시장이 강해진다. 이를 위해서는 근로자의 임금 수준이 1인당 GDP 대비 최소 40~50% 수준에는 도달해야 한다. 그런데 중국은 이 비율이 낮다. 2009년 29%에 불과했다(한국은 54%, 미국은 70%였다).

다음 그림에서 미국은 시간이 갈수록 GDP에서 소비가 차지하는 비중이 커지지만, 중국은 시간이 갈수록 줄어드는 것을 볼 수 있다. 중국의 소비가 절대 금액은 커지지만, 경제 규모가 커지는 비율보다 증가 속도가 낮다. 여기에는 두 가지 원인이 있을 수 있다. 첫째는 부의 불균형 분배 때문이다. 두 번째는 소득이 늘더라도 중국 국민이 과거의 위기에 대한 기억 때문에 소비를 그만큼 빠르게 늘리는 대신 저축으로 돈을 쌓아 놓고 있기 때문이다.

현실적으로 부의 불균형 분배가 심각해지는 것이 더 가능성 높은 원인일 것이다. 중국 정부는 국민 저축률이 높다고 자랑한다. 2012년 11월 궈슈칭郭樹淸 중국 증권감독위원회 주석(위원장)은 중국의 저축률이 GDP 대비 52%로 18조 위안(한화 3,250조 원)에 달해 경제성장의 발목을 잡을 정도라고 자랑했다. 1인당 저축액도 1만 위안을 넘는다고 했다. 하지만 중국의 전체 저축 총액에서 정부 20%, 기업 40%, 그리고 상위 10%의 부자가 32%의 비중을 차지한다. 이들

미국의 소비 열풍

출처: 스티븐 로치, 넥스트 아시아, (서울: 북돋움, 2010), 510 에서 재인용

중국의 소비 부족

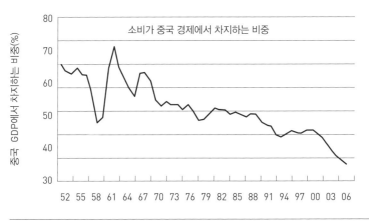

출처: 스티븐 로치, 넥스트 아시아, (서울: 북돋움, 2010), 519 에서 재인용

3자의 합계가 전체의 92%나 된다. 그러니 상위 10%를 제외한 나머지 90%의 국민이 단 8%의 저축을 담당할 뿐이다. 상위 10%의 부자까지 다 합쳐도 총저축에서 개인이 차지하는 비중은 40%에 불과

하다.

주요 선진국은 저축률이 20% 정도이고 세계 평균은 31%다. 개발도상국이 상대적으로 저축률이 높다. 우리나라는 저축률이 1988년 40.4%에서 2011년에는 31.7%로 하락했다. 총저축액에서 개인 저축의 비중은 2011년에는 13.6%에 불과하지만, 1990년에는 46.3%를 기록했었다. 중국은 전체 저축률이 높지만, 이는 개발도상국에서 충분히 나타날 수 있는 현상이다. 그러나 총저축액에서 개인이 차지하는 비중은 40%에 불과해서 1990년 이전의 한국보다 낮다. 게다가 개인의 저축액 중에서 상위 5%가 61.6%의 비중을 차지하고 있다. 이는 높은 저축액이 언제든지 소비로 전환되어 내수시장을 성장시키는 동력으로 전환되기에는 질이 좋지는 않다는 뜻이다.[83]

중국의 중산층은 부동산투자와 주식투자 비중을 높이는 방법을 선택했다. 빚을 내더라도 부동산과 주식이라는 자산 가격이 크게 올랐기 때문에 이자를 내고 나서도 추가적인 소비력을 확보할 수 있었다. 점점 늘어나는 중국의 중산층에게 임금이 증가하거나 혹은 기술 발달과 공급과잉으로 상품의 가격이 하락하면서 소득효과_{Income effect}[84]가 발생하고, 주식과 부동산 가격이 오르면서 자산효과_{Wealth effect}[85]가 발생하자 내수시장은 급성장하기 시작했다. 이처럼 과잉생산과 과잉투자는 한동안은 기업과 중산층의 주머니를 두둑하게 만들어 주어서 내수시장의 성장을 견인하는 큰 동력으로 작용한다. 아무리 전 세계적인 경제 위기가 발발하더라도 수출이 부진한 만큼 정부 주도의 과잉투자를 지속하면 충분히 8%대의 고도성장을 인위적으로 만들어 낼 수 있다.

지금 중국은 정상적인 수준을 넘는 규모로 생산과 투자를 하고 있

중국 부동산가격 추이

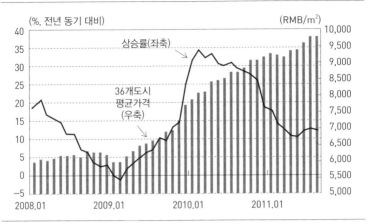

자료: Price Monitoring Center

주요 대도시 주택가격 상승률

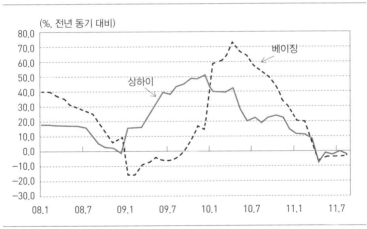

자료: 중국사회과학연구원

다. 부동산이나 주식, 채권 등의 자산시장도 거품이 부풀어 올랐다. 꺼지기를 반복하고 있다. 그러나 중국 정부는 경제성장이라는 과제 때문에 문제를 근본적으로 해결하지 못하고 있다. 위기가 발생할 때

주요 도시 PIR

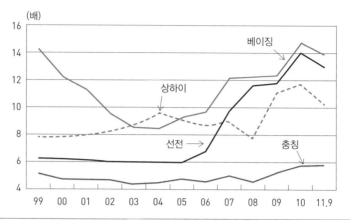

출처: 한국은행 국제경제정보, 중국 부동산 가격의 평가 및 전망, (서울: 한국은행, 2011.11월), 3-4.에서 재인용

마다 임기응변의 대응을 할 뿐이다. 하지만 언젠가는 부작용을 한 두 번쯤 크게 해결하고 넘어가야 할 필요가 발생할 것이다. 빠르면 3~4년 이내에 이런 상황이 발생할 수 있다.

중국의 자산시장이 거품경제의 늪에서 탈출하지 못했다는 증거는 곳곳에서 발견할 수 있다. 2009년 기준으로 베이징, 상하이, 광저우 등 대도시의 좋은 아파트들은 우리나라 돈으로 평당 1,500만 원(9만 위안)에 달했다. 2011년에는 베이징에서 평당 1억 5천만 원인 펜트하우스가 있는 아파트까지 등장했다. 이 아파트의 평균 분양가는 평당 6,000~8,000만 원이었다.[86] 상하이에도 평당 1억 2천만 원 하는 초호화 별장이 있다. 베이징, 선전, 상하이 등에서는 평당 2,000만 원 이상인 아파트가 매우 많다(2011년 6월 기준으로 중국 내 100대 도시에서 신규 주택의 평균 분양가는 514만 원이었다).

2010년 8월 세계적인 투자자 짐 로저스 회장도 "중국 경제가 이미

(너무 커졌기 때문에) 주요 대도시와 연안 부동산 버블만 통제하면 되는 수준을 넘어섰다. 세계에는 미국 국채와 중국 부동산이라는 두 개의 버블이 있다."며 지속적인 경고를 하고 있다. 중국 정부는 오로지 그 속도를 늦추면서 어떻게 빠져나갈지 궁리만 하다 시간을 허비하고 있다. 아마 미래의 어느 시점에서 중국의 거품이 마침내 붕괴하여 역사상 가장 큰 규모로 전 세계를 공포에 몰아넣을 가능성이 높다.

일부에서는 2014년에 중국에서 부동산 버블 문제 때문에 금융위기가 발발할 수도 있다고 경고한다. 예를 들어 중국 부동산 버블이 최고점에 달할 때 달러화의 강세와 엔화 약세가 동시에 나타난다면 걷잡을 수 없는 버블 붕괴 현상이 발생할 수 있다. 미국은 달러 가치를 스스로 조절하거나 엔화 가치를 통제하는 것만으로도 중국의 위안화를 통제할 수 있다. 엔화 가치가 낮아지면 자동으로 위안화가 절상되는 효과가 있다. 그러면 600조 달러가 넘는 규모의 파생상품 시장에서 2008년 미국 부동산 버블 붕괴가 발생할 때 일어난 것과 비슷한 혼란이 발생할 수 있다. 이런 혼란이 생기면 규모가 6조 달러에 불과한 중국의 경제는 크게 흔들릴 수밖에 없다. 일본의 노무라증권은 2013년 초 중국의 현 상황이 2008년 금융위기 직전의 미국의 상황과 비슷한 점이 많다고 지적했다.

관건은 중국 정부의 강력한 통화 정책의 시행 여부다. 만약 느슨한 통화 정책을 계속 이어간다면 2014년에는 커다란 위험에 직면할 수 있다. 2013년 중국 국가통계국이 발표한 자료에 의하면, 70개 주요 도시 중에서 정부의 규제에도 무려 66곳에서 집값이 전월보다 올랐다. 중국 정부는 2004년부터 2012년까지 9년 동안 집값이 113% 상승했을 뿐이라고 주장한다. 하지만 칭화清華대학과 싱가포르 국립

대학의 공동 연구진은 같은 기간 동안 중국 내 주택의 실질 가격은 250% 정도 올랐다고 분석했다. 이 연구진은 정부가 집값 상승에 대한 수치를 조작하려고 일부러 노후주택을 통계에 집어넣었다고 판단했다.

중국은 성장률이 높은 지방부터 재정지원을 하므로 지방정부는 앞다투어 부동산 개발에 열을 올렸다. 그 결과 베이징에서 40분 떨어진 허베이성을 비롯해서 허난성, 내몽고, 랴오닝성 등 중국 전역에서 무분별한 토목공사와 아파트 개발 경쟁이 벌어졌다. 이런 개발 붐이 중국의 연평균 8% 성장에 큰 몫을 했다. 하지만 2012년부터 속속 완공된 아파트들이 거의 분양이 되지 않으면서 2013년부터는 곳곳에 유령도시가 만들어지기 시작했다. 중국 전역에서 사람이 살지 않는 집이 무려 8천만 채에 이를 것으로 추정하는 분석이 나올 정도다.

2008년 미국발 금융위기의 도화선은 부동산 버블이었다. 중국도 예외가 아니다. 중국은 토지 소유권이 중앙과 지방 정부에 있기 때문에 부동산 버블이 붕괴되면 토지 매각이 주수입원인 중앙과 지방 정부가 먼저 위기에 직면하게 된다. 지방 정부는 재정 수입의 20~30%를 토지사용권 매각 대금에 의존한다. 그래서 부분적으로는 중앙과 지방 정부가 부동산 투기를 유도하고 있다는 평가가 허무맹랑한 말이 아니다. 중국 정부가 조사한 바로는 국영자산감독관리위원회 산하에 있는 121개 기업의 70% 이상이 정상적인 사업을 통해 돈을 벌기보다는 부동산 사업에 열을 올리고 있었다. 이들이 운영하고 있는 호텔만도 2,500개가 넘는다. 특히 2008년 금융위기 이후 경기부양 자금 중 32% 정도가 기업을 통해 부동산시장에 흘러들어 갔다.[87]

중국은 500대 기업의 60%가 국영기업이고, 전체 자산의 76%가

정부 것이다. 그래서 자산 가격이 10% 오르면 정부는 민간과 비교하면 3배의 이익이 난다고 한다.[88] 바로 이 점이 중국 정부의 고민이다. 자산 가격이 거꾸로 폭락하게 되면 가장 큰 타격을 받는 것도 정부다. 초기에는 국민의 타격이 상대적으로 작다. 주식이나 부동산 등 고가 자산을 일부 계층이 주로 보유하고 있기 때문이다. 소비시장도 아직 성숙하지 못해서 정부가 민간 소비의 상당 부분을 대신하고 있다. 이런 상황에서 부동산과 주식시장의 버블 붕괴는 중앙과 지방 정부의 자산 가격 하락과 세수 감소를 불러온다. 그래서 국영기업이나 국가기관의 수익에 차질이 생긴다. 이 불길은 곧바로 은행권으로 번진다.[89] 이런 위기가 국민에게 심리적 충격을 주면서 시간이 흐를수록 경기 전반에 영향을 미치게 된다. 중국 은행업계 전체 대출의 14.1%가 지방정부에 해준 것이다. 이렇게 중국 경제 성장의 핵심적인 견인차 역할을 하는 중앙과 지방정부, 은행권이 타격을 받으면 중국 경제 성장률에 큰 위협이 발생하게 된다.

미국과 일본의 사례를 볼 때, 부동산 등의 자산 버블이 붕괴하면 전통적인 정책으로는 경기를 회복시키기가 매우 어렵다. 자산 버블은 산업에서 일어나는 버블과는 다르기 때문이다. 자산 버블은 금융 거품과 실물 경제 거품이 상승작용을 일으키면서 소비자들이 주체하지 못할 정도의 빚을 지게 만든다. 이렇게 되면 거품이 붕괴된 후 정부가 막대한 구제금융과 경기부양책을 퍼붓더라도 민간 소비가 살아나지 않기 때문에 경기 부양이 힘들어진다. 즉 소비의 주체인 개인이 과도한 빚을 청산하고 새로운 소비를 시작할 수 있을 때까지 최소 6~7년 이상 가는 장기적인 침체가 나타나게 된다. 일본이 바로 그런 상황이다.

과잉투자나 과잉생산의 부작용을 해결하는 방법은 2가지다. 하나는 과잉투자가 가져오는 부작용인 거품을 오랫동안 서서히 나누어서 조금씩 가라앉히는 방식이다. 시장에 미세한 충격을 나누어 주도록 아주 세밀한 경제 관리가 필요하다. 다른 하나는 시장에 거품 붕괴라는 큰 충격을 일시에 주어 단번에 부작용을 해소하는 것이다. 부작용 해소가 어떻게 되느냐는 전적으로 중국 정부의 시장 관리 능력에 달려 있다.

중국정부는 2012년부터 정부 주도의 과잉투자를 멈추고 소비 주도의 경제성장을 꾀하려는 움직임을 보이고 있다. 정부 투자로 이끌어가는 10%대의 성장률을 포기하고 소비 주도의 7% 성장률을 선택하겠다는 의지를 표명했다. 이는 내수시장을 튼튼히 하면서 동시에 과잉투자의 부작용을 내수시장의 성장을 통해 서서히 해결하겠다는 전략으로 보인다. 전문가들은 중국의 소비시장이 빠르게 성장하지 않는 원인으로 경기 침체로 소득이 줄고, 사회안전망 미비로 미래에 대한 준비를 개인과 기업이 스스로 해야 하기 때문에 소비보다는 저축에 무게를 두며, 부동산과 주식시장이 침체한 것 등을 든다.[90] 따라서 이 문제들을 해결하는 속도에 따라서 2011년 기준으로 2,700조 원으로 추정되는 소비 규모가 얼마나 더 크게 성장할지가 결정될 것이다.

성장 시스템의 한계에 이른 중국 기업들

위기의 또 다른 요인은 중국 기업의 성장 한계다. 현재 중국 산업의 주력은 고도화된 기술력을 기반으로 한 산업이 아니다. 중국 기업은 1970~1980년대의 한국처럼 값싼 노동력과 기초 기술, 외국 자본의 결합으로 한국 같은 나라에서 중간재를 수입해 중국 내에서 조립해서 세계 시장에 판매하는 형식의 제조업, 원자재를 단순 가공해서 파는 산업이 주력이다. 유엔 무역개발회의 통계 자료에 의하면, 중국으로 유입된 외국인 직접투자액은 1990년 35억 달러, 2005년 720억 달러, 2002~2005년 사이에는 무려 2,392억 8,000만 달러였다. 또한, 2008년 기준으로 외국에서 부품을 수입해 조립만 해서 수출한 제품의 비중도 55%에 달했다.[91] 이런 수준의 제조업과 산업은 고급 기술을 필요로 하지 않기 때문에 가장 핵심적인 것이 값싼 노동력과 약간의 손재주다. 따라서 임금이 상승하면서 노동경쟁력이 사라지면 자연스럽게 순이익률이 떨어지면서 곧바로 성장의 한계를 맞게 된다.

이미 2006년 이전부터 중국의 제조업체들은 투자 및 경영 환경 악화에 빠져들기 시작했다. 2006~2009년에는 달러 대비 위안화가 20% 평가 절상되면서 중국 제조업체의 순이익률은 6% 이하로 하락했다. 2007년에는 여섯 번이나 금리가 인상되어 투자환경이 악화되자 광둥성에서는 30%, 장쑤성과 저장성에서는 20%의 제조업체가 파산했다. 2008년 금융위기가 발생하면서 제조업의 위기는 계속되었다. 설상가상으로 2008년 노동계약법의 시행으로 큰 폭의 임금인상이 이루어지고, 중국 정부의 세수 징수 확대로 제조업은 더욱 큰 위기에 몰렸다. 2010년 7월 15일에는 철강 및 406개 항목의 수출환급세(17% 세금 혜택)도 폐지되었다. 그러자 제조업 수익률이 1~2%로 급락했다. 더 이상은 해안 지역을 중심으로는 제조업을 운영하기 어려운 상태가 되었다.

특히 국유기업의 적자는 심각하다. 2012년 기준으로 10대 적자기업이 모두 국유기업인데 이들의 전체 적자 규모는 497억 2,400만 위안(약 90조 원)이었다. 부채 비율도 대부분 70~90%에 이른다. 국유기업이 이렇게 된 것은 중앙정부가 할당한 목표를 채우기 위해 부채를 레버리지 삼아 무리하게 외형을 부풀리고, 부동산 투자에 치중한 것과 높은 부패지수 때문이다.[92]

상황이 이렇게 되자 중국 정부는 제조업 기반이 붕괴하지 않도록 대책을 세워야 했다. 수출 진흥책을 다시 꺼내서 수출환급세를 확대 연장하고, 면세 품목을 늘리고, 덤핑 수출을 하거나 마이너스 수익률을 내더라도 그 적자분만큼 정부 보조금을 주어 가까스로 연명하고 있다. 한편으로는 경쟁력이 떨어진 제조업체들을 임금이 높은 해안 지방에서 임금이 낮은 내륙지방으로 강제적으로 밀어 넣어 경쟁력을 회복하려는 시도를 하고 있다. 여기에는 상대적 박탈감이 심한 내륙지방의 경제를 활성화하려는 의도도 있다. 그러나 이런 방식도 오래가지는 못할 것이다. 한편 이렇게 제조업 수익률이 급락하자 생산성 향상이나 기술 개발에 집중하기보다는 자산 버블에 기대려는 심리가 강해져서 부동산 투자나 주가 상승에만 열을 올리는 중국 기업들이 늘어나고 있다.

모든 상황을 종합해 볼 때, 지금과 같은 값싼 노동력 기반의 중국 제조업은 10년 이상 가기 어려울 것이다. 앞으로 중국 제조업이 사는 길은 2가지다. 하나는 조립을 위주로 하는 데서 벗어나 한국처럼 중간재를 생산하는 단계로 옮아가는 것이다. 이미 중국은 2000년 이후부터 최종재 생산에 사용되는 중간재(부품, 장비)를 중국 내에서 조달하는 정책을 차근차근 진행해 왔다. 중국에 진출해 있는 기업도 초기에는 중간재를 한국에서 조달했지만, 지금은 중국 내에서 조달하는 비율이 60%에 이르고 있다.[93]

이런 추세가 지속되면서 중국과 한국의 부품 및 소재 수출 시장점유율에서 큰 변동이 발생했다. 지식경제부의 자료에 의하면, 한국은 2001년 3.4%에서 2010년 4.6%로 소폭 상승했다. 하지만 같은 기간에 중국은 세계 부품과 소재 수출시장에서 일본(7.7%)과 미국(10.6%)을 제치고 세계시장의 11%를 점유함으로써 1위에 올라섰다. 앞으로도 중국 정부는 계속해서 이 전략을 강화할 것이다.

2011년 기준으로 한국 기업이 중국에 수출하는 중간재의 주요 품목은 디스플레이 패널(15.1%), 반도체 (11.8%), 자동차 부품(3.3%)이다. 중국의 중간재 경쟁력이 계속 상승하면 이 3가지 품목의 대중 수출이 줄어드는 것은 물론이고, 글로벌 시장에서도 중국과 치열하게 경쟁해야 한다. 중국은 정부의 강력한 지원 정책에 힘입어 2011년 디스플레이 패널 생산에서 일본을 제치고 세계 3위에 올라섰고, 폴리실리콘 산업은 전 세계 생산량의 1/3을 차지하면서 중국의 3개 회사가 세계 10위권에 진입했다. 공작기계산업에서도 2005년까지 단 한 개도 세계 10대 업체에 들지 못했지만, 2011년에는 2개의 중국 기업이 10위권에 진입했다. 중국 기업인 '선양'은 공작기계 매출이 27억 8,200만 달러를 기록하면서 당당히 1위에 올랐다.[94] 여기에 머무르지 않고 중국 정부와 기업은 앞으로도 R&D 투자를 확대하면서 원가경쟁력과 기술경쟁력을 강화해 나갈 태세다. 더욱이 중국은 3조 3천억 달러가 넘는 엄청난 외화보유액을 실탄으로 삼아 2008년부터 글로벌 금융위기 때문에 매물로 나온 미국과 유럽의 자동차, 조선, 석유화학, 철강, IT, 건설 등의 기업을 계속 사들이고 있다.

또 하나의 길은 곧바로 미래형 신산업으로 뛰어들어 미래시장을 선점하는 것이다. 이 둘 다 한국과 일본에 커다란 위협이 될 것이다.

중국 국유기업의 경영 상태는 어떨까? 2010년 중국 3대 석유업체
는 2,819억 위안의 순이익을 냈다. 국유자산관리위원회의 분석에 의
하면 국유기업들은 2008~2010년 사이에도 연평균 10% 성장했고,
순이익률은 2009년 14.6%에서 2010년에는 40.2%를 기록했다.[95] 그
러나 이런 엄청난 수익률은 중국 정부가 국유기업의 손실을 보전하
기 위해 지급한 보조금, 신용대출 보조금, 토지 임대 보조금, 자원세
보조금 등의 각종 지원책 덕분이다. 2007년 이후 명목상의 중앙재정
지원금은 사라졌지만, 국영 석유회사들은 하루 평균 7,000만 위안의
지원금을 받았다. 또한, 민간기업들이 5.4%의 금리로 돈을 빌릴 때
국영기업은 1.6%의 이자만 냈다. 국영기업들은 3%의 공업용 용지 임
대료를 단 한푼도 내지 않고 있다. 석유 1톤을 추출하는데 국제 기준
의 자원세는 평균 10%를 넘지만, 중국의 석유기업들은 2% 미만을

중국 지방정부 부채 증가 추이

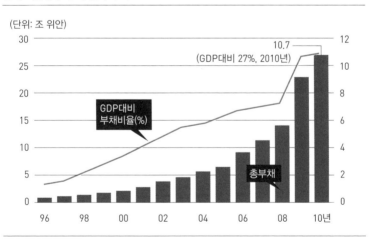

자료: 중국 국가회계국
출처: China Journal 2012, 6월호에서 재인용.

낸다.[96] 이 모든 지원을 중단하는 순간 중국 국영기업의 순수익률은 급전직하한다.

엄청난 규모의 부채도 중국 경제의 복병이다. 2010년 말 기준으로 중국 중앙정부의 부채 규모는 GDP 기준으로 73.9%인 29조 6천억 위안(한화 5,503조 원)이었다. 중앙정부의 부채만해도 5조 달러가 넘어 중국의 외화보유액 3조 3,100억 달러를 훨씬 초과했다. 지방정부의 부채는 매년 30%씩 증가했다. 전문가들은 중국의 지방부채가 10~20조 위안 사이일 것으로 추정한다. 이처럼 지방정부의 부채와 숨겨진 부채까지 합치면 그 규모는 더욱더 늘어난다.

중국은 GDP 세계 2위, 외화보유액 세계 1위이지만 부채의 총액 역시 세계 2위라는 것을 기억해야 한다. 2013년 4월에는 중국 내부에서도 지방정부 부채의 위기를 경고하는 목소리가 나왔다. 장커 신용정허 회계사무소장 겸 중국회계협회 부회장은 자기 회사가 일부 지방정부의 채권 발행과 관련된 회계 감사를 하는 중에 밝혀낸 사실을 파이낸셜타임스FT의 인터뷰에서 밝혔다. 부채를 갚기는커녕, 새로운 채권을 발행해서 부채 만기와 이자 비용을 돌려막기 하는 상황이라는 것이다. 그는 아주 강력한 어조로, 지방정부의 부채 규모가 통제 불능 상태에 빠졌고, 자칫 잘못하면 2008년의 미국 서브프라임 사태보다 더 큰 금융위기를 불러올 수 있다고 경고했다. 중국 지방정부의 부채 문제에 대해서는 IMF, 국제신용평가사와 글로벌 투자은행들도 우려의 목소리를 내고 있다. 2013년 4월 9일 신용평가사 피치는 중국 지방정부의 위안화 표시 장기채권에 대한 신용등급을 'AA-'에서 'A+'로 한 단계 강등했다. 중국 채권의 신용등급 하락은 14년 만에 처음 있는 일이었다.

피치는 중국 중앙정부의 구제금융 가능성에 대해서도 조심스럽게 이야기를 꺼내기 시작했다. 중국 중앙정부의 재정적자도 주목해 보아야 한다. 2011년 6,500억 위안이던 재정적자는 2012년에는 8,500억 위안으로 늘어났다. 그리고 2013년에는 적극적인 재정 정책을 펼치면서 재정적자를 GDP 대비 2.2% 정도에 해당하는 1조 2,000억 위안(한화 204조 원)으로 늘릴 것이라고 발표했다. 통상적으로 재정적자가 4%를 넘으면 위험한 단계로 평가한다. 현재 중국은 이 수준을 밑도는 재정적자 정책을 구사 중이다. 외줄타기를 하고 있는 셈이다.

중국의 불안한 미래

아직 중국의 시대가 오려면 시간이 더 필요하다. 아시아의 시대도 마찬가지다. 1980년대 세계 총생산의 19%에 불과했던 아시아의 총생산은 2007년 36%로 2배 가까이 성장했다. 2007년 아시아 전체 경제에서 수출이 차지하는 비중은 1990년대 말보다 10% 포인트 이상 증가한 GDP 대비 45%를 기록했다. 그 수출의 절반이 미국, 유럽 등 선진국을 대상으로 하고 있다.

아시아의 성장이 선진국에 절대적으로 의존하고 있다는 뜻이다. 중국과 인도를 포함한 아시아의 인구가 전 세계 인구의 60%인 41억 명(2007년 기준)을 넘어서며 거대한 소비시장으로 전환되고 있고, 백만장자의 숫자도 300만 명에 달해 290만 명의 유럽보다 더 많더라도 아직 아시아의 갈 길은 멀다는 뜻이기도 하다.

모건스탠리 아시아 회장인 스티븐 로치Stephen S. Roach에 따르면 2008년 기준 전 세계 인구의 4.8%밖에 되지 않는 미국의 소비자들이 대략 10조 달러(전 세계 소비의 50%)의 소비를 담당했다. 이에 반해 세계 인구의 40%를 차지하고 있는 인도와 중국의 소비자들은 대략 2조 5천억 달러(전 세계 소비의 12.5%)의 소비를 담당하여 큰 차이를 보이고 있다.

이제까지 살펴본 것처럼 아시아는 아직 자생력이 부족하고 미국 의존도가 상당히 높다. 중국과 아시아 국가들은 세계 경제의 주도권을 잡기에 앞서 먼저 큰 문제들에 직면할 것이다. 자본주의 역사를 보면, 1인당 GDP가 2,000달러를 넘어서면 민주주의에 대한 요구가 생겨난다. 1인당 GDP가 4,000달러를 넘어서면, 중진국으로 올라서기 위한 새로운 시스템적 변화를 요구받게 된다. 현재 중국의 상황이 이 단계다. 중국은 지금 시스템을 교체해야 할 시기다. 이때 제대로 대처를 하지 못하게 되면 경제 후퇴와 정치 불안이 겹쳐 일어나면서 쇠락의 길을 걷게 된다.

필자는 2009년에 중국의 미래를 예측하면서, 앞으로 중국은 연평균 성장률을 낮추고 노동 집약적인 서비스 부문을 집중적으로 육성함으로써 내수기반을 튼튼히 하는 정책으로 시급하게 전환해야 한다고 했다. 제조업을 중심으로 하는 수출주도형 성장에서 서비스 산업을 중심으로 하는 내수 소비주도형 성장으로 전환하지 않으면 외부 환경의 변화나 에너지 및 자원에 의존한 성장에서 발생하는 문제들을 완화할 수 없다고 보았기 때문이다. 2012년에 중국은 그런 방향으로 전환했다. 그런데 이런 전환이 성공을 거두려면 부동산 버블을 어떻게든 해결해야 한다. 제조업의 기술력을 한 단계 성장시켜야 한다. 20%가 넘는 실업률 문제를 해결해야 한다. 앞으로 20년 이내에 저출산과 고령화의 문제가 시장에 더 큰 경제적 충격을 주기 전에 미

> ### 친디아라는 환상
>
> 인도와 중국 경제를 하나로 묶어서 친디아_{Chindia} 시장이라고 부르며 엄청난 환상을 가진 사람이 많다. 그런데 인도와 중국 경제는 완전히 분리해서 보아야 한다. 2005년 기준으로 전체 외국인 직접투자 금액 약 1,000억 달러 중에서 600억 달러가 중국에 투자되었고, 인도에 대한 투자는 겨우 30~40억 달러에 불과했다. 거의 20배 정도의 차이다. 중국은 미국이나 유럽으로 향하는 해외생산이 많아서 외국인들이 큰 투자수익률을 기대할 수 있다. 반면 인도는 제품보다는 미국과 유럽을 위한 해외서비스업을 주로 하기 때문에 외국인들의 관점에서 보면 투자수익이 거의 없다. 즉, 인도는 자본투자가 크게 필요 없는 산업구조로 되어 있다. 인도는 아예 서민 교육을 하지 않기 때문에 문맹률이 39%에 이른다. 정부의 규제도 상당히 강하고, 심각할 정도로 높은 신분의 장벽이 있다. 그래서 인도는 중국처럼 급속하게 성장하지는 못할 것이다.

리 대비해야 한다.

지금 필자는 2가지 질문을 던지고 싶다.

"현재의 중국 공산당 정부가 과연 앞으로 20년 동안 대규모 국민적 소요를 무마하고 잘 버틸 수 있을까?"

"만약, 중국의 이런 내부적인 위기에 '불'을 붙일 외부적인 대상이 존재한다면 어떻게 될까?"

고속 성장한 중국, 시한폭탄을 작동시켰다

1798년 맬서스_{Thomas Robert Malthus}는 〈인구론〉에서 인구 증가가 식량 생산 증가를 웃돌게 되면 필연적으로 빈곤과 죄악이 발생한다는 최악의 시나리오를 예견했다. 인구 과잉으로 사회가 붕괴할 수 있다는 그의 주장은 19세기에 유토피아를 꿈꾸던 사람들에게는 충격적 예측이었다. 그의 인구론은 마르크스의 비판을 비롯해 엄청난 공격과 논란의 대상이 되었다. 하지만 그의 사상은 정통파 경제학자들의 사고 기반이 되었고, 다윈의 진화론에도 큰 영향을 미쳤다.

맬서스는 정부가 가난한 사람들에게 부양 자녀 수에 따라 생활보조비를 지급하자는 정치인들의 선심성 법안을 비판했다. 이 정책은 인구 증가를 가속화하여 도리어 빈곤의 악순환만을 가져올 것이라는 이유였다. 만약 인구가 정책적으로 억제되지 않는다면, 인구는 기하급수적으로 증가하는 반면 식량은 산술급수적으로 증가하는 데 그쳐 파국적 상황이 발생할 수 있다고 생각했다. 그는 인구가 대략 25년마다 두 배씩 증가할 것이라는 가정 아래, 이런 추세가 지속되면 200년이 지나면 인구와 생활물자의 비율이 256:9, 300년이 지나면 4096:13이 될 것으로 예측했다.

전 세계의 인구는 맬서스의 예측과는 다르게 기하급수적으로 증가하지 않았다. 인구가 증가해도 기술발달과 생산성 향상으로 인구 문제는 최악의 상황으로 치닫지 않았다. 하지만 맬서스의 경고는 우리에게 시사하는 바가 크다. 맬서스가 살던 당시에는 8억 명이었던 세계 인구가 맬서스가 죽은 무렵인 1850년에는 12억 명으로 증가했다. 그리고 1950년에는 25억, 1975년에는 40억, 1987년에 50억, 2000년에는 60억, 2012년에는 70억을 돌파했다. 1975년 이후 전 세계 인구는 대략 12년 간격으로 10억 명씩 증가 중이다.

1968년에 폴 에를리히가 〈인구 폭탄〉이라는 책을 썼다. 1972년에는 로마클럽이 〈성장의 한계〉라는 유명한 책을 발간했다. 모두 인구의 기하급수적 성장과 식량의 산술급수적 성장의 불일치가 가져올 위험을 경고하는 책이다. 현재 세계 인구가 70억 명을 돌파했다. 하지만 지구와 인류문명은 아직도 건재하다. 필자가 예측하기에 앞으로 20~30년 안에 일어날 기술 발달의 시너지 효과로 말미암아 획기적인 생산성의 향상이 한 번 더 이루어질 것이다. 그렇게 되면 30년 후에 전 세계의 인구가 100억 명을 넘어서더라도 인류 문명의 붕괴는 없을 것으로 예측된다. 하지만 문제는 이것이 아니다.

이제부터 우리가 염려해야 할 문제는 인구의 기하급수적 성장과 식량의 산술급수적 성장의 불일치가 만들어내는 인류의 파국적 시나리오가 아니다. 진짜 문제는 식량의 문제가 아니라, '생태 자살ecological suicide'이다. 캘리포니아 주립대UCLA의 재레드 다이아몬드Jared Diamond 교수는 〈문명의 붕괴〉라는 책에서 문명의 붕괴와 생태 자살설의 연관을 주장했다. 과거의 찬란했던 문명들이 붕괴될 때는 공통적으로 환경을 파괴하면서 자초한 생태 자살의 과정이 있었다는 주장이다. 재레드 다이아몬드 교수는 자살 과정을 12가지 유형으로 나누었다.

- 삼림 파괴와 서식지 파괴
- 토양 문제
- 물 관리 문제
- 지나친 사냥
- 과도한 고기잡이
- 외래종이 토착종에 미친 영향
- 인구 폭발
- 사람의 영향
- 인간으로 인해 발생한 기후 변화

- 자연환경에 축적된 유해 화학 물질
- 에너지 부족
- 지구의 광합성 역량을 극한까지 사용하려는 인간의 욕심.[97]

재레드 다이아몬드 교수는 맬서스가 인구론에서 예측했던 '인구 증가와 식량의 분배 문제'가 아니라 인구 증가로 말미암은 인위적이거나 자연적인 지구환경의 파괴가 다음 몇 세대 안에 문명 붕괴의 도화선 역할을 할 수 있다고 본 것이다.

재레드 다이아몬드 교수는 〈문명의 붕괴〉에서 환경 문제로 비틀거리는 중국에 대해서도 아주 자세하게 기록하고 있다.

중국은 전 세계 인구의 1/5을 차지하는 13억의 인구를 가지고 있다. 국토 면적은 세계 3위다. 석탄 소비량은 세계 1위, 석유 소비량은 세계 3위다. 생산량도 타의 추종을 불허한다.

"중국의 강철, 시멘트, 양식 수산물, TV 등의 생산은 세계 최고다. 석탄, 비료, 담배의 생산량과 소비량도 모두 세계 최고다. 전력과 자동차 생산량이 세계 최고에 가깝고, 목재 소비량 역시 세계 최고에 근접한다. 현재 세계 최대의 댐 건설 공사와 수로 변경 계획이 진행되고 있다. 이러한 성취가 무색할 정도로 중국의 환경문제는 주요 국가 중 가장 심각하며, 계속 악화되고 있다."[98]

그가 분석한 자료에 의하면 중국에서 발생하고 있는 환경문제는 다음과 같다.

- 도시건설로 인한 경작지 감소
- 목초지 과다 사용 및 농지개간으로 18개성 498개 현에 걸친 국토의 27.3%(2억 6,200만 헥타르) 사막화
- 습지대 상실
- 목초지의 질 저하
- 환경 파괴에 영향을 끼치는 빈번한 인재人災의 발발
- 생물 종의 감소
- 외래종의 유입
- 강물의 흐름 약화 및 정지
- 염화
- 현재 19%의 땅이 침식 피해를 당할 정도로 세계에서 가장 심한 토양 침식 현상 진행
- 매년 50억 톤의 토사가 유실되면서 토양의 질 지속적 저하
- 방대한 쓰레기 배출
- 산업 폐기물의 3배에 이르는 동물 배설물 배출
- 호수 75%와 대부분의 연안해의 오염
- 지하수 및 하천의 심각한 수질 오염과 수자원 고갈
- 20%에 불과한 하수 처리 비율(선진국 80% 수준)
- 아황산가스와 클로로플루오로카본 및 기타 오존 파괴 물질의 대량 배출
- 세계 최대의 제초제 사용
- 지속적인 삼림 파괴로 인한 토양 침식과 홍수 발생
- 지난 25년간 5배나 늘어난 어류 소비량과 무분별한 남획, 해수오염으로 급격히 줄어드는 수산자원[99]

이처럼 우리가 알고 있는 웬만한 환경문제는 모두 발생하고 있다. 그것도 평균 이상을 넘어서 심각한 수준으로 진행되고 있다.

이런 환경파괴 문제들은 지구 자체가 견디지 못해 스스로 자살하기 전에 먼저 중국 사회, 경제, 국민의 삶에 양적, 질적으로 큰 영향을 준다. 중국 내부에서도 기후 변화의 최대 피해자가 중국이 될 것이라는 경고가 나온다. 환경문제가 심각해질수록 경제적 손실도 커진다. 자연재해는 농업 손실을 불러와서 중국 농촌에 고통을 안겨 준다. 기후 변화에 가장 취약한 계층은 빈곤층이므로 사회적 갈등의 한 요인이 될 수도 있다. 우려할 수준의 국민 건강 문제도 고려해야 한다. 더 나아가 중국에서 발생한 환경문제는 바다와 대기, 그리고 무역거래를 통해 전 세계로 파급된다. 중국에서 배출되는 대기 및 해양 오염물질은 한국, 일본 등의 인접국을 넘어서 일주일 안에 미국과 아프리카까지 도달한다. 해양 오염이 심해지고 어류 남획이 심해지면, 중국 인근 바다의 수산자원이 고갈된다. 중국 연안 바다에서는 하얀색 철갑상어가 거의 멸종되었고, 보하이 참새우의 포획량도 90%가 줄었다. 부세조기와 갈치는 수입에 의존하게 되었다.[100] 이런 상황이 되면 중국 어부들이 물고기를 잡으러 한국, 일본이나 동남아시아 등의 인접국 해양까지 침범하게 되어 지속적인 분쟁을 발생시킨다.

삼림 파괴와 토양 침식으로 홍수 대응 능력이 떨어진 지역이 늘어나면서 경제적인 피해도 증가하고 있다. 1996년 대홍수 때에는 250억 달러 규모의 재산 피해가 났고, 1998년 양쯔강 전 유역과 동북지방의 눈강과 송화강에서 발생했던 대홍수 때에는 500억 달러(한화 55조 원) 규모의 재산 피해가 나고 4,100명이 숨지고 1,400만 명이 긴급 대피했으며 2억, 4,000만 명의 수재민이 발생했다. 2010년에도 양쯔강 주변에 큰 비가 내려 강 유역의 11개 성과 시에서 피해가 속출했다. 수백 명이 사망하고 130만 명이 긴급 대피했으며 7,000만 명의 이재민이 발생했다.

중국과 몽골 지역의 사막화 때문에 자주 발생하는 황사의 피해도 크다. 황사의 빈도가 점점 더 잦아지는 이유는 대규모 삼림 파괴와 기후 변화로 말미암은 잦은 가뭄으로 사막화가 급속히 진행되기 때문이다. 2007년 삼성경제연구소의 분석에 의하면 황사로 말미암은 한국의 사회적 비용은 연간 22조 원에 이르렀다. 중국의 황사 문제는 몽골, 중국을 비롯한 아시아 전체의 재앙으로 발전할 가능성이 크다.

이밖에도 중국은 산성비 때문에 작물과 삼림이 매년 7억 3,000만 달러 상당의 피해를 입고 있다. 모래 폭풍을 막기 위해 베이징 주위에 나무를 심는 데만 60억 달러가 소요되고, 수질오염과 대기오염으로 말미암은 피해액도 연간 540억 달러에 이른다. 대기오염 때문에 매년 40만 명 정도가 사망하고, 치료비로 540억 달러가 들어간다.[101]

앞으로 중국의 도시화가 더 진행되고, 공장이 더 지어지고, 경제가 더 성장할수록 오염은 더 심해지고 환경 비용은 더 많이 지출될 것이다. 이미 베이징을 비롯한 중국 대도시의 스모그 현상은 심각한 수준이다. 국제저탄소경제연구소는 중국이 스모그 현상과 환경오염 문제를 근본적으로 해결하는 데 최소 20~30년 이상이 걸릴 것으로 추정하고 있다.[102]

필자가 앞에서 소개한 '시나리오 3'에서처럼 중국이 10% 성장을 지속하고, 미국이 1%의 성장률을 기록한다는 가정 하에 중국의 경제 규모가 2022년경 미국을 추월하여 17조 달러에 이르면 어떤 일이 벌어질까? 이는 2011년 5조 9,266억 달러 대비 대략 3배 가까이 성장한 셈이다. 우선, 중국의 현재 환경파괴 문제는 10년 이내에 획기적인 개선이 불가능하다. 오히려 지금보다 더 심해질 가능성이 훨씬 크다. 미국을 추월하는 경제성장을 이루기 위해 해안지방과 내륙지방 곳곳에 도시를 건설하고 공장을 짓고 도로를 건설하는 과정에서 자연 환경을 보존하는 정책은 우선순위가 뒤로 밀릴 것이다.

시나리오3으로 간다면 20년 후 중국의 1인당 환경 훼손량은 당당히 세계 1위가 될 것이다. 현재 중국의 도시에서 생산되는 1인당 쓰레기양은 평균 440kg이고, 전국 도시들에서 매립한 쓰레기양은 80억 톤에 이른다. 아직 매립하지 못하고 쌓아둔 쓰레기의 누적량이 5억 m² 정도다. 이는 중국에서 한해 동안 거래되는 일반 분양주택의 면적과 같다.[103] 특별한 대책이 없다면 앞으로도 농촌과 도시 쓰레기는 빠르게 증가할 것이다. 1980~2001년 사이에 130배나 증가한 승용차 숫자가 앞으로 중국 전체 인구의 35% 선까지 증가한다면 4억 5천만 대를 넘어서게 된다. 그만큼 도로와 주차장도 늘려야 하고, 배기가스 배출량도 기하급수적으로 늘어날 것이다. 또한, 중국에서 가장 많이 사용하는 에너지원인 석탄 소비가 더 늘게 되어 대기오염과 산성비 문제를 개선할 여지가 전혀 없어진다.

2030~2040년 이후가 되면 중국에서 배출하는 이산화탄소의 양은 전 세계 배출량의 40%를 넘어설 수 있다. 중국 기업들은 종이를 생산하거나 비료와 섬유 제조 원료인 암모니아를 생산할 때 다른 나라들보다 훨씬 더 많은 물을 사용한다. 여기에 도시화율이 60~70%까지 올라가는 과정에서 지하수의 고갈, 물 부족과 낭비가 심해지며 수백 개 도시들이 심각한 물 부족 현상에 빠질 것이다.[104] 중국 정부는 베이징을 포함한 북부 지역의 물 부족 상황을 해결하고자 590억

달러를 들여 2050년경에 완공될 남북수로 변경 사업을 시행하고 있다. 이 역시 개발과정에서 심각한 환경오염은 물론이고 양쯔강의 물 불균형을 초래하는 부작용을 낳을 것이다.

여기서 필자의 머릿속에 이런 질문이 하나 떠오른다. 중국의 성장 부작용이 이 정도라면, 만약 앞으로 중국의 인구를 추월해서 15억 명까지 인구가 늘어날 인도가 이런 식의 발전에 동참한다면 지구 생태계의 문제는 어떻게 될까? 정말 재레드 다이아몬드 교수가 주장한 '생태 자살'이 아시아와 전 세계에서 현실이 되지는 않을까?

13장

유럽

유로지역의 위기, 이대로 끝나지 않는다

　　필자는 2010년, 유럽의 금융위기를 예측하면서 유럽의 형국이 꼭 적벽대전에서의 조조 군의 모습과 같다고 비유했다. 미국과 중국의 거대한 세력에 맞서기 위해 유럽은 조조의 전략처럼 각 나라를 튼튼한 경제적 고리로 종횡으로 연결하고 그 위에 통일된 화폐를 깔아 흔들림을 최소화하고 나라 간의 자본과 기술, 그리고 노동의 이동이 쉽도록 했다. 그러나 단 한번의 금융위기의 불길로 유로지역은 전체가 괴멸 직전의 상황에 몰리게 되었다. 미국과 싸워보겠다는 경제전쟁의 전의는 완전히 잃었고, 유로지역에 속한 국가의 정치인과 국민의 마음은 이리저리 흩어졌다. 결국, 유로지역은 심각한 타격을 받고 '잃어버린 10년'으로 들어가고 있다. 단 1년 사이에 폭풍처럼 유로지역 전체를 휩쓸아친 금융위기로 유로지역은 산업, 내수시장, 정치적 영향력 등까지 추가로 잃으면서 엄청난 전력 손실을 보았다. 당분간 미국과 대등한 전력을 가지고 어깨를 나란히 하기는 곤란해졌다.

현재 유로지역의 금융위기 사태는 중반 정도밖에 지나지 않은 상황이다. 지난 2~3년 동안은 유럽중앙은행ECB의 장기 대출금, 유럽의 각 나라와 미국, IMF 등의 적극적인 구제금융과 지원책 때문에 유럽연합이 붕괴하지 않고 간신히 명맥을 유지할 정도의 시간을 번 것뿐이다. 독일은 1조 8,900억 유로, 영국은 1조 7,300억 유로, 프랑스는 1조 3,300억 유로, 이탈리아는 9,370억 유로, 스페인은 7,410억 유로의 경기부양책을 시행했다. 아이슬란드는 2008년 10월 8일 모든 은행을 국유화하는 극단의 조치를 단행해서 시간을 벌었다. 하지만 시간을 번 대신 민간 부문의 부채가 공공 부문으로 옮겨져서 국가의 부채 부담은 더욱 커졌다.[105] 위기의 반환점을 돈 지금부터는 아주 고통스러운 과정을 거쳐야 한다. 공공 부문을 필두로 한 긴 시간의 긴축 과정과 부채축소deleveraging의 고통이 기다리고 있기 때문이다.

문제 해결을 위해서는 경제성장의 활로를 찾아야만 한다. 그리스, 포르투갈, 이탈리아처럼 부채가 과다한 나라는 긴축 재정정책만으로는 위기를 극복할 수 없다. 경제성장을 통해서 추가적인 돈을 벌어야만 근본적인 위기 탈출이 가능하다. 이 나라들이 근본적으로 위기를 탈출해야 유로지역이 안정권에 들어갈 수 있다. 이 과정에서도 추가적인 위기가 곳곳에서 발생할 것이다. 프랑스, 이탈리아, 그리스 등의 총선에서 보듯 정치적 불안정성을 해결하지 않으면 구제금융의 지연과 후퇴 때문에 잠재되어 있던 위기가 재발하거나 커지게 된다. 이렇게 상황이 악화되면 유로지역의 붕괴와 세계경제의 더블딥으로 급격하게 전환될 수도 있다. 그래서 후반부 작업은 정치권과 국민, 노사간의 합의를 바탕으로 한 모두의 희생이 필요하다.

그런데 유로지역은 과연 이런 미래를 감내할만한 준비가 되어 있을까? 필자의 예측은 간단하다. 유로지역은 위기를 극복할만한 잠재력은 충분하다. 그러나 각자의 이해관계가 복잡하게 연결되어 있어서 해법을 찾는 과정이 길 것이다. 그래서 상당기간 침체와 저성장을 피할 수 없다. 전 세계는 당분간 미국 시장을 능가하는 유로지역이라는 글로벌 시장의 한쪽 날개를 접은 채 날아야 한다. 이는 중국과 아시아의 경제 성장에도 영향을 미칠 것이다. 중국은 유로지역 위축 때문에 과잉 성장 정책을 사용하지 않으면 8%를 넘는 경제성장을 유지하기 어렵다.

유로지역은 2012년 10월경에 몰린 위기 국가들의 국채 상환에 대비해서 ECB가 무제한으로 이를 매입하는 비상대책으로 당장 폭탄이 터지는 것을 막았다. ECB가 부도 위험이 큰 국가의 국채를 무제한으로 사줌으로써 다른 금융기관도 이들 국가의 국채를 살 수 있는 심리적 조건이 마련되었다. 그래서 위기 국가들이 발행하는 국채 이자율도 낮출 수 있었다. 이렇게 국채를 통해서 위기 국가와 은행들은 만기가 되어 돌아오는 부채의 원금 일부를 상환하거나 이자를 갚아 부도위기를 넘길 수 있었다. 2012년 하반기에 ECB는 유동성 과잉으로 인한 인플레이션 위험을 걱정하는 독일의 반대를 무마하기 위해 한 가지 장치를 추가했다. 불태환 정책이었다. 불태환 정책이란 국채 매입에 쓴 금액만큼 다른 방법으로 시중의 유동성을 다시 흡수하겠다는 정책이다. 그렇게 하면 시중에 추가로 유동성이 풀리지 않게 된다. 독일은 마음에 들지 않았지만 다른 방법이 없어서 임시방편으로 승인했다. ECB가 이런 방식으로 위기 국가들의 국채 매입을 반복하

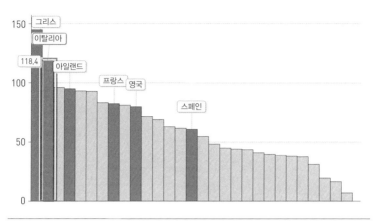

출처: 유럽연합통계청

게 되면 당분간은 급한 불을 끌 수 있다.

그러나 이런 조치들로는 근본적인 문제를 해결하지 못한다. 부도 위기 국가가 이자와 원금을 갚을 수 있는 여력이 없는 상황에서, 일정한 규모 이상의 부채 탕감이 이루어지지 않으면 오히려 원금이 더 늘어난다. 이미 위기 국가들은 자력으로 원금을 갚을 수 없는 상황에 빠진 지 오래다. 그러니 현재의 위기를 더 큰 위기로 발전시키면서 뒤로 미루는 격이다.

위의 그래프는 2010년 유럽 주요국의 GDP 대비 정부 부채 비율이다. 2012년에 들어서는 상황이 더 심각해졌다. 그리스는 2012년 구제금융을 받고 난 후 상반기 부채가 GDP 대비 161.7%로 늘어났다. 이는 전년 대비 16.8% 증가한 수치다. 정부의 재정적자도 9.1%로 계속 증가 추세에 있으며 IMF의 애초 예상과는 매우 다르게 2012년 경제성장률은 -7%로 추정된다. 급해서 구제금융(빚)을 얻었는데, 돈을

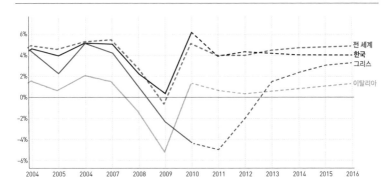

출처: 국제통화 기금IMF, 2011년 9월 세계경제 전망

벌어 갚기는커녕 빚만 계속 늘고 있다.

위의 그림은 2011년 국제통화기금IMF이 이탈리아, 그리스 등의 경제성장률을 예측한 자료다. 그런데 2012년과 2013년의 이탈리아와 그리스의 경제성장률은 예상보다 낮았다. 그리스는 2차 구제금융으로 총 427억 유로를 지원받았지만 2012년 경제성장률은 예상치 -2%보다 더 낮은 -6.3%를 기록했다. 2013년에 들어서도 IMF의 예측인 +2%대가 아닌 -4.5%에 머물 것이라는 예측이 나오기 시작했다. 빚을 갚기 위해서는 GDP의 성장이 결정적으로 중요하다. 이자는 물론이고 원리금 상환액이 추가적인 GDP 성장을 통해 조달되기 때문이다.[106] 개인이 현재의 소득(국가의 GDP에 해당)으로는 기존의 빚을 갚지 못해 부도 위기에 몰렸다고 하자. 그래서 당장 갚아야 할 빚만큼 새로운 빚을 내서 급한 불을 껐다. 이 경우 기존의 빚과 새 빚의 원리금을 무리 없이 갚아 나가려면 소득이 증가해야 하는 것과 같은 이치다. 그래서 부채 위기를 탈출하기 위한 가장 핵심적인 요소

2008년도 GDP 대비 부채비율

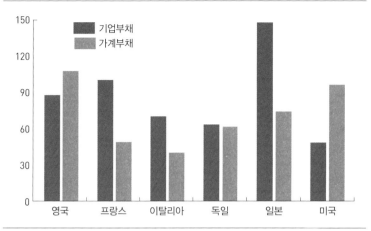

출처: OECD, 단위 %

는 실질 GDP의 성장이다. 이탈리아도 애초 IMF의 예상치보다 낮은 -2.2%를 기록했고 2013년에도 -1%대에 머물 것으로 예측된다. 이 탈리아는 2012년 기준으로 정부의 부채가 GDP 대비 120%를 넘어 섰다. 그러나 부채 비율이 줄기는커녕, 전년 대비 1.4% 증가했다. 설상 가상으로 이탈리아의 민간 부채도 GDP 대비 122%를 넘었다. 이탈 리아는 정부부채와 민간부채 모두 다 심각한 수준이다.

스페인은 GDP 대비 정부 부채비율이 79%로 상대적으로 낮은 편 이지만 민간 부채가 GDP 대비 213%에 이르러 심각한 상황이다. 부 동산 버블의 타격을 직접 받으면서 은행들의 부실도 급격하게 커지 고 있다. 포르투갈 역시 GDP 대비 정부 부채가 112.8%로 전년 대 비 19.5% 증가했다. 세수도 전년 대비 감소하고 경제 성장률도 하 락 중이다. 아일랜드는 GDP 대비 정부 부채가 105%이며, 전년 대 비 12.9% 증가했다. 아이슬란드도 GDP 대비 정부 부채가 128%이며, 전년 대비 3.6% 증가했다. 이처럼 PIIGS 및 인근 국가의 부채는 2008년 이후 다양한 조치에도 오히려 늘어나고 있다. 늘어나는 속도가 조금 감소했다는 것이 그나마 위안거리다. 결국, ECB의 불태환 매입은 근본적인 위기 해결이 안 된다고 보아야 한다.

건전하다고 평가받는 나라인 영국도 GDP 대비 정부 부채가 86%에 이르렀다. 프랑스도 GDP 대비 부채가 89%인데, 민간 부채가 114%를 넘어서서 PIIGS 국가들처럼 극히 위험한 수준이다. 2012년 경제성장률도 영국과 프랑스가 제로성장이거나 마이너스 성장이었다. 유로지역의 유일한 버팀목이며 재정 건전도가 가장 높다는 독일조차도 GDP 대비 정부 부채가 81%이고, 민간 부채는 107%에 이르렀다. 이처럼 유로지역에서 건전한 1그룹에 속한 국가들마저 위험 수준에 이르렀기 때문에 PIIGS 국가의 엄청난 빚을 떠안으면서 유로지역을 위기에서 탈출시킬 수 있는 상황이 아니다.

유로지역의 태생적 한계

1, 2차 세계대전은 유럽국가들에게 연합을 이루는 것만이 생존과 번영을 위한 가장 좋은 길이라는 교훈을 주었다. 이 교훈을 발판으로 1948년 네덜란드, 벨기에, 룩셈부르크 3국이 관세 동맹을 맺은 것을 신호탄으로 유럽국가들은 1951년 4월 18일 유럽석탄철강공동체 ECSC, 1957년 3월 25일 유럽경제공동체EEC, 1958년 1월 유럽원자력공동체EURATOM를 결성했다. 1967년 7월 1일 이 세 기구의 집행부를 통합하고, 벨기에, 프랑스, 서독, 이탈리아, 룩셈부르크, 네덜란드 7개국이 평화와 경제 번영을 위한 유럽통합을 목적으로 공동 통상 및 농업정책 시행, 관세동맹, 유럽통화제도 마련을 주업무로 하는 유럽공

동체_{European Community}를 벨기에 브뤼셀에 설립했다. 점차 회원국들이 늘어나고 회원국 간의 무역이 다각화되면서 관세 동맹을 넘어 경제 동맹으로 발전했고, 1994년 1월부터 유럽연합으로 공식명칭을 바꾸면서 화폐 동맹으로 발전했다.[107]

유럽 통합 화폐에 대한 구상은 1969년 3월 EU 헤이그에서 룩셈부르크 총리였던 피에르 베르너_{Pierre Werner}가 최초로 제안했고, 유로의 아버지라고 불리는 로버트 먼델 교수가 '유럽 화폐 개혁'이라는 논문으로 이론을 뒷받침하면서 큰 관심을 불러일으켰다. 로버트 먼델 교수는 한 여행자가 100프랑을 가지고 파리에서 출발해 유럽 각국을 여행할 경우, 거치는 나라마다 화폐를 교환해야 하는 불편함과 그 비용이 발생하기 때문에 여행에서 실제로 한푼도 쓰지 않더라도 화폐 교환에서 발생하는 비용으로 최소 50프랑 이상이 사라진다고 주장했다.[108] 하지만 실제로 유로 단일 화폐가 사용된 것은 그로부터 무려 30년이나 지난 1999년 1월이었다. 이렇게 된 결정적 이유는 각국의 다양한 정치적 계산 때문이었다. 유로화를 사용하면 다양한 이점이 있었지만, 각 회원국이 서로 정치적 합의점을 찾는 것이 어려워 통합 화폐 실현은 오랫동안 표류했다.

그런데 1971년 미국의 닉슨 대통령이 금태환제를 완전히 폐지하자 유럽에서는 환율이 크게 요동쳤고, 이 때문에 악성 인플레이션이 독일 등의 나라에서 발생했다. 여기에 더해 중동 지역에서 전쟁이 발발하자 유럽국가들은 환율을 방어하기가 어려웠다. 결정적 계기는 독일 통일이었다. 1990년 10월 3일 베를린 장벽이 무너지면서 통일 독일의 존재가 유럽 전역에 새로운 위협으로 떠오르기 시작했다. 독일 역시 자신이 유럽국가들에 히틀러처럼 위협을 주는 나라가 아니라

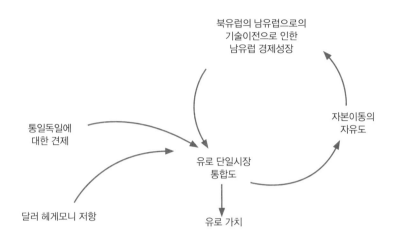

는 것을 확실하게 보여 주어야 했다. 이처럼 변화를 압박하는 다양한 사건이 유럽에서 발생하고, 강한 힘을 가진 달러가 제 마음대로 패권을 휘두르자 30년 만에 유로지역의 화폐 동맹이 극적으로 성립했다.

이 전략은 세계 경제에 훈풍이 불 때는 유럽을 미국과 어깨를 나란히 하는 수준으로 급상승시켰다. 하지만 전 세계의 경제가 불황기로 접어들자 포르투갈, 이탈리아, 그리스, 스페인 등 상대적으로 취약한 나라들에서 시작된 경제위기가 순식간에 유로지역 전체로 번지면서 공멸의 위기로까지 몰리고 말았다. 그리스는 1996년만 해도 부동산 가격이 상당히 안정적이었다. 하지만 2004년 올림픽 개최와 EU 가입이라는 2가지 호재를 타고 2006년에 부동산 가격이 3배 이상 폭등했다.[109] 관광산업이 주력을 이루면서 제조업 기반이 약했던 그리스는 부동산 가격이 지나치게 높아지자 시중의 자금이 부동산으로 몰리면서 생산설비 투자가 크게 줄어들었다. 물가는 폭등해서 서민경제를 파탄에 빠뜨렸다. 사람들은 주택 구매와 엄청난 생활비를 감당하기 위해 빚에 의존하는 신세가 되고 말았다. 결국 2009년 부동산 버블이 붕괴하면서 급격한 채무위기에 빠져들었다. 게다가 막대한 사회보장 비용, 불완전한 EU시스템, 부동산 버블, 고령화 등 위기의 단초가 유로지역 전체에 이미 만들어져 있던 상황이어서 그리스의 불길이 유로지역을 화마火魔로 휘감는 것은 진짜 한순간이었다.[110]

성장이 멈춰버린 유럽의 미래

환경의 차이가 문화의 차이를 만든다. 〈총, 균, 쇠〉라는 책으로 퓰리처상을 받은 재레드 다이아몬드는 이런 말을 했다. "민족마다 역사가 다르게 진행된 것은 각 민족의 생물학적 차이 때문이 아니라, 환경적 차이 때문이다. 지리 환경은 분명히 역사에 영향을 미친다."[111] 재레드 다이아몬드는 폴리네시아, 뉴기니, 아마존, 아스텍, 잉카, 중국 등의 다양한 예를 거론하면서 기후, 지질 유형, 해양 자원, 면적, 지형적 분열, 인구 밀도, 고립성의 정도 등에 따라 정치, 경제, 사회의 모습을 포함한 문명 전체의 형성과 발전에 큰 차이가 생긴다는 것을 방대한 자료를 통해 논증했다. 지정학적 차이, 환경적 차이 등이 군사 기술의 발달, 전염병, 해상 기술, 정치 조직, 문자 등의 발전에도 핵심적 요인으로 작용했다는 것이다.[112]

　유럽은 지정학적으로 알프스, 피레네, 카르파티아, 노르웨이 국경의 산맥 등 높은 산맥에 의해 조각조각 나뉘어 있다. 거대한 평원과 비옥한 강변 지역은 적다. 지형도 매우 울퉁불퉁하고 산맥과 산맥 사이에 인구가 분산되어 있다. 지역에 따른 기후 차이도 크다. 지중해

연안은 굴곡진 만이 아주 복잡해서 해안선도 들쭉날쭉하고 반도도 많다. 그래서 유럽은 전체를 통일한 후 오랫동안 지배하기가 지형적으로 상당히 어렵다.

유럽은 14세기까지는 1,000여 개에 달하는 독립 소국으로 분리되어 있었고, 15세기에는 500개의 소국으로 나뉘어 있었다. 그래서 전쟁이 잦았다. 유럽이 합의에 이르기까지 시간이 오래 걸리는 이유는 이런 지정학적 요소에 의해 만들어진 분열 지향성이 역사 속 깊이 뿌리 박혀 있기 때문이다.[113] 유럽의 지정학적 조건은 나라별 산업의 선택과 발달에도 큰 영향을 주었다. 어떤 나라는 수산업에 의존하고, 어떤 나라는 관광산업에 치우칠 수밖에 없으며, 어떤 나라는 자원 수출에 국운을 걸어야 한다. 어떤 나라는 사방에서 침탈을 당하는 지정학적 위치 때문에 산업을 제대로 성장시킬 수 없으며, 어떤 나라는 산맥이나 바다에 의해 고립되어 오랫동안 외부와의 교류가 힘들어 낙후된 상태로 있다. 당연히 삶을 대하는 태도와 문화도 지역별로 상당히 다를 수밖에 없다.

2013년 현재, 유로지역은 아직도 심각한 경제위기에 빠져 있지만, 지엽적이고 표면적인 해법에만 매달리고 있다. 물론, 필자는 미국인의 생각이나 미국식의 경제 및 사회 모델이 유럽보다 우월하다고 말하려는 것이 아니다.[114] 둘 다 장점이 있고, 또한 치명적인 약점도 있다. 중요한 것은 누가 먼저, 더 폭넓게 치명적인 약점을 보완하려는 근본적인 노력을 하느냐의 문제다. 앞으로 10~20년 이내에 과감한 개혁을 시도하지 않으면 둘 다 치명적으로 몰락할 수 있다. 다만 지금대로라면 유럽이 더 위험하다는 것이 필자의 판단이다. 더구나 유럽은 지금 인구학적으로 볼 때도 미국보다 빠르게 쇠퇴기로 접어 들고 있다. 미국의 경제사학자 킨들버거는 〈경제강대국 흥망사 1500~1990〉에서 "쇠퇴는 절대적인 것이 아니라 상대적이었다."[115]는 중요한 지적을 했다.

다음 그림을 보면 이탈리아는 65세 이상 인구의 비율이 2030년 이후로는 일본과 비슷한 수준으로 증가한다. 그 외에도 독일, 스위스, 프랑스, 벨기에, 네덜란드, 스웨덴, 영국 등 대부분의 유럽 국가가 2010년부터 미국보다 높은 고령화 비율을 보이고 있다. 그 여파로 경제 성장도 빠른 속도로 멈추고 있다. 글로벌 인사이트 아시아 수석 이코노미스트인 라지브 비스워스는 "유럽은 당분간 2% 미만의 성장률을 기록할 것이며, 중장기적으로도 재정적자 문제와 고령화로 성장 가능성이 그리 크지 않다."고 평가했다.[116]

19세기까지는 유럽이 미국보다 잘 살았다. 그러나 1, 2차 세계대전

하버드대학교 석좌교수인 알베르트 알리시나 교수와 MIT의 방문교수인 프란체스코 지아바치 교수가 분석한 유럽인과 미국인의 차이를 흥미 있게 읽은 적이 있다. 두 교수는 〈유럽의 미래The future of Europe〉라는 책에서 다음과 같이 미국인과 유럽인의 차이를 비교해 놓았다.

미국인들은 직장을 여러 번 바꾸고, 실업이나 파산, 일정 수준의 부의 불균형을 시장경제의 필수적인 부분으로 생각하며 가난이나 개인의 미래에 대한 일차적 책임은 자신에게 있다고 생각한다. 미국인의 60%는 가난한 사람은 게으르다고 생각하고, 서부 개척시대의 정신이 아직도 남아 있어서 노력만 한다면 시장의 기회를 통해 빈곤을 충분히 벗어날 수 있다고 믿는다. 이런 생각 때문에 미국은 일괄적으로 높은 세금을 거둬서 높은 수준의 보편적 복지를 시행하는 것을 반대한다.

그러나 유럽인은 26%만이 가난한 사람과 게으름이 연결되어 있다고 본다. 반대로 유럽인의 60%는 가난은 경제 구조의 모순이 만들어낸 빈곤의 덫과 역동성을 상실한 사회적 장애 때문이라고 생각한다. 그래서 정부가 지출을 줄이는 것을 치명적인 죄악으로 생각한다. 또한, 유럽인은 직장의 안정성을 권리이자 행복권으로 여기며, 국가와 사회가 개인의 가난 극복이나 행복 증진을 책임져야 한다고 생각한다. 유럽인은 자신들의 이런 생각과 경제방식 등이 미국식보다 훨씬 더 우월하다고 믿고 있다.[117]

을 치르면서 유럽은 황폐화되었다. 2차 세계대전 직후 미국에 패권을 빼앗기고 제1기축통화의 지위도 잃었다. 당시 1인당 국민총생산은 미국의 42%에 불과할 정도로 엉망이었다. 유럽이 전후 지속적 성장으로 1980년대 말에는 미국의 80% 수준까지 쫓아 갔지만 거기가 한계였다. 1990년대부터는 1인당 국민총생산이 미국의 70%대로 다시 주저앉을 만큼 성장의 한계에 도달했다.[118] 이런 상황에서 유럽은 부채를 발행해서 부족한 소비를 메워 나갔다. 결국, 심각한 금융위기를 맞으며 앞으로도 최소한 10년 동안은 추가적 경제성장은커녕 후퇴

65세 이상의 15~64세 인구 대비 비율

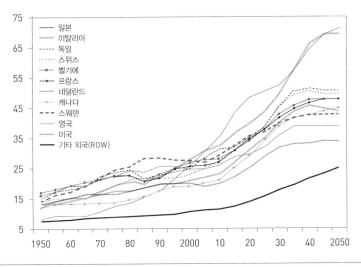

출처: UN, World Population Prospects,
알베르토 알리시나, 프란체스코 지아바치, 유럽의 미래(The future of Europe), 61에서 재인용

나 정체를 피하기 어렵게 되었다. 사회민주주의적 시장경제를 선호하는 정부의 정책은 대규모 간섭과 규제를 낳았고, 이는 곧 혁신의 걸림돌이라는 부메랑으로 돌아왔다. 설상가상으로 저출산과 고령화 현상으로 노동의 질의 추가적인 하락과 내수시장의 위축, 그리고 복지 비용의 더욱 큰 폭의 증가라는 위협에 직면해 있다. 노쇠한 유럽의 미래는 이런 불안을 더욱더 가속화시킨다. 2010년부터 인구가 줄기 시작한 유럽은 2050년에는 4억 4천만 명 수준으로 인구가 크게 감소할 것으로 예측된다.[119]

유럽은 사실상 성장이 멈춘 사회로 접어들고 있다. 이를 타개할 특단의 개혁 없이 유로지역이 미국에 대항하려면 더욱더 많은 나라를 유로지역으로 끌어들여서 덩치를 키워야만 한다. 아직도 유럽은 아

시아와 아프리카, 남미 등의 나라들보다는 절대적으로 잘 산다. 그러나 미국, 일본, 중국 등의 나라들과 비교할 때 경제와 산업의 글로벌 경쟁력이나 군사적 패권이나 문화의 국제적 영향력 등에서 상대적인 몰락을 맞이할 것이다. 만약 중동, 아시아 신흥국, 동유럽, 중남미 등의 나라들이 반복해서 금융위기를 맞으면 이들 나라에 엄청난 돈을 빌려 준 유럽계 은행의 위기도 반복된다. 예를 들어, 2011년 6월 기준으로 유럽계 은행은 동유럽 차입금의 92.3%를 조달해 주고 있으며, 중남미에는 67.3%, 신흥국에는 71.5%를 조달해 주고 있다. 2007~2010년 사이에 미국의 은행은 부실로 9,000억 달러의 자산이 상각되었고, 영국은 4,500억 달러, 유로지역은 7,000억 달러의 자산이 상각되었다.[120]

유로지역이 붕괴하는 시나리오

유로지역이 현재 가장 선호하는 미래Preferred Future는 유로지역을 계속해서 유지해 나가는 것이다. 하지만 우리는 유로지역과 유럽 경제에 대한 또 다른 가능성의 미래Possible Futures를 예측해 보아야 한다. 필자가 가능성의 미래로 예측하는 것은 바로 유로지역이 양분되는 미래다. 만약 유로지역이 현재의 구도를 유지하지 못하고 붕괴하거나 둘로 갈라지면 지금과는 전혀 다른 새로운 가능성이 발생한다. 예를 들어, '유로지역 탈퇴 국가들의 러시아연합으로의 재흡수 가능성', '독일과 러시아의 새로운 경쟁 구도', '영국과 프랑스의 미국과의 연계', '세계 경제 4개의 축(독일, 러시아, 중국, 미국)으로의 재편' 등이다.

현재로서는 유로지역이 계속해서 유지되는 시나리오가 현실화될 가능성이 가장 크다. 하지만 2014~2015년을 기점으로 유로지역이 분리된다면 어떻게 될까? 만약, 유로지역이 붕괴된다면 독일과 프랑스처럼 상대적으로 건전한 1그룹과 재정적으로 문제가 큰 2그룹으로 나뉠 것으로 예측된다. 그 다음의 시나리오 분기점은 1그룹과 2그룹의 관계가 중요한 역할을 한다.

첫 번째 시나리오는 유로지역이 분리는 되었지만 1그룹이 2그룹을 계속해서 경제적으로 지원하면서 끌고 가는 시나리오다. 완전한 탈퇴 혹은 완전한 유로지역의 붕괴가 아니라 위기 국가들을 2그룹으로 내려보내지만 상호 긴밀한 관계는 계속 유지한다. 이 시나리오는 현재 유로지역이 차선책으로 고려하고 있는 시나리오다. 위기가 극대화되지 않는 한 가능하면 이렇게라도 유로지역을 유지하려고 할 것이다. 그 이유는 유로지역 통화가 붕괴되면 유럽연합과 그 역내 시장에 미칠 부작용이 엄청나기 때문이다. 유로지역 통화가 붕괴하고 다시 국가별 통화로 되돌아가면 국제적으로 활동하는 환투기 세력에게 집중적인 먹잇감이 되어 유럽에서는 금융위기가 지금보다 더 빈번하게 일어날 것이다. 그리고 유럽시장 안에서의 무역교류도 제한되면서 각종 경제적 정치적 긴장감이나 적대감이 고조될 수도 있다.[121]

두 번째 시나리오는 1그룹과 2그룹이 완전히 나누어지는 시나리오다. 이 경우에는 유로지역의 미래를 좌우하는 중요한 주체로 러시아가 등장할 것으로 예측된다. 구소련이 해체되고 많은 국가가 연방으로부터 독립하면서 러시아는 세계의 패권경쟁에서 변방으로 밀려났다. 구소련 연방에서 독립한 국가의 상당수가 유로지역에 가입하거나 친유럽 노선으로 돌아섰다. 그러나 그들 나라의 대부분은 재정 건전성도 떨어지고 경제적 기반도 부실해서 유로지역이 분리되면

2그룹에 속하게 될 가능성이 크다.

그러므로 유로지역이 붕괴하면 옛 영광을 되찾고 싶어하는 러시아가 본격적인 움직임을 보일 가능성이 크다. 시대가 변했기 때문에 푸틴이 이끄는 러시아가 이들을 군사적으로 재통합할 가능성은 낮다. KGB 출신인 푸틴은 스탈린이나 과거 구소련의 지도자들과는 다르게 세계를 이념이 아닌 지정학적 관점과 경제패권의 시각으로 본다.[122] 따라서 러시아는 분리되었던 옛 연방 회원국을 흡수하기 위해 자원의 지원과 경제적 지원 등을 전면에 내세워 접근할 가능성이 크다. 러시아는 미래 경제를 좌우할 핵심 자원인 석유나 천연가스와 산업용 광물이 많다.

푸틴은 2011년 10월 유라시아 연합Eurasian Union: EAU를 주창하면서 유로지역이 통합되기 전 단계처럼 러시아가 중심이 되는 단일경제공동체를 출범시키면서 옛 소련의 거의 대부분 지역을 가입시켰다. 경제판 소련의 부활이 시작된 것이다.[123] 여기에 미국 견제라는 목표를 공유하는 중국이 러시아를 지지하게 되면 유럽에서 러시아의 영향력은 더 커진다. 이 경우 독일을 중심으로 한 1그룹이 한 축을 이루고 유로지역에서 내쳐진 2그룹이 러시아와 연대하여 새로운 축을 형성함으로써 새로운 2개의 경제블록이 유럽에서 만들어질 가능성이 있다.

1그룹 내에서의 변화도 예측할 수 있다. 1그룹의 핵심 국가가 될 독일과 프랑스는 전통적으로 경쟁자 관계다. 유로지역이 붕괴되면 이탈리아와 스페인에 막대한 부채를 빌려 준 프랑스가 상대적으로 독일보다 더 큰 경제적 손실을 보게 되어 있다. 결국, 유로지역 붕괴 이후 유럽경제 회복의 주도권을 독일에 빼앗긴 프랑스가 1그룹에 남아 있으면서도, 독일을 견제하기 위해 미국, 영국과의 관계 개선에 들어갈 가능성이 아주 크다. 유럽이 이렇게 2개의 권역으로 재편된다면, 세계는 미국 중심의 경제권과 중국 중심의 경제권을 포함한 4권역(독일, 러시아, 중국, 미국권) 경제체제로 나누어질 가능성이 있다.

이 시나리오가 현실화될 경우, 21세기 신냉전 시대의 막이 열리게 될 가능성이 크다. 새로운 냉전 시대는 과거의 이데올로기적, 군사적 대결이 아니라 경제 이념적 냉전으로 갈 가능성이 크다. 즉, 러시아, 중국, 넓게는 독일까지를 포함한 '사회주의적 자본주의'를 한 축으로 하고 반대편에 미국, 영국, 넓게는 프랑스까지를 포함한 금융위기를 거친 후 개량되어 나온 '개량 자본주의'가 맞서는 대립 체계가 형성될 가능성이 크다. 노련한 국제정세 분석가이자 미래예측 전문가인 조지 프리드먼은 "앞으로 다가올 세계에서는 놀라운 동맹이 형성되고 예상치 못한 긴장이 전개되며, 특정한 경제 조류가 융성하거나 쇠퇴할 것이다."는 말을 했다.[124] 이 시나리오에 한 번쯤 흥미를 가져 볼 이유가 여기에 있다.

유로가 살아남을 수 있는 외길

그렇다면 유로지역이 생존하기 위해서는 어디로 방향을 잡아야 할까? 유로지역은 현재의 금융위기 발발과 대처 과정에서 구조조정에 실패했다. 그래서 이제는 스페인, 이탈리아나 프랑스같이 경제규모가 큰 나라가 유로지역에서 탈락하거나 분리되면 금융위기 재발의 원인이 될 수 있다. 유럽연합에서 서비스업이 차지하는 비율은 GDP의 65~70%다. 특히 남유럽 국가들은 제조업이 거의 붕괴되어서 금융과 서비스업이 핵심산업이 되었다. 키프로스는 금융업과 관광으로 연명할 정도다. 그리고 유럽연합에 속한 여러 국가들은 저성장, 고실업, 불안한 경제 펀더멘털의 문제를 안고 있다.

유럽의 금융위기를 발생시키는 근본적인 원인은 유로화가 아니다. 통합과 확장의 과정에서 반드시 거쳐야 할 구조조정과 산업의 재배치에 실패한 것이 유로지역의 불안정과 위기가 되풀이되는 근본적 원인이다. 유로지역도 재정적자 3% 이하, 부채규모 60% 이하라는 가입과 유지 조건이 있다. 하지만 이런 기준은 명목상 기준에 불과했다. 금융위기 후에도 이런 조건이 얼마나 지켜질지는 미지수다. 정부 재정지출 감소는 저성장이나 일시적 불황을 초래하기 때문에 정치인들이 받아들이기는 쉽지 않기 때문이다.

유로지역의 미래 생존의 길은 외길뿐이다. 이번 위기를 계기로 강력한 구조조정과 산업의 재배치를 시행하여야 한다. 통일 후의 독일처럼 10~20년에 걸쳐 금융과 산업과 기술, 노동시장, 정부의 공공고용과 연금과 복지비용 지출 등에서 강도 높은 구조조정을 시행해야한다. 만약, 이번 기회를 놓친다면 유로지역은 반복해서 위기를 겪다가 결국 붕괴할 수밖에 없다.

유로지역이 미래의 생존을 위해 강력한 구조조정을 선택한다면 어떻게 될까? 독일의 역할이 아주 커질 것이다. 독일은 국가부채, 기업 및 가계부채를 모두 다 합쳐도 미국, 이탈리아, 일본, 프랑스, 영국 등보다 훨씬 양호한 상태다. 유럽의 금융위기 이후 독일은 1950년대 중반까지 미국이 전후 유럽의 재건을 위해 했던 것과 같은 역할을 할 것이다. 자금을 대주고 기술을 지원해 주면서 반대급부로 엄청난 영향력과 부를 얻고 싶을 것이다.[125] 독일은 유럽 경제의 재건을 위해 재원 조달을 책임지고, 독일식 경제 모델, 기술적 노하우, 문화적 기준을 접목시키면서 전 유럽에 영향력을 행사할 것이다. 즉, 유로지역은 오랫동안 경제를 독일에 의지할 가능성이 크다. 반면, 군사 분야는 프랑스가 주도할 가능성이 크다.

미주

1부

1.   발터 비트만, 국가부채, 류동수 역, (서울: 비전코리아, 2010), 155.

2.   발터 비트만, 국가부도, 류동수 역, 99–101.

3.   발터 비트만, 국가부도, 류동수 역, 100, 145–147.

4.   신장섭, 금융전쟁, 한국경제의 기회와 위험, (서울: 청림출판, 2009), 116–120.

5.   매일경제, 1997년 9월 6일, "외환보유고 311억불로 줄어" 기사 중에서

6.   2011년 11월 21일, 내일신문 기사 중에서. 송기균, 거짓 성장론의 종말, (서울: 21세기북스, 2012), 235–236에서 재인용.

7.   송기균, 거짓 성장론의 종말, (서울: 21세기북스, 2012), 93–94.

8.   매일경제, 2013년 5월 19일, "한국, 기업부채도 빨간불" 기사 중에서

9.   연합뉴스, 2013년 1월 24일. "장기적으로 엔화 약세 기조는 계속된다" 기사 중에서

10. 김낙년, 일제하 한국경제, (서울: 해남, 2003) ,259

11. 강만길, 한국 자본주의의 역사, (서울: 역사비평사, 2007), 325–326

12. 이병천 편, 개발독재와 박정희 시대, 서울: 창비, 2003), 109

13. 강만길, 한국 자본주의의 역사, 345–348

14. 조희연, 동원된 근대화, (서울: 후마니타스, 2010), 18

15. 강만길, 한국 자본주의의 역사, 19–22

16. 문정인, 서승원, 일본은 지금 무엇을 생각하는가?, (서울: 삼성경제연구소, 2013), 7.

17. 이규성, 한국의 외환위기, 54––67, 85, 91–97

18. 강만길, 한국 자본주의의 역사, 25; 이병천 편, 『개발독재와 박정희 시대』, (91,98,122–126

19. 이규성, 한국의 외환위기: 발생, 극복, 그 이후, (서울: 박영사, 2006), 76–82.

20. 이규성, 한국의 외환위기: 발생, 극복, 그 이후, 2–5, 64–65.

21. 이규성, 한국의 외환위기: 발생, 극복, 그 이후, 70.

22. 이규성, 한국의 외환위기: 발생, 극복, 그 이후, 6

23. 이규성, 한국의 외환위기: 발생, 극복, 그 이후, 6–11, 175.

24. 이규성, 한국의 외환위기: 발생, 극복, 그 이후, 22–24, 62.

25. 이규성, 한국의 외환위기: 발생, 극복, 그 이후, 44–46.

26. 이규성, 한국의 외환위기: 발생, 극복, 그 이후, 294–325, 379, 437–446, 573–580, 679.

27. 이규성, 한국의 외환위기: 발생, 극복, 그 이후, 59.

28. 이규성, 한국의 외환위기: 발생, 극복, 그 이후, 6–53

29. 선대인, 프리라이더, (서울: 더팩트, 2010), 255.

30. SERI 경영노트, 21세기 한국기업 10년: 2000년 vs. 2010년, (서울: 삼성경제연구소, 2011, 제120호), 1–2.

31. 한국무역협회, KITA.net, 2012년 기준.

32. 전자신문, 2013년 7월 1일, "알렉산더 딜레마에 빠진 삼성전자" 기사 중에서

33. 전자신문, 2013년 5월 12일, "비즈니스인사이더, 삼성 스마트폰 사업 위기 올 수 있다" 기사 중에서

34. 조선일보, 2013년 6월 8일, "JP모건 한마디에 삼성전자 시총 15조 날아가" 기사 중에서

35. 서울경제, 2013년 6월 7일, "삼성전자는 혁신자 아니라는 피치의 충고" 사설 중에서

36. 최윤식, 배동철, 2020부의 전쟁 in Asia, 2010,(서울: 지식노마드 2010), 49–50

37. 시사IN, 2013년 2월 14일, , "네이버 천하도 '잠금해제' 되나" 기사 중에서

38. 조선비즈, 2013년 7월 2일 "세계에서 유일하게 삼성전자 별 것 아니다라고 코웃음치는 회사" 기사 중에서

39. 온바오 뉴스, 2013년 1월 24일, "중, LG만한 글로벌 전자기업 8개 키운다" 기사 중에서₩

40. 머니투데이, 2013년 5월 30일, "중국, 2년 내 세계 모바일 시장 점령할 것" 기사 중에서

41. 전자신문, 2013년 5월 28일, "중국벽에 막힌 한국 3DTV 점유율 50%" 기사 중에서

42. 서울경제, 2013년 6월 6일, "삼성 신경영 20년, 멈추지 않는 신경영" 기사 중에서

43. 동아일보, 2013년 2월 9일, "재벌 총수 잔혹사" 칼럼 중에서

44. 중촌철, 박섭, 동아시아 근대경제의 형성과 발전, (서울: 신서원, 2005), 213–225

45. 최용민, 중국은 지금, (서울: 코페하우스, 2010), 78–79.

46. 교육과학기술부(2010). [2010 연구개발활동조사보고서];허정은 외(2009). [피인용 상위1% 논문 현황 분석–한국인 연구자의 논문을 중심으로–]. 한국연구재단; 한국연구재단(2010. 10. 6) "2009년 우리나라 SCI 논문수 세계 11위" 보도자료 등

47. 세계 100위권 대학에 한국은 서울대(50위)와 KAIST(79위)가 포함되었고, 중국은 홍콩대(23위), 홍콩과학기술대(40위), 홍콩중문대(42위), 베이징대(47위), 칭화대(54위) 등이 포함됨. 컴퓨터공학 학생 수는 한국은 졸업생 기준, 중국은 입학생 기준 자료 : THE-QS 발표자료 및 해당 대학 홈페이지 공개정보를 집계한 결과

48. e-KIET 산업경제정보, 본격화되는 중국의 신성장동력 육성전략과 우리의 대응, (서울: 산업연구원, 2012), 2–8.

49. 한국일보, 2010년 7월 11일, "일자리, 부동산, 사교육 따라 '빈부 쌍곡선' 발버둥쳐봐도 헤어날수 없는 빈곤의 늪" 기사 중에서

50. 참여연대 조세재정개혁센터가 홍종학 민주통합당 의원실에 제출한 국세청의 2011년 통합소

득 100분위 자료 분석한 결과

51. 연합뉴스, 2013년 2월 24일, "건강보험 적자, 2030년 28조원, 2060년 132조원 예상" 기사 중에서

52. 동아일보, 2013년 5월 16일, "한국노인 절반이 빈곤층, OECD국가 중 가장 가난", 서울경제, 2013년 5월 13일, "허술한 노후보장체계" 기사 중에서

53. 한겨레, 2013년 5월 2일, "끼인 세대, 베이비부머의 고달픔 부모,자녀 부양에 손주 양육까지" 기사 중에서

54. 연합뉴스, 2013년 4월 28일, "공사적 연금 미가입 10명 중 4명꼴" 기사 중에서

55. 영어의 Free와 독일어의 Arbeiter의 합성어. 학교를 졸업해도 경제적으로 자립하지 못하는 20~30대 젊은이들을 일컫는 말이다.

56. 선대인, 세금혁명, (서울: 더팩트, 2011), 33.

57. 아시아경제, 2013년 5월 6일, "이대로 가면 2021년 이후 GDP 2%대로 추락" 기사 중에서

58. 연합뉴스, 2013년 4월 25일, "성장률 1% 하락하면 일자리 7만 6천개 감소" 기사 중에서

59. 선대인, 세금혁명, 60.

60. 연합뉴스, 2013년 4월 9일, "지자체 재정자립도 51.5%로 뚝, 역대 최악" 기사 중에서

61. 조선일보, 2013년 6월 1일자, "지자체 개발공사들 부채율 300%대, 분양률 1.5% 사업도" 기사 중에서

62. SERI CEO Information, 지방부채 증가의 원인과 해외사례의 교훈, (서울: 삼성경제연구소, 2012,6월), 1-3.

63. KBS, 2012년 6월 29일, 추적60분

64. 선대인, 세금혁명, 177.

65. 한국경제매거진, 2013년 1월 21일, "부동산 시장 인구 쇼크 시나리오 대검증 - 독일 등 반증 사례 많아… 인구 결정론은 허구다" 기사 중에서.

66. 선대인, 세금혁명, 256.

67. 연합뉴스, 2013년 5월 8일, "감사원, 정책 실패로 97만 가구 과다공급" 기사 중에서

68. SERI 경제 포커스 제286호, 가계부채 부실화 위험 진단 및 소비에 미치는 영향 분석, 4.

69. 노무라종합연구소, 2010 일본, 이상덕 역, (서울: 매일경제신문사, 2007), 44.

70. 홍춘욱, 인구변화가 부의 지도를 바꾼다. (서울: 원앤원북스, 2006)

71. 프레시안, 2013년 7월 15일, "종말론적 거품 붕괴론'의 수혜자는 건설족" 중에서

72. 중앙일보. 2011년 9월 10일, 오스트리아 코하우징 주택 '자르파브릭' 설계한 프란츠 숨니치' 중에서

73. 북한 교통인프라 현대화를 위한 재원조달 방안 연구' 보고서 (한국교통연구원 2009)

74. 연합뉴스, 2013년 5월 27일, "정규직–비정규직 임금격차 해소에 연 22조원 소요" 기사 중에서

75. 주성하, 김정은의 북한 어디로 가나, (서울: 기파랑, 2012), 74.

76. 통일연구원과 미디어리서치의 여론조사. 2010년 8월 9일부터 27일까지 전국을 대상으로 방

문면접조사, 표본 수 1,000명, 표본오차 ±3.1%(95% 신뢰수준). 서울대학교 통일평화연구소와 한국갤럽의 여론조사. 2008년 8월 21일부터 9월 10일까지. 표본 수 1,213명, ±3.1%(95% 신뢰수준). 최진욱 편저, 한반도 통일과 주변 4국, (서울: 늘품플러스, 2011), 21–22. 재인용.

77. 최진욱 편저, 한반도 통일과 주변 4국, 38.
78. 최진욱 편저, 한반도 통일과 주변 4국, 39.
79. 고미 요지, 안녕하세요 김정남입니다, 이용택 역, (서울: 중앙mb, 2012), 45.
80. 고미 요지, 안녕하세요 김정남입니다, 이용택 역, 67–69, 81.
81. 주성하, 김정은의 북한 어디로 가나, (서울: 기파랑, 2012), 43–50.
82. 주성하, 김정은의 북한 어디로 가나, 60, 63.
83. 정재호 편저, 중국을 고민하다, (서울: 삼성경제연구소, 2011), 335.
84. 정재호 편저, 중국을 고민하다, 337.

2부

1. 미국의 하버드 대학의 니얼 퍼거슨(Niall Ferguson) 교수가 〈금융의 지배(The ascent of money)〉에서 중국(China)과 미국(America)의 끈끈한 밀월관계를 기반으로 한 양국체제를 가리키는 신조어로 처음 사용했다. 중국이 저가 상품을 미국에 팔아 미국의 물가를 안정시켜 주고, 이를 통해 막대한 경상수지 흑자를 기록하면 다시 미국의 국채를 구입해 주어 미국의 재정적자를 보전해 주는 선순환의 구조 안에서 미국과 중국이 서로 얽혀 있는 상황을 묘사한 용어다.

2. 2009년 1월 스위스에서 열린 다보스 포럼 기조연설에서 중국의 원자바오와 러시아의 푸틴 총리의 발언 중에서. 러시아 푸틴 총리는 "Today the pride of Wall Street's investment banks have virtually ceased to exit. They have suffered losses surpassing their total revenues of the last 25 years, cumulative" 중국의 원자바오 총리는 "This crisis is attributable to a variety of factors, including the inappropriate macro-economic policies of some economics, their unsustainable models of development characterized by prolonged low savings and high consumption."

3. 전병서, 금융대국 중국의 탄생, (서울: 밸류앤북스, 2010), 33.
4. 재레드 다이아몬드, 총 균 쇠, 김진준 역, (서울: 문학사상사, 1998), 602.
5. 조지 프리드먼, 넥스트 디케이드, 김홍래 역, (서울: 쌤앤파커스, 2011), 21.
6. Z. 브레진스키, 미국의 마지막 기회, 김명섭, 김석원 역, (서울: 삼인, 2009), 211.
7. Z. 브레진스키, 미국의 마지막 기회, 김명섭, 김석원 역, 211.
8. 후안강, 2020년 중국, 이은주 역, (서울: 21세기북스, 2011), 52.
9. 마오쩌둥, 마오쩌둥 선집(Selected Works of Mao Zedong), vol. 5, 312. 후안강, 2020년 중

국, 이은주 역, (서울: 21세기북스, 2011), 81 에서 재인용

10. 에드워드 스타인펠드, 왜 중국은 서구를 위협할 수 없나, 구계원 역, (서울: 에쎄, 2011), 411.

11. 파리드 자카리아, 흔들리는 세계의 축, 윤종석 외 역, (서울: 베가북스, 2008), 197.

12. 노엄 촘스키, 촘스키 희망을 묻다, 전망에 답하다, 노승영 역, (서울: 책보세, 2011), 20–21, 80–88, 92–95.

13. TV조선, 2013년 6월 7일, "중국, 미국 앞마당에 운하 건설" 기사 중에서

14. 빌 보너, 에디슨 위긴, 세계사를 바꿀 달러의 위기, 이수정, 이경호 역, (서울: 돈키호테, 2006), 128.

15. Z. 브레진스키, 미국의 마지막 기회, 김명섭, 김석원 역, 101.

16. 앤서니 아노브 편, 촘스키 지의 향연 – The essential Chomsky, 이종인 역, (서울: 시대의 창, 2013), 467–513. 원제: Imperial Grand Strategy, New York: Metropolitan Books, 2003 / 노엄 촘스키, 촘스키 세상의 물음에 답하다 1권, 이종인 역, (서울: 시대의 창, 2005), 96.

17. 앤서니 아노브 편, 촘스키 지의 향연 – The essential Chomsky, 이종인 역, (서울: 시대의 창, 2013), 168. 원제: The Rule of Force in International Affairs, 〈Yale Law Journal〉80, no. 7(1971.6월호)

18. 앤서니 아노브 편, 촘스키 지의 향연 – The essential Chomsky, 이종인 역, 348. 원제: Containing the Enemy, Cambrigde, MA: South End Press, 1989, 21–34.

19. 노엄 촘스키, 촘스키 세상의 물음에 답하다 2권, 이종인 역, 87.

20. Z. 브레진스키, 거대한 체스판, 김명섭 역, (서울: 삼인, 2000), 51, 53.

21. 한겨레신문, 2009년 4월 20일자, "펑펑 쓰던 미국 빚 경제 바꾼다" 기사 중에서

22. 김광수, 세계금융위기와 중국경제, (서울: 휴먼앤북스, 2009), 160.

23. 미국의 정치외교 전문 격월간지인 '포린 어페어스' 2009년 9–10월호 기고문에서

24. 이만용, 중국 해양강국을 향한 발을 내딛다, (서울: Chindia Journal, 2012년 7월), 21.

25. 파리드 자카리아, 흔들리는 세계의 축, 윤종석 외 역, (서울: 베가북스, 2008), 184–196.

26. 연합뉴스, 2011년 7월 20일, "중국 군사력이 아시아태평양 안정 최대변수"라는 기사에서.

27. Stockholm International Peace Research Institute, Embargo 17 April 2012, "background paper on SIPRI military expenditure data, 2011"

28. 노엄 촘스키, 촘스키 희망을 묻다, 전망에 답하다, 노승영 역, 89.

29. 연합뉴스, 2011년 1월 19일, "미, 중 해군력 평가절하 속 긴장 (FT)" 기사 중에서

30. 유용원의 군사세계, 2013년 4월 9일 기준, 조선일보 재인용. (http://inside.chosun.com/site/data/html_dir/2013/04/10/2013041002237.html?bridge_info)

31. Stockholm International Peace Research Institute, Embargo 17 April 2012, "background paper on SIPRI military expenditure data, 2011"

32. 조선일보, 2012년 2월 17일, "중국 국방비, 3년 후엔 아시아 12개국 합친 것보다 많아져" 기사

중에서

33. 경향신문, 1992년 11월 29일, 6면, "중국 경제 초강국 된다" 기사 중에서

34. MarketWatch, 2011년 4월 25일 , "IMF bombshell: Age of America nears end" 기사 중에서

35. 후안강, 2020년 중국, 이은주 역, (서울: 21세기북스, 2011), 37–42.

36. 한국경제, 2013년 6월 10일, "부풀려진 중국 수출 되엔 핫머니 있었다" 기사 중에서

37. 전병서, 금융대국 중국의 탄생, (서울: 밸류앤북스, 2010), 214.

38. 폴 케네디, 21세기 준비, 변도은 역, (서울: 한국경제신문사, 1993), 298.

39. 경향신문, 1962년 2월 10일, "소련의 경제성장률 80년대엔 미국과 비슷"이라는 기사 중에서

40. 스티븐 로치, 넥스트 아시아, 이건 역, (서울: 북돋움, 2010), 495–501

41. EKNews, 2012년 5월 16일, "세계경제, 성장과 고용 창출 동력인 제조업 관심 급증" 기사 중에서.

42. CIA The World Factbook, 2009년 기준.

43. USA Economy in Brief, 2008년 기준.

44. CCTV경제30분팀, 화폐전쟁 진실과 미래, 류방승 역, (서울: 랜덤하우스, 2011) 154.

45. CCTV경제30분팀, 무역전쟁, 홍순도 역, (서울: 랜덤하우스, 2011), 175.

46. CCTV경제30분팀, 화폐전쟁 진실과 미래, 류방승 역, 160

47. CCTV경제30분팀, 화폐전쟁 진실과 미래, 류방승 역, 120.

48. 문재현, 지금 당장 환율공부 시작하라, (서울: 한빛비즈, 2008), 51.

49. 왕양, 환율전쟁, 김태일 역, (서울: 평단, 2011), 305–329

50. 조명진, 우리만 모르는 5년 후 한국경제, (서울: 한국경제신문, 2010), 256.

51. 류쥔뤄, 월스트리트의 반격, 황선영 역, (서울: 에쎄, 2010), 177

52. CCTV경제30분팀, 화폐전쟁 진실과 미래, 류방승 역, 187

53. 다니엘 D. 엑케르트, 화폐 트라우마, 배진아 역, (서울: 위츠, 2012), 146.

54. 쑹훙빙 저, 차혜정 역, 화폐전쟁1, (서울: 랜덤하우스, 2008), 324.

55. 쑹훙빙 저, 차혜정 역, 화폐전쟁1, 325.

56. CCTV경제30분팀, 무역전쟁, 홍순도 역, 249.

57. 쑹훙빙 저, 차혜정 역, 화폐전쟁1, 326.

58. 이찬근, 금융경제학 사용설명서, (서울: 부키, 2011), 468–470.

59. 다니엘 D. 엑케르트, 화폐 트라우마, 배진아 역, 138–143.

60. 천즈우, 자본의 전략, (에쎄, 2010), 152

61. 아시아경제, 2011년 3월 31일, "중국 바이어들 위안화 결제 요구 거세진다" 기사 중에서

62. 장탕빈, 기축통화 전쟁의 서막, 차혜정 역, (서울: 위즈덤하우스, 2009), 255.

63. 헨델 존스, 차이나메리카, 홍윤주 역, (서울: 지식프레임, 2010), 198.

64. 전병서, 금융대국 중국의 탄생, 133.

65. 중앙일보, 2011년 6월 16일, "1년에 시위 12만 건, 중국 통제력 한계" 기사 중에서

66. 폴 크루그먼, 불황의 경제학, 안진환 역, (서울: 세종서적, 2009), 123.

67. 리처드 던컨, 달러의 위기, 세계경제의 몰락, 김석중 역, 64–71.

68. 폴 크루그먼, 불황의 경제학, 안진환 역, 163.

69. CCTV경제30분팀, 무역전쟁, 랜덤하우스, 홍순도 역, 245.

70. 빌 에모트, 2020 세계경제 라이벌, (서울: 랜덤하우스, 2010), 131.

71. 벤저민 프리드먼, 경제성장의 미래, 안진환 역, (서울: 현대경제연구원books, 2009), 15, 27.

72. 벤저민 프리드먼, 경제성장의 미래, 안진환 역, 34.

73. 담비사 모요, 미국이 파산하는 날, 김종수 역, (서울: 중앙books, 2011), 300–302.

74. 헨델 존스, 〈차이나메리카〉, 홍윤주 역, (서울: 지식프레임, 2010), 265. 그가 말하는 8가지 조건은 다음과 같다. 비전, 지배력, 관리능력을 갖춘 리더십. 여러 시장에서 활동하는 강한 기업. 제품 및 비즈니스 개념에서의 창의성. 필요 원자재 조달능력. 필요한 자금 및 효율적인 금융시스템의 지원. 사회를 부유하게 하는 부의 분배. 내부 갈등이 적고 화합하는 사회. 교통시스템을 포함한 효율적인 인프라.

75. 랑셴핑, 중미전쟁, 홍순도 역, (서울: 비아북, 2010)에서 재인용

76. 문화일보, 2011년 6월 13일, "국제 곡물값, 투기세력 몰려 또 꿈틀" 기사 중에서.

77. 조선일보 2011.3.10일자, "중국인의 식품수요 증가" 기사 중에서.

78. 류진뤄, 월스트리트의 반격, 황선영, 한수희 역, (서울: 에쎄, 2010), 110.

79. 랑셴핑, 중미전쟁, 304–312.

80. 랑셴핑, 자본전쟁, 홍순도 역, (서울: 비아북, 2011), 68–83.

81. 노엄 촘스키, 촘스키 세상의 물음에 답하다 – 1권, 이종인 역, (서울: 시대의 창, 2005), 99.

82. CCTV경제30분팀, 무역전쟁, 홍순도 역, 167.

83. 랑셴핑, 중미전쟁, 홍순도 역, 213.

84. Stratfor, 2011년 1월 20일, "Chinese Espionage and French Trade Secrets" 기사 중에서

85. 랑셴핑, 중미전쟁, 홍순도 역, 144–179.

86. 北京晨報(morningpost.com/cn), 2011년 9월 12일, "중국 자산 시장" 기사 중에서

87. 문화일보, 2011.4.21일자, "후진타오 '과학자가 조국에 영광 안겨'" 기사 중에서.

88. Global Market Institute, 2010년 9월 20일, The new geography of global innovation. Goldman Sachs Group.

89. 조선비즈, 2011년 6월 11일, 스티븐 로치 "Asia_중국, 선진국 될 수 밖에 없는 10가지 이유" 기사 중에서

90. 오언 영(Owen D. Young), 천쩌센, 천샤페이 역, 1927–1937년 중국 재정경제 상황, 중국사회과학출판사, 1981, p 224.

91. 밀턴 프리드먼, 밀턴 프리드먼의 화폐 경제학, 김병주 역, (서울: 한국경제신문사, 2009), 189.

92. 쑹훙빙, 화폐전쟁3, 홍순도 역, (서울: 랜덤하우스, 2011), 273.

93. 중국인민은행 총참사실 편, 중화민국 화폐사 자료, (상해: 상해인민출판사, 1991) 119.

94. 밀턴 프리드먼, 화폐경제학, 김병주 역, 한국경제신문, 2009, 204.

95. 샹용이, 비얼리, 달러쇼크, 차혜정 역, 139.

96. 쑹훙빙, 화폐전쟁 3, 홍순도 역, 278.

97. 쑹훙빙, 화폐전쟁3: 금융 하이 프런티어, 홍순도 역, 278-283.

98. 샹용이, 비얼리, 달러쇼크, 차혜정 역, (서울: 프롬북스, 2010), 26.

99. 토니 주트, 포스트 워 1945-2005, 조행복 역, (서울: 플래닛, 2005), 187-190.

100. 양동휴, 경제사산책, (서울: 일조각, 2007), p 175.

101. 토니 주트, 포스트 워 1945-2005, 조행복 역, (서울: 플래닛, 2005), 163-165.

3부

1. 류진뤄, 월스트리트의 반격, 황선영, 한수희 역, (서울: 에쎄, 2010), 6.

2. 샹용이, 비얼리, 달러 쇼크, 차혜정 역, 50에서 재인용.

3. 데이비드 그레이버, 부채 그 첫 5,000년, 정명진 역, (서울: 부글books, 2011), 27.

4. 리아카트 아메드, 금융의 제왕, 조윤정 역, (서울: 다른세상, 2009), 138-153.

5. 니얼 퍼거슨, 금융의 지배, 김선영 역, (서울: 민음사, 2010), 108-109.

6. 찰스 고예트, 돈의 흐름이 바뀌고 있다, 권성희 역, (서울: 청림, 2010), 83-93.

7. 파리드 자카리아, 흔들리는 세계의 축, 윤종석 외 역, (서울: 베가북스, 2008), 55.

8. 파리드 자카리아, 흔들리는 세계의 축, 윤종석 외 역, 83.

9. 한국경제신문, 2011년 2월 10일, "버냉키, 미국 고용 회복 10년 걸려" 기사 중에서.

10. 박복영, 전간기 금본위제와 영란은행의 할인률 정책, (서울: 경영논집, 26권 1호), 115-116.

11. 박복영, 1931년 영국 금본위제의 붕괴 원인에 대한 재검토, (서울: 경영논집, 41권 2호), 142-154.

12. 박복영, 전간기 금본위제와 영란은행의 할인률 정책, 111-112.

13. 박복영, 전간기 금본위제와 영란은행의 할인률 정책, 110. 박복영, 1931년 영국 금본위제의 붕괴 원인에 대한 재검토, 145.

14. 다니엘 D. 엑케르트, 화폐 트라우마, 배진아 역, (서울: 위츠, 2012), 76-77.

15. 데이비드 웨슬, 살아있는 역사, 버냉키와 금융전쟁, 이경식 역, (서울: 랜덤하우스, 2010), 79-80.

16. 데이비드 웨슬, 살아있는 역사, 버냉키와 금융전쟁, 이경식 역, 148.

17. 데이비드 웨슬, 살아있는 역사, 버냉키와 금융전쟁, 이경식 역, 167.

18. 대한상공회의소, 미국 금리인상이 한국경제에 미치는 영향, 2004, 3, 17.

19. 에이미 추아, 제국의 미래, 이순희 역, (서울: 비아북, 2008), 9-10.

20. Z. 브레진스키, 거대한 체스판, 김명섭 역, (서울: 삼인, 2000), 43.

21. 에이미 추아, 제국의 미래, 이순희 역, 457.

22. 토마스 프리드먼, 마이클 만델바움, 미국 쇠망론, 강정임, 이은경 역, (서울: 21세기북스, 2011), 64-65.

23. 조지 프리드먼, 넥스트 디케이드, 김홍래 역, 27.

24. 조지 프리드먼, 넥스트 디케이드, 김홍래 역, 190-197.

25. Z.브레진스키, 거대한 체스판, 김명섭 역, 183.

26. Z.브레진스키, 거대한 체스판, 김명섭 역, 98-100.

27. 조지 프리드먼, 넥스트 디케이드, 김홍래 역, 219-234.

28. 문정인, 서승원, 일본은 지금 무엇을 생각하는가?, (서울: 삼성경제연구소, 2013), 35.

29. 류비룽, 린즈하오, 10년 후, 부의 지도, 허유영 역, (서울: 라이온북스, 2012), 81-86.

30. 류비룽, 린즈하오, 10년 후, 부의 지도, 허유영 역, 102-109..

31. 파리드 자카리아, 흔들리는 세계의 축, 윤종석 외 역, 265.

32. 파리드 자카리아, 흔들리는 세계의 축, 윤종석 외 역, 270-271.

33. 최용식, 환율전쟁, (서울: 도서출판 새빛, 2010), 222-226.

34. 파리드 자카리아, 흔들리는 세계의 축, 윤종석 외 역, 258-260, 265.

35. 파리드 자카리아, 흔들리는 세계의 축, 윤종석 외 역, 272.

36. 찰스 P. 킨들버거, 경제강국 흥망사 1500-1990, 주경철 역, (서울: 까지, 2004), 283.

37. 전병서, 금융대국 중국의 탄생, 90.

38. CCTV 경제 30분팀, 화폐전쟁, 진실과 미래, 류방승 역, 103.

39. 앤서니 아노브 편, 촘스키 지의 향연 - The essential Chomsky, 이종인 역, (서울: 시대의 창, 2013), 325. 원제: Planning for Global Hegemony, Cambridge, MA: South End Press, 1985, 62-73.

40. 에이미 추아, 제국의 미래, 이순희 역, 4, 13.

41. 노무라종합연구소, 2010 일본, 이상덕 역, (서울: 매일경제신문사, 2007), 22-26.

42. 노무라종합연구소 2015년 프로젝트 팀, 2015 일본 대예측, 정경진 역, 19.

43. 노무라종합연구소 2015년 프로젝트 팀, 2015 일본 대예측, 정경진 역, 16.

44. 노무라종합연구소 2015년 프로젝트 팀, 2015 일본 대예측, 정경진 역,

45. 노무라종합연구소, 2010 일본, 이상덕 역, 18-20, 132-134.

46. 아사이 다카시, 2014년 일본파산, 김웅철 역, (서울: 매일경제신문사, 2010), 194.

47. 아사이 다카시, 2014년 일본파산, 김웅철 역, 9, 34.

48. 2013년 5월 26일, 매일경제, "5.23 도쿄증시 폭락의 의미는" 기사 중에서

49. 카도쿠라 다카시, 워킹푸어, 이동화 역, (서울: 상상예찬, 2008), 16-23.

50. 이광우, 일본 재발견, (서울: 삼성경제연구소, 2010), 60.

51. 송길호 외, 세계 경제권력 지도, (서울: 어바웃어북, 2012), 88.

52. 이광우, 일본 재발견, 34-46.

53. 류대영, 『한국 근현대사와 기독교』, (서울: 푸른역사, 2009), 32-33.

54. 문정인, 서승원, 일본은 지금 무엇을 생각하는가?, 34.

55. 문정인, 서승원, 일본은 지금 무엇을 생각하는가?, 28.

56. 문정인, 서승원, 일본은 지금 무엇을 생각하는가?, 55.

57. 문정인, 서승원, 일본은 지금 무엇을 생각하는가?, 114, 155.

58. 문정인, 서승원, 일본은 지금 무엇을 생각하는가?, 89.

59. 문정인, 서승원, 일본은 지금 무엇을 생각하는가?, 335, 369.

60. 문정인, 서승원, 일본은 지금 무엇을 생각하는가?, 378-379.

61. 문정인, 서승원, 일본은 지금 무엇을 생각하는가?, 293.

62. 문정인, 서승원, 일본은 지금 무엇을 생각하는가? 548-549.

63. 해초나 플랑크톤의 퇴적층이 썩을 때 발생하는 메탄가스가 심해저의 저온 고압상태에서 물과 결합 형성된 고체 에너지원. 메탄 하이드레이트는 불탈 때 이산화탄소 배출량이 30% 이하이며, 메탄 하이드레이트 1ℓ는 약 200ℓ의 천연가스를 함유하고 있어 미래 청정에너지원으로 주목 받고 있음

64. 매일신문, 2009년 5월 1일, "독도 심해저 메탄 하이드레이트 가치는 '150조원'" 기사 중에서.

65. 제임스 마틴은 앨빈 토플러 이후 가장 뛰어난 미래학자 중의 한 사람이다. 그는 컴퓨터와 기술 발전이 사회, 경제적으로 미치는 영향에 대한 연구에 집중한다. 옥스퍼드 대학교에서 물리학을 전공했고, 졸업 후에는 IBM에서 컴퓨터시스템을 연구했다. 미국 국방부의 과학자문이사회 이사로 재임하면서 정보기술 산업에 가장 영향력 있는 인물 25인에 선정되었다. 1977년에 퓰리처상 후보까지 오른 예측서인 〈선으로 연결된 사회(The Wired Society)〉라는 책을 통해 30년 후에는 개인용 컴퓨터와 휴대폰, 인터넷이 대중적으로 보급될 것이라는 점을 예측했다. 이후 〈사이버기업〉, 〈 대변혁〉 등을 포함한 100여 권의 책을 저술했다. 또한 그는 21세기 인류가 직면한 거대한 문제들을 연구하기 위해 '제임스 마틴 21세기 대학원'과 '제임스 마틴 과학 및 문명연구소'를 설립했다. 제임스 마틴은 21세기에 인류가 직면한 위기들은 아무리 심각한 것이라도 해결책은 반드시 있다고 믿는다. 다만, 각국의 정치, 경제리더들이 이런 해결책을 잘 알지 못하거나 당장은 우리 눈 앞에 해결책이 보이지 않는 것일 뿐이라고 주장한다.

66. 제임스 마틴, 제임스 마틴의 미래학강의, 류현 역, (서울: 김영사, 2009), 595-596.

67. 숀 레인, 값싼 중국의 종말, 이은경 역, (서울: 와이즈베리, 2012), 155, 253-255.

68. 노무라종합연구소, 2010 아시아 대예측, 이상덕 역, 151-153.

69. 후안강, 2020년 중국, 이은주 역, (서울: 21세기북스, 2011), 143.

70. 여성 1인 당 출산 가능한 나이인 15-49세를 기준으로 평생 동안 낳을 수 있는 평균 자녀 수를 의미한다. 선진국의 경우, 평균적인 합계출산율은 1.5명 정도다.

71. 인구분포와 소득분포 간의 관계를 나타내는 지표다. 지니계수는 0에서부터 1까지로 구성되며, 1에 가까울수록 소득불균형 분배가 심하고, 0.4가 넘으면 소득분배가 균형을 상실했다고

평가를 하고, 0.6을 넘으면 빈부격차가 극심한 것으로 평가를 한다.

72. 인구보너스 효과라고도 불린다. 인구배당효과는 한 국가가 선진화되면서 질병에 의한 조기사 망이 줄어들고 기대수명이 상승하는 과정에서 발생한다. 즉, 출산율이 높은 농촌 중심 사회 에서 저출산 도시 중심의 사회로 전환되면서 생산가능인구 비율이 높아지고, 부양해야 하는 어린 인구가 줄면서 부양률은 낮아져서 경제적 부담이 줄고, 지속적인 발전과 근로자 숫자의 증가로 국가 전체의 저축률은 상승하는 등 경제성장에 도움이 되는 요소들이 선순환을 한다.

73. 15~64세의 노동 가능 인구 감소로 경제성장이 발목 잡히는 현상이다.

74. 머니투데이, 2013년 6월 7일, "늙어가는 팬더, 중국 고령화 폭탄이 온다" 기사 중에서

75. 매일경제, 1987년 9월 1일, "앞으로 5년이 선택의 갈림길 '루이스 고비와 한국경제"라는 칼럼 참조.

76. 정확하게는 1985년 달러 기준. 자료 출처: Angus Maddison(1991), Dynamic Forces in Capitalist Development: A Long-Run Comparative View, Oxford University Press, Oxford, 10.

77. 중국공산당뉴스, 2008년 4월 15일, "개혁개방 30년 '불가사의 중국기적'"이라는 기사 중에서.

78. 쥐만 잘 잡으면 흰 고양이든 검은 고양이든 문제될게 없다는 말이다. 덩샤오핑이 실용주의 노 선을 전개하면서 개혁개방정책을 펼치면서 내세운 구호다.

79. 2011년 중국 근로자들의 최저임금이 한화로 17~20만 원으로 한국의 20% 수준이었다. 2013년 박근혜 정부는 65세 이상의 노인들이 가장 기본적인 생존을 위해 필요한 기초노령연 금을 매월 20만 원으로 책정했다. 한국 근로자들 최저임금의 20%에 해당하는 금액이다. 이 를 근거로 하면 중국에서 65세 이상의 노인들이 가장 기본적인 생존을 할 수 있도록 기초노 령연금을 제공한다면 대략 한화로 4만원 선이 될 것으로 추정했다.

80. 랑셴핑, 부자 중국 가난한 중국인, 이지은 역, (서울: 미래의창, 2011), 24.

81. 2010년 보스턴컨설팅그룹(BCG)은 '중국의 자산관리 시장: 무한한 기회와 도전의 병존'이라 는 보고서를 통해 중국에서 100만 달러 이상의 자산을 보유한 가구수는 전체 가구수의 0.2% 에 해당하는 67만 호라고 발표했다. BCG는 2007년 발표한 '2006년 세계 자산 보고서'에서 도 중국 전체 가구의 0.4%가 중국 전체 자산의 70%가량을 소유한 것으로 분석된다는 의견 을 내 놓기도 했다.

82. 2004년 미국 연방준비제도이사회(FRB)의 소비자재무조사 자료 중에서. 당시에 상위 1%가 33.4%를 차지하고, 1%-10% 사이가 36.1%를 차지했다.

83. 스티븐 로치, 넥스트 아시아, 이건 역, (서울: 북돋움, 2010), 257, 303-304.

84. 영국의 경제학자 힉스는 특정 상품의 가격이 하락하게 되면 소비자의 실질소득을 증가시키 는 효과를 만들어내어 그 상품의 구매력을 늘리게 된다고 설명했다. 이런 현상은 근로자의 임 금이나 기타 소득이 실제로 증가하여 그 상품의 수요가 증가하는 것과 동일한 효과를 낸다. 다른 하나는 상대가격의 변화에 의한 소득효과도 있다. 예를 들어, 힉스는 버터와 마가린과 같은 동일한 용도의 물건이 있다고 가정할 때, 버터의 가격이 내리면 마가린을 사던 사람들이

버터를 사게 된다고 했다. 이런 현상을 소득분배이론에서는 대체효과(substitution effect)라고 부른다. 여기서 필자가 소득효과라고 칭하는 것은 힉스가 주장한 부분과 더불어 중국의 경제가 발전을 하면서 근로자의 임금이 실제적으로도 상승한 부분까지를 포함한다.

85. 주식, 부동산, 채권 등의 자산가치의 증가로 소비가 늘어나는 효과를 말한다. 다른 말로는 부의 효과(Wealth effect)라고도 부른다. 특히 주가는 미래의 배당 소득이 반영되어 있고, 부동산 역시 미래의 임대료나 매매수익을 현재 가치에 반영하는 특성이 있다. 부동산, 주식, 채권 등의 이러한 특성 때문에 이를 구입한 사람들은 자산가치가 늘어나면 현재 소득은 그대로이지만 기대감에 부풀어 소비를 늘리는 경향을 보인다. 이러한 소비패턴을 최초로 분석한 사람은 영국의 경제학자 피구(Pigou)다. 따라서 소득효과는 현재의 소득에서 촉발된 소비, 자산효과는 미래의 소득에서 촉발된 소비라고도 분류할 수 있다.

86. 헤럴드경제, 2011년 5월 25일 "베이징 최고가 아파트 평당 1억5천만 원" 기사 중에서.

87. 후안강, 2020년 중국, 이은주 역, 47

88. 전병서, 금융대국 중국의 탄생, 57

89. 빌 에모트, 2020년 세계경제의 라이벌, 손민중 역, (서울: 랜덤하우스, 2010), 114.

90. 곽수종, 세계경제 판이 바뀐다, (서울: 글로세움, 2012), 313–314.

91. 알렉산드라 하니, 차이나 프라이스, 이경식 역, (서울: 황소자리, 2008), 15, 21.

92. 서울경제, 2013년 5월 1일, "더 큰 부실기업 많아 개혁까지 산 넘어 산" 기사 중에서

93. SERI CEO Information, 중국제 부품, 소재, 장비의 부상과 영향, (서울: 삼성경제연구소, 2012, 1월),.

94. SERI CEO Information, 중국제 부품, 소재, 장비의 부상과 영향, (서울: 삼성경제연구소, 2012, 월), 6–13.

95. 랑셴핑, 쑨진, 벼랑 끝에 선 중국경제, 이은지 역, 183.

96. 랑셴핑, 쑨진, 벼랑 끝에 선 중국경제, 이은지 역, 182–188.

97. 재레드 다이아몬드, 문명의 붕괴, 강주헌 역, (서울: 김영사, 2005), 18–19.

98. 재레드 다이아몬드, 문명의 붕괴, 강주헌 역, 493.

99. 재레드 다이아몬드, 문명의 붕괴, 강주헌 역, 493–512.

100. 재레드 다이아몬드, 문명의 붕괴, 강주헌 역, 504

101. 재레드 다이아몬드, 문명의 붕괴, 강주헌 역, 505–506.

102. 재레드 다이아몬드, 문명의 붕괴, 강주헌 역, 505–506.

103. 연합신문, 2013년 5월 25일자, "중국 스모그 제거, 20년 이상 걸릴 것" 기사 중에서

104. 랑셴핑, 부자 중국 가난한 중국인, 이지은 역, 174.

105. 재레드 다이아몬드, 문명의 붕괴, 강주헌 역, 498–501.

106. 발터 비트만, 국가부도, 류동수 역, 13–14.

107. 발터 비트만, 국가부도, 류동수 역, 121–122.

108. 대니얼 앨트먼, 고영태 역, 10년 후 미래, 52.

109. CCTV경제30분팀, 화폐전쟁 진실과 미래, 류방승 역, 223.

110. 리차이안, 금융내전, 권수철 역, 시그마북스, 2011, p 79.

111. 리차이안, 금융내전, 권수철 역, 92–93.

112. 재레드 다이아몬드, 총 균 쇠, 김진준 역, 16, 35.

113. 재레드 다이아몬드, 총 균 쇠, 김진준 역, 92–113.

114. 토니 주트, 포스트 워 1945–2005 (2권), 조행복 역, (서울: 플래닛, 2005), 1289.

115. 찰스 P. 킨들버거, 경제강대국 흥망사 1500–1990, 주경철 역, 283.

116. 송길호 외, 세계 경제권력 지도, (서울: 어바웃어북, 2012), 43.

117. 알베르토 알리시나, 프란체스코 지아바치, 유럽의 미래(The future of Europe), 이영석, 옥성수 역, 11–12, 37–43.

118. 알베르토 알리시나, 프란체스코 지아바치, 유럽의 미래(The future of Europe), 이영석, 옥성수 역, 15–16.

119. 담비사 모요, 미국이 파산하는 날, 김종수 역, 273.

120. 송길호 외, 세계 경제권력 지도, 48–49.

121. 발터 비트만, 국가부채, 류동수 역, 233.

122. 조지 프리드먼, 넥스트 디케이드, 김홍래 역, 208.

123. 송길호 외, 세계 경제권력 지도, 280.

124. 조지 프리드먼, 넥스트 디케이드, 김홍래 역, 19.

125. 담비사 모요, 미국이 파산하는 날, 김종수 역, 26.